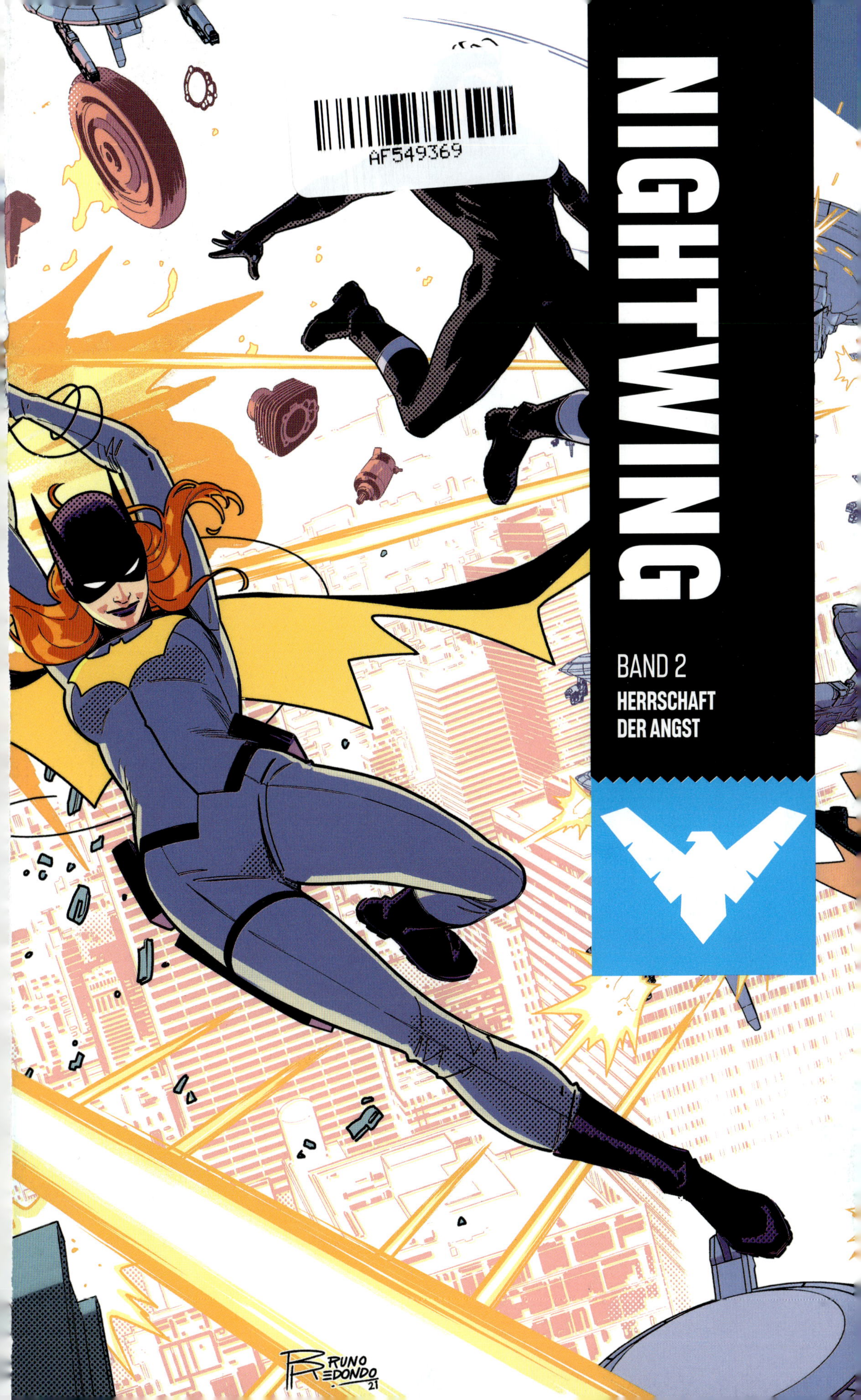
NIGHTWING
BAND 2
HERRSCHAFT
DER ANGST
BRUNO
REDONDO
21

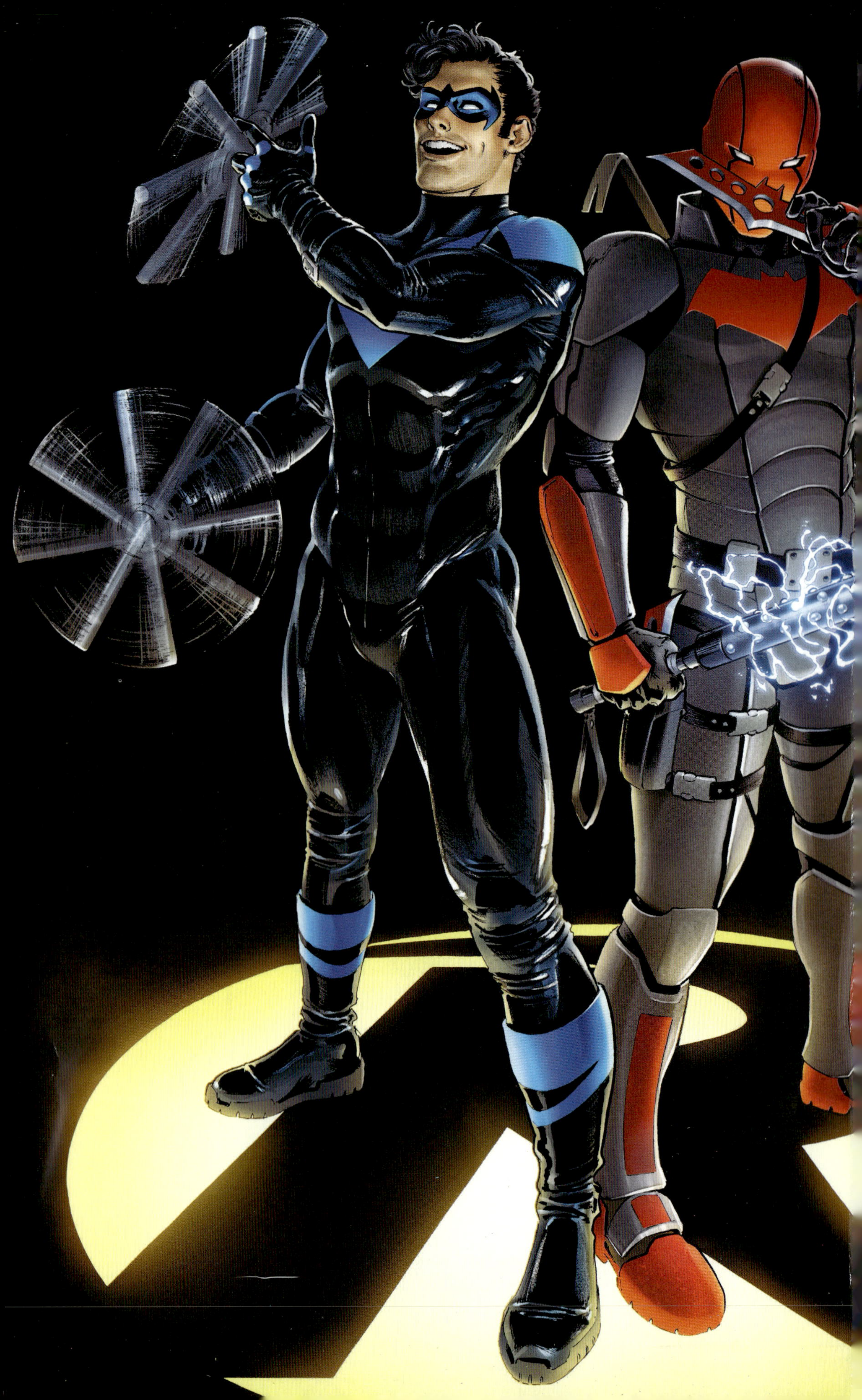

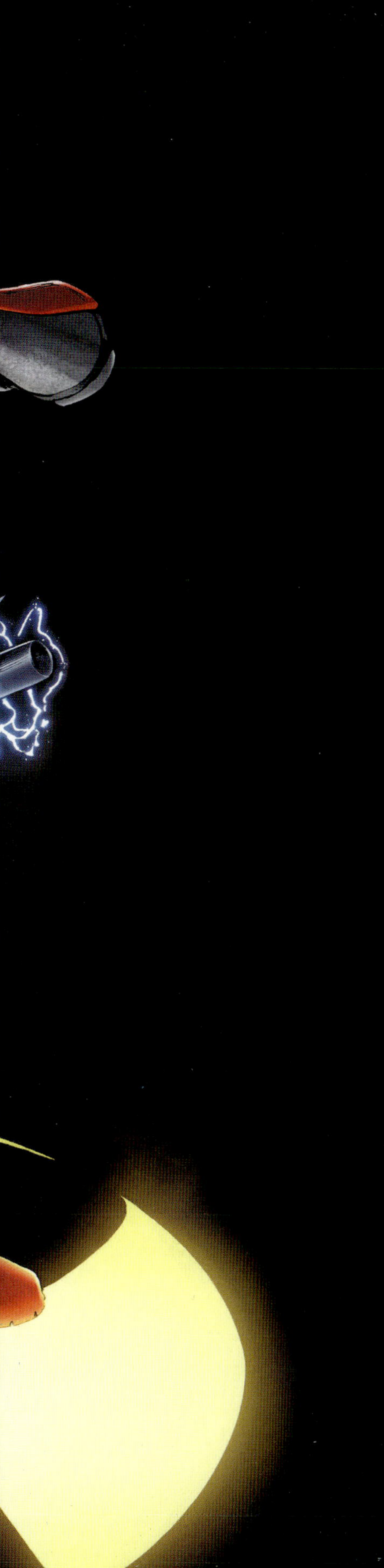

BESCHWINGTER BESCHÜTZER

Als Teenager wurde **Dick Grayson**, der verwaiste Sohn einer Familie von Zirkusakrobaten, zum ersten **Robin** an **Batmans** Seite. Später führte der junge Dick die **Teen Titans** an und entwickelte sich zu **Nightwing**. Er verließ sogar **Gotham City** und zog nach **Blüdhaven**. Im letzten Band begann Autor **Tom Taylor** seine schon jetzt gefeierte NIGHTWING-Saga. Zu Beginn fand Dick heraus, dass er eine Schwester namens **Melinda Zucco** hat – Blüdhavens frisch vereidigte neue Bürgermeisterin! Zunächst sah es so aus, als stünde sie auf den Gehaltslisten von Gangsterbossen wie **Blockbuster**, der selbst die Polizei in der Tasche hat. Bei einer Geiselnahme musste Dick seiner Schwester verraten, dass er Nightwing ist, und sie versicherte ihm, sich nur zum Schein mit dem organisierten Verbrechen eingelassen zu haben. Zudem bekam es Dick, der Hündchen **Haley** adoptierte, mit dem Serienkiller **Heartless** zu tun, der seinen Opfern das Herz rausschneidet. Aufgrund einer Verkettung ungünstiger Umstände verdächtigten die Cops sogar Dick, während sie momentan auch Jagd auf Nightwing machen. Darüber hinaus eröffnete seine Langzeit-Flamme **Barbara Gordon** alias **Oracle** alias **Batgirl** Dick, dass ihm sein vor einiger Zeit von **Bane** ermordeter Ziehvater **Alfred Pennyworth** sein milliardenschweres Vermögen hinterlassen hat. Dick erklärte öffentlich, dass so viel Geld für einen einzelnen Menschen zu viel sei, und gründete eine Stiftung, die Blüdhaven und seinen Bewohnern zugutekommen soll. In Gotham sieht es derzeit weniger rosig aus. Im Crossover **Fear State – Stadt der Angst** stürzten der reiche Industrielle **Simon Saint** und der Superschurke **Scarecrow** die Stadt in Angst und Chaos. Saints **Magistrat**-Privatarmee aus **Peacekeeper**-Hightech-Supercops, Drohnen und anderem verfolgen alle Maskierten, ob Schurken oder Helden, und Scarecrows Furcht-Toxin sowie Barbaras gehacktes Oracle-Computer-System im **Uhrenturm** der **Batgirls** sorgen für noch mehr Aufruhr und Panik ...

Christian Endres

HERRSCHAFT DER ANGST
Kapitel 1
Fear State, Part 1 of 3
Nightwing 84
November 2021

HERRSCHAFT DER ANGST
Kapitel 2
Fear State, Part 2 of 3
Nightwing 85
Dezember 2021

HERRSCHAFT DER ANGST
Kapitel 3
Fear State, Part 3 of 3
Nightwing 86
Januar 2022

BLUTSBRÜDER
Blood Brothers
Nightwing 2021 Annual 1
Januar 2022

EINE WEIHNACHTS-GESCHICHTE
The Bats of Christmas Past
Batman: Urban Legends 10 (IV)
Februar 2022

TOM TAYLOR
TINI HOWARD
Story

ROBBI RODRIGUEZ
CIAN TORMEY
DANIEL HDR
CHRISTIAN DUCE
Zeichnungen

ROBBI RODRIGUEZ
CIAN TORMEY
RAUL FERNANDEZ
DANIEL HDR
CHRISTIAN DUCE
Tusche

ADRIANO LUCAS
RAIN BEREDO
JOHN KALISZ
SARAH STERN
Farben

CAROLIN HIDALGO
Übersetzung

STUDIO RAM
Lettering

BEN ABERNATHY
JESSICA BERBEY
JESSICA CHEN
DAVE WIELGOSZ
Redaktion USA

Nightwing geschaffen von **Marv Wolfman** und **George Pérez**.

Batman geschaffen von **Bob Kane** mit **Bill Finger**.

Superman geschaffen von **Jerry Siegel** und **Joe Shuster**.
Mit besonderer Genehmigung der **Jerry Siegel**-Familie.

NIGHTWING erscheint bei **PANINI COMICS**, Schloßstraße 76, D-70176 Stuttgart. Druck: Lito Terrazzi Industria Grafica. Pressevertrieb: Stella Distribution GmbH, D-22297 Hamburg. Direkt-Abos auf **www.paninicomics.de**. Anzeigenverkauf: BLAUFEUER VERLAGSVERTRETUNGEN GmbH, info@blaufeuer.com. Es gilt die Anzeigenpreisliste Nr. 19 vom 01.10.2021. Geschäftsführer **Hermann Paul**, Publishing Director Europe **Marco M. Lupoi**, Finanzen/Logistik **Felix Bauer**, Marketing Director **Holger Wiest**, Marketing **Thorsten Kleinheinz**, Vertrieb **Alexander Bubenheimer**, PR/Presse **Steffen Volkmer**, Publishing Manager **Lisa Pancaldi**, Redaktion **Tommaso Caretti**, **Christian Endres**, **Christian Grass**, **Aline Reinelt**, **Ilaria Tavoni**, **Peter Thannisch**, **Monika Trost**, **Daniela Uhlmann**, Übersetzung **Carolin Hidalgo**, Proofreading **Tomislav Subasic**, Lettering **Studio RAM**, grafische Gestaltung **Rudy Remitti**, **Nicola Spano**, Art Director **Alessandro Gucciardo**, Redaktion Panini Comics **Annalisa Califano**, **Beatrice Doti**, Prepress **Francesca Aiello**, **Andrea Bisi**, Repro/Packager **Alessandro Nalli** (coordinator), **Mario Da Rin Zanco**, **Valentina Esposito**, **Luca Ficarelli**, **Linda Leporati**.

Cover von **Bruno Redondo**, *Nightwing* 84.

Digitale Ausgaben:
ISBN 978-3-7367-8821-3 (pdf) / ISBN 978-3-7367-8822-0 (.epub) / ISBN 978-3-7367-8820-6 (.mobi)

Bibliografische Information der Deutschen Nationalbibliothek
Die Deutsche Nationalbibliothek verzeichnet diese Publikation in der Deutschen Nationalbibliografie; detaillierte bibliografische Daten sind im Internet über dnb.d-nb.de abrufbar.

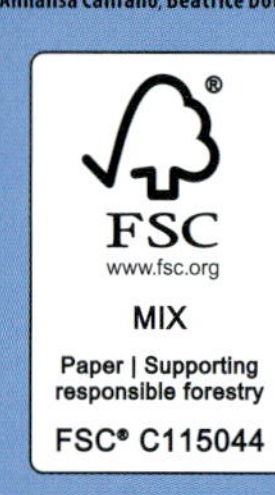

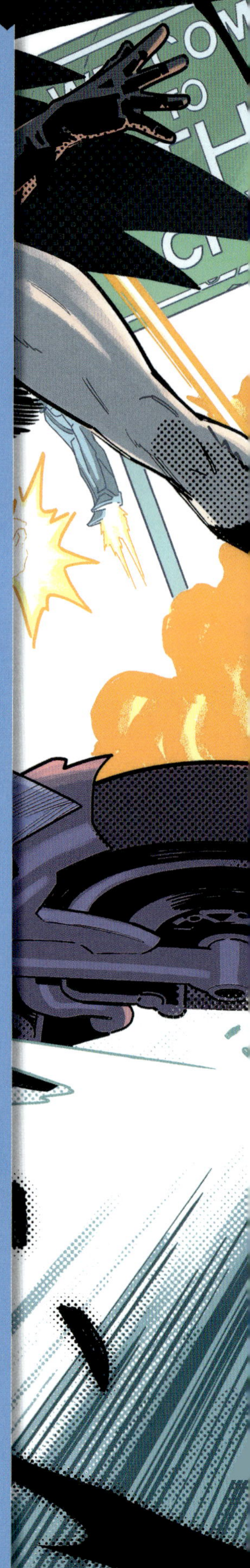

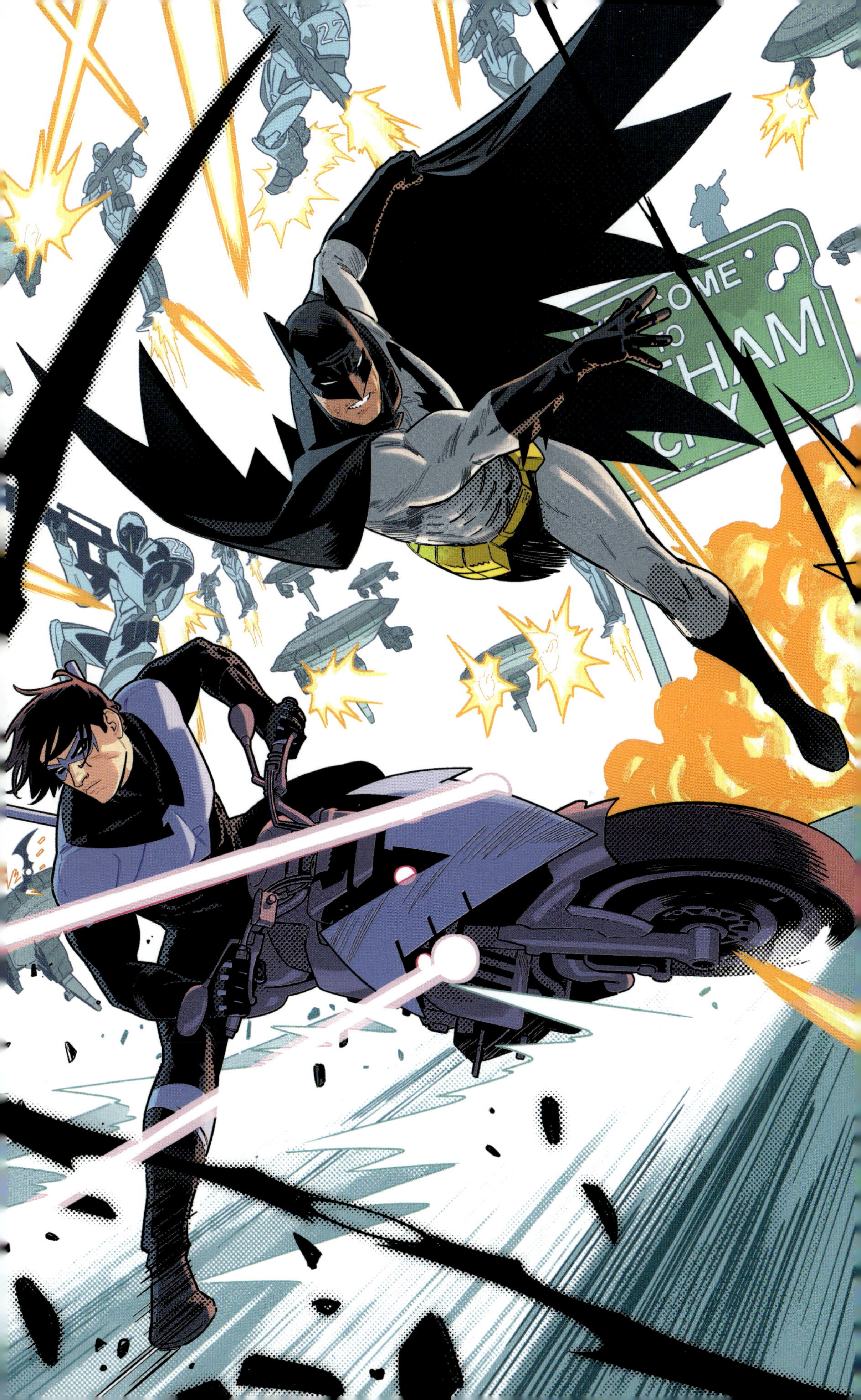
COME
HAM

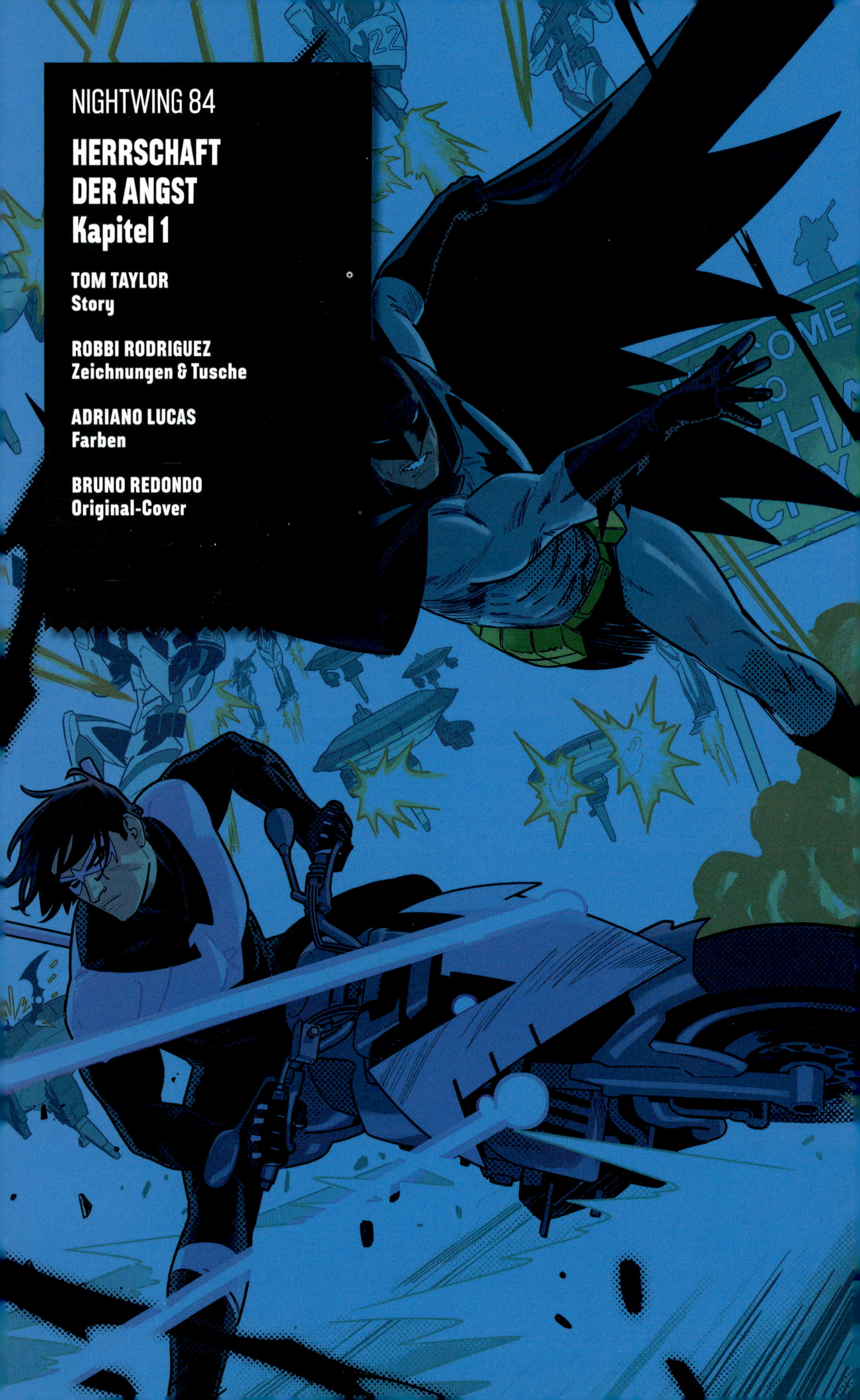

NIGHTWING 84

HERRSCHAFT DER ANGST Kapitel 1

TOM TAYLOR
Story

ROBBI RODRIGUEZ
Zeichnungen & Tusche

ADRIANO LUCAS
Farben

BRUNO REDONDO
Original-Cover

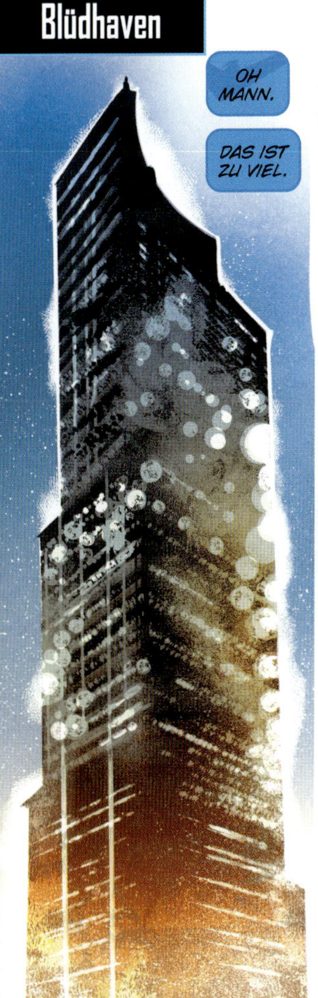
Blüdhaven
OH MANN.
DAS IST ZU VIEL.

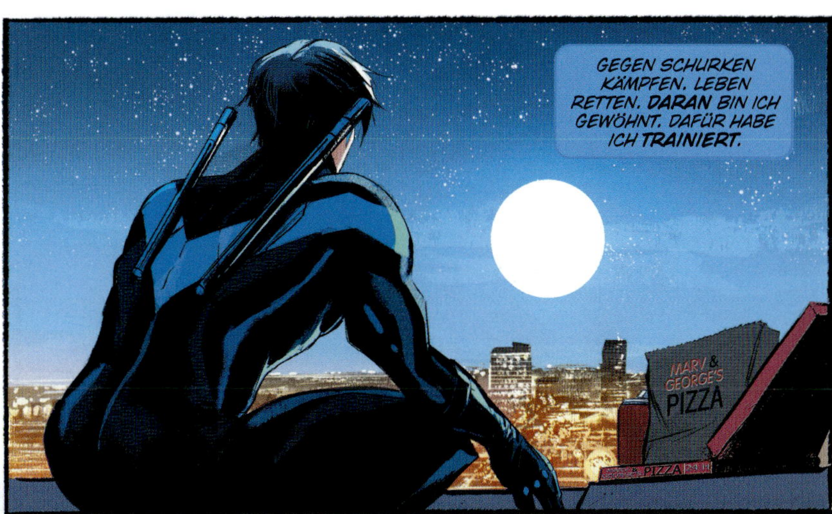
GEGEN SCHURKEN KÄMPFEN. LEBEN RETTEN. DARAN BIN ICH GEWÖHNT. DAFÜR HABE ICH TRAINIERT.
MARV & GEORGE'S PIZZA

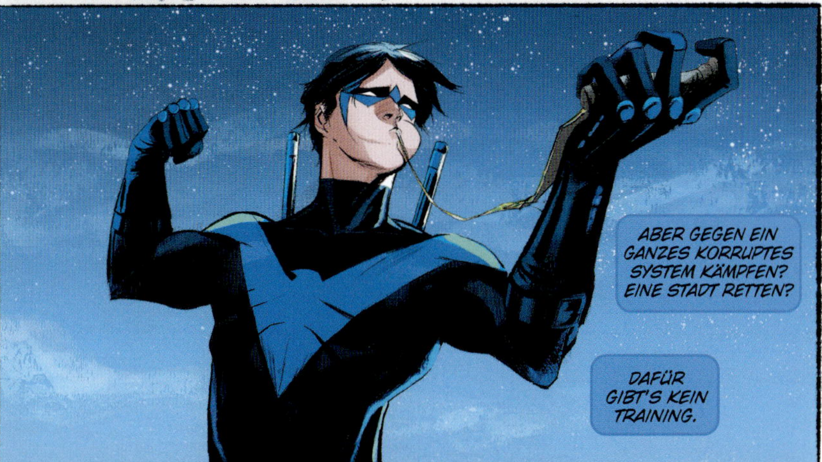
ABER GEGEN EIN GANZES KORRUPTES SYSTEM KÄMPFEN? EINE STADT RETTEN?
DAFÜR GIBT'S KEIN TRAINING.

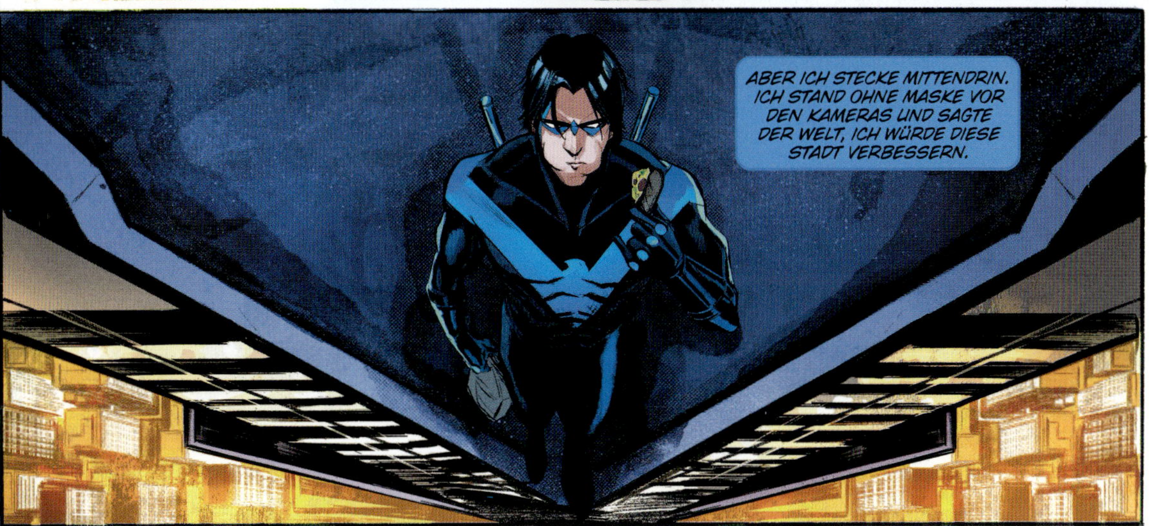
ABER ICH STECKE MITTENDRIN. ICH STAND OHNE MASKE VOR DEN KAMERAS UND SAGTE DER WELT, ICH WÜRDE DIESE STADT VERBESSERN.

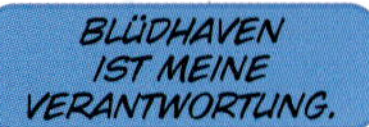
BLÜDHAVEN IST MEINE VERANTWORTUNG.

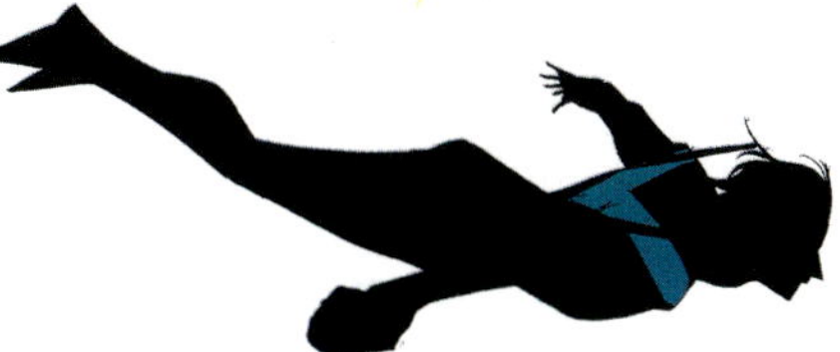

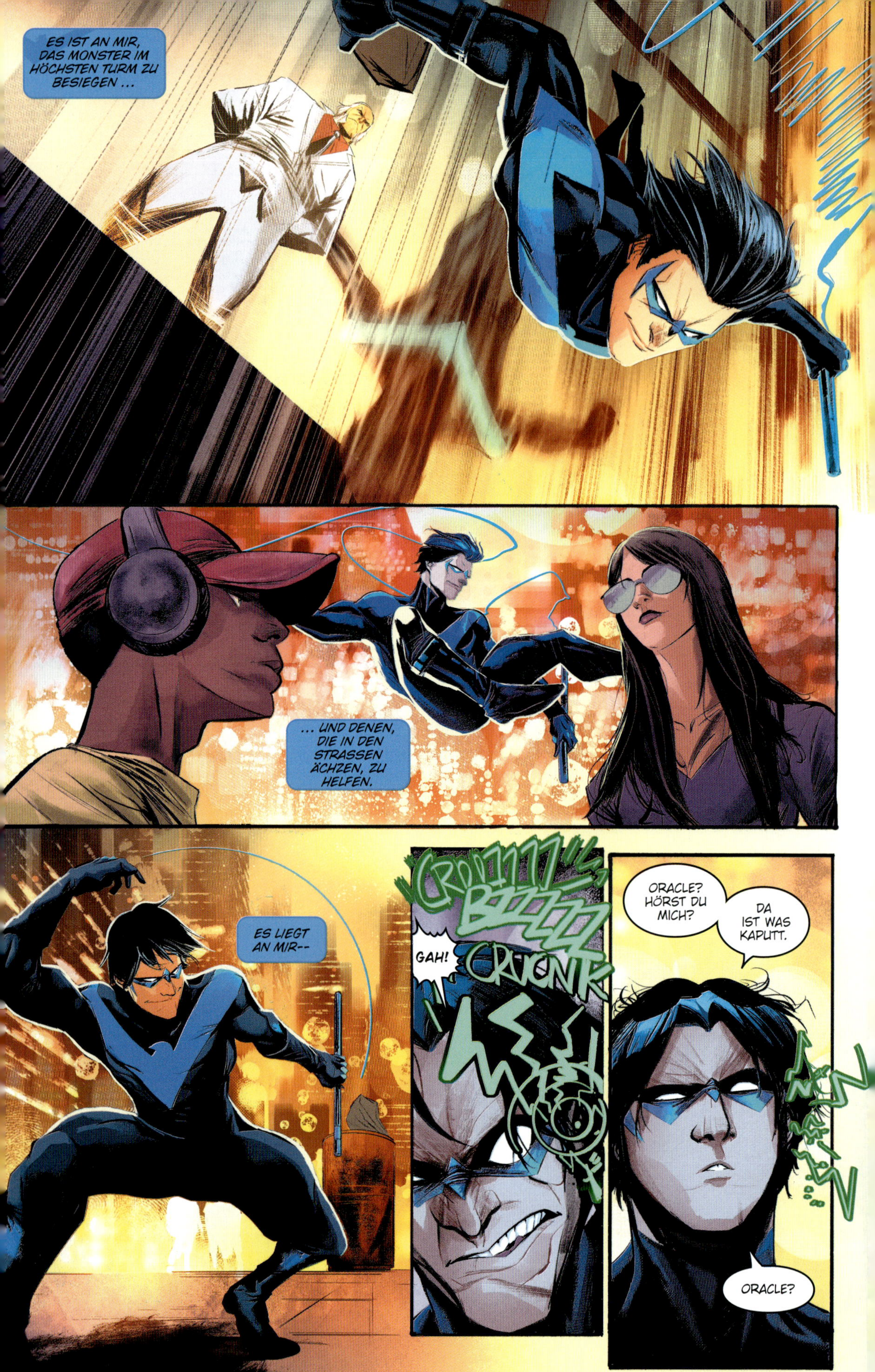
ES IST AN MIR, DAS MONSTER IM HÖCHSTEN TURM ZU BESIEGEN ...
... UND DENEN, DIE IN DEN STRASSEN ÄCHZEN, ZU HELFEN.
ES LIEGT AN MIR--
GAH!
ORACLE? HÖRST DU MICH?
DA IST WAS KAPUTT.
ORACLE?

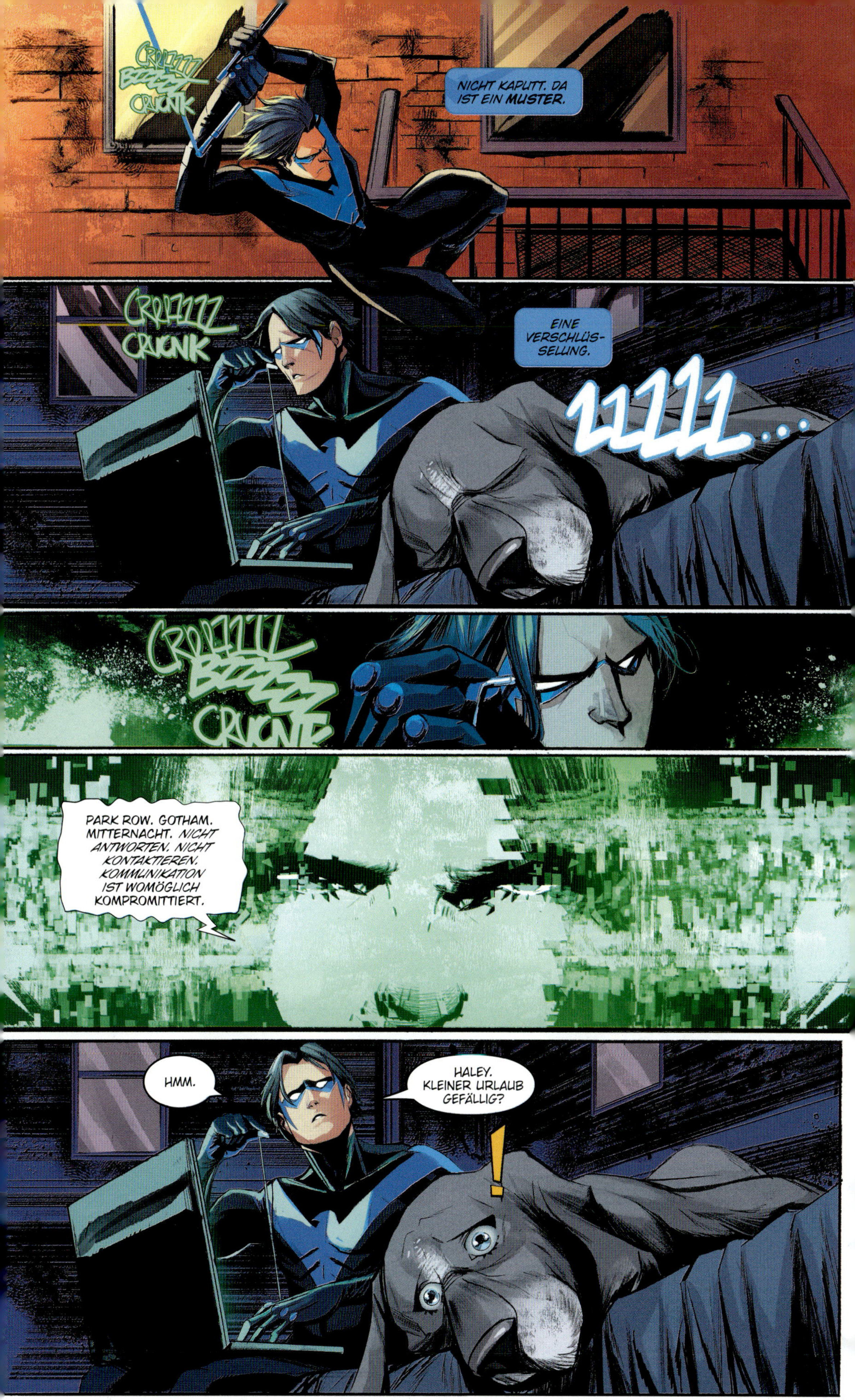
NICHT KAPUTT. DA IST EIN **MUSTER**.
EINE VERSCHLÜS-SELUNG.
ZZZZZ...
PARK ROW. GOTHAM. MITTERNACHT. *NICHT ANTWORTEN. NICHT KONTAKTIEREN. KOMMUNIKATION IST WOMÖGLICH* KOMPROMITTIERT.
HMM.
HALEY. KLEINER URLAUB GEFÄLLIG?
!

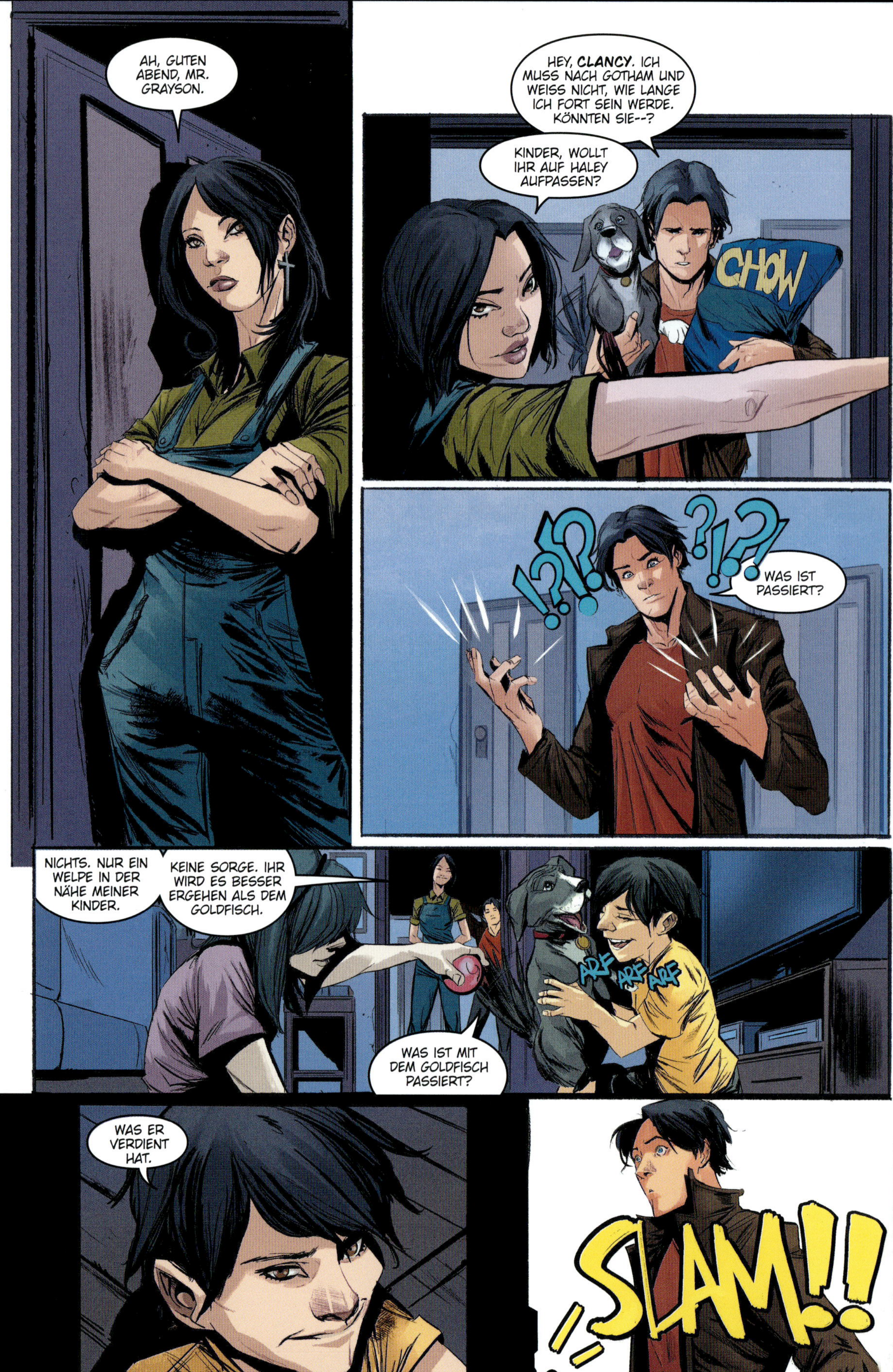

AH, GUTEN ABEND, MR. GRAYSON.
HEY, CLANCY. ICH MUSS NACH GOTHAM UND WEISS NICHT, WIE LANGE ICH FORT SEIN WERDE. KÖNNTEN SIE--?
KINDER, WOLLT IHR AUF HALEY AUFPASSEN?
CHOW
WAS IST PASSIERT?
NICHTS. NUR EIN WELPE IN DER NÄHE MEINER KINDER.
KEINE SORGE. IHR WIRD ES BESSER ERGEHEN ALS DEM GOLDFISCH.
ARF ARF ARF
WAS IST MIT DEM GOLDFISCH PASSIERT?
WAS ER VERDIENT HAT.
SLAM!!

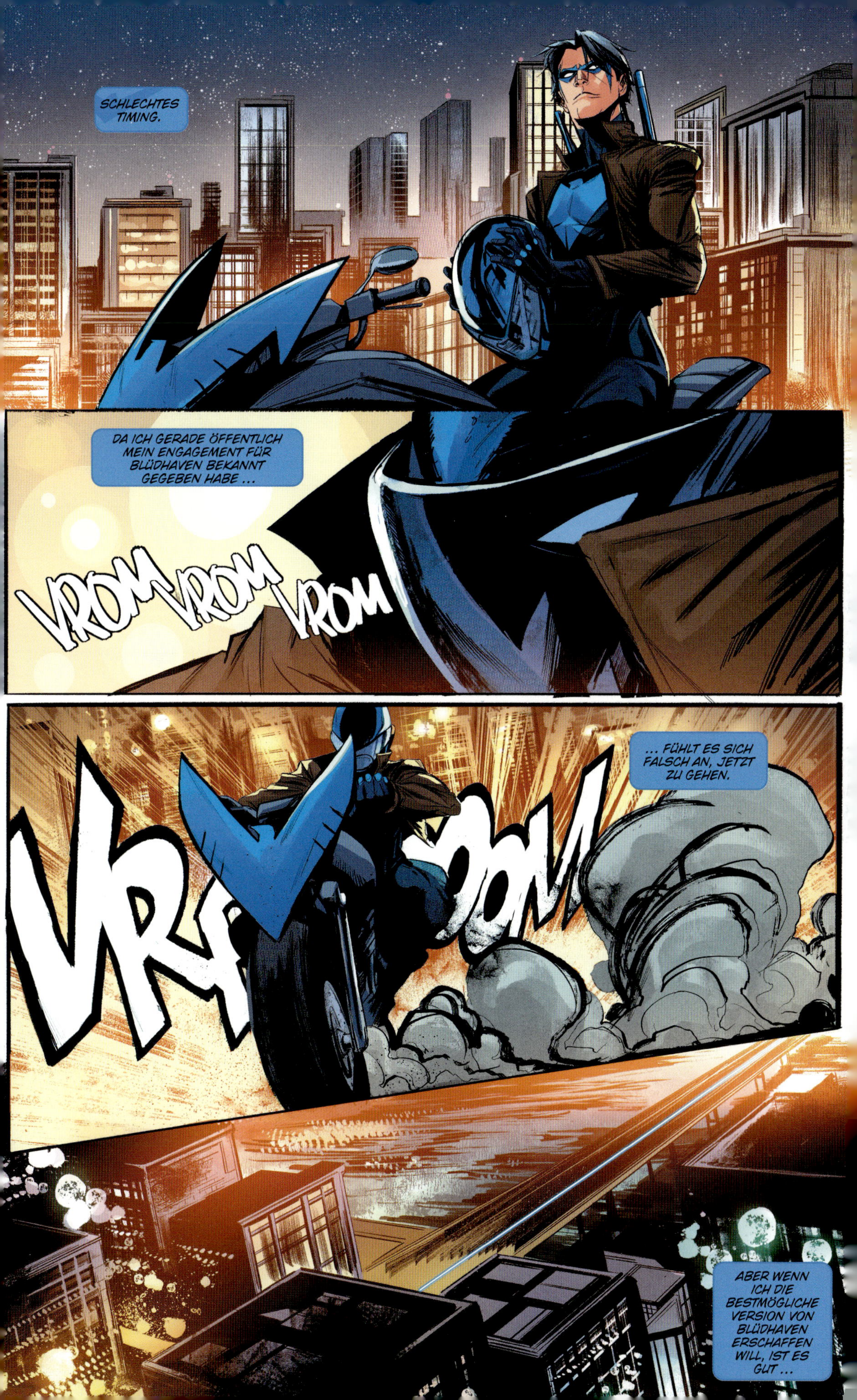

SCHLECHTES TIMING.

DA ICH GERADE ÖFFENTLICH MEIN ENGAGEMENT FÜR BLÜDHAVEN BEKANNT GEGEBEN HABE ...

VROM VROM VROM

... FÜHLT ES SICH FALSCH AN, JETZT ZU GEHEN.

VR OOM

ABER WENN ICH DIE BESTMÖGLICHE VERSION VON BLÜDHAVEN ERSCHAFFEN WILL, IST ES GUT ...

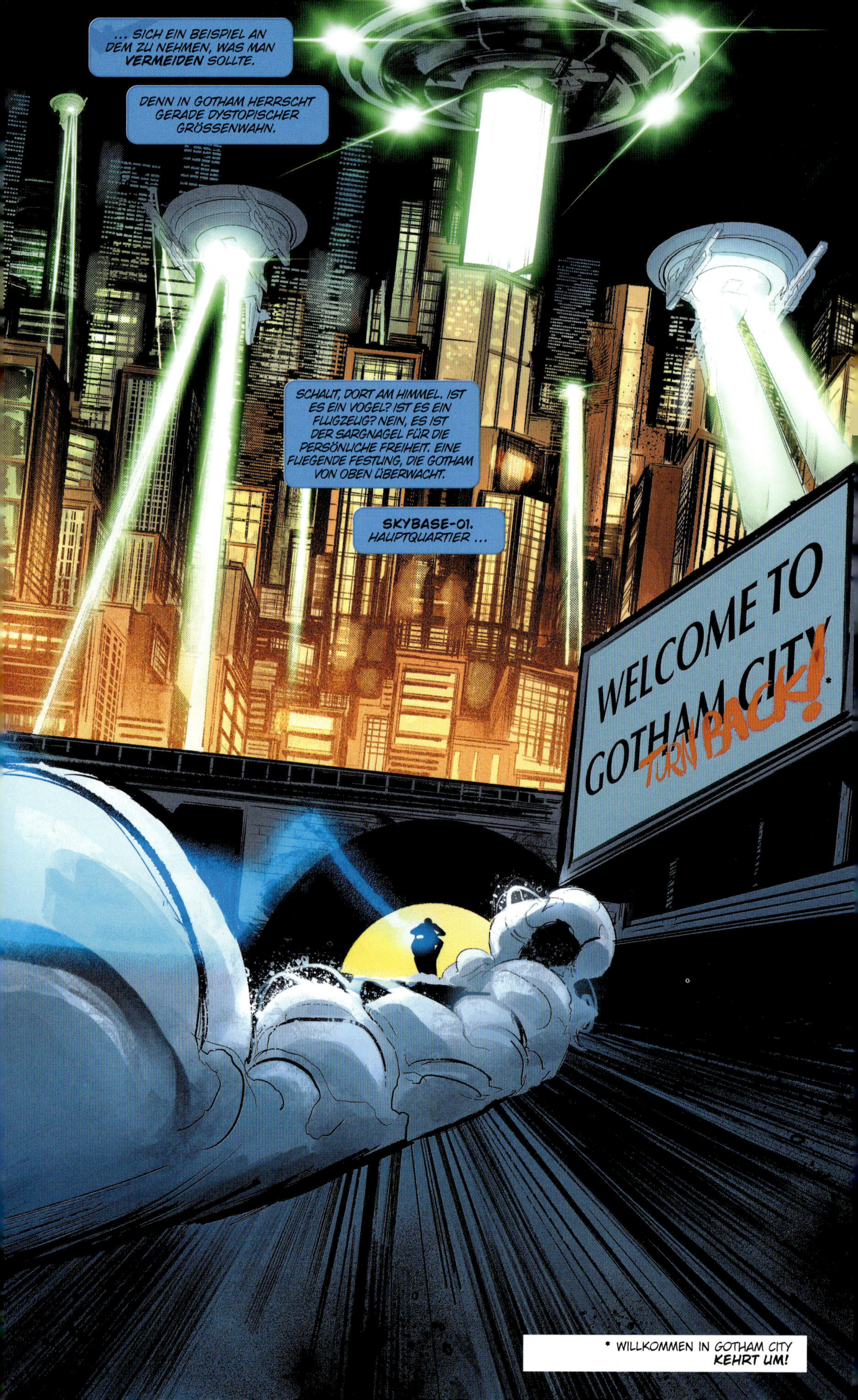

… SICH EIN BEISPIEL AN DEM ZU NEHMEN, WAS MAN VERMEIDEN SOLLTE.
DENN IN GOTHAM HERRSCHT GERADE DYSTOPISCHER GRÖSSENWAHN.
SCHAUT, DORT AM HIMMEL. IST ES EIN VOGEL? IST ES EIN FLUGZEUG? NEIN, ES IST DER SARGNAGEL FÜR DIE PERSÖNLICHE FREIHEIT. EINE FLIEGENDE FESTUNG, DIE GOTHAM VON OBEN ÜBERWACHT.
SKYBASE-01. HAUPTQUARTIER …
WELCOME TO GOTHAM CITY*
TURN BACK!
* WILLKOMMEN IN GOTHAM CITY
KEHRT UM!

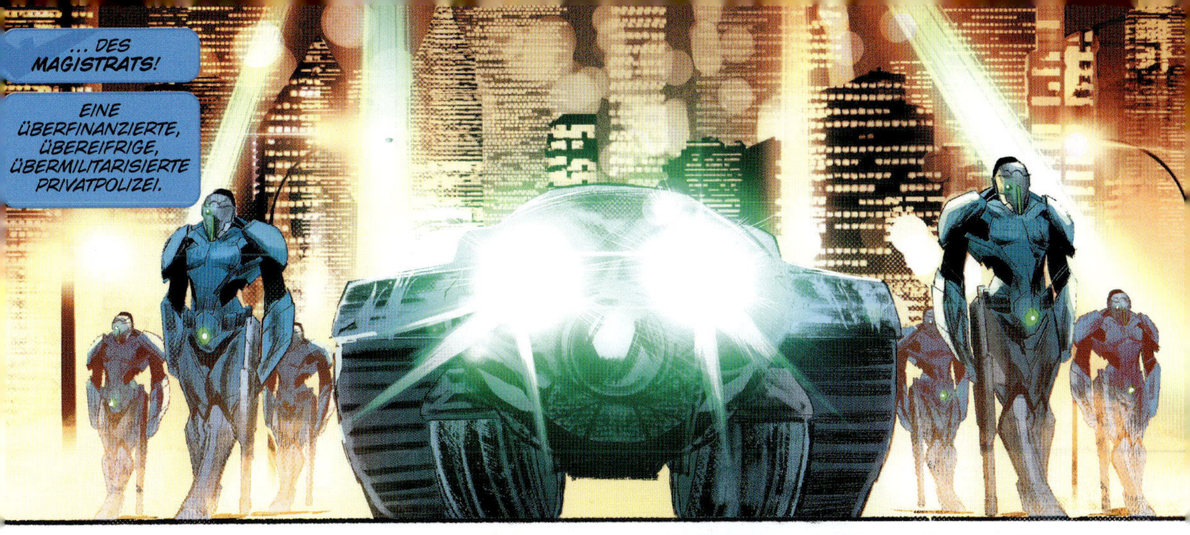
... DES MAGISTRATS!
EINE ÜBERFINANZIERTE, ÜBEREIFRIGE, ÜBERMILITARISIERTE PRIVATPOLIZEI.

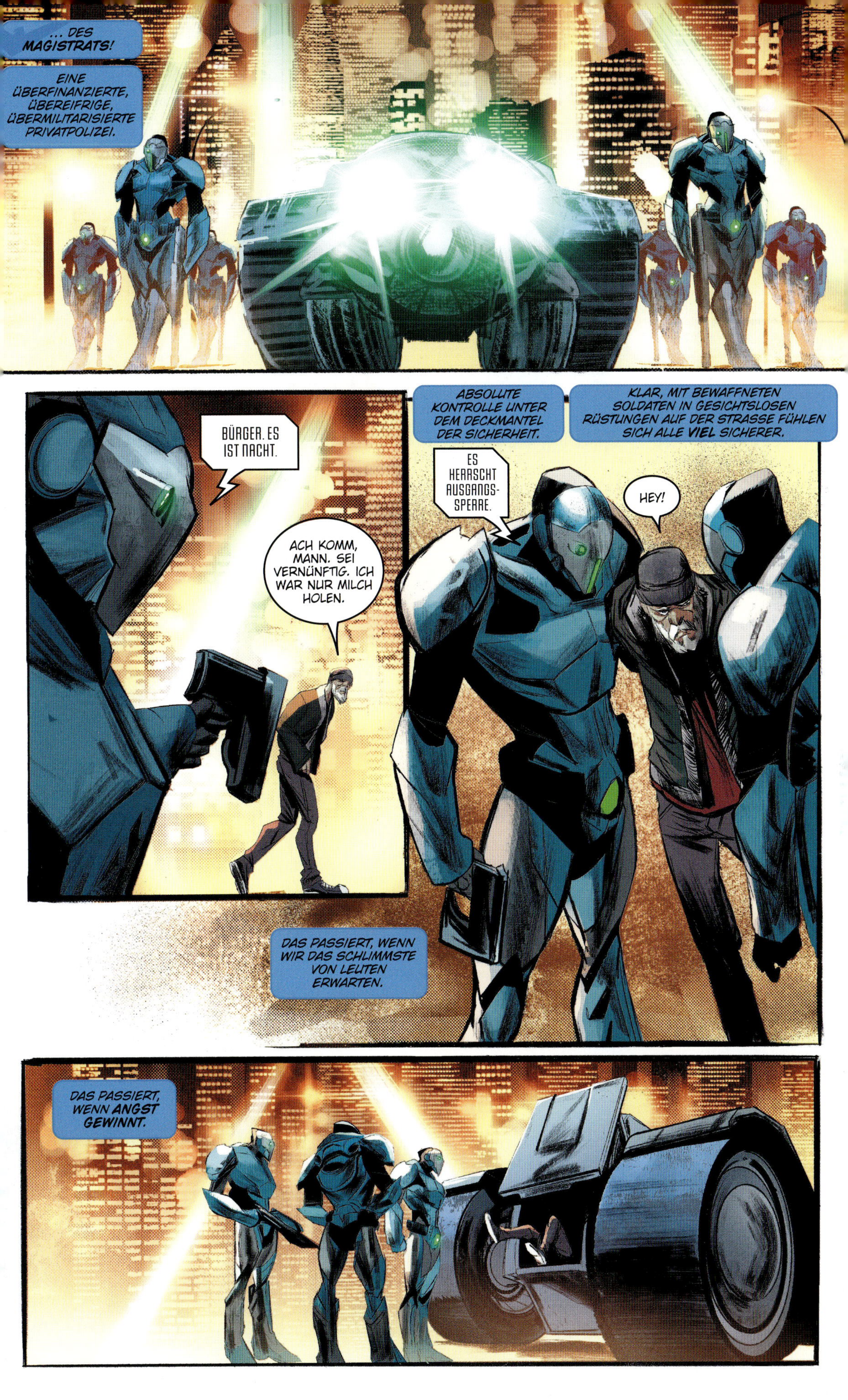

BÜRGER. ES IST NACHT.
ACH KOMM, MANN. SEI VERNÜNFTIG. ICH WAR NUR MILCH HOLEN.
ABSOLUTE KONTROLLE UNTER DEM DECKMANTEL DER SICHERHEIT.
KLAR, MIT BEWAFFNETEN SOLDATEN IN GESICHTSLOSEN RÜSTUNGEN AUF DER STRASSE FÜHLEN SICH ALLE VIEL SICHERER.
ES HERRSCHT AUSGANGS-SPERRE.
HEY!
DAS PASSIERT, WENN WIR DAS SCHLIMMSTE VON LEUTEN ERWARTEN.

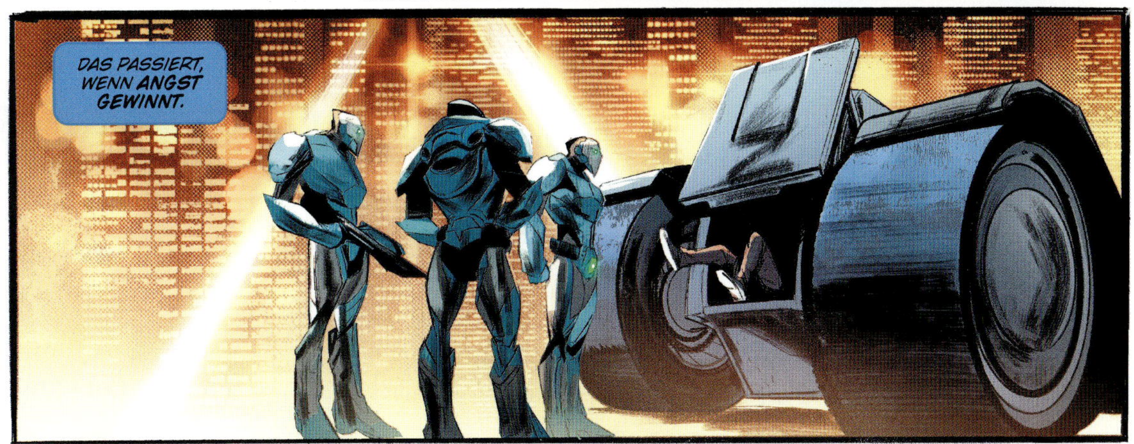
DAS PASSIERT, WENN ANGST GEWINNT.

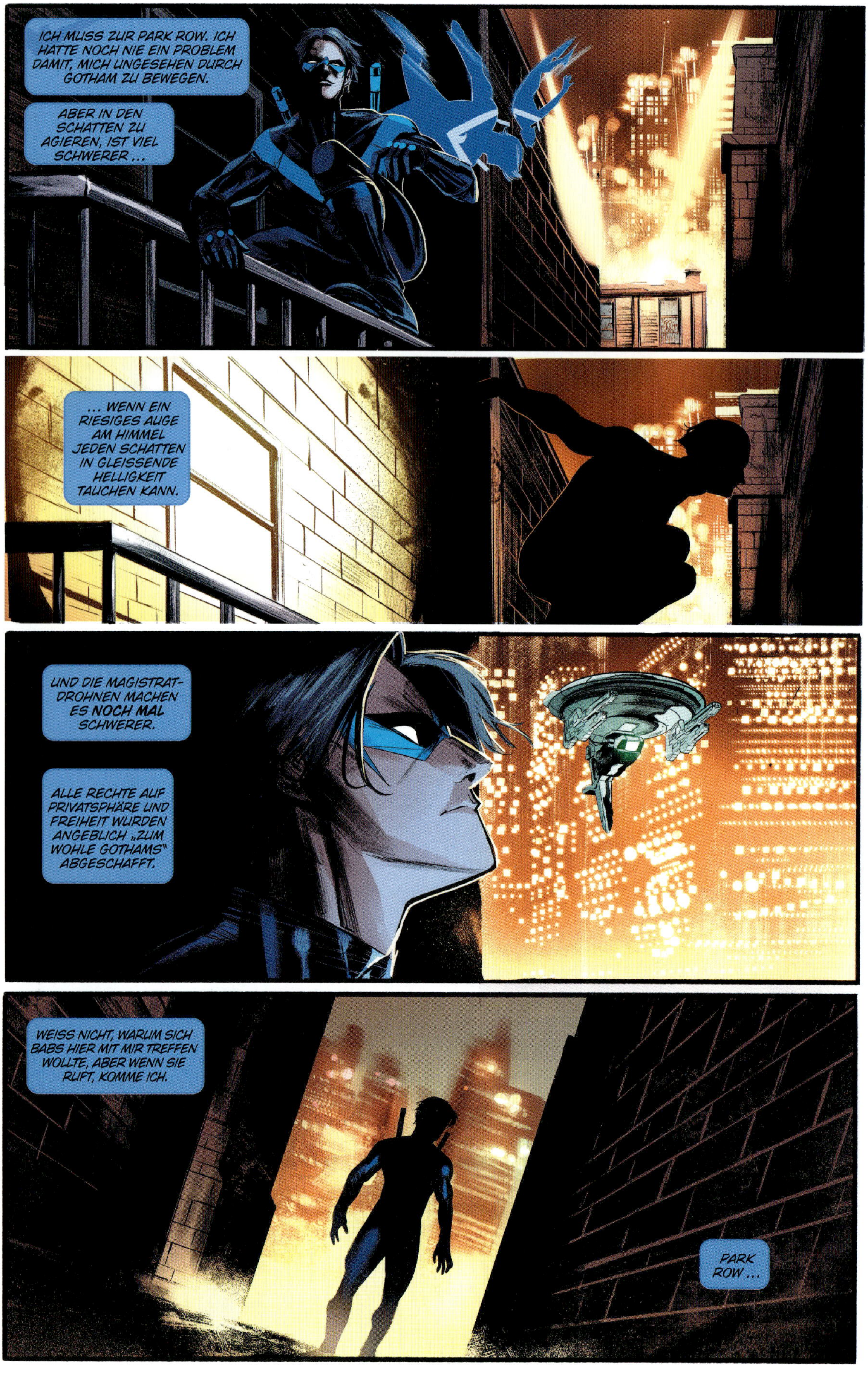

ICH MUSS ZUR PARK ROW. ICH HATTE NOCH NIE EIN PROBLEM DAMIT, MICH UNGESEHEN DURCH GOTHAM ZU BEWEGEN.

ABER IN DEN SCHATTEN ZU AGIEREN, IST VIEL SCHWERER …

… WENN EIN RIESIGES AUGE AM HIMMEL JEDEN SCHATTEN IN GLEISSENDE HELLIGKEIT TAUCHEN KANN.

UND DIE MAGISTRAT-DROHNEN MACHEN ES **NOCH MAL** SCHWERER.

ALLE RECHTE AUF PRIVATSPHÄRE UND FREIHEIT WURDEN ANGEBLICH „ZUM WOHLE GOTHAMS" ABGESCHAFFT.

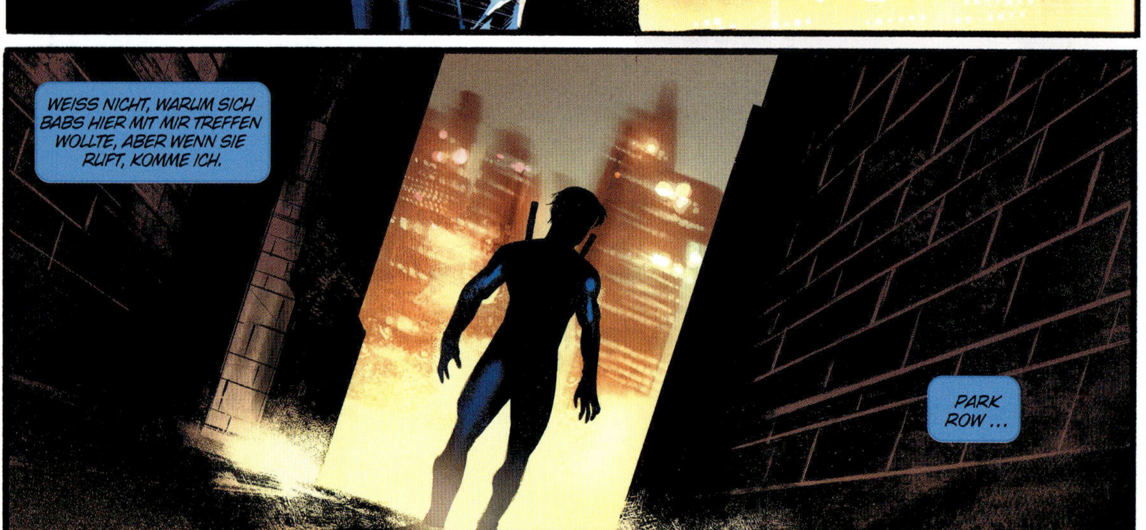

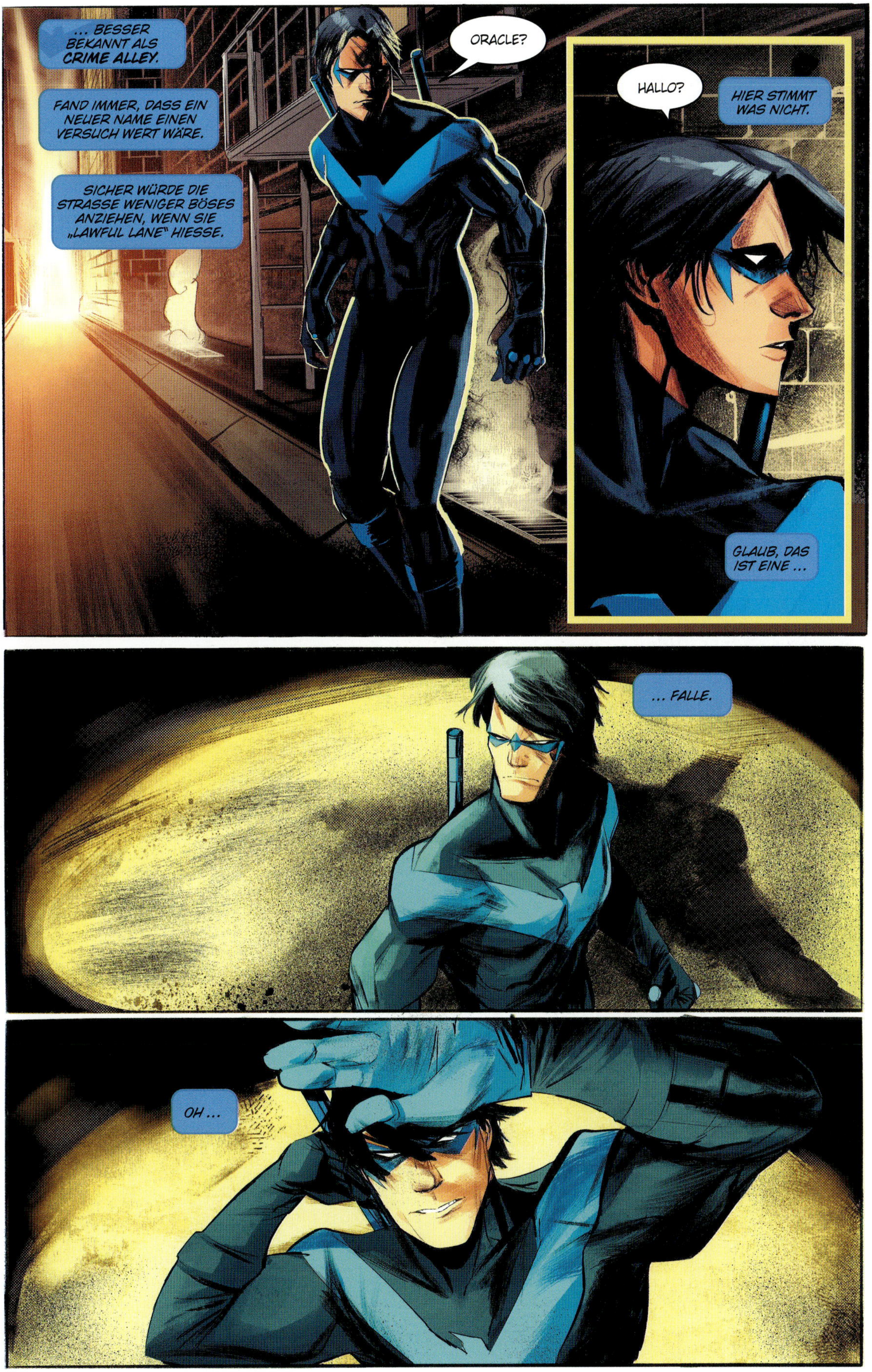

… BESSER BEKANNT ALS **CRIME ALLEY.**

FAND IMMER, DASS EIN NEUER NAME EINEN VERSUCH WERT WÄRE.

SICHER WÜRDE DIE STRASSE WENIGER BÖSES ANZIEHEN, WENN SIE „LAWFUL LANE“ HIESSE.

ORACLE?

HALLO?

HIER STIMMT WAS NICHT.

GLAUB, DAS IST EINE …

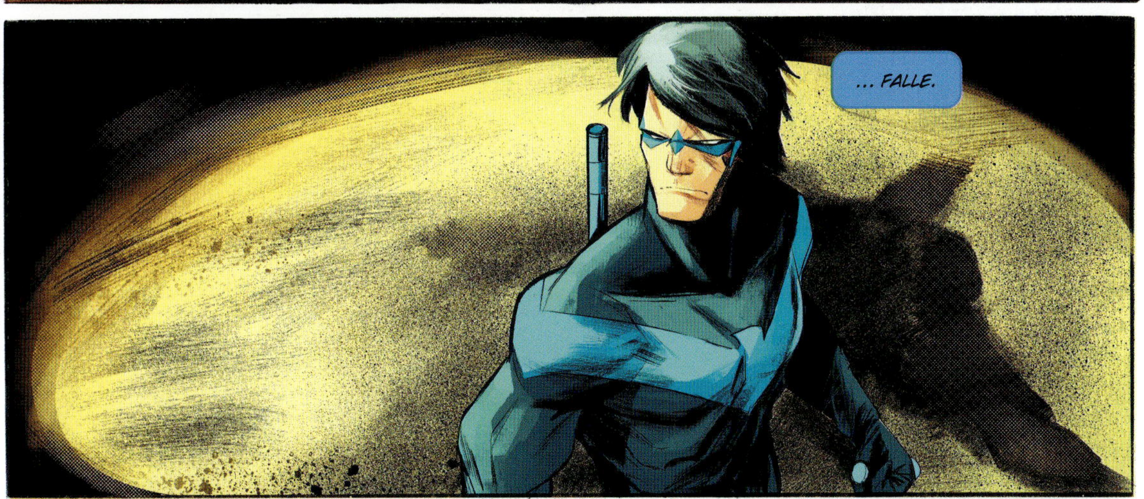

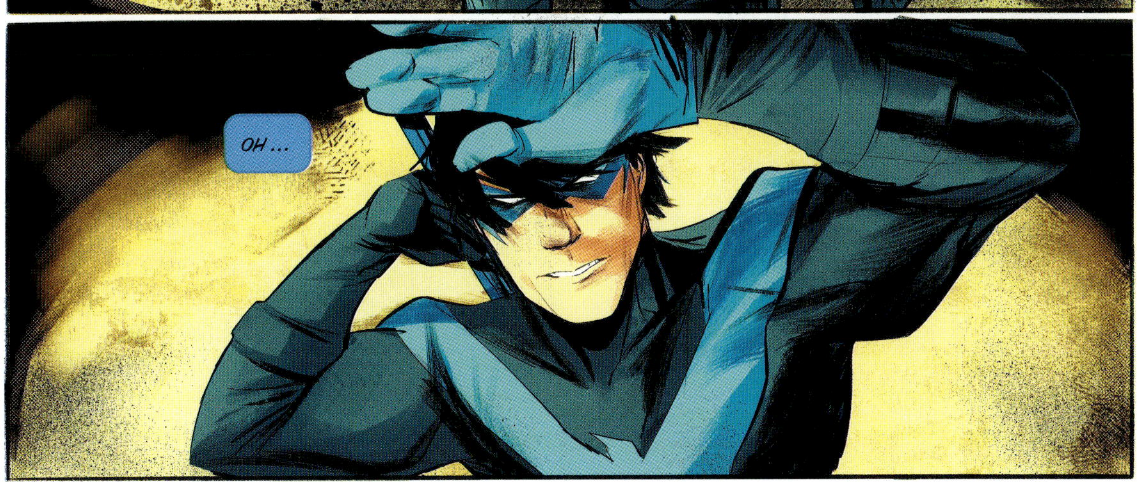

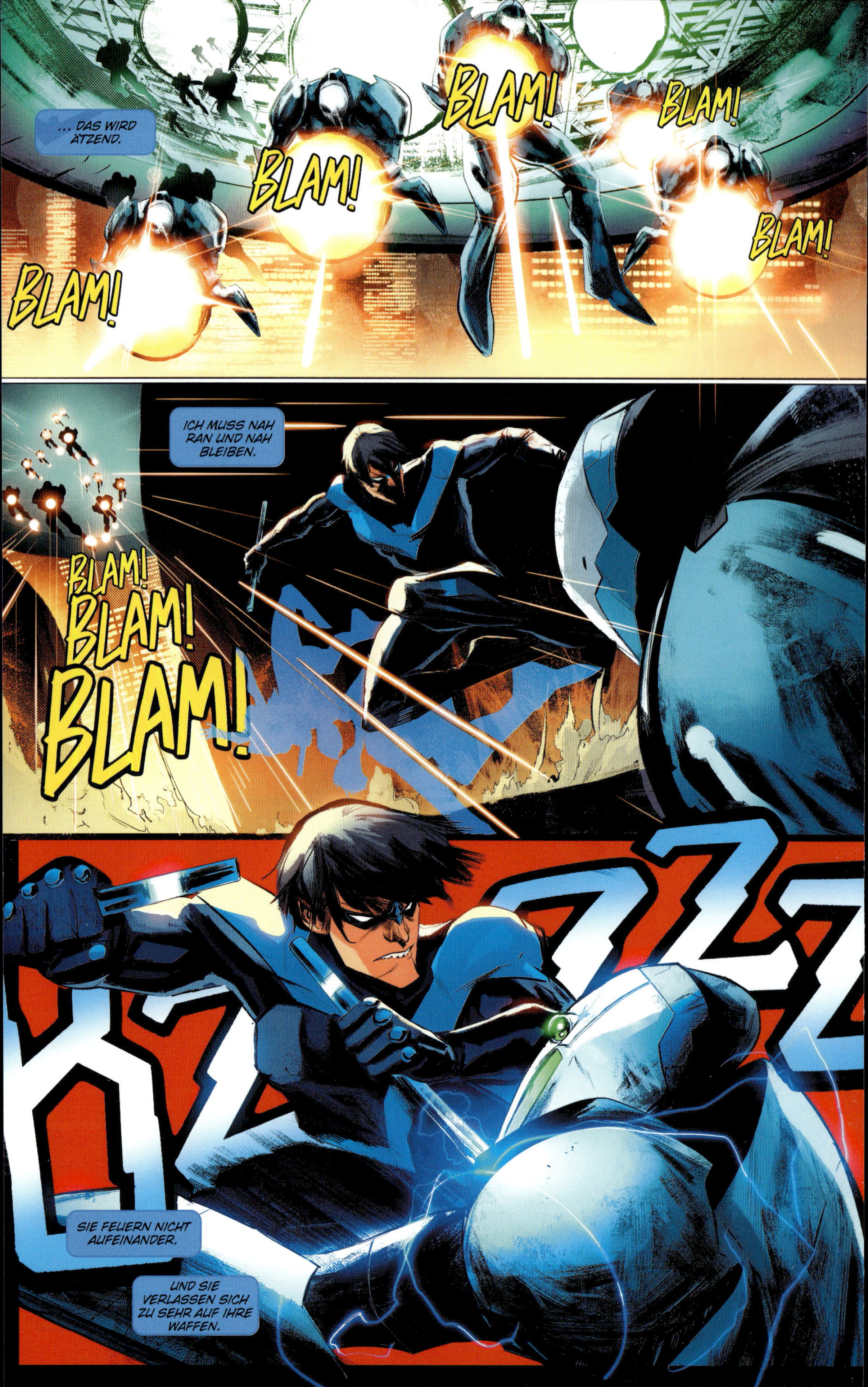
… DAS WIRD ÄTZEND.
BLAM!
BLAM!
BLAM!
BLAM!
BLAM!
ICH MUSS NAH RAN UND NAH BLEIBEN.
BLAM!
BLAM!
BLAM!
SIE FEUERN NICHT AUFEINANDER.
UND SIE VERLASSEN SICH ZU SEHR AUF IHRE WAFFEN.

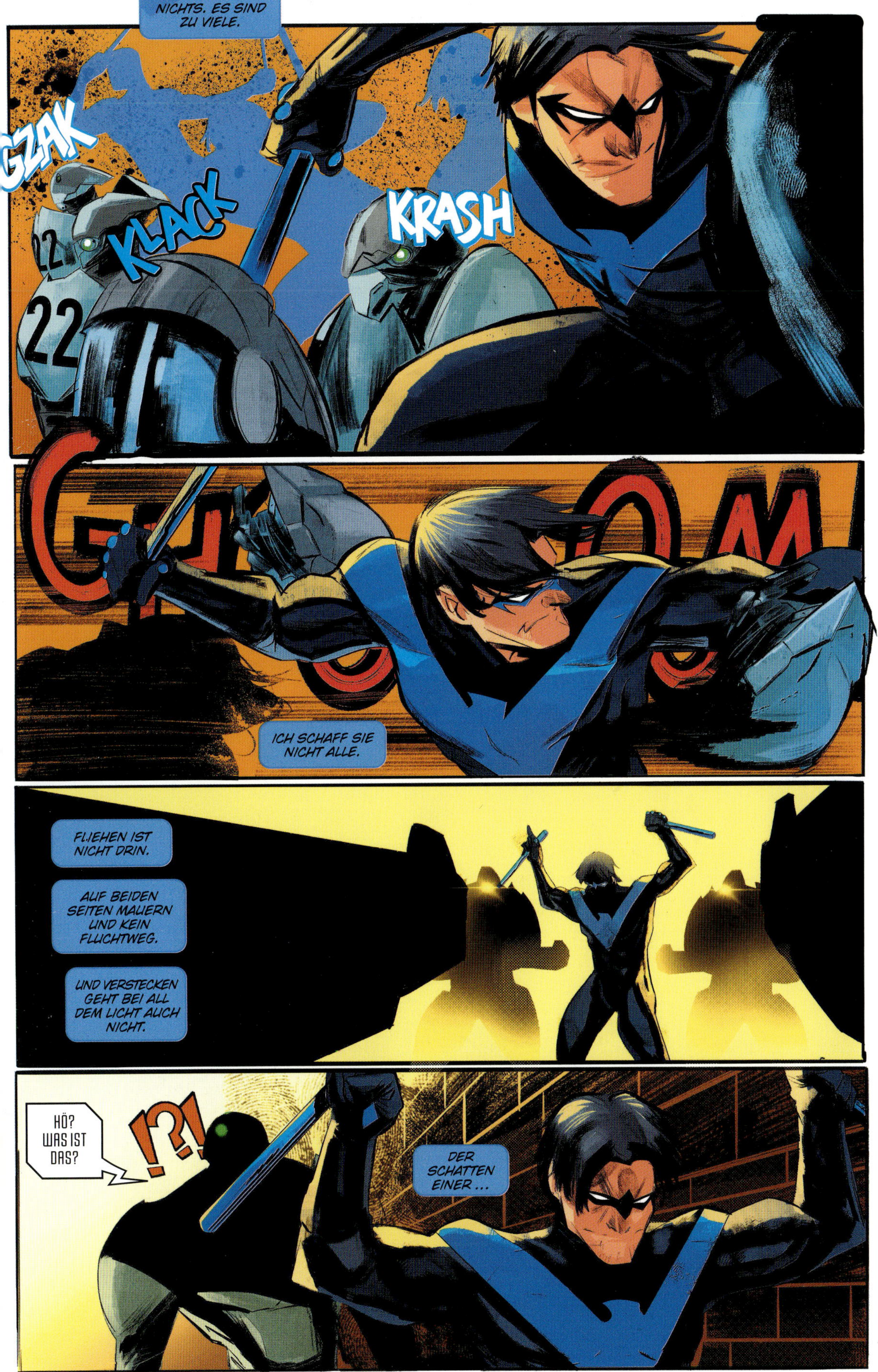
DAS WIRD SO NICHTS. ES SIND ZU VIELE.
GZAK
KLACK
KRASH
22
22
ICH SCHAFF SIE NICHT ALLE.
FLIEHEN IST NICHT DRIN.
AUF BEIDEN SEITEN MAUERN UND KEIN FLUCHTWEG.
UND VERSTECKEN GEHT BEI ALL DEM LICHT AUCH NICHT.
HÖ? WAS IST DAS?
!?!
DER SCHATTEN EINER ...

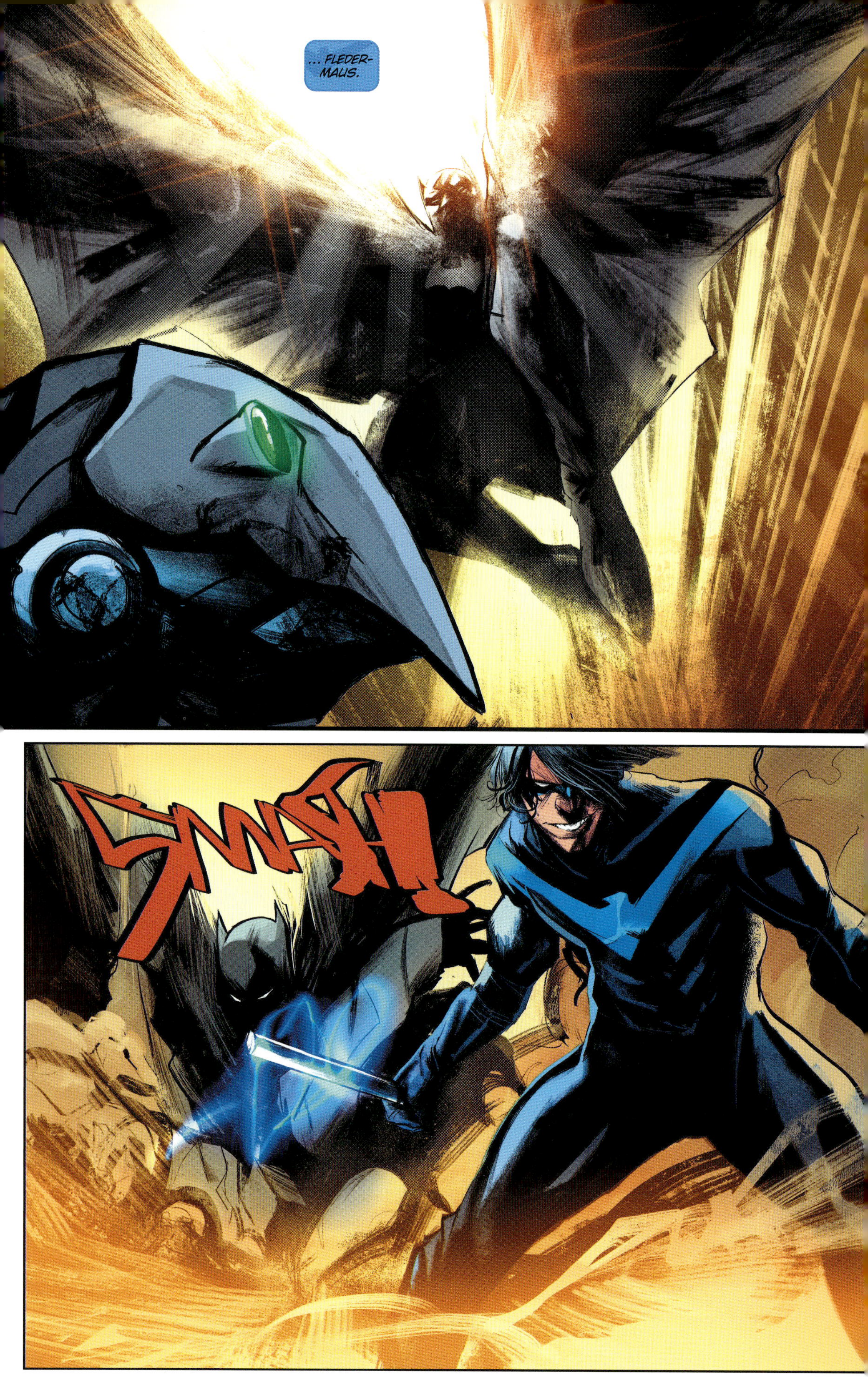

... FLEDER-
MAUS.

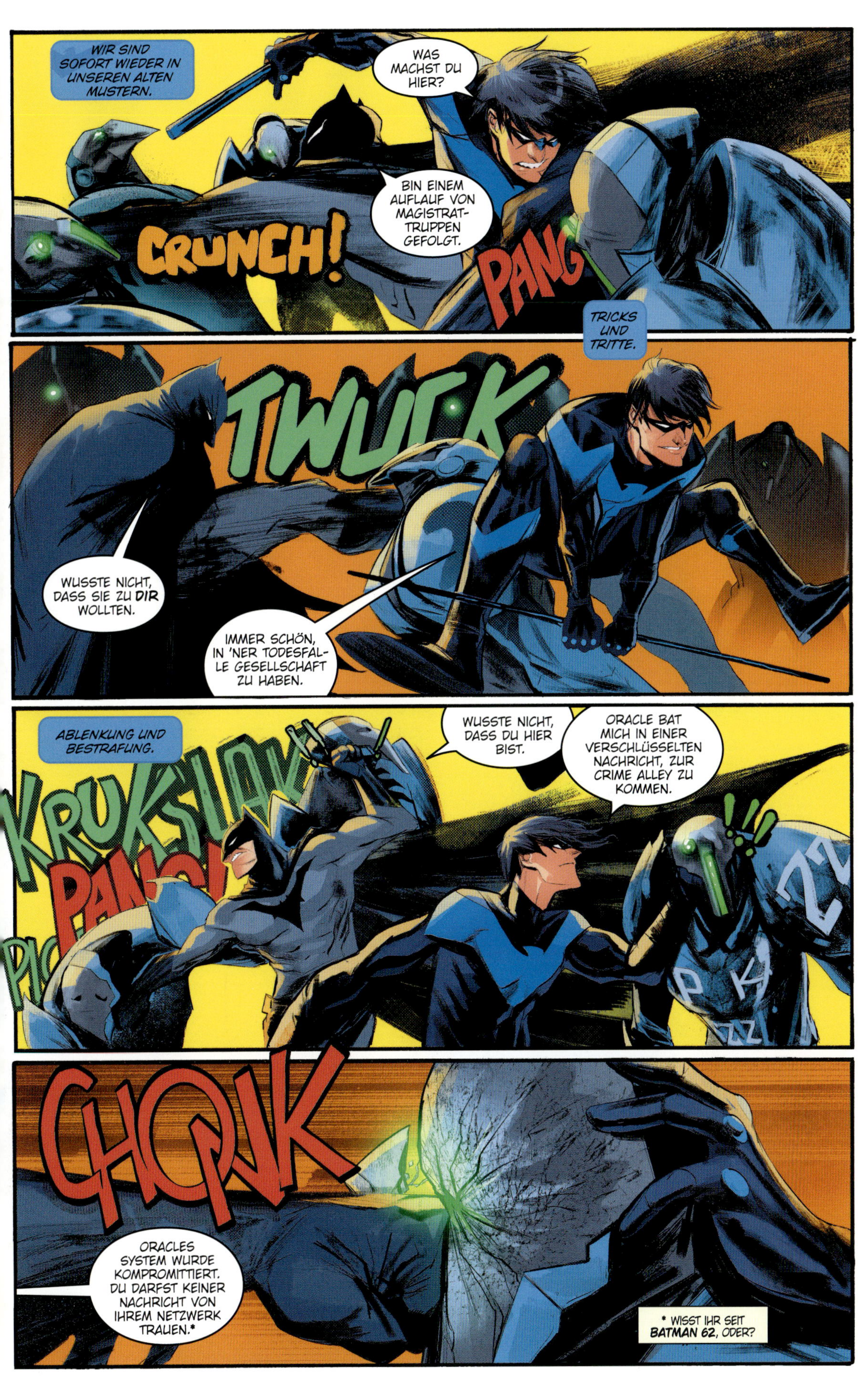
WIR SIND SOFORT WIEDER IN UNSEREN ALTEN MUSTERN.
WAS MACHST DU HIER?
BIN EINEM AUFLAUF VON MAGISTRAT-TRUPPEN GEFOLGT.
CRUNCH!
PANG
TRICKS UND TRITTE.
TWUCK
WUSSTE NICHT, DASS SIE ZU DIR WOLLTEN.
IMMER SCHÖN, IN 'NER TODESFAL-LE GESELLSCHAFT ZU HABEN.
ABLENKUNG UND BESTRAFUNG.
WUSSTE NICHT, DASS DU HIER BIST.
ORACLE BAT MICH IN EINER VERSCHLÜSSELTEN NACHRICHT, ZUR CRIME ALLEY ZU KOMMEN.
KRUKSLAM
PANG
CHONK
ORACLES SYSTEM WURDE KOMPROMITTIERT. DU DARFST KEINER NACHRICHT VON IHREM NETZWERK TRAUEN.*
* WISST IHR SEIT BATMAN 62, ODER?

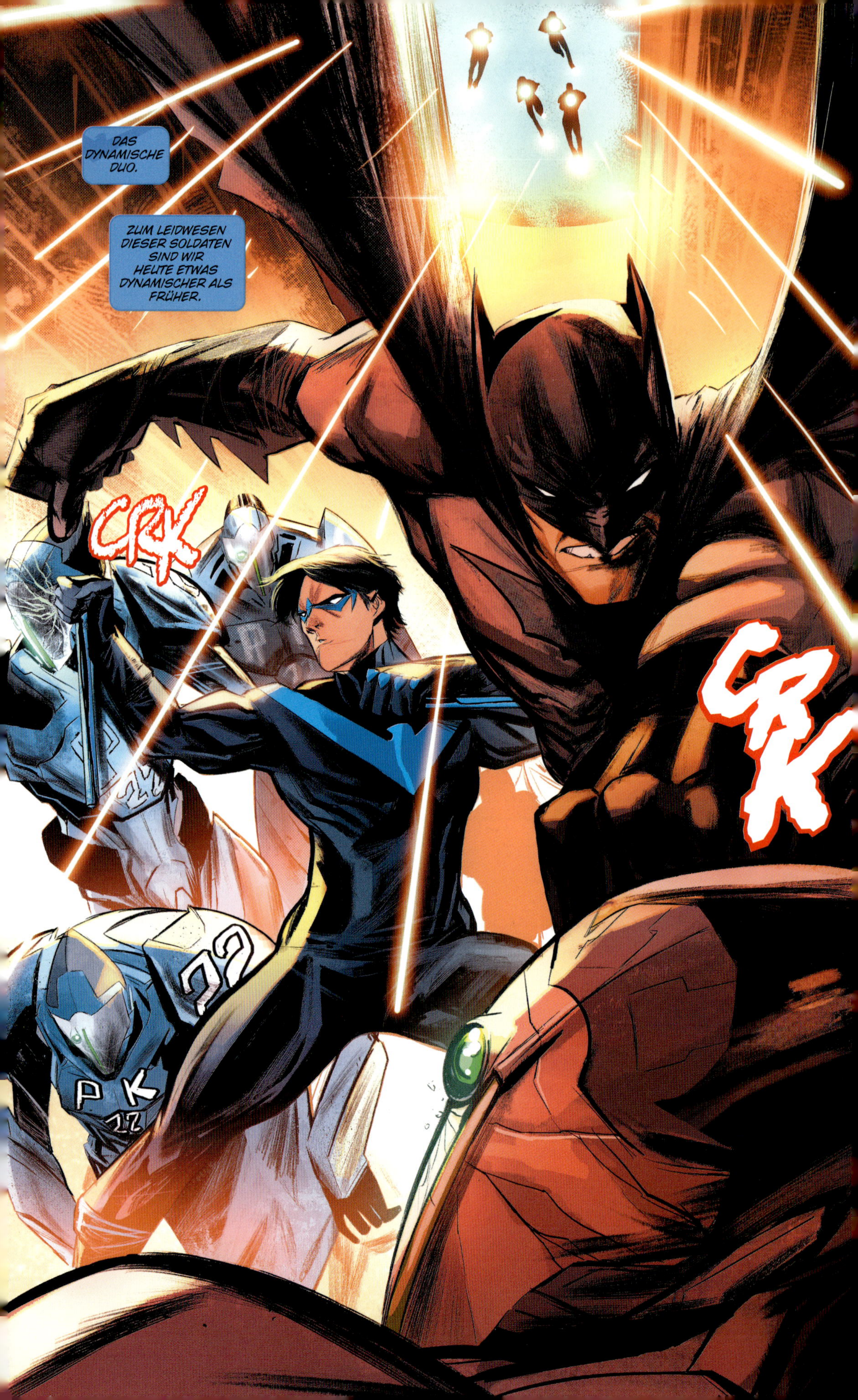
DAS DYNAMISCHE DUO.
ZUM LEIDWESEN DIESER SOLDATEN SIND WIR HEUTE ETWAS DYNAMISCHER ALS FRÜHER.
CRK
CRK
PK
22

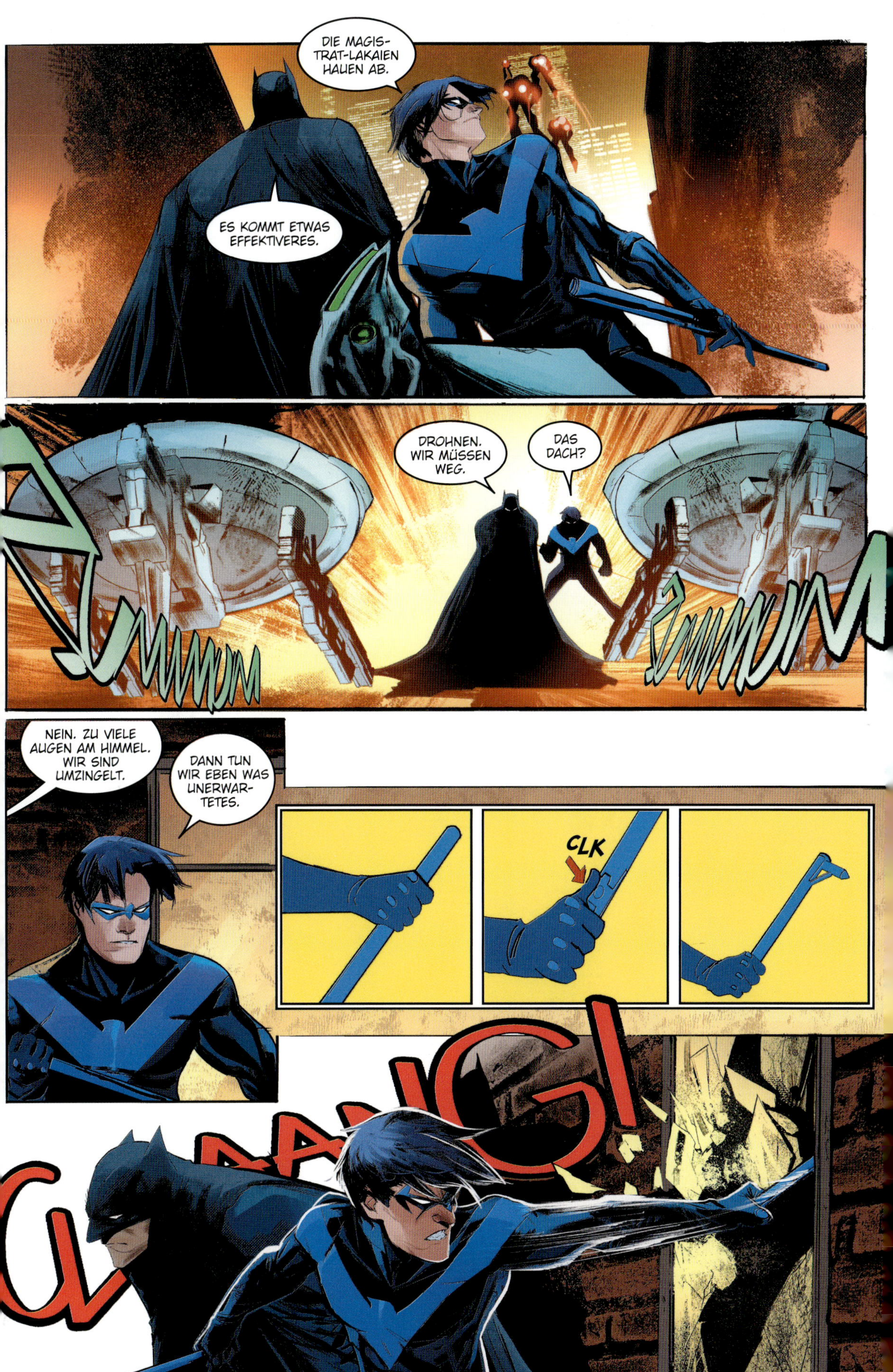
DIE MAGIS-TRAT-LAKAIEN HAUEN AB.
ES KOMMT ETWAS EFFEKTIVERES.
DROHNEN. WIR MÜSSEN WEG.
DAS DACH?
NEIN. ZU VIELE AUGEN AM HIMMEL. WIR SIND UMZINGELT.
DANN TUN WIR EBEN WAS UNERWAR-TETES.
CLK

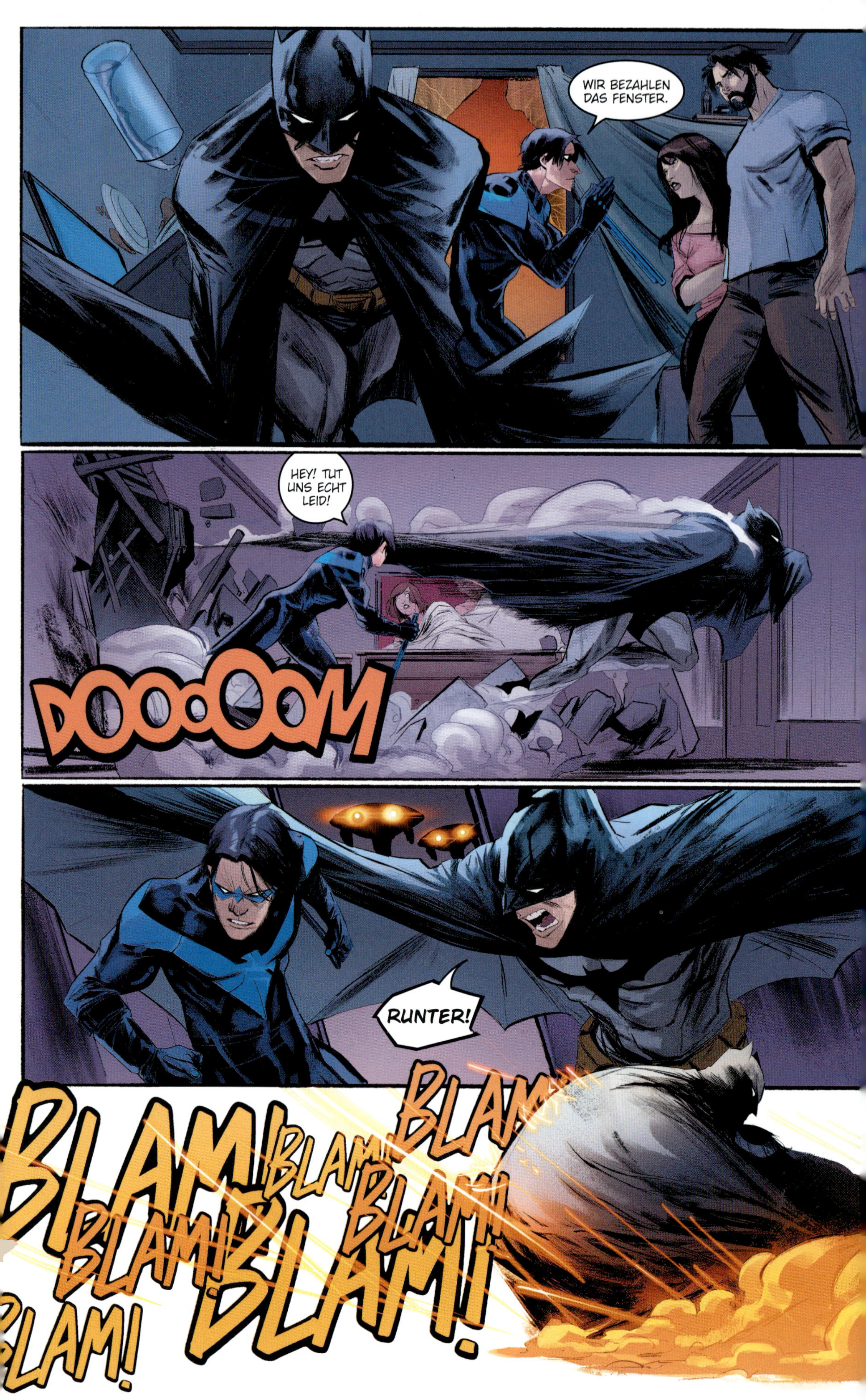
WIR BEZAHLEN DAS FENSTER.
HEY! TUT UNS ECHT LEID!
DOOOOOM
RUNTER!
BLAM! BLAM! BLAM! BLAM! BLAM! BLAM! BLAM!

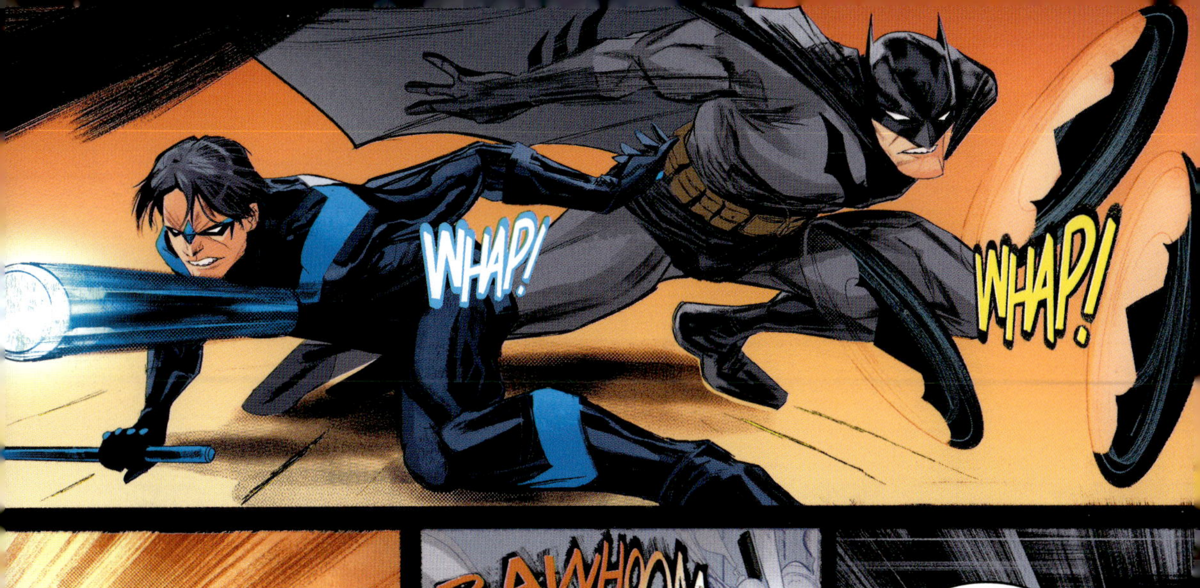
WHAP!
WHAP!

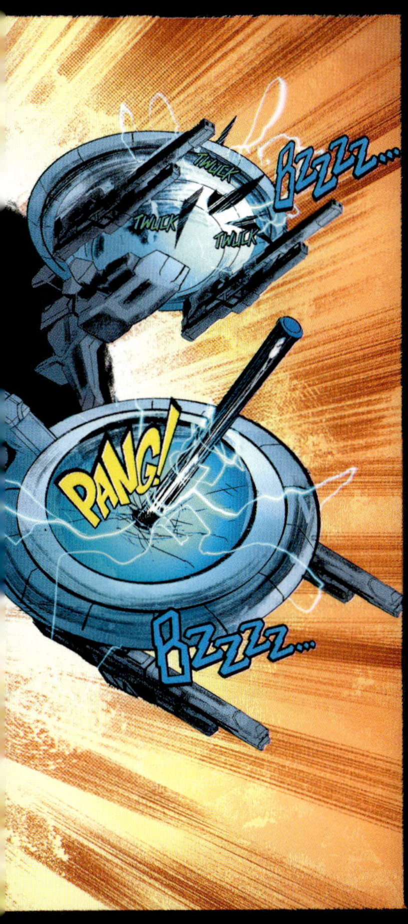
BZZZZ...
PANG!
BZZZZ...

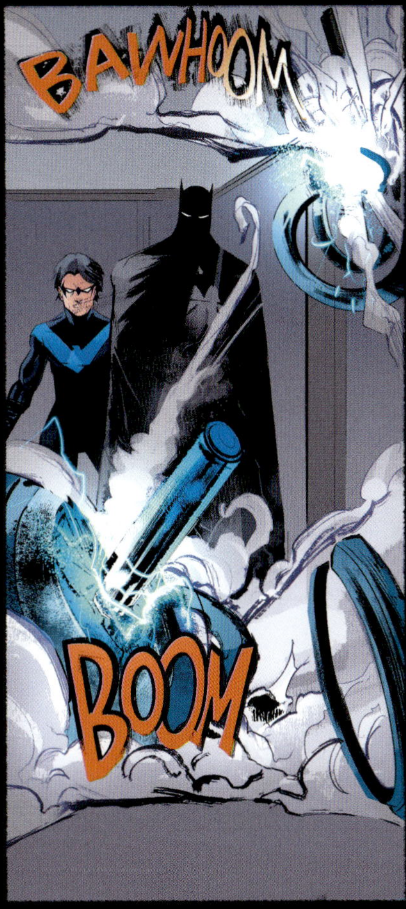
BAWHOOM
BOOM

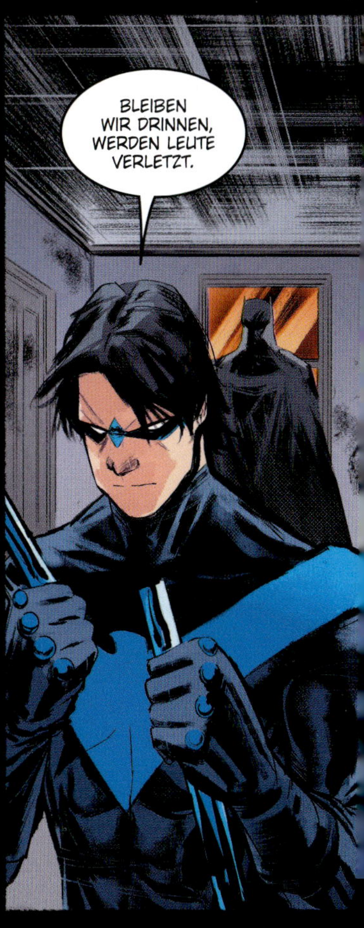
BLEIBEN WIR DRINNEN, WERDEN LEUTE VERLETZT.

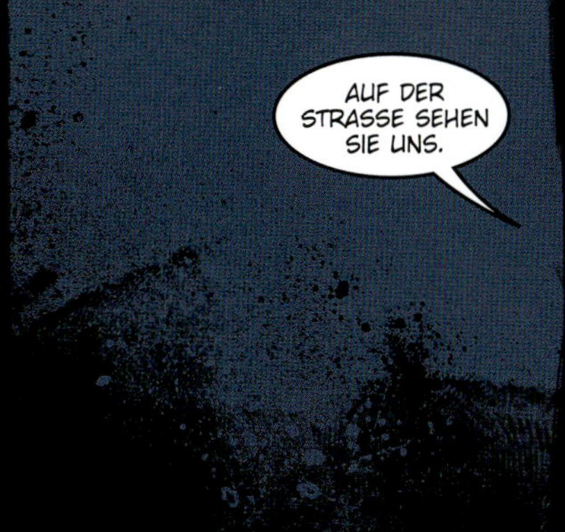
AUF DER STRASSE SEHEN SIE UNS.

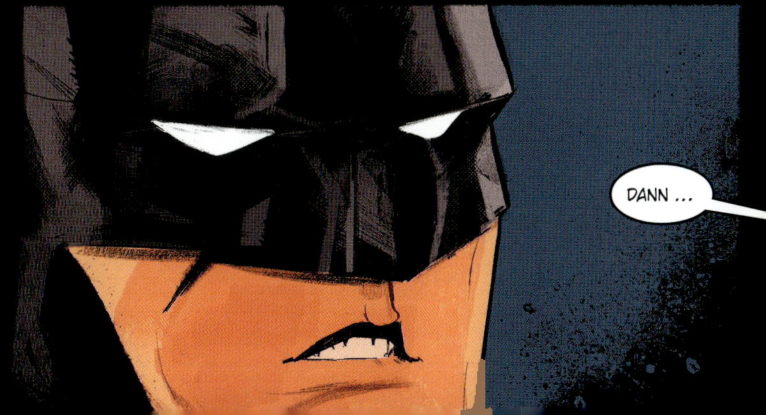
DANN ...

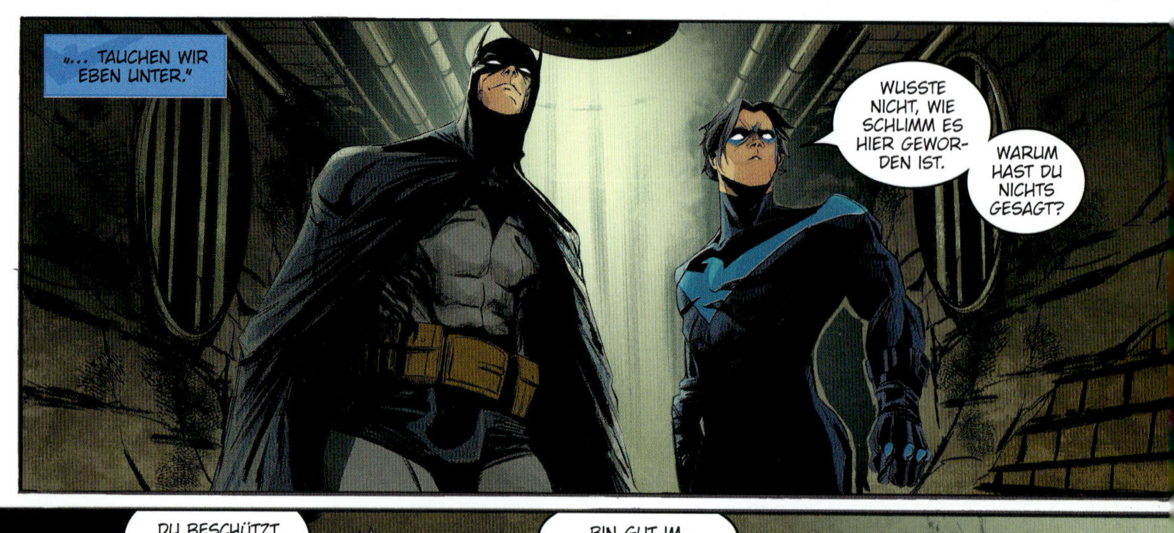

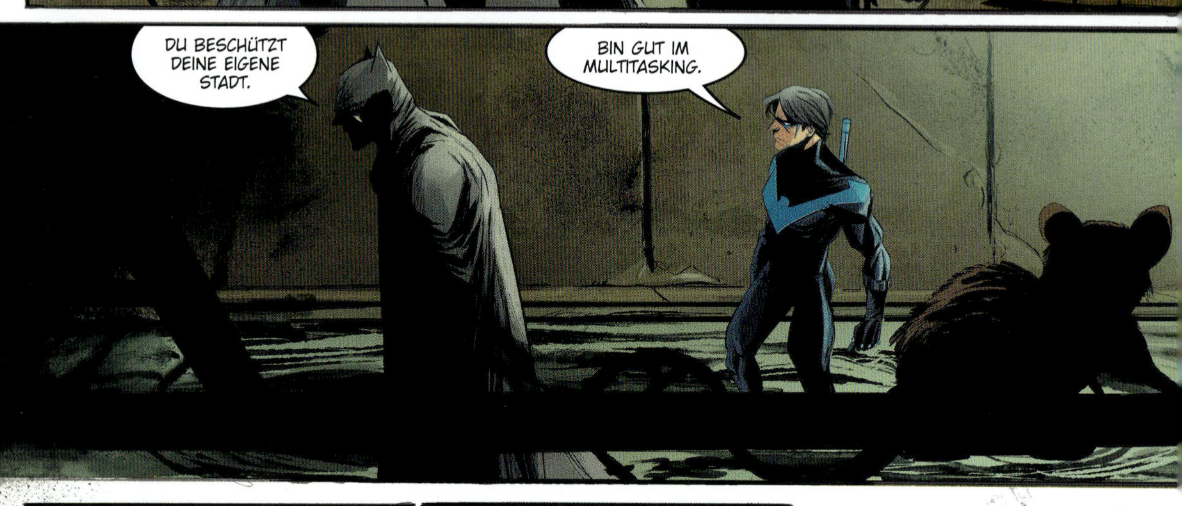

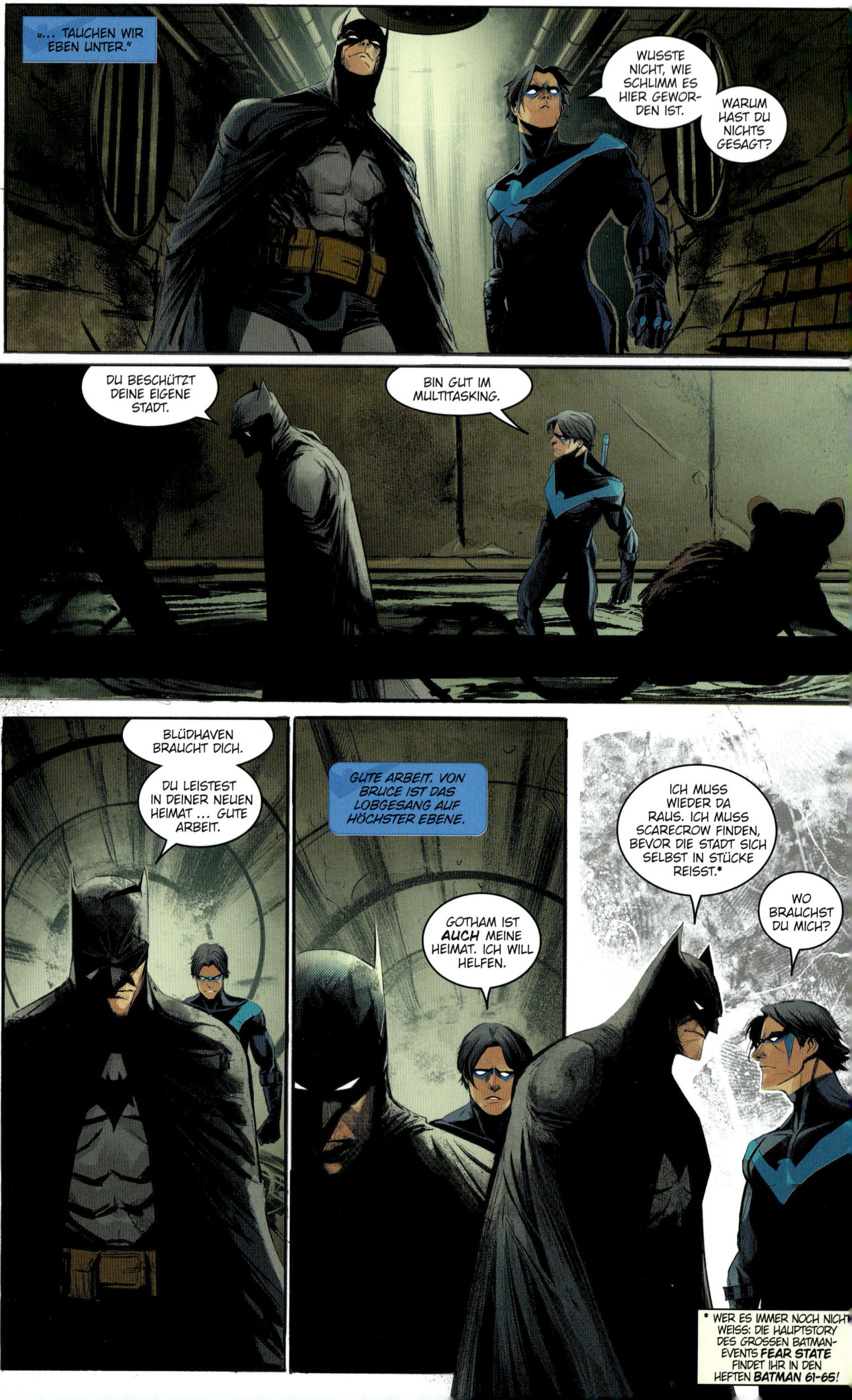

BLÜDHAVEN BRAUCHT DICH.

DU LEISTEST IN DEINER NEUEN HEIMAT ... GUTE ARBEIT.

GUTE ARBEIT. VON BRUCE IST DAS LOBGESANG AUF HÖCHSTER EBENE.

GOTHAM IST **AUCH** MEINE HEIMAT. ICH WILL HELFEN.

ICH MUSS WIEDER DA RAUS. ICH MUSS SCARECROW FINDEN, BEVOR DIE STADT SICH SELBST IN STÜCKE REISST.*

WO BRAUCHST DU MICH?

* WER ES IMMER NOCH NICHT WEISS: DIE HAUPTSTORY DES GROSSEN BATMAN-EVENTS **FEAR STATE** FINDET IHR IN DEN HEFTEN **BATMAN 61-65**!

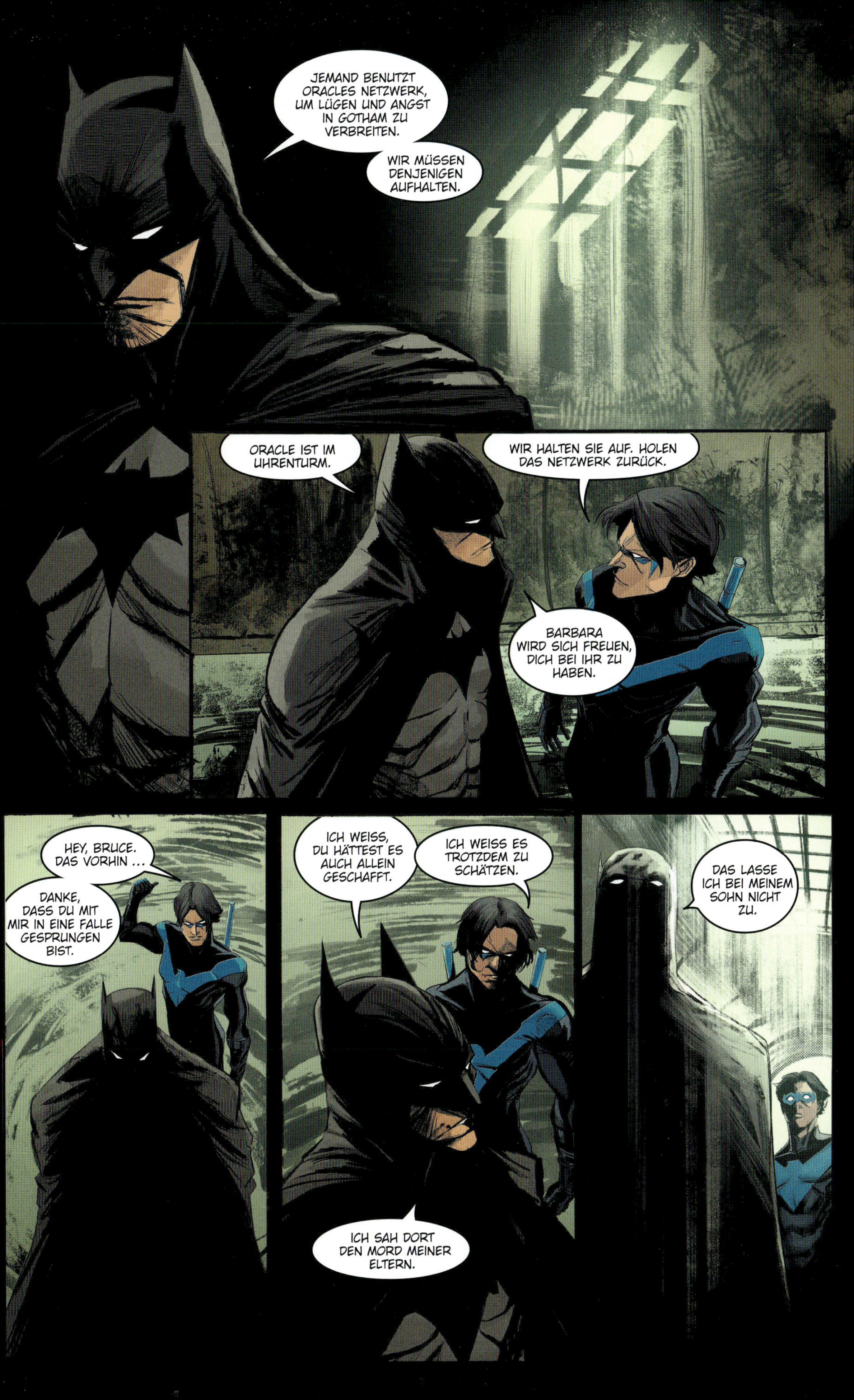

JEMAND BENUTZT ORACLES NETZWERK, UM LÜGEN UND ANGST IN GOTHAM ZU VERBREITEN.
WIR MÜSSEN DENJENIGEN AUFHALTEN.
ORACLE IST IM UHRENTURM.
WIR HALTEN SIE AUF. HOLEN DAS NETZWERK ZURÜCK.
BARBARA WIRD SICH FREUEN, DICH BEI IHR ZU HABEN.
HEY, BRUCE. DAS VORHIN …
DANKE, DASS DU MIT MIR IN EINE FALLE GESPRUNGEN BIST.
ICH WEISS, DU HÄTTEST ES AUCH ALLEIN GESCHAFFT.
ICH WEISS ES TROTZDEM ZU SCHÄTZEN.
ICH SAH DORT DEN MORD MEINER ELTERN.
DAS LASSE ICH BEI MEINEM SOHN NICHT ZU.

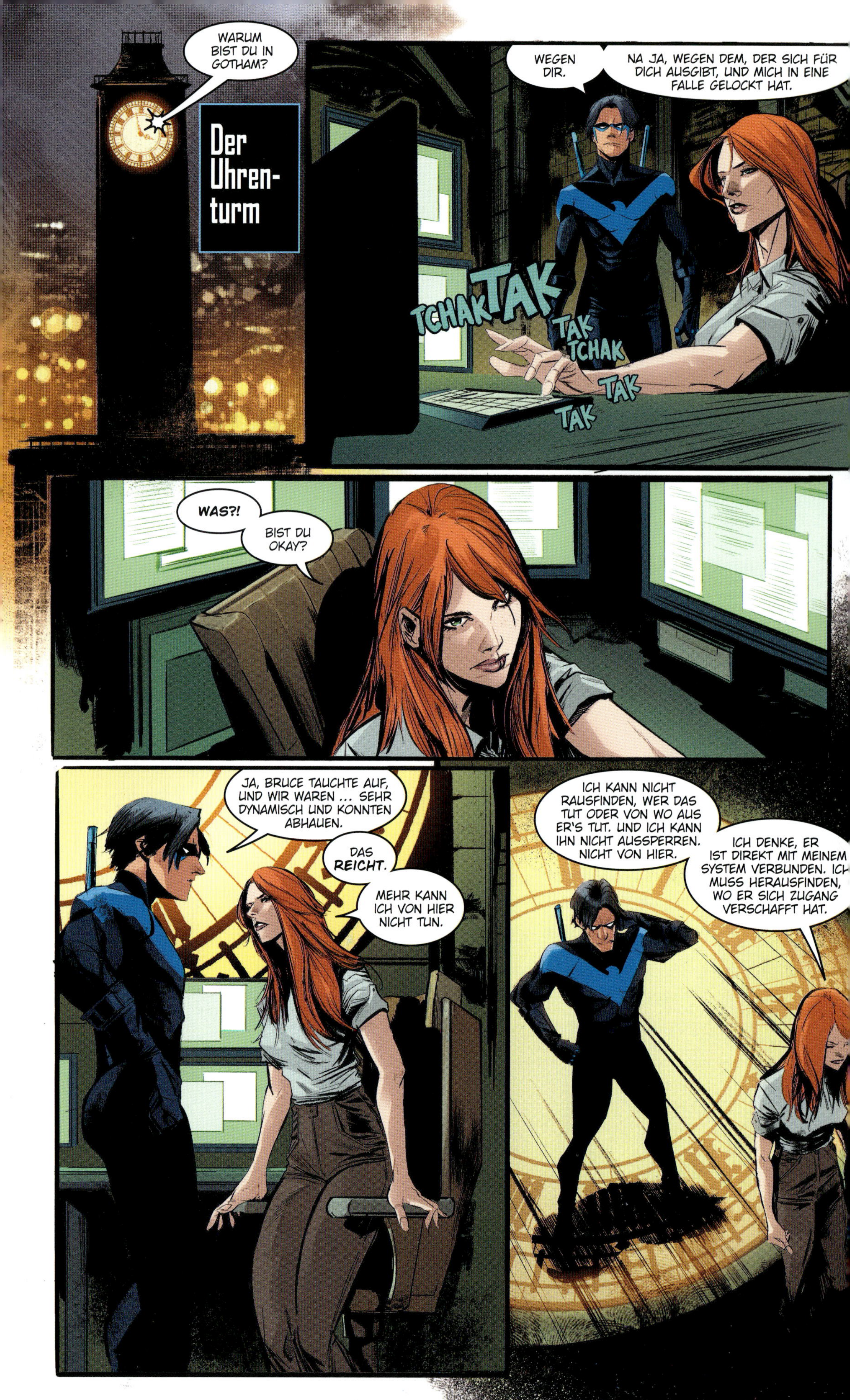
WARUM BIST DU IN GOTHAM?
Der Uhren-turm
WEGEN DIR.
NA JA, WEGEN DEM, DER SICH FÜR DICH AUSGIBT, UND MICH IN EINE FALLE GELOCKT HAT.
TCHAK TAK TAK TCHAK TAK TAK
WAS?!
BIST DU OKAY?
JA, BRUCE TAUCHTE AUF, UND WIR WAREN ... SEHR DYNAMISCH UND KONNTEN ABHAUEN.
DAS REICHT.
MEHR KANN ICH VON HIER NICHT TUN.
ICH KANN NICHT RAUSFINDEN, WER DAS TUT ODER VON WO AUS ER'S TUT. UND ICH KANN IHN NICHT AUSSPERREN. NICHT VON HIER.
ICH DENKE, ER IST DIREKT MIT MEINEM SYSTEM VERBUNDEN. ICH MUSS HERAUSFINDEN, WO ER SICH ZUGANG VERSCHAFFT HAT.

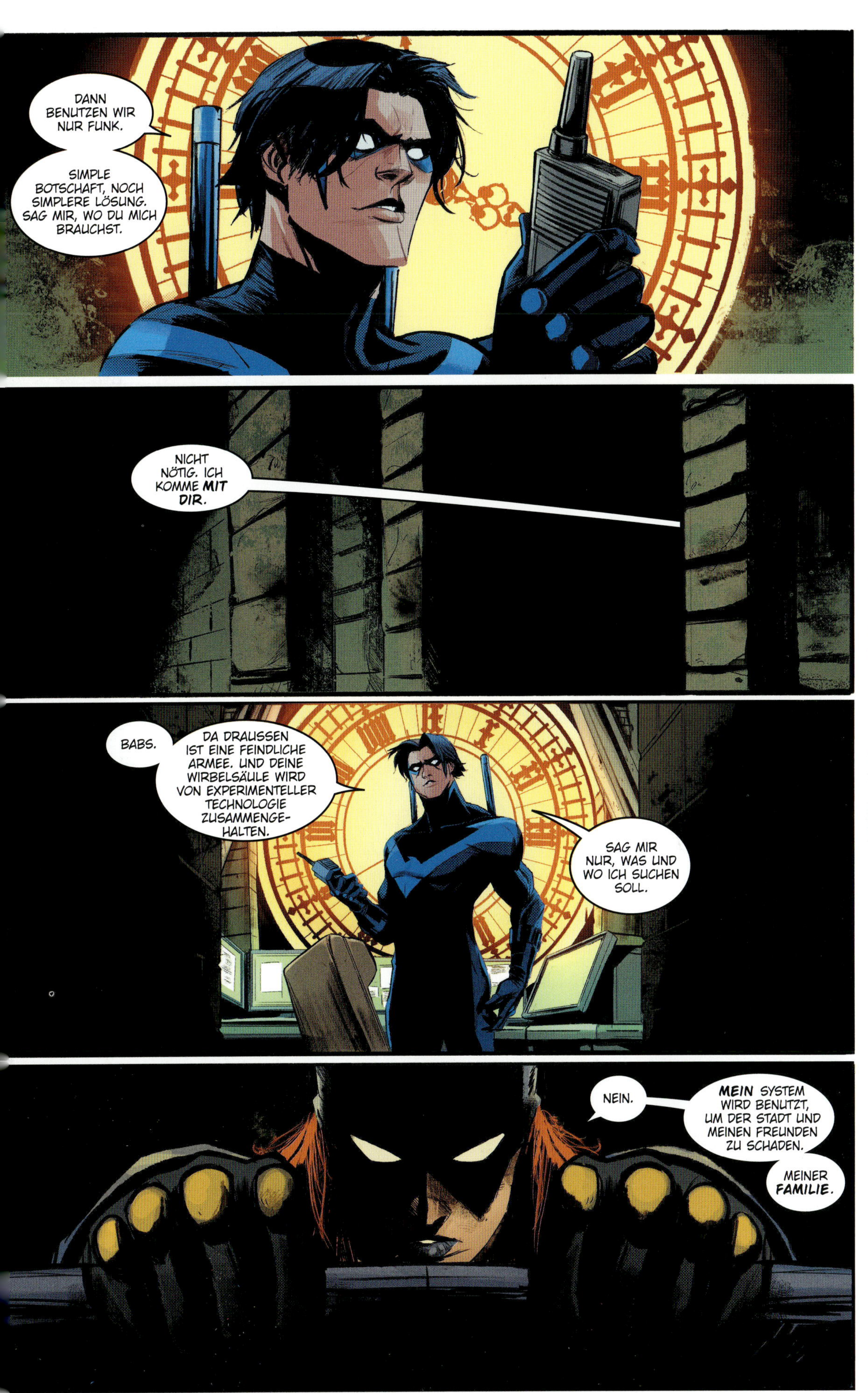
DANN BENUTZEN WIR NUR FUNK.
SIMPLE BOTSCHAFT, NOCH SIMPLERE LÖSUNG. SAG MIR, WO DU MICH BRAUCHST.
NICHT NÖTIG. ICH KOMME **MIT DIR**.
BABS.
DA DRAUSSEN IST EINE FEINDLICHE ARMEE. UND DEINE WIRBELSÄULE WIRD VON EXPERIMENTELLER TECHNOLOGIE ZUSAMMENGE-HALTEN.
SAG MIR NUR, WAS UND WO ICH SUCHEN SOLL.
NEIN.
MEIN SYSTEM WIRD BENUTZT, UM DER STADT UND MEINEN FREUNDEN ZU SCHADEN.
MEINER **FAMILIE**.

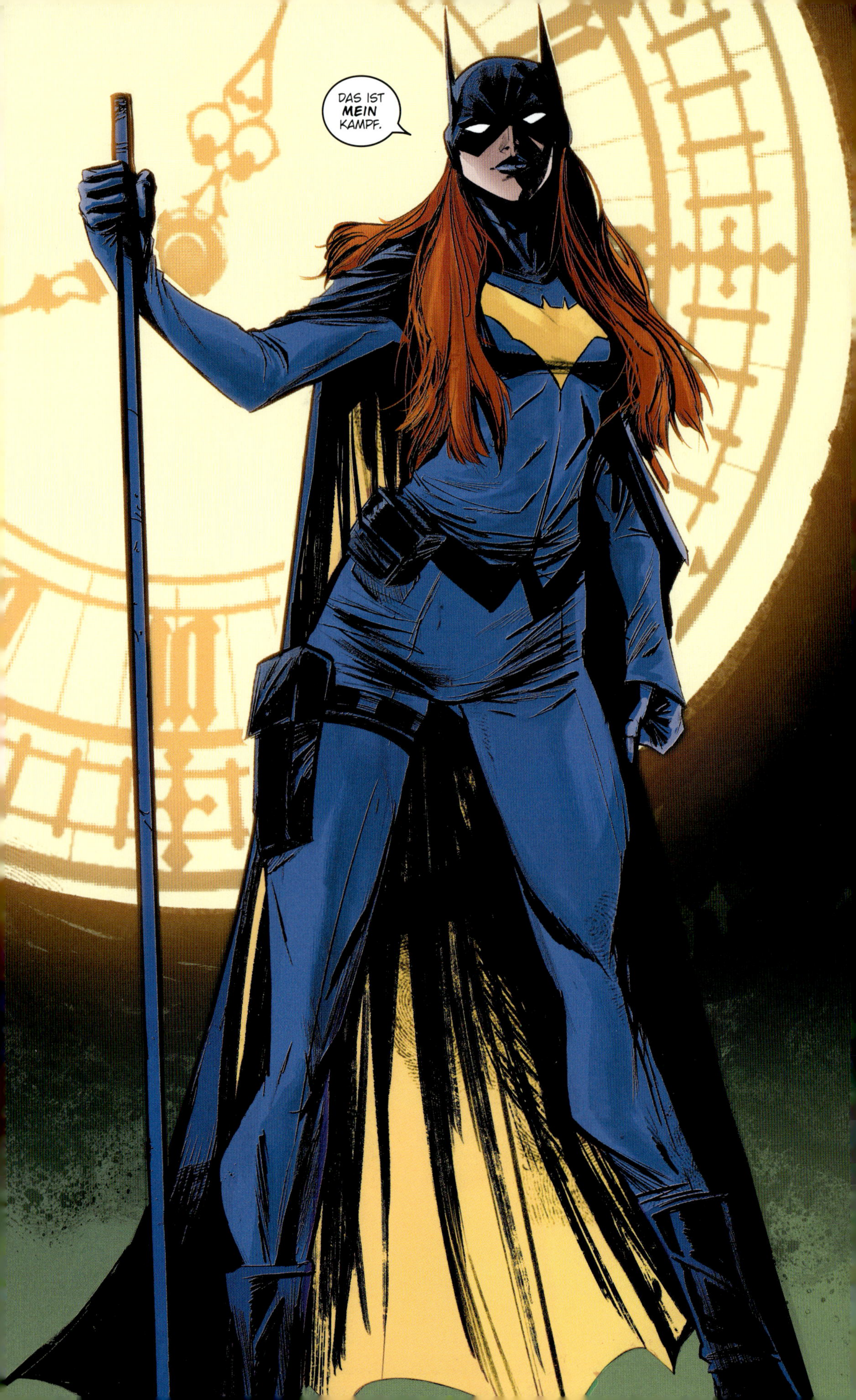
DAS IST **MEIN** KAMPF.

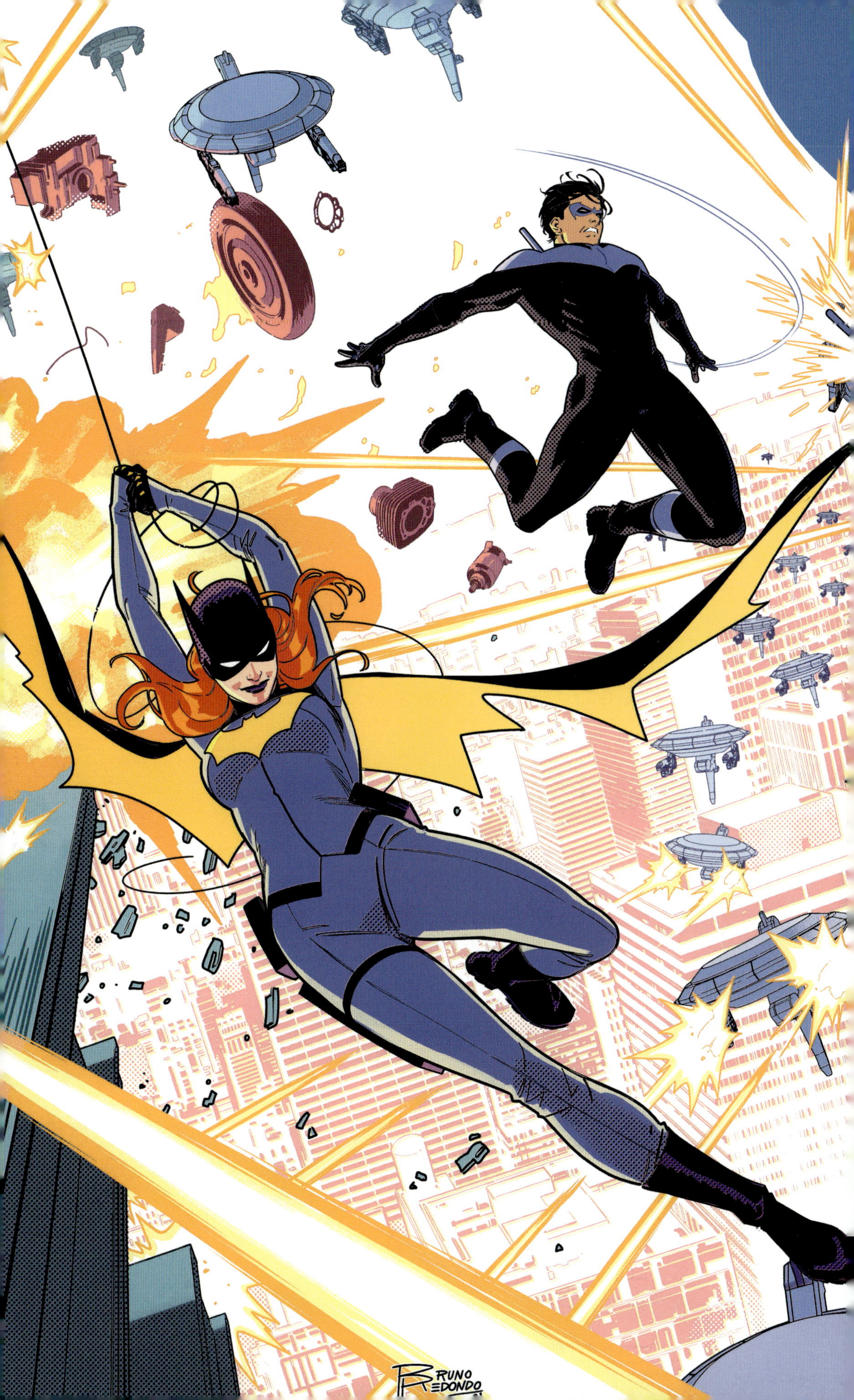
BRUNO REDONDO

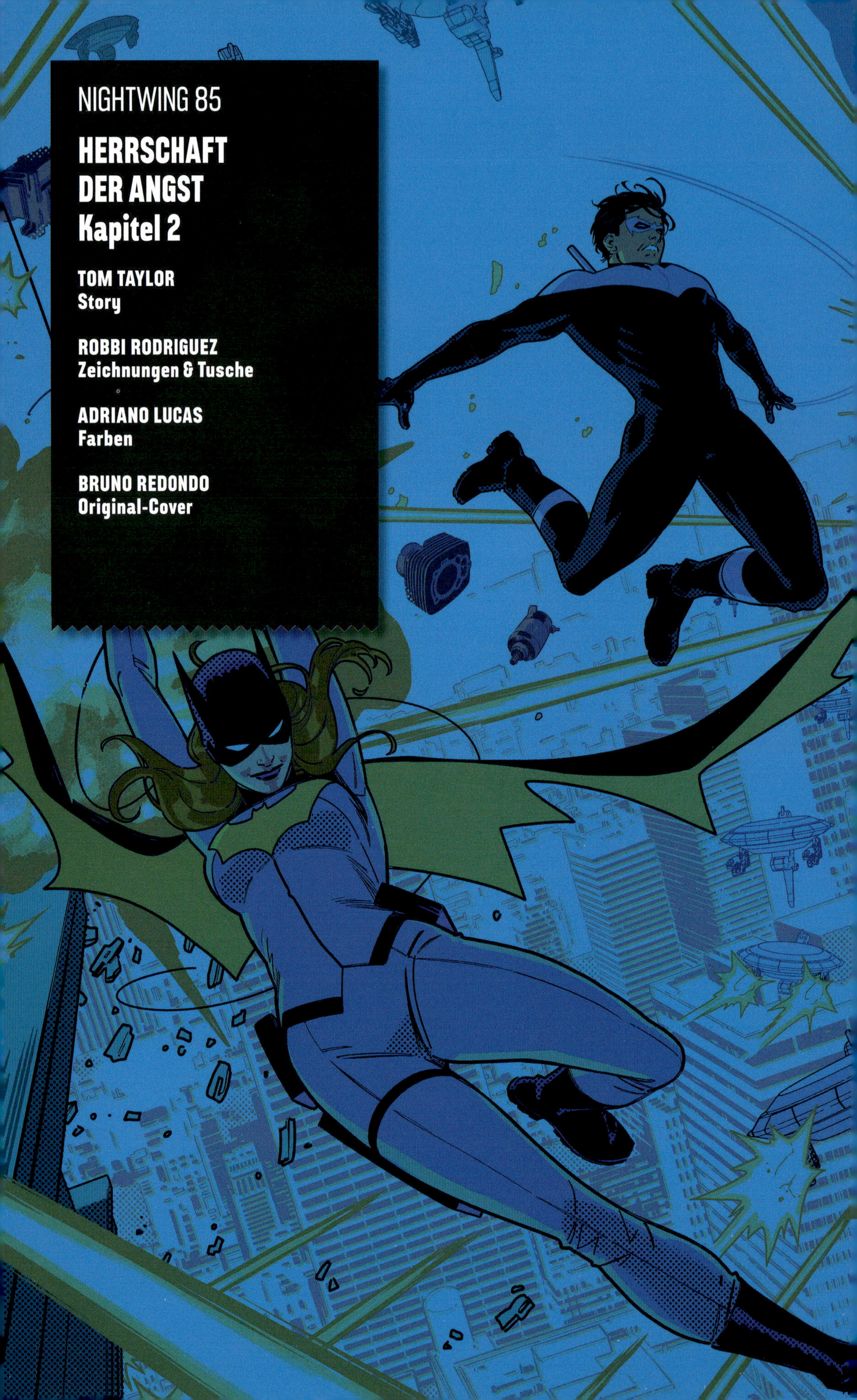
NIGHTWING 85
HERRSCHAFT DER ANGST
Kapitel 2
TOM TAYLOR
Story
ROBBI RODRIGUEZ
Zeichnungen & Tusche
ADRIANO LUCAS
Farben
BRUNO REDONDO
Original-Cover

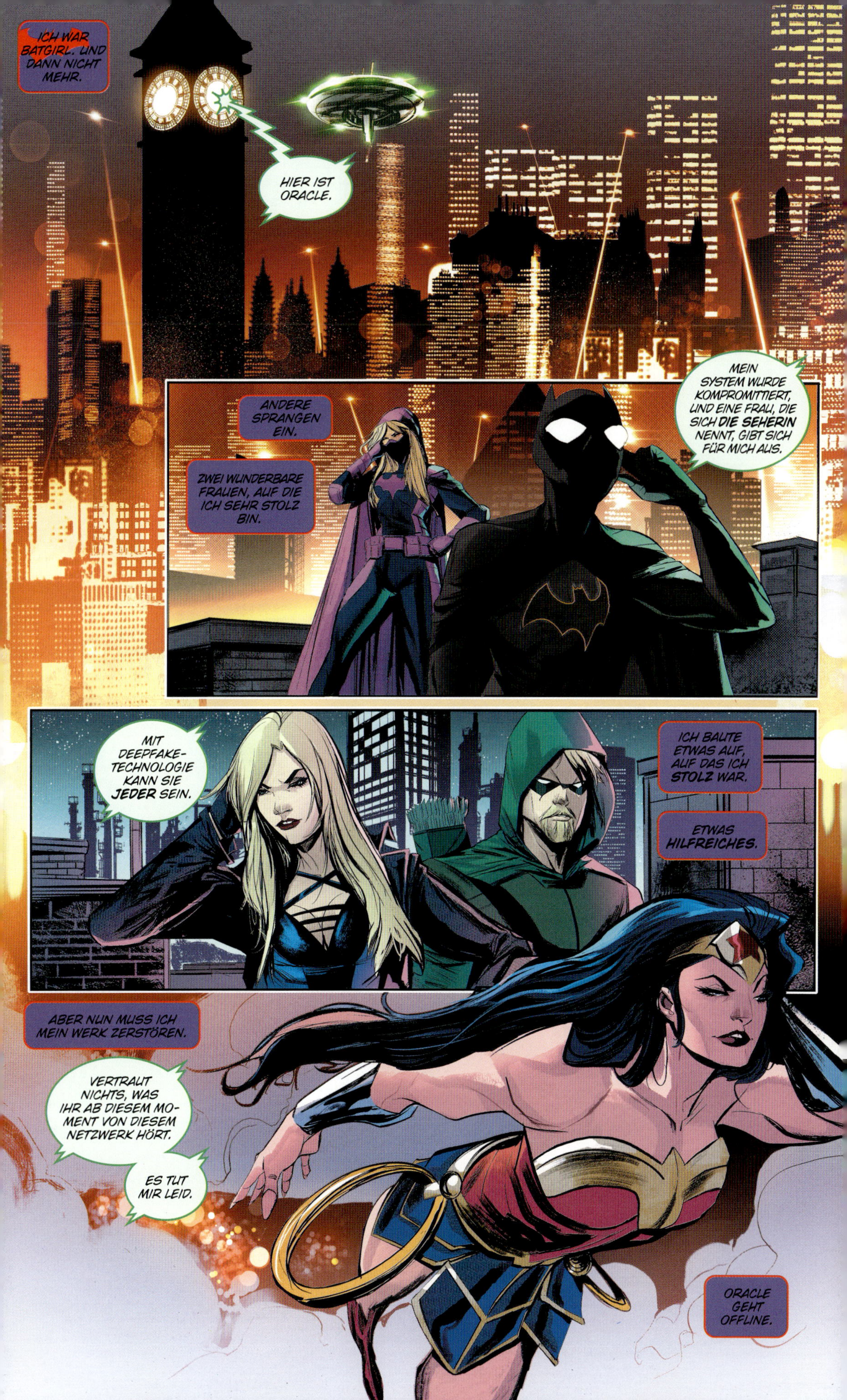
ICH WAR BATGIRL. UND DANN NICHT MEHR.
HIER IST ORACLE.
ANDERE SPRANGEN EIN.
ZWEI WUNDERBARE FRAUEN, AUF DIE ICH SEHR STOLZ BIN.
MEIN SYSTEM WURDE KOMPROMITTIERT, UND EINE FRAU, DIE SICH DIE SEHERIN NENNT, GIBT SICH FÜR MICH AUS.
MIT DEEPFAKE-TECHNOLOGIE KANN SIE JEDER SEIN.
ICH BAUTE ETWAS AUF, AUF DAS ICH STOLZ WAR.
ETWAS HILFREICHES.
ABER NUN MUSS ICH MEIN WERK ZERSTÖREN.
VERTRAUT NICHTS, WAS IHR AB DIESEM MOMENT VON DIESEM NETZWERK HÖRT.
ES TUT MIR LEID.
ORACLE GEHT OFFLINE.

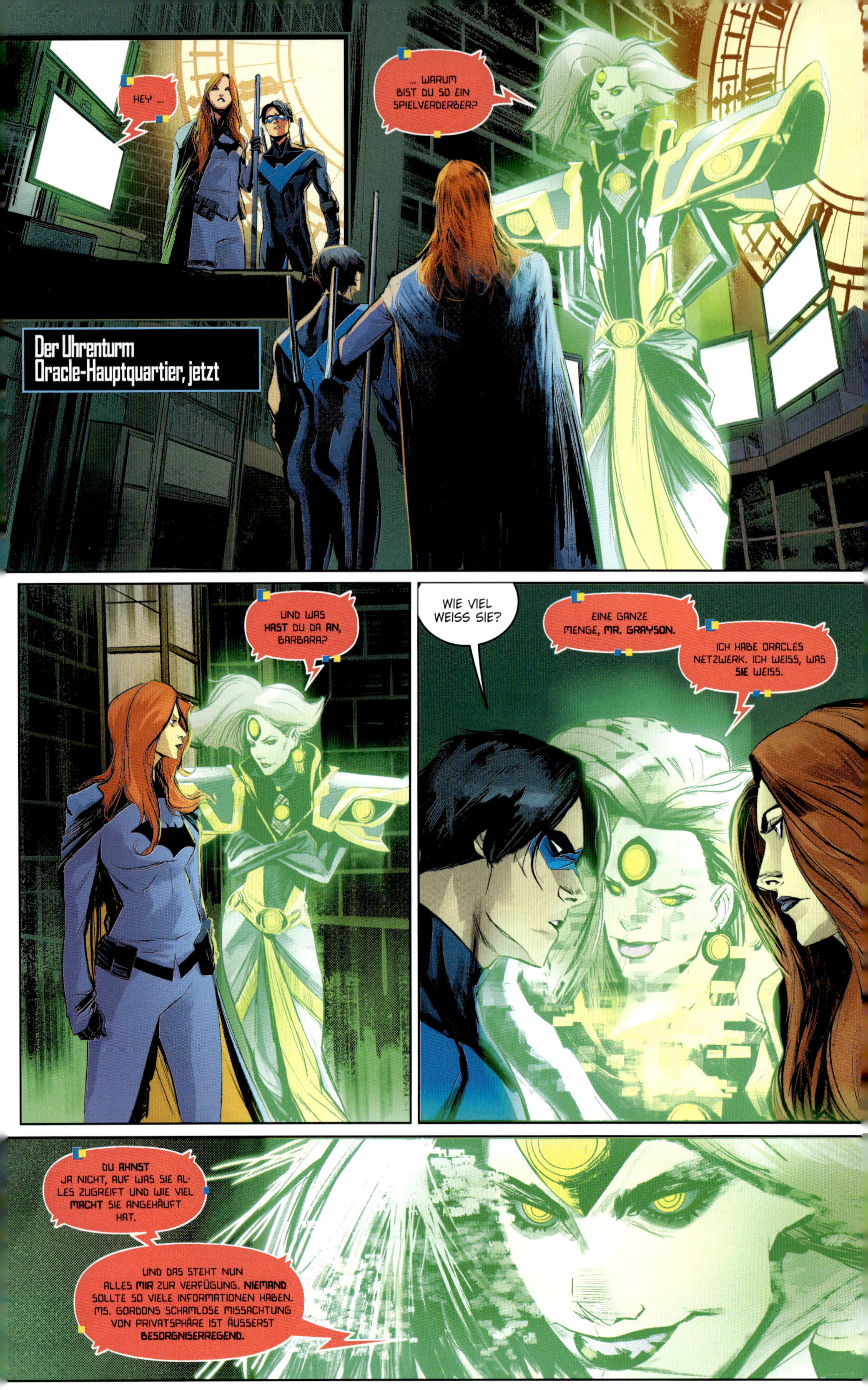

HEY ...

... WARUM BIST DU SO EIN SPIELVERDERBER?

Der Uhrenturm
Oracle-Hauptquartier, jetzt

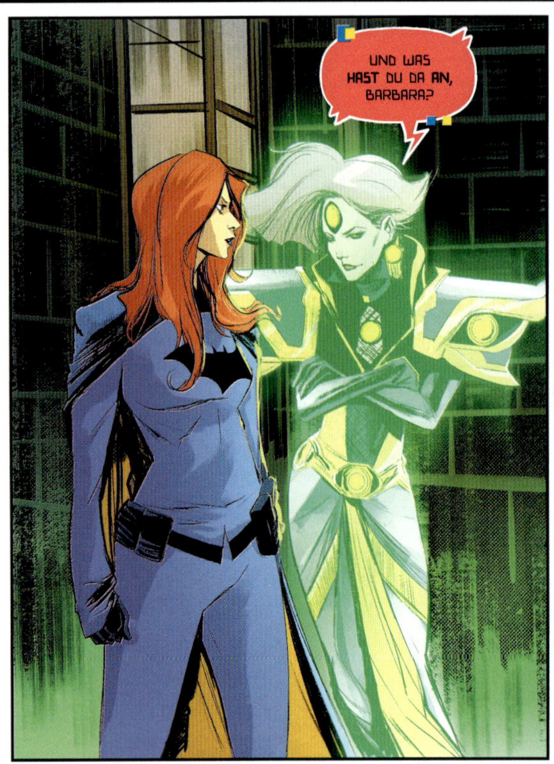

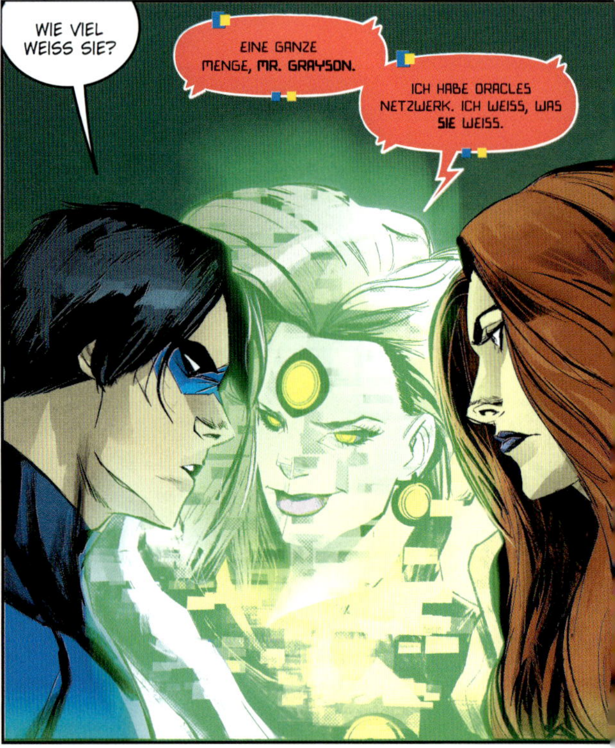

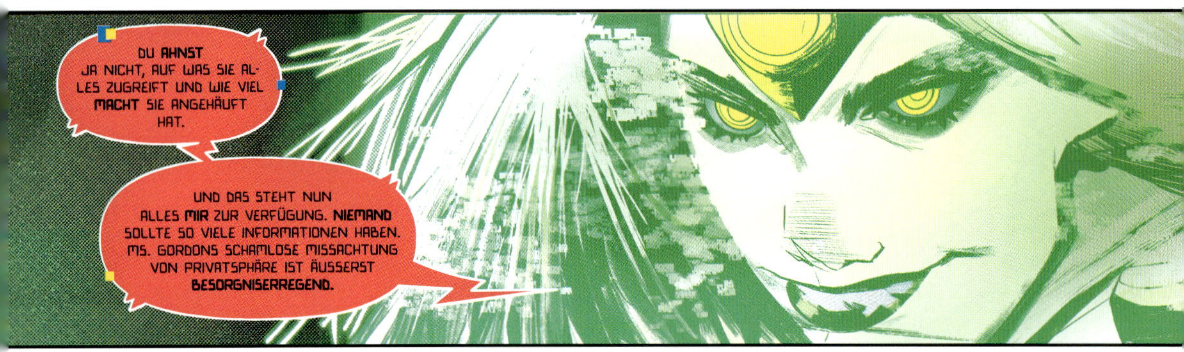

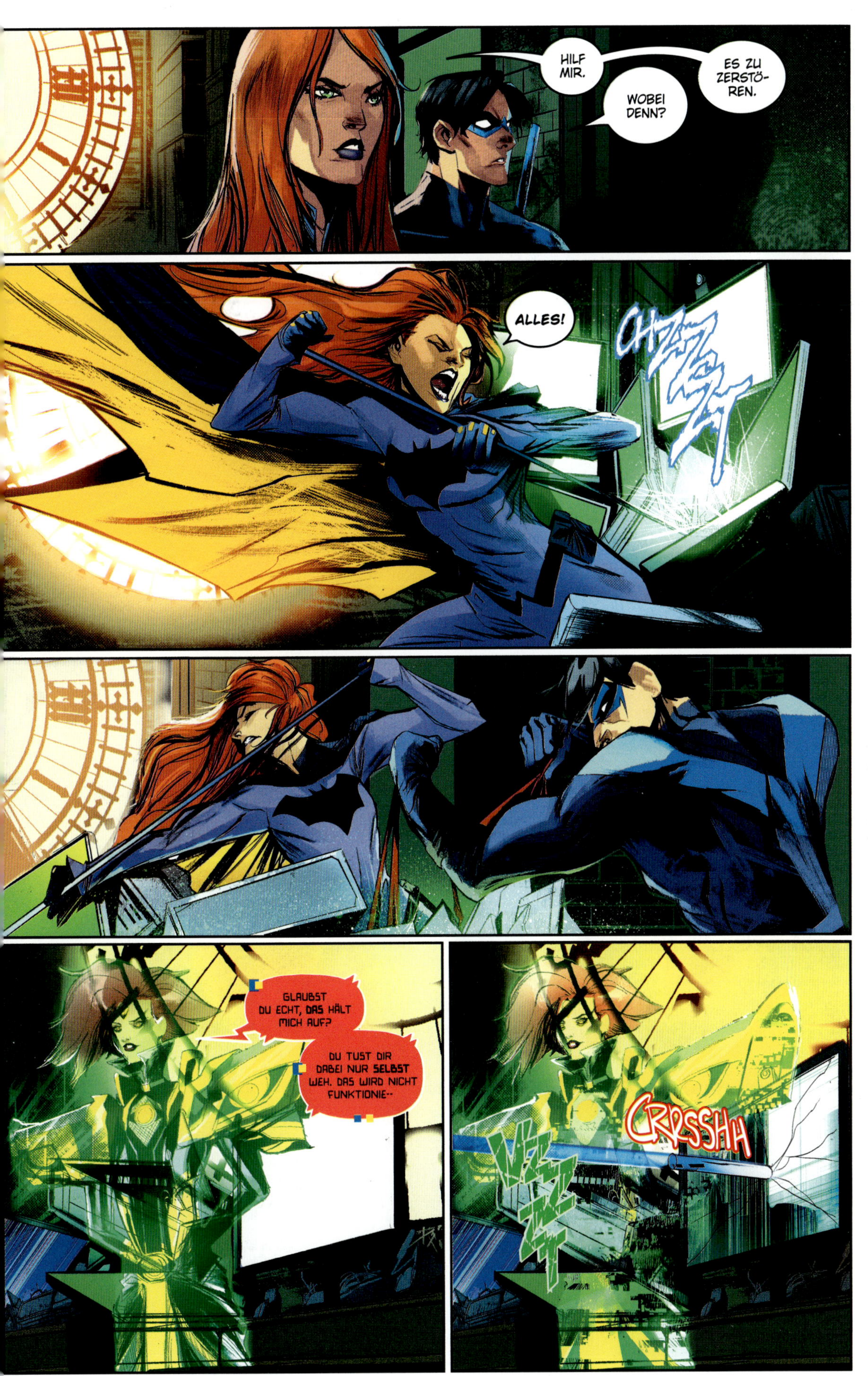
HILF MIR.
WOBEI DENN?
ES ZU ZERSTÖ-REN.
ALLES!
CHZZZT
GLAUBST DU ECHT, DAS HÄLT MICH AUF?
DU TUST DIR DABEI NUR SELBST WEH. DAS WIRD NICHT FUNKTIONIE--
CRSSHH

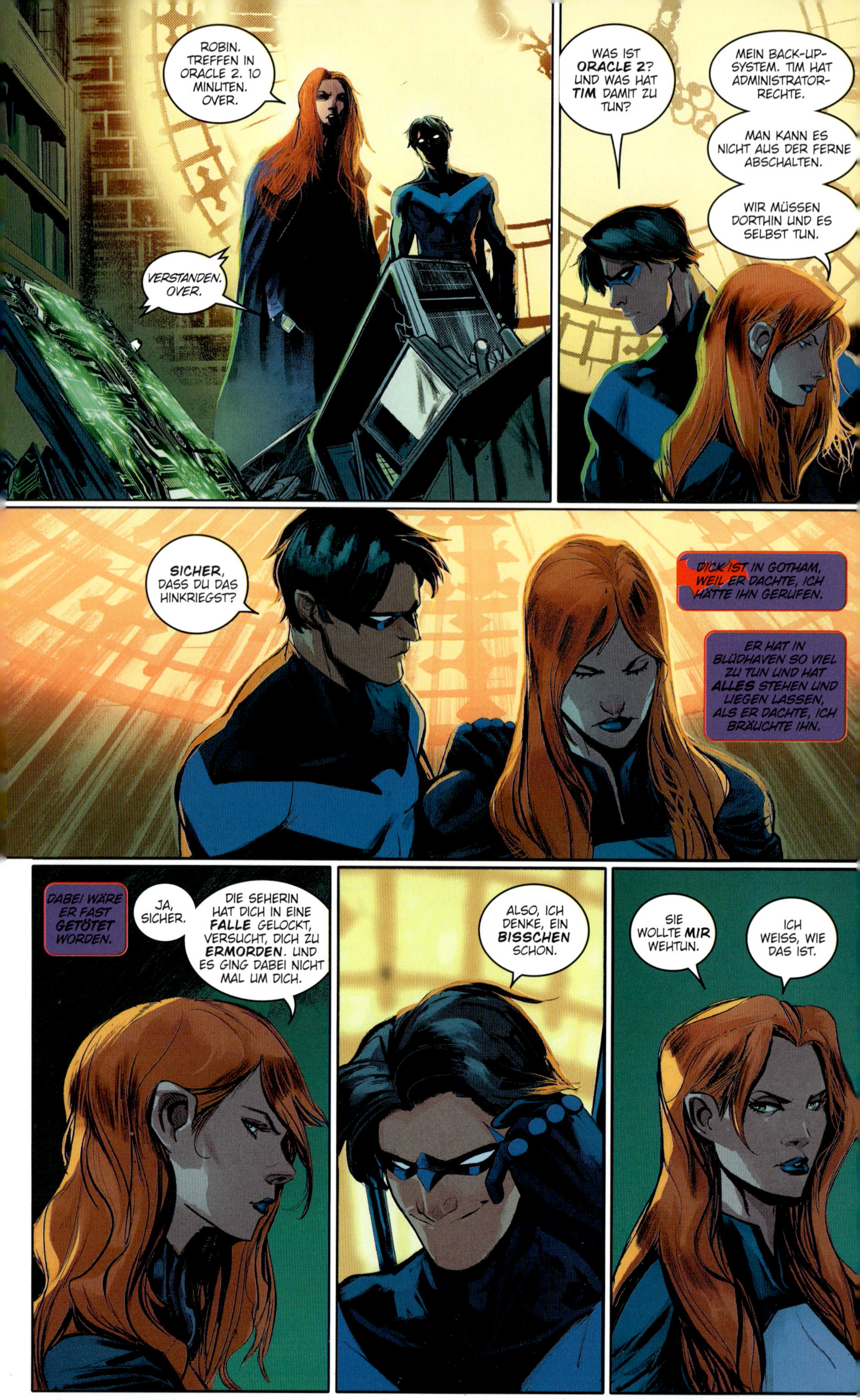

ROBIN. TREFFEN IN ORACLE 2. 10 MINUTEN. OVER.
VERSTANDEN. OVER.
WAS IST **ORACLE 2**? UND WAS HAT **TIM** DAMIT ZU TUN?
MEIN BACK-UP-SYSTEM. TIM HAT ADMINISTRATOR-RECHTE.
MAN KANN ES NICHT AUS DER FERNE ABSCHALTEN.
WIR MÜSSEN DORTHIN UND ES SELBST TUN.

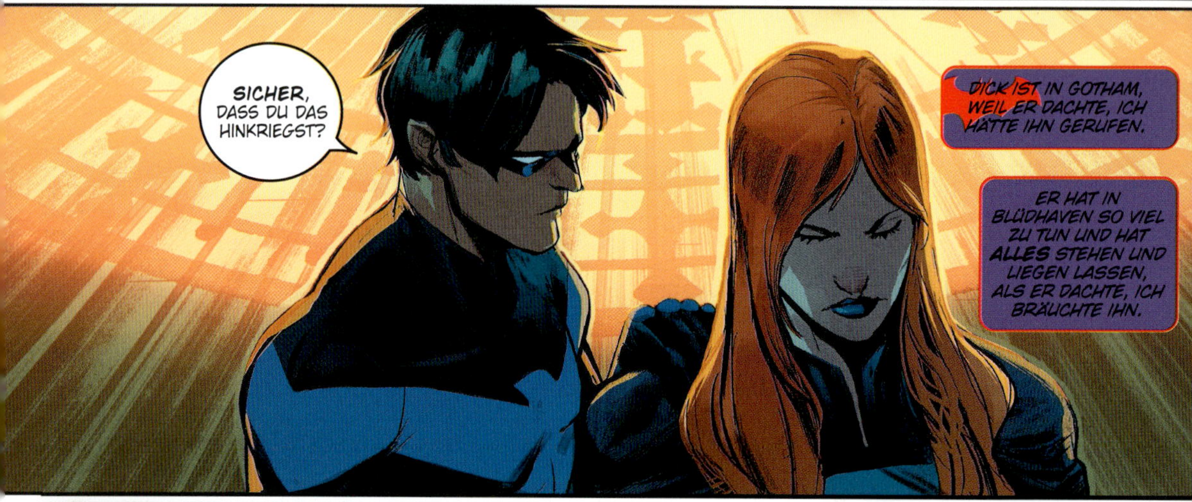

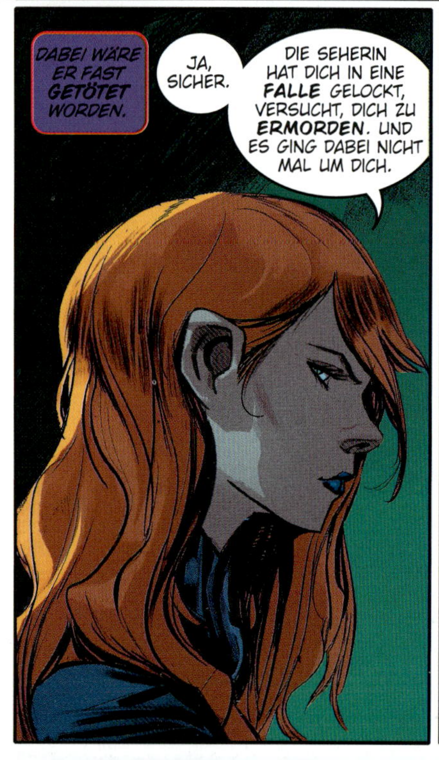

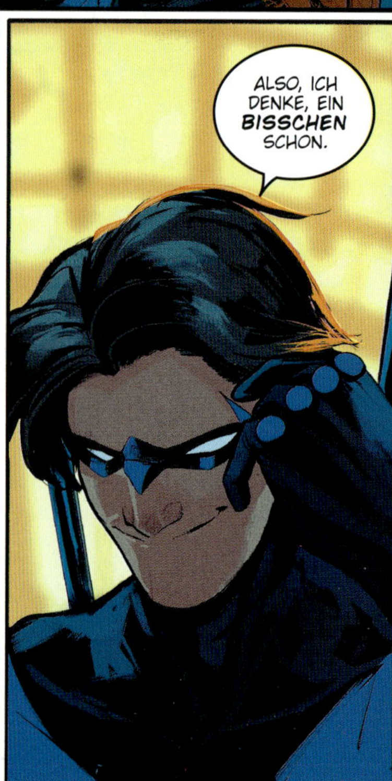

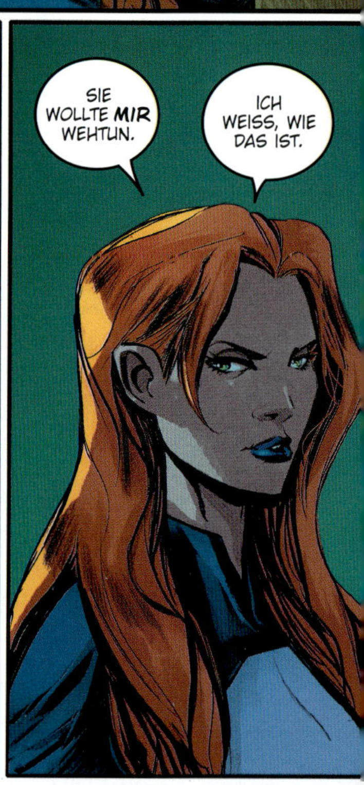

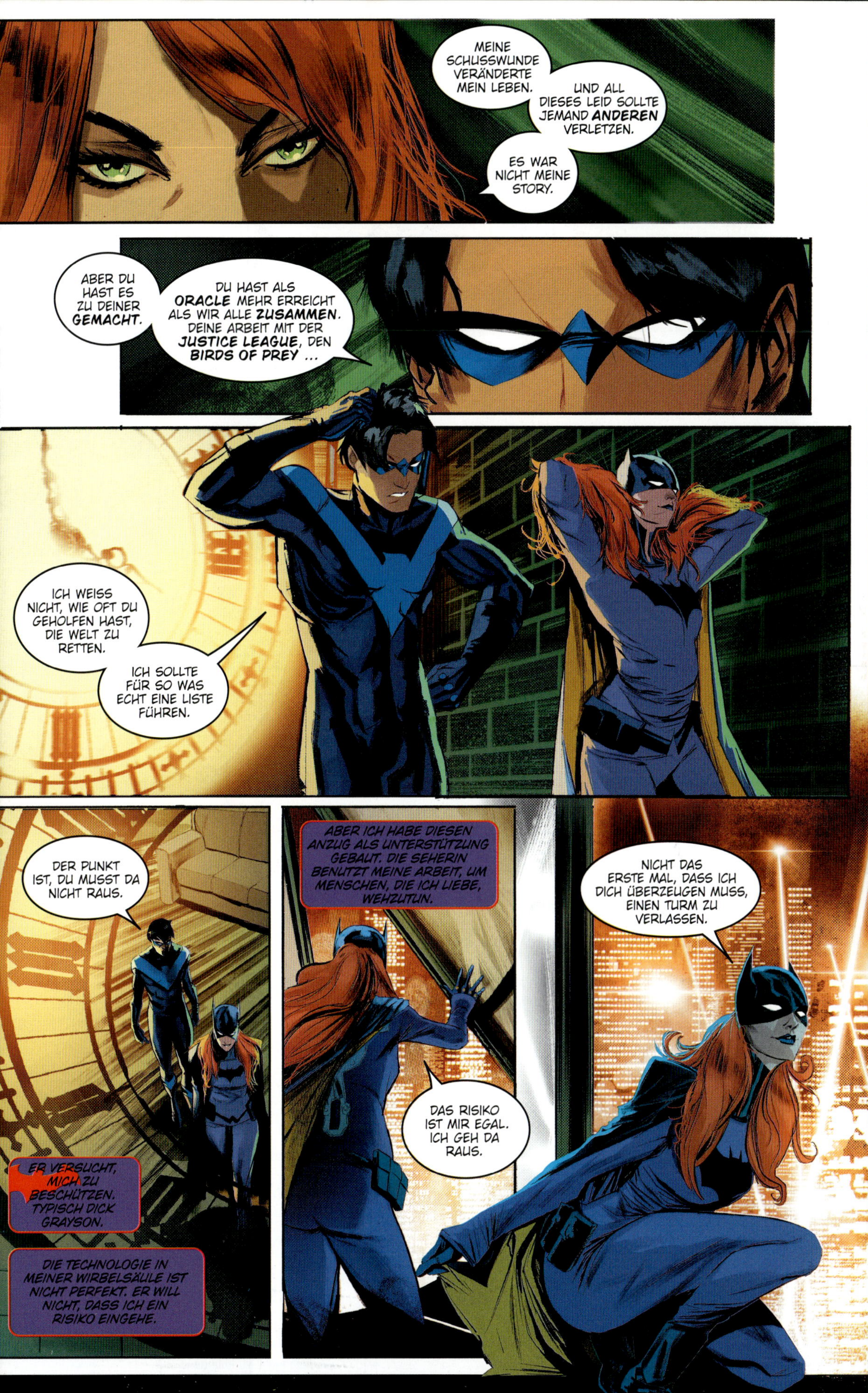
MEINE SCHUSSWUNDE VERÄNDERTE MEIN LEBEN.
UND ALL DIESES LEID SOLLTE JEMAND **ANDEREN** VERLETZEN.
ES WAR NICHT MEINE STORY.
ABER DU HAST ES ZU DEINER **GEMACHT**.
DU HAST ALS **ORACLE** MEHR ERREICHT ALS WIR ALLE **ZUSAMMEN**. DEINE ARBEIT MIT DER **JUSTICE LEAGUE**, DEN **BIRDS OF PREY** ...
ICH WEISS NICHT, WIE OFT DU GEHOLFEN HAST, DIE WELT ZU RETTEN.
ICH SOLLTE FÜR SO WAS ECHT EINE LISTE FÜHREN.
DER PUNKT IST, DU MUSST DA NICHT RAUS.
ER VERSUCHT, MICH ZU BESCHÜTZEN. TYPISCH DICK GRAYSON.
DIE TECHNOLOGIE IN MEINER WIRBELSÄULE IST NICHT PERFEKT. ER WILL NICHT, DASS ICH EIN RISIKO EINGEHE.
ABER ICH HABE DIESEN ANZUG ALS UNTERSTÜTZUNG GEBAUT. DIE SEHERIN BENUTZT MEINE ARBEIT, UM MENSCHEN, DIE ICH LIEBE, WEHZUTUN.
DAS RISIKO IST MIR EGAL. ICH GEH DA RAUS.
NICHT DAS ERSTE MAL, DASS ICH DICH ÜBERZEUGEN MUSS, EINEN TURM ZU VERLASSEN.

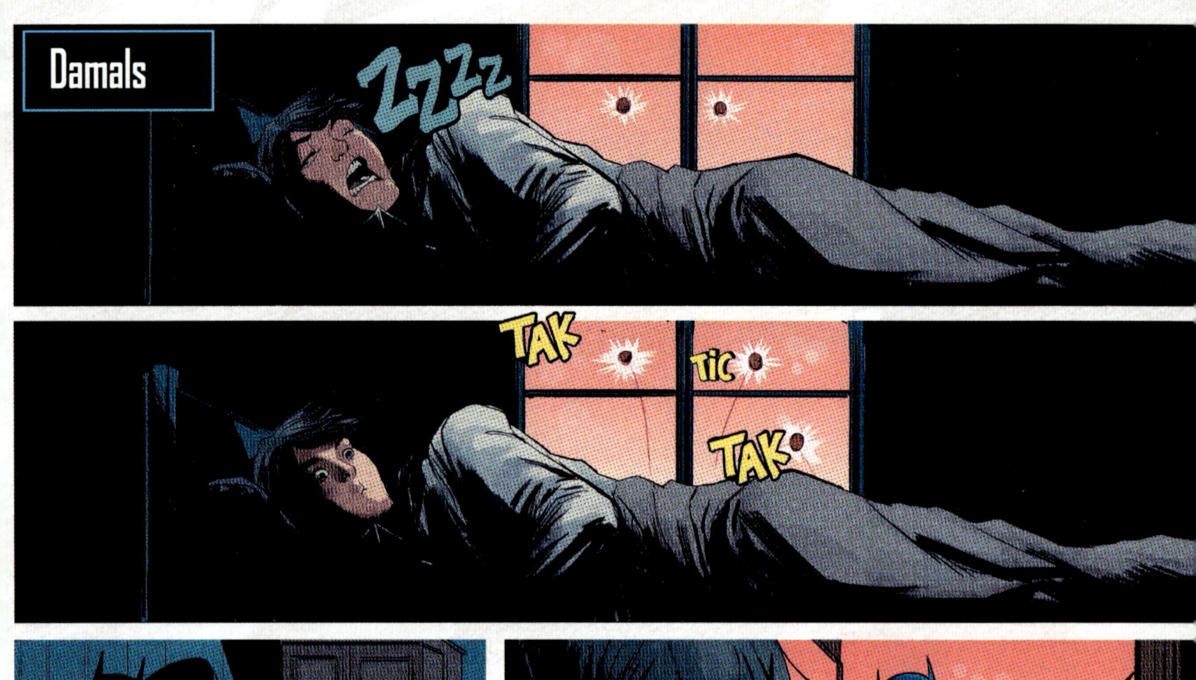
Damals
ZZZZ
TAK
TIC
TAK

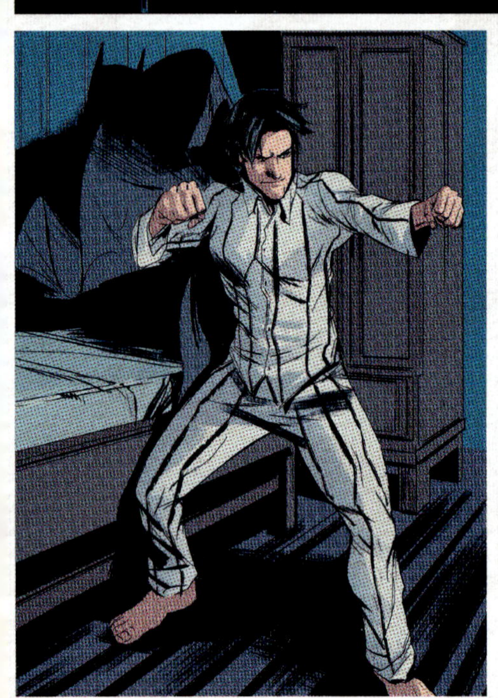

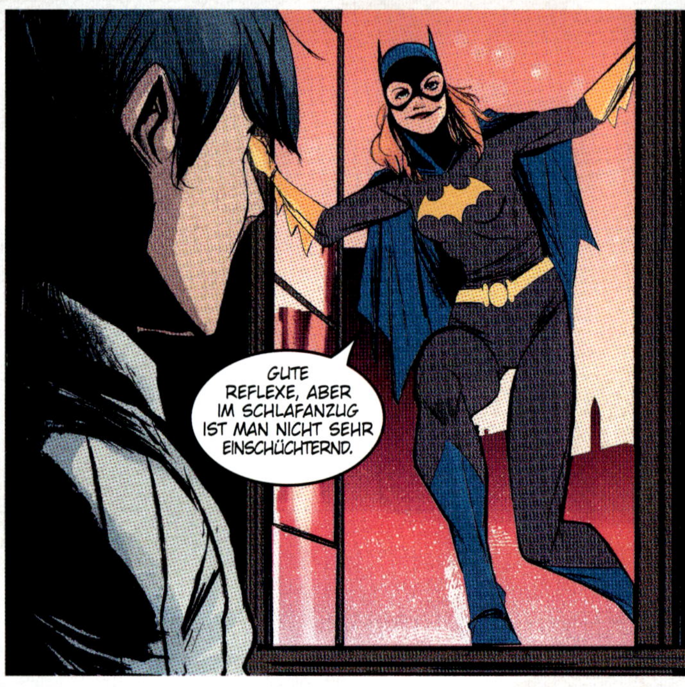
GUTE REFLEXE, ABER IM SCHLAFANZUG IST MAN NICHT SEHR EINSCHÜCHTERND.

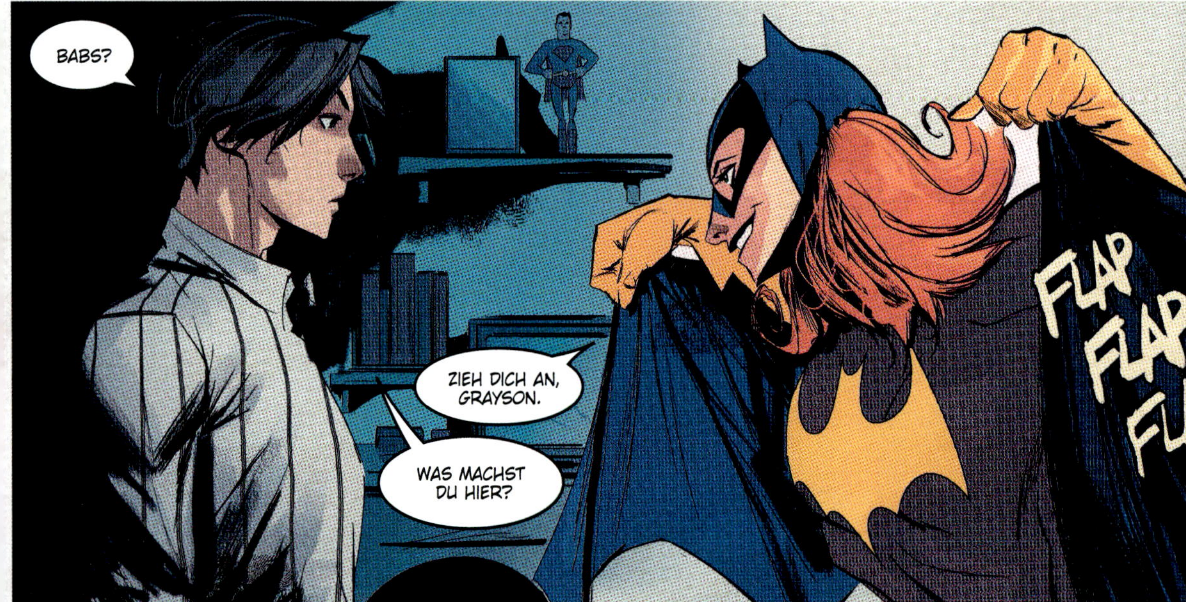
BABS?
ZIEH DICH AN, GRAYSON.
WAS MACHST DU HIER?
FLAP
FLAP

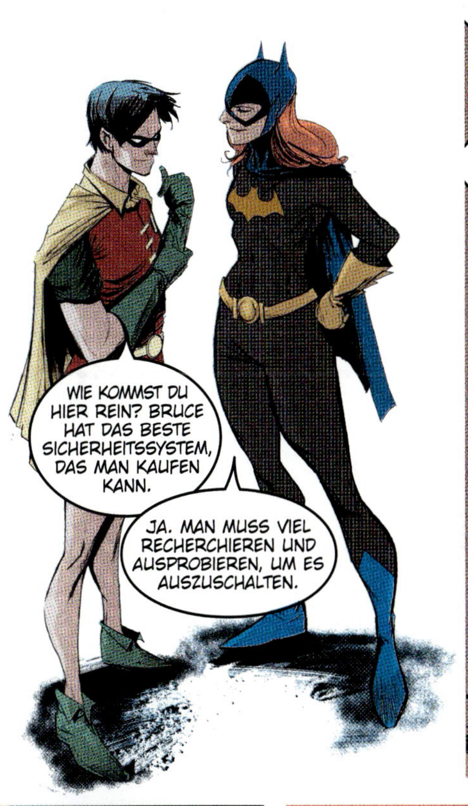
WIE KOMMST DU HIER REIN? BRUCE HAT DAS BESTE SICHERHEITSSYSTEM, DAS MAN KAUFEN KANN.
JA. MAN MUSS VIEL RECHERCHIEREN UND AUSPROBIEREN, UM ES AUSZUSCHALTEN.

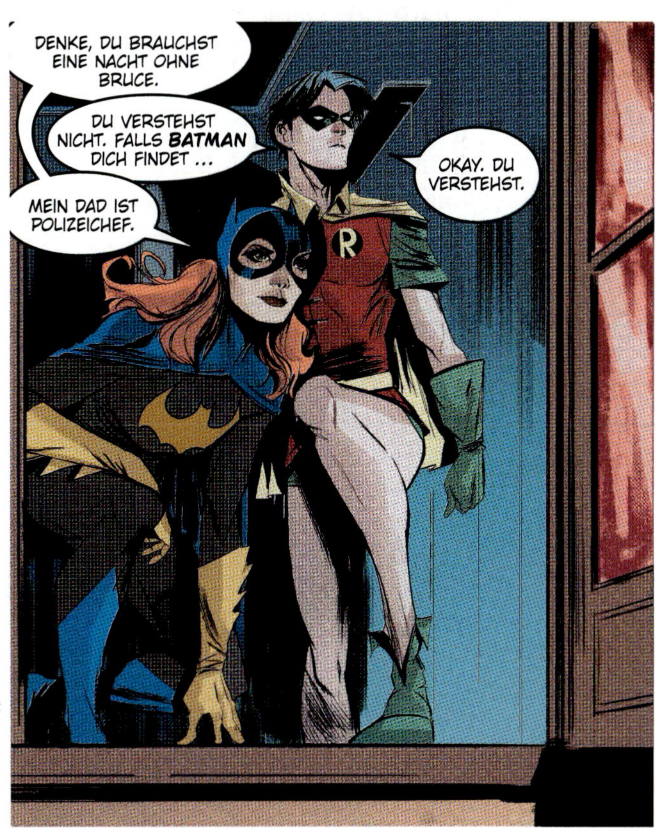
DENKE, DU BRAUCHST EINE NACHT OHNE BRUCE.
DU VERSTEHST NICHT. FALLS **BATMAN** DICH FINDET ...
MEIN DAD IST POLIZEICHEF.
OKAY. DU VERSTEHST.

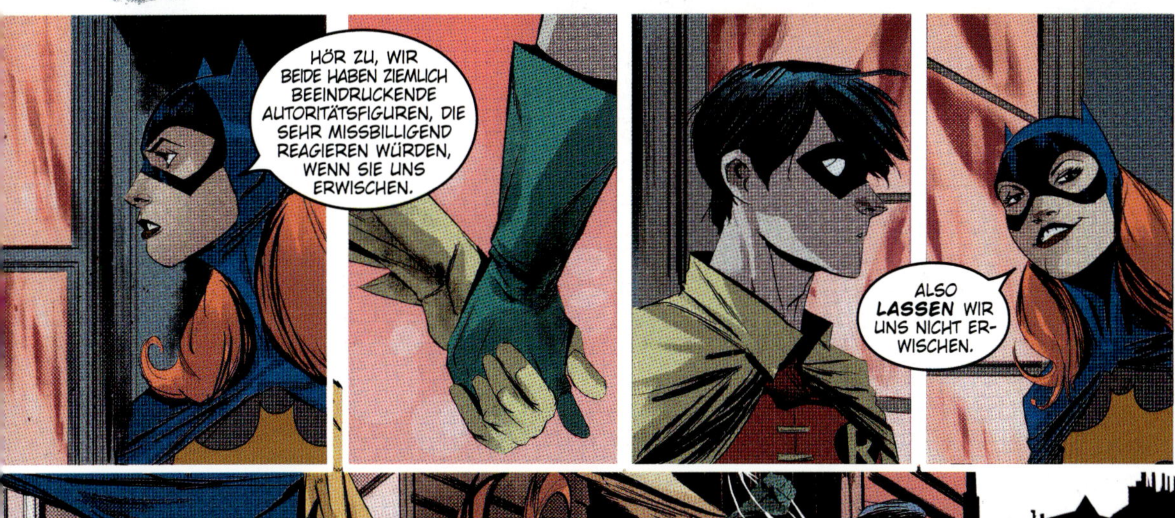
HÖR ZU, WIR BEIDE HABEN ZIEMLICH BEEINDRUCKENDE AUTORITÄTSFIGUREN, DIE SEHR MISSBILLIGEND REAGIEREN WÜRDEN, WENN SIE UNS ERWISCHEN.
ALSO **LASSEN** WIR UNS NICHT ERWISCHEN.

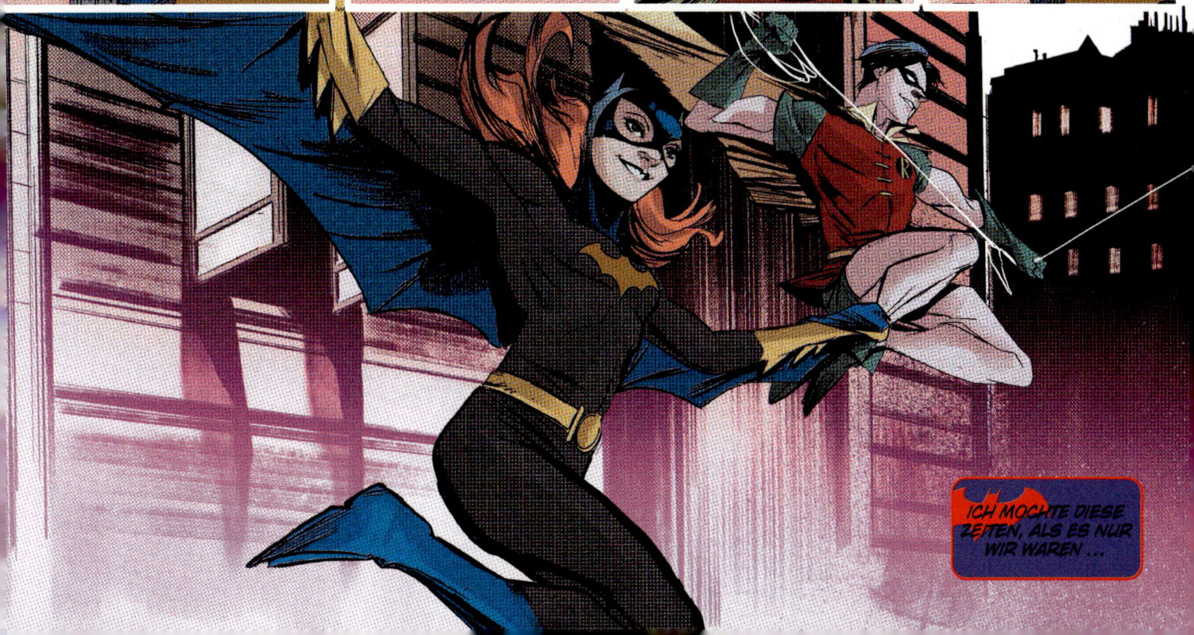
ICH MOCHTE DIESE ZEITEN, ALS ES NUR WIR WAREN ...

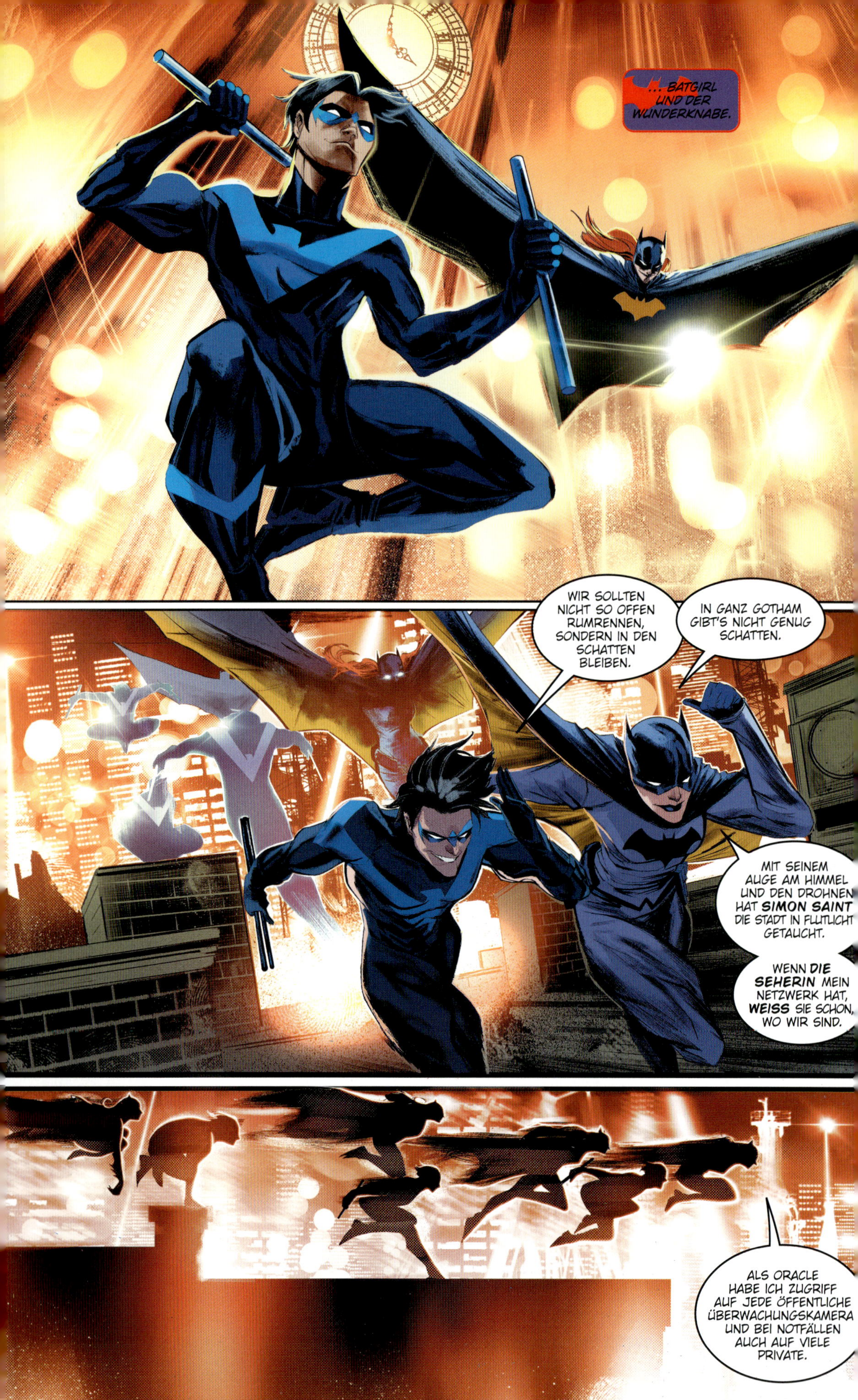
... BATGIRL UND DER WUNDERKNABE.
WIR SOLLTEN NICHT SO OFFEN RUMRENNEN, SONDERN IN DEN SCHATTEN BLEIBEN.
IN GANZ GOTHAM GIBT'S NICHT GENUG SCHATTEN.
MIT SEINEM AUGE AM HIMMEL UND DEN DROHNEN HAT SIMON SAINT DIE STADT IN FLUTLICHT GETAUCHT.
WENN DIE SEHERIN MEIN NETZWERK HAT, WEISS SIE SCHON, WO WIR SIND.
ALS ORACLE HABE ICH ZUGRIFF AUF JEDE ÖFFENTLICHE ÜBERWACHUNGSKAMERA UND BEI NOTFÄLLEN AUCH AUF VIELE PRIVATE.

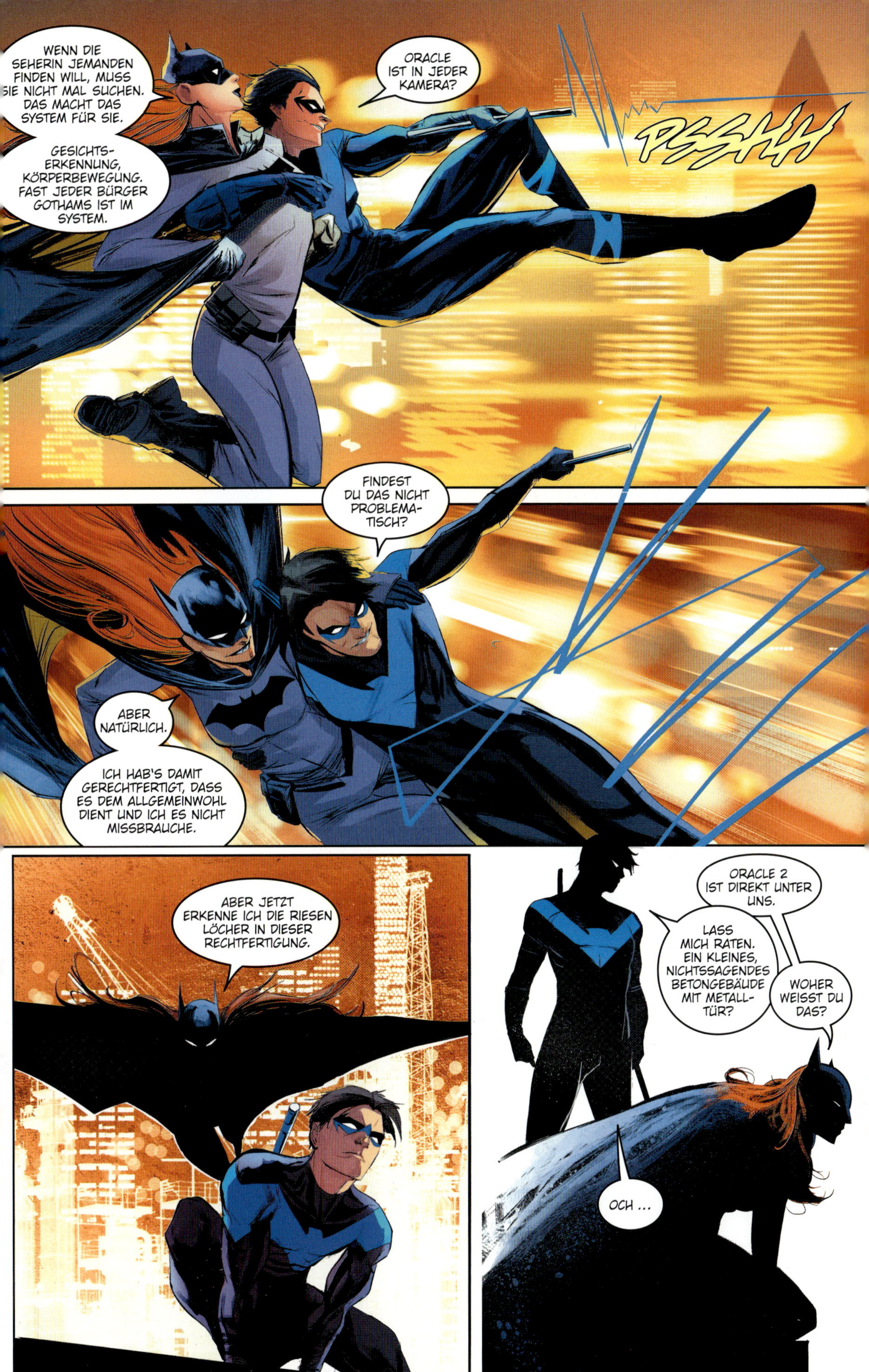
WENN DIE SEHERIN JEMANDEN FINDEN WILL, MUSS SIE NICHT MAL SUCHEN. DAS MACHT DAS SYSTEM FÜR SIE.
GESICHTS-ERKENNUNG, KÖRPERBEWEGUNG. FAST JEDER BÜRGER GOTHAMS IST IM SYSTEM.
ORACLE IST IN JEDER KAMERA?
PSSHH
FINDEST DU DAS NICHT PROBLEMATISCH?
ABER NATÜRLICH.
ICH HAB'S DAMIT GERECHTFERTIGT, DASS ES DEM ALLGEMEINWOHL DIENT UND ICH ES NICHT MISSBRAUCHE.
ABER JETZT ERKENNE ICH DIE RIESEN LÖCHER IN DIESER RECHTFERTIGUNG.
ORACLE 2 IST DIREKT UNTER UNS.
LASS MICH RATEN. EIN KLEINES, NICHTSSAGENDES BETONGEBÄUDE MIT METALLTÜR?
WOHER WEISST DU DAS?
OCH ...

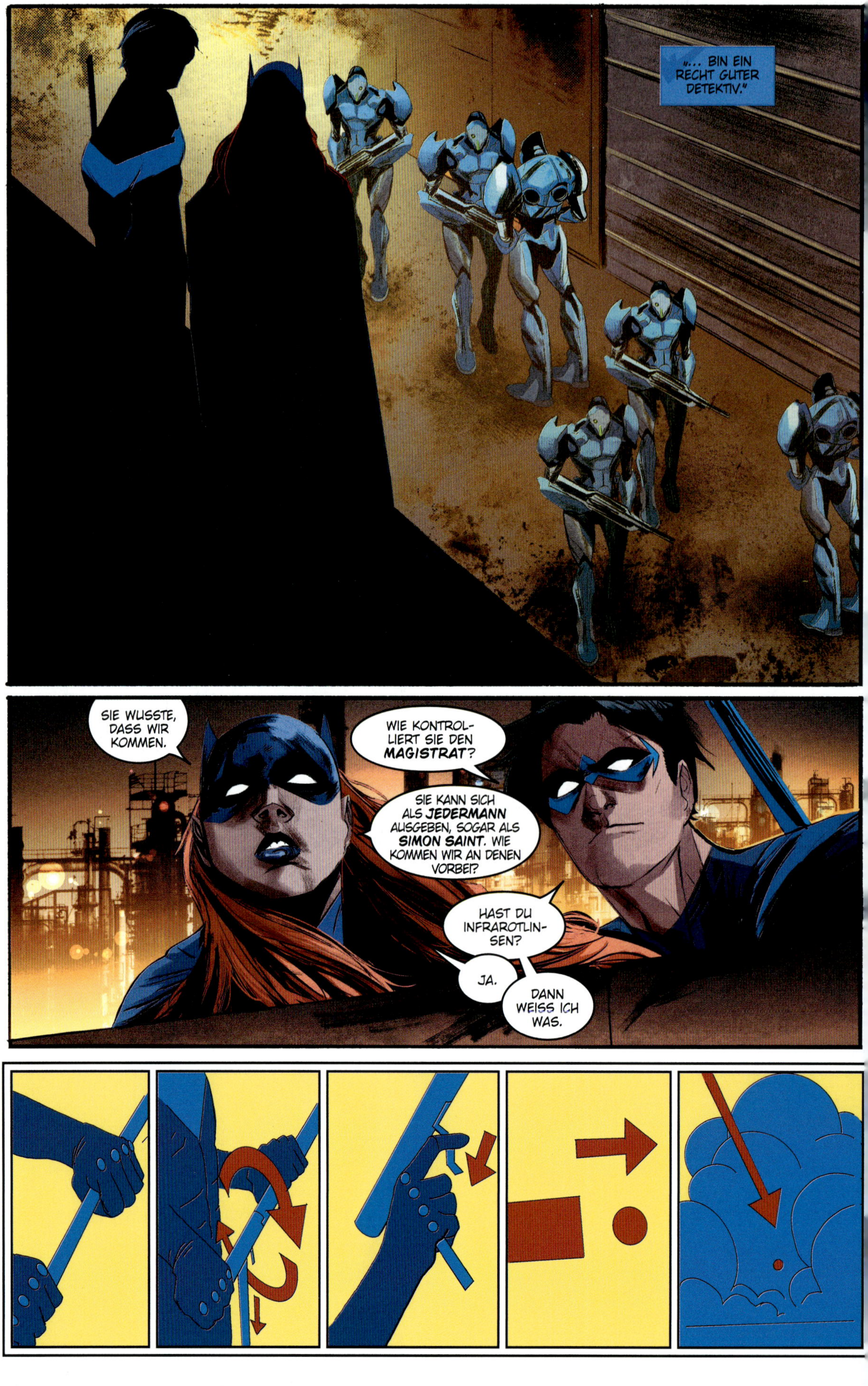

„... BIN EIN RECHT GUTER DETEKTIV."

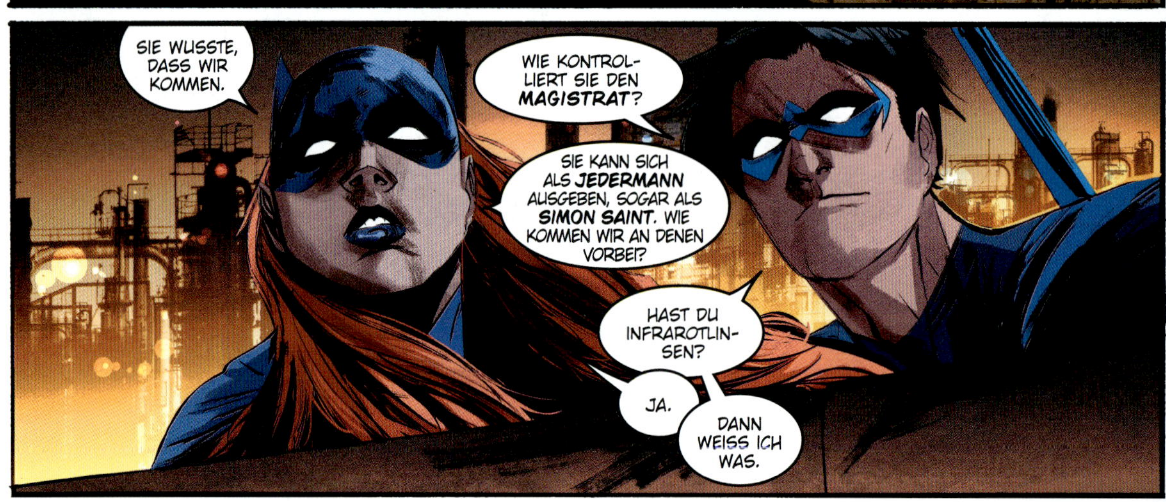

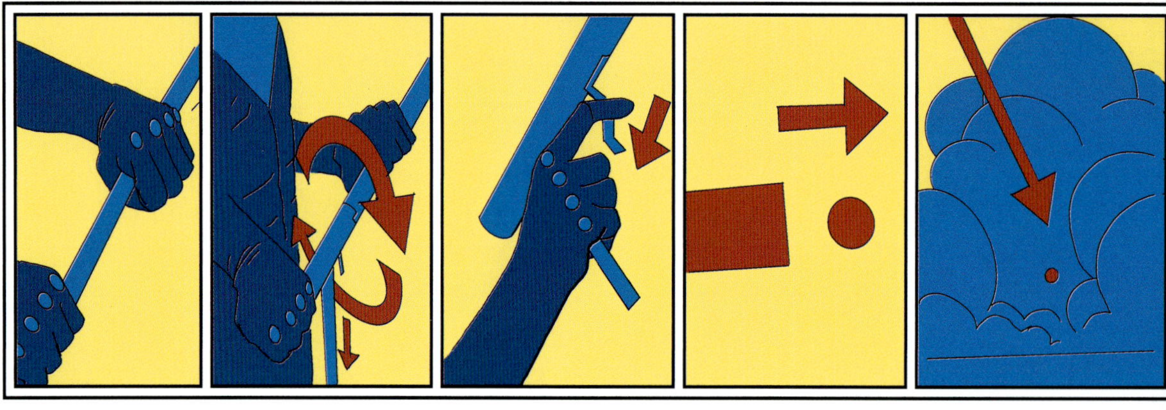

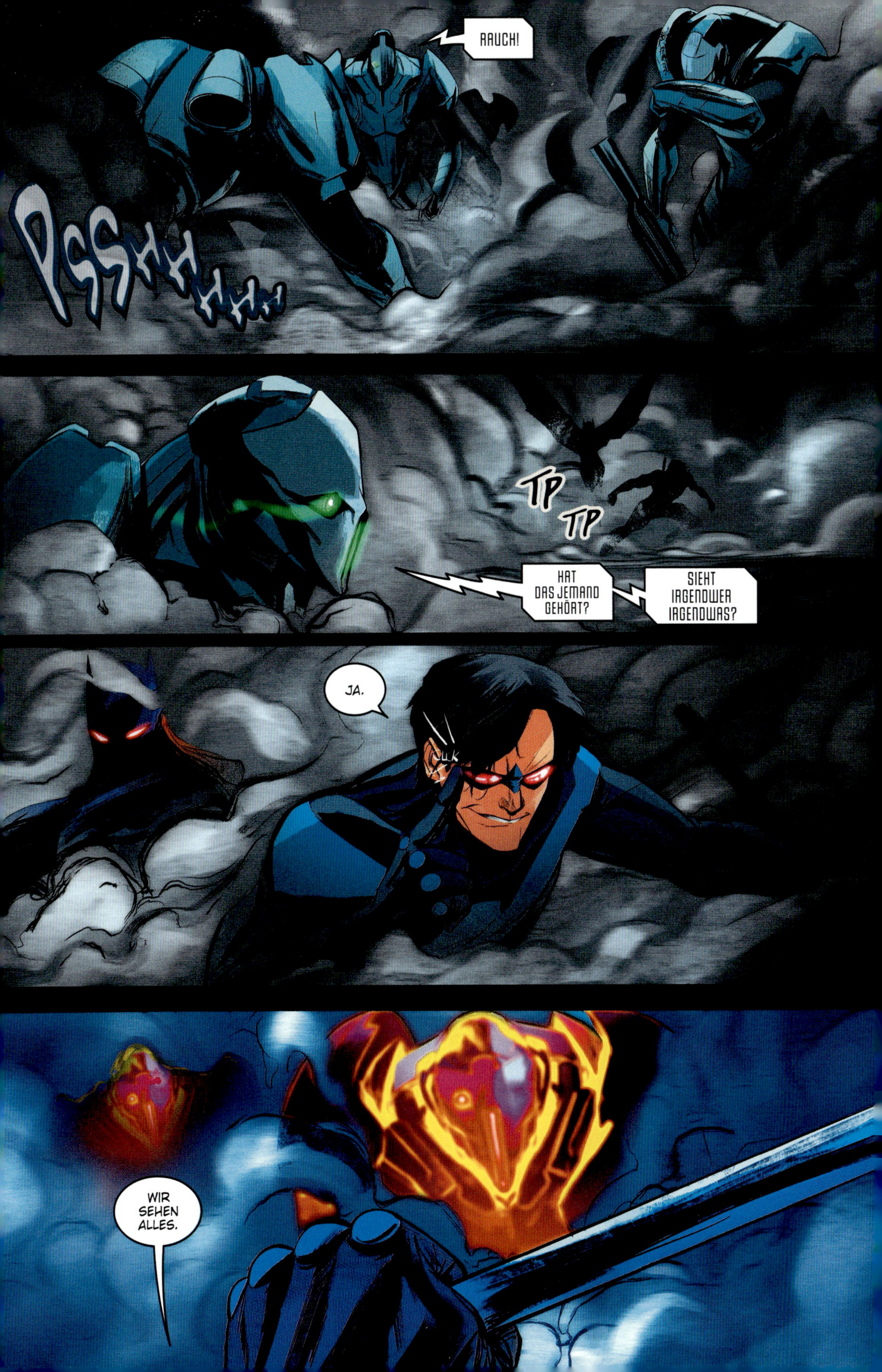
RAUCH!
PSSHHHHH...
TP TP
HAT DAS JEMAND GEHÖRT?
SIEHT IRGENDWER IRGENDWAS?
JA.
CLICK
WIR SEHEN ALLES.

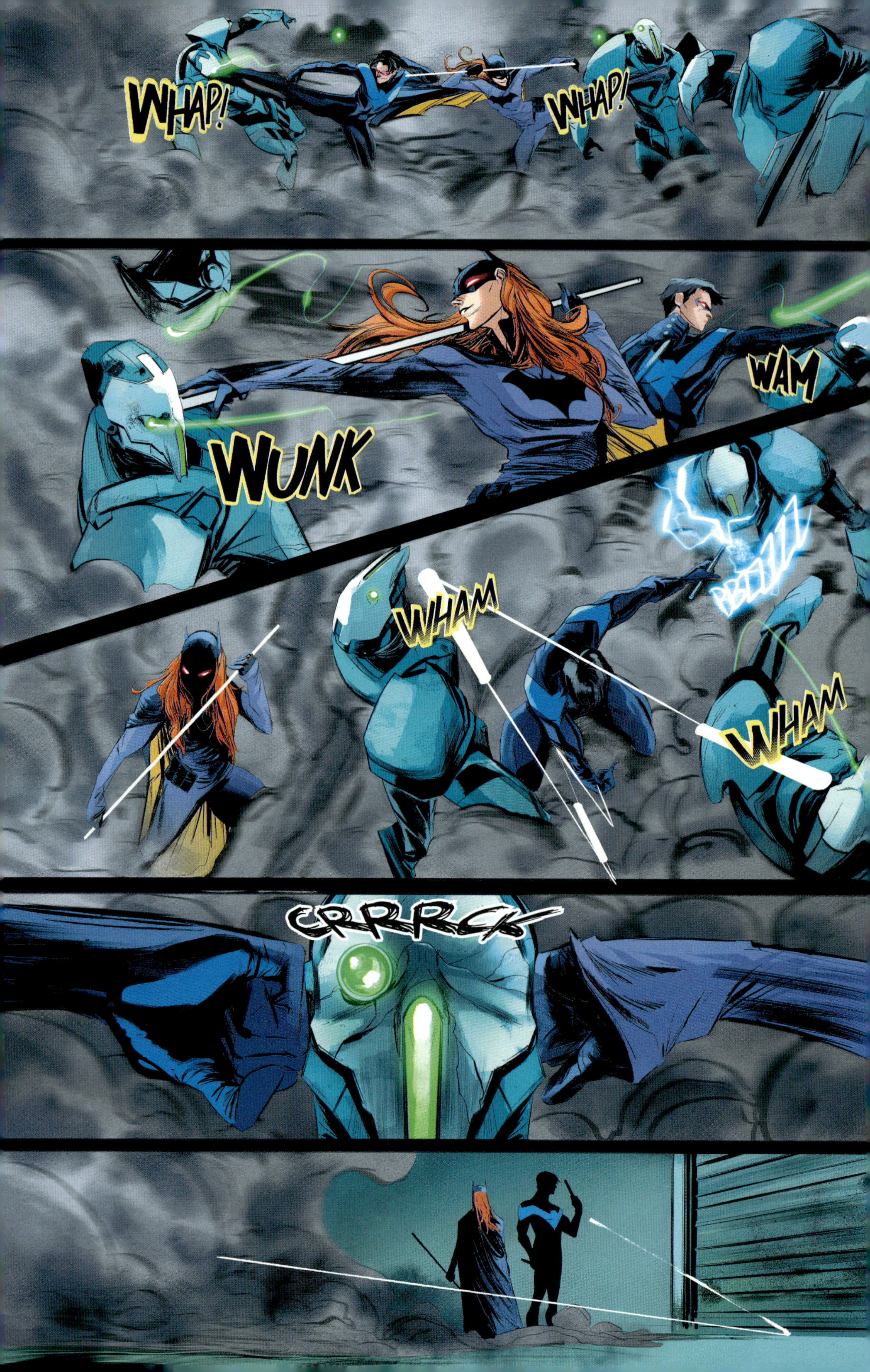
WHAP!
WHAP!
WUNK
WAM
BBZZZZ
WHAM
WHAM
CRRRCK

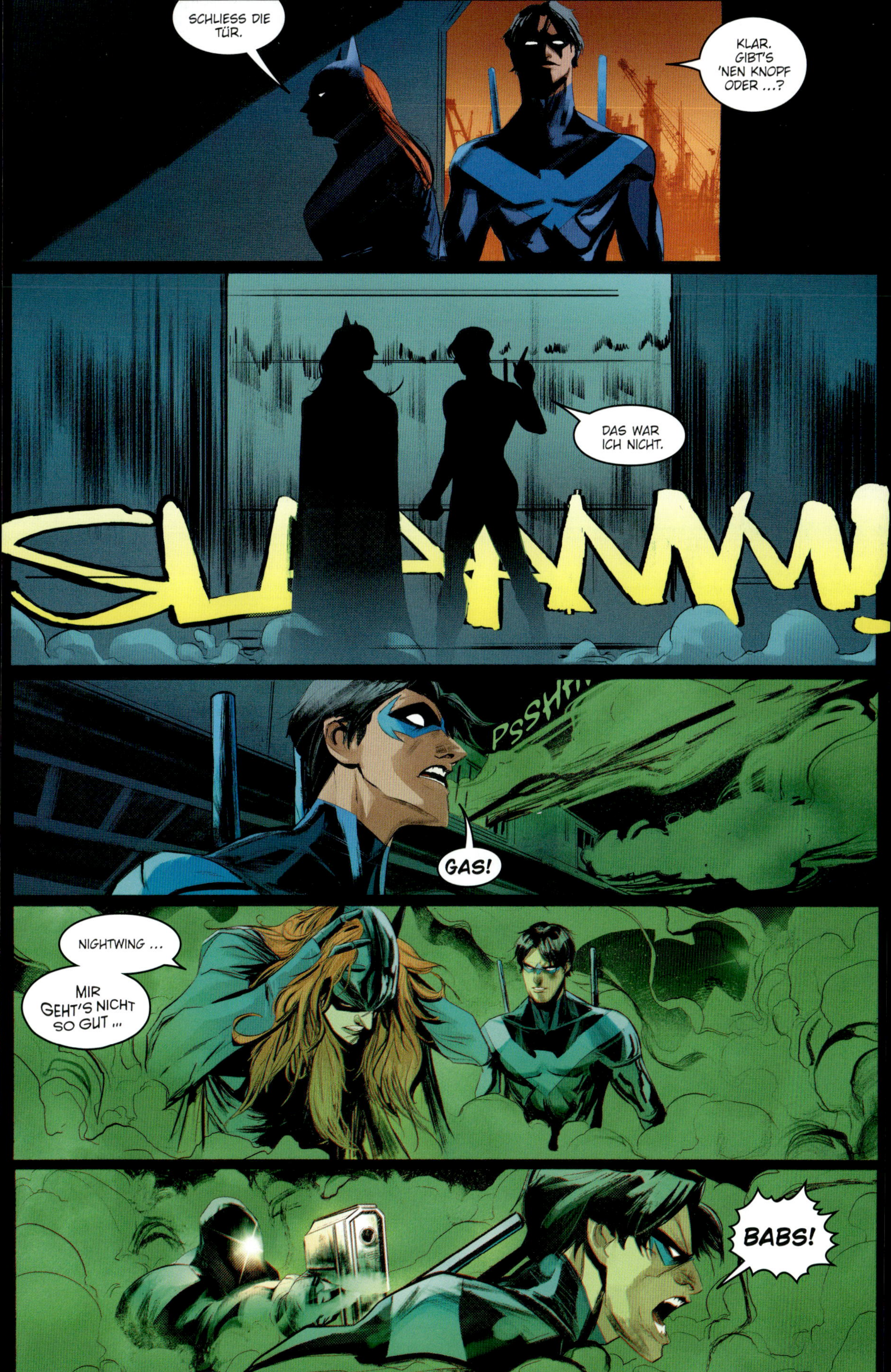

SCHLIESS DIE TÜR.
KLAR. GIBT'S 'NEN KNOPF ODER ...?
DAS WAR ICH NICHT.
GAS!
NIGHTWING ...
MIR GEHT'S NICHT SO GUT ...
BABS!

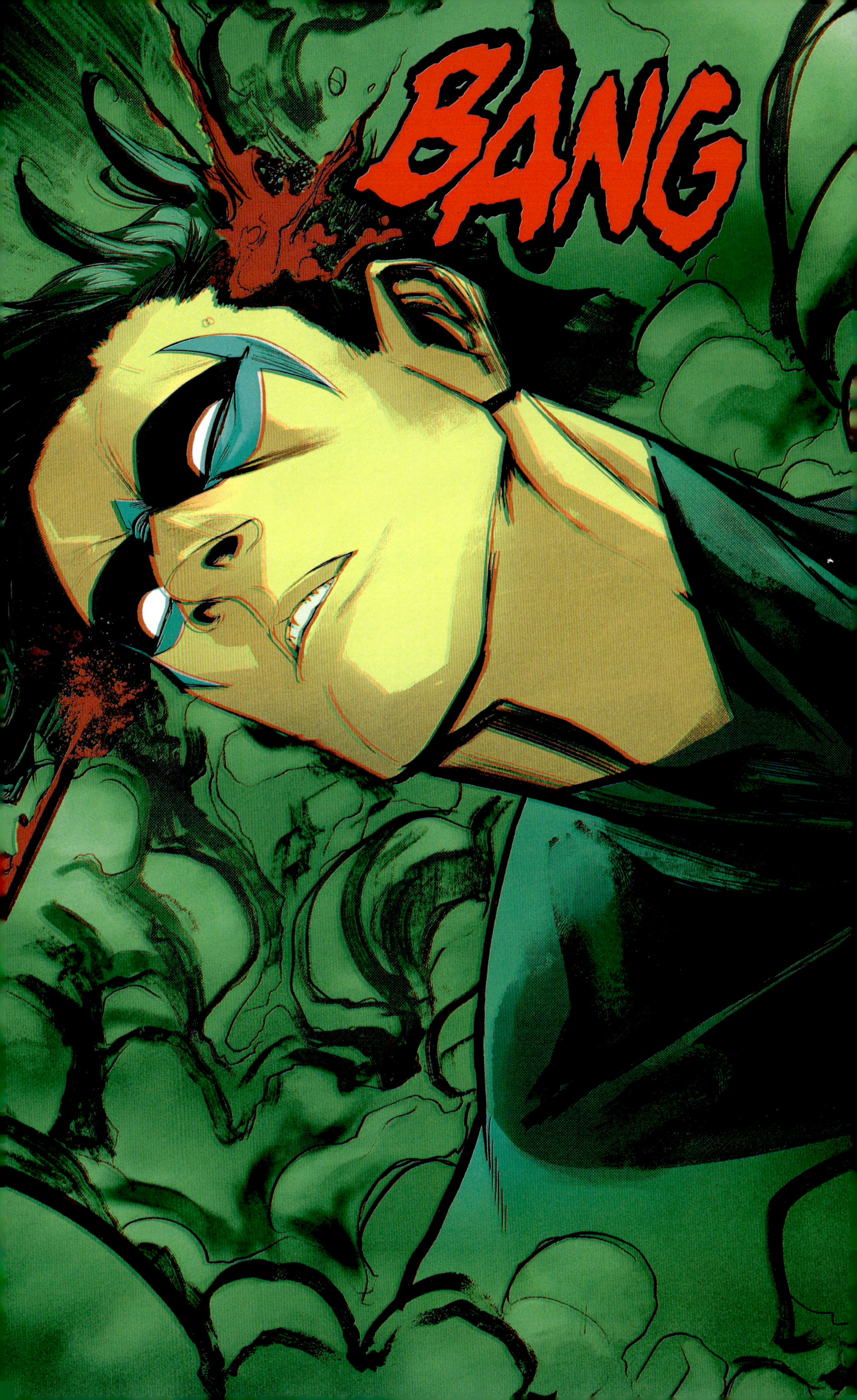
BANG

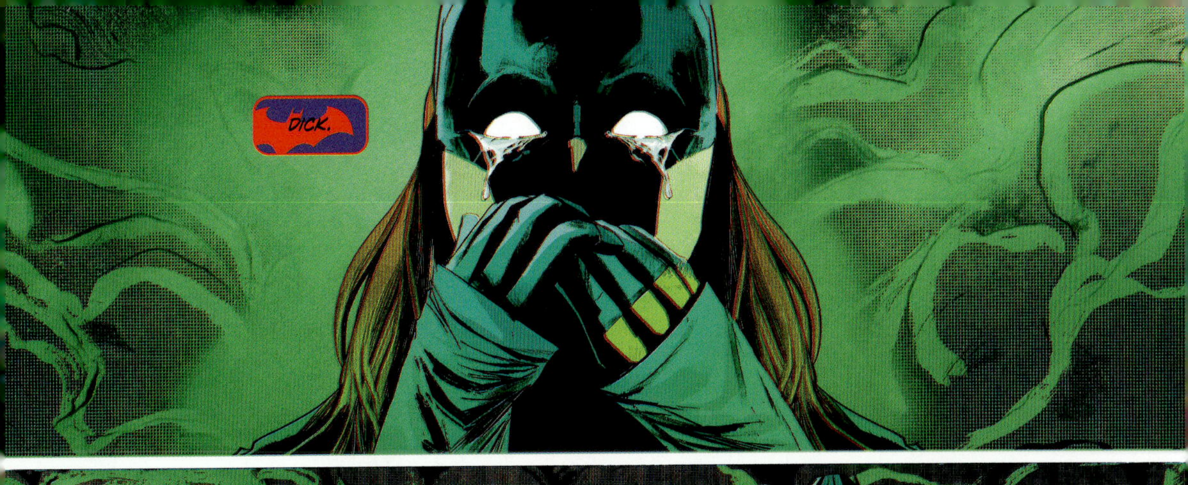
DICK.

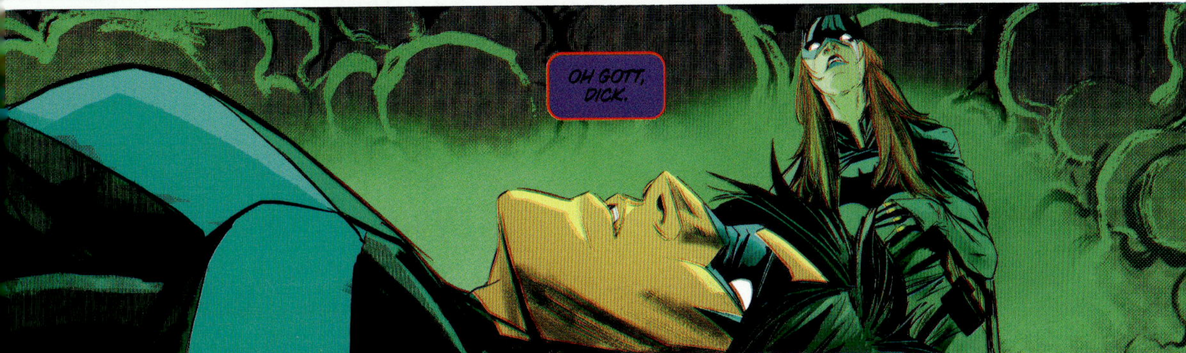
OH GOTT, DICK.

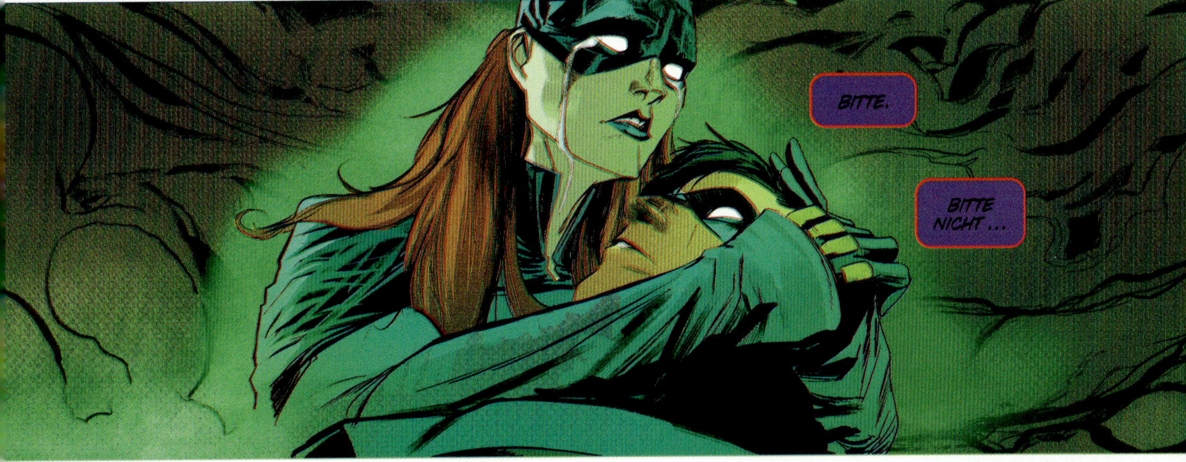
BITTE.
BITTE NICHT ...

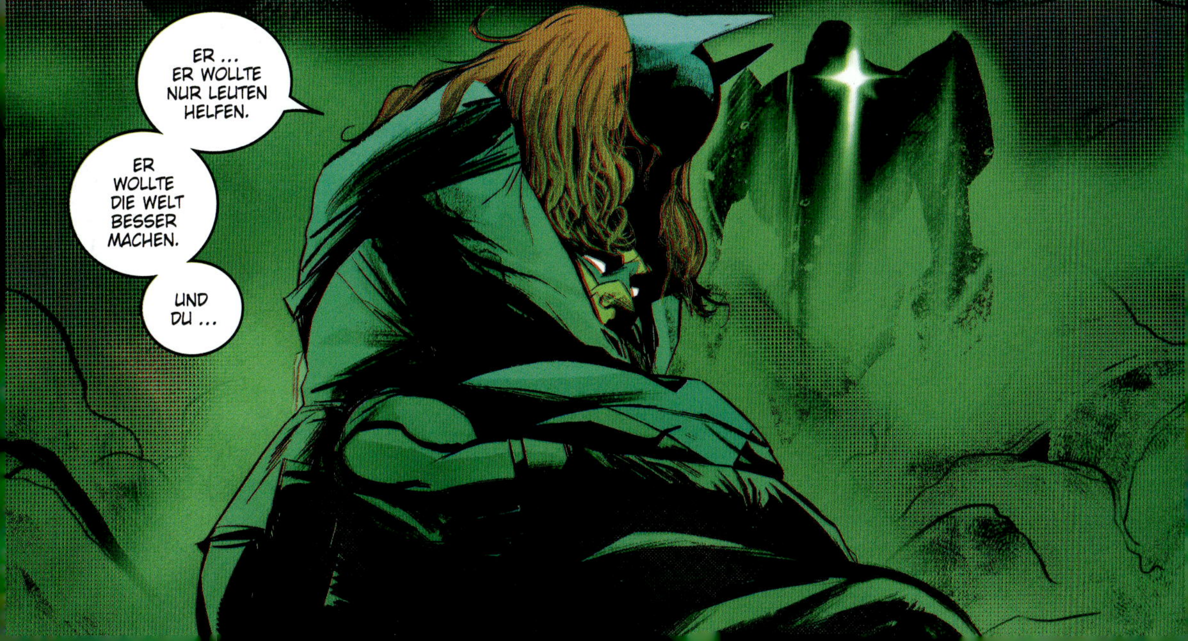
ER ... ER WOLLTE NUR LEUTEN HELFEN.
ER WOLLTE DIE WELT BESSER MACHEN.
UND DU ...

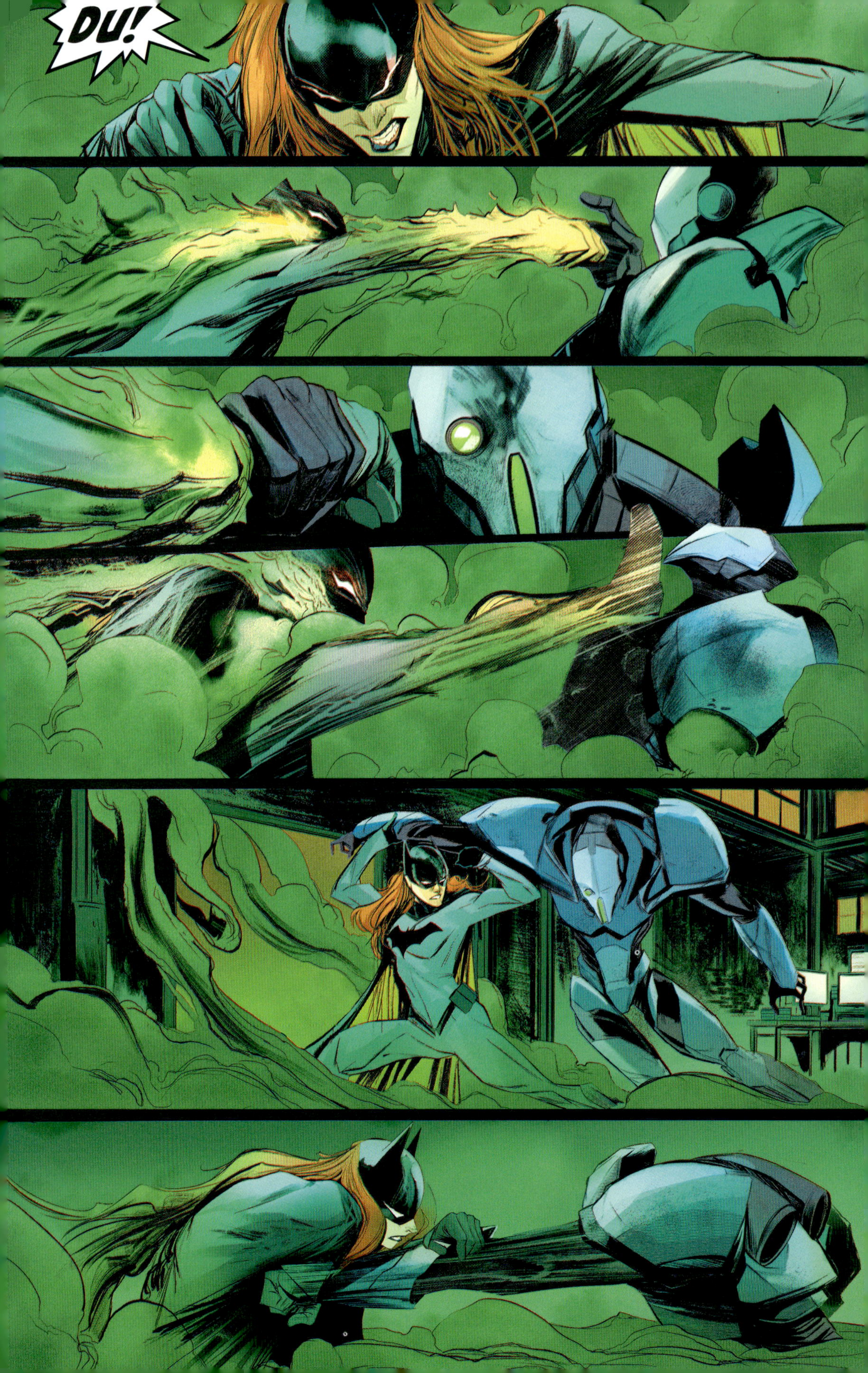
DU!

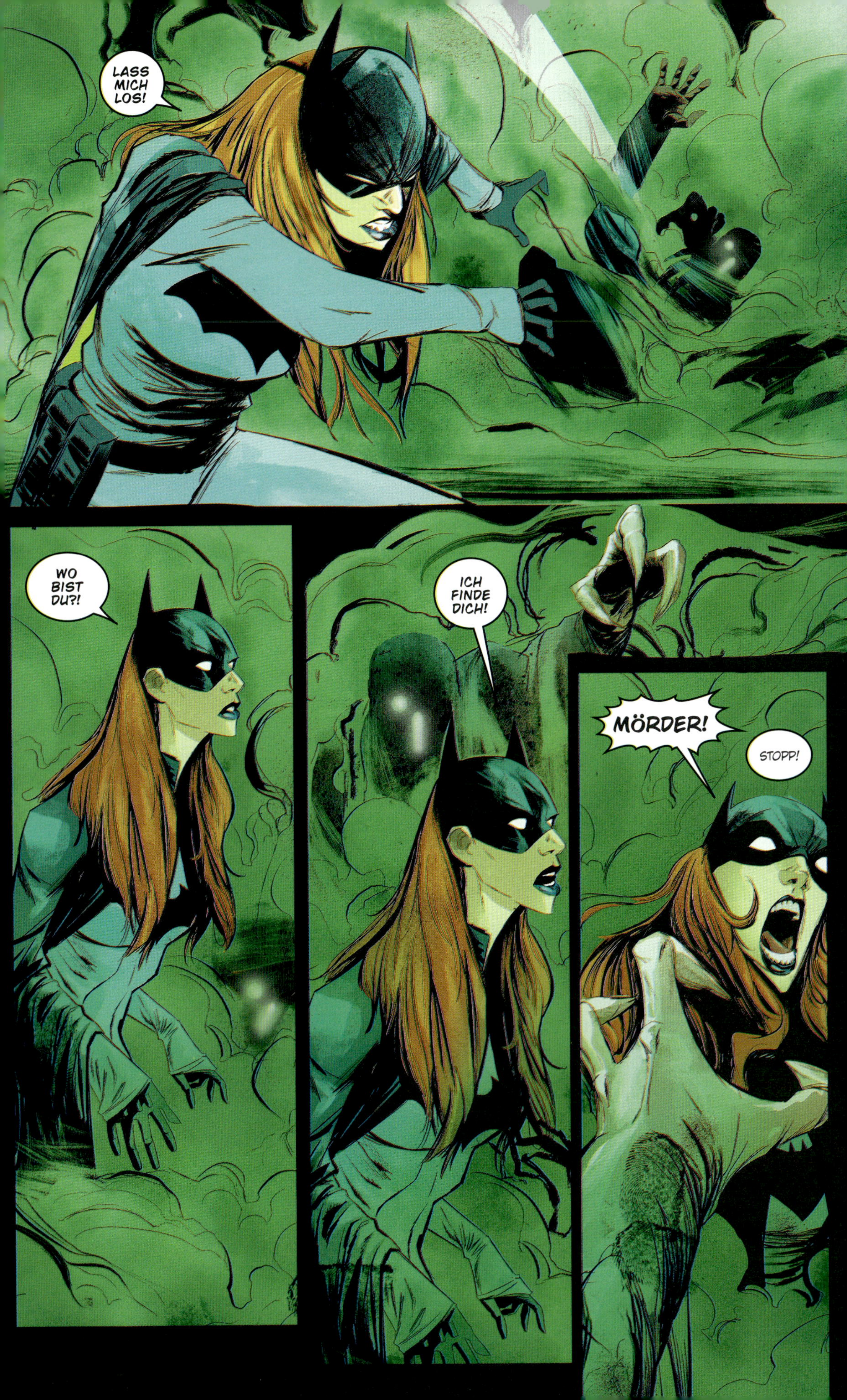
LASS MICH LOS!
WO BIST DU?!
ICH FINDE DICH!
MÖRDER!
STOPP!

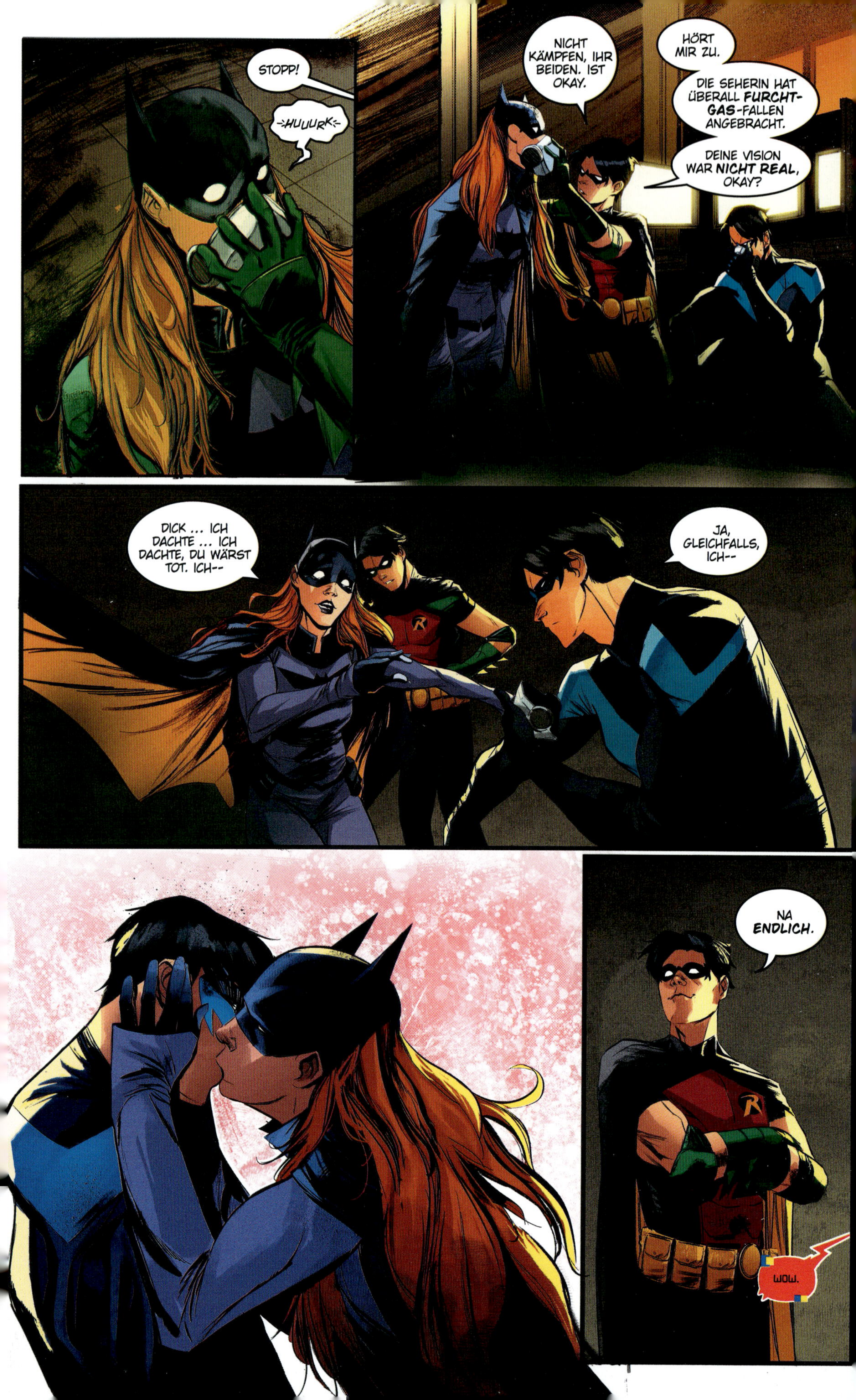

STOPP!
-HUUURK-
NICHT KÄMPFEN, IHR BEIDEN. IST OKAY.
HÖRT MIR ZU.
DIE SEHERIN HAT ÜBERALL **FURCHT-GAS**-FALLEN ANGEBRACHT.
DEINE VISION WAR **NICHT REAL**, OKAY?
DICK ... ICH DACHTE ... ICH DACHTE, DU WÄRST TOT. ICH--
JA, GLEICHFALLS, ICH--
NA **ENDLICH**.
WOW.

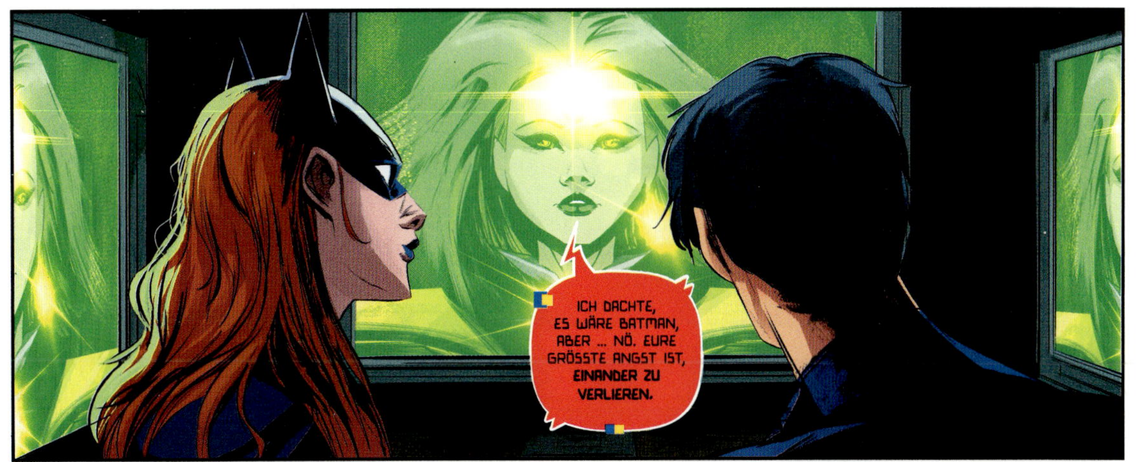
ICH DACHTE, ES WÄRE BATMAN, ABER ... NÖ. EURE GRÖSSTE ANGST IST, EINANDER ZU VERLIEREN.

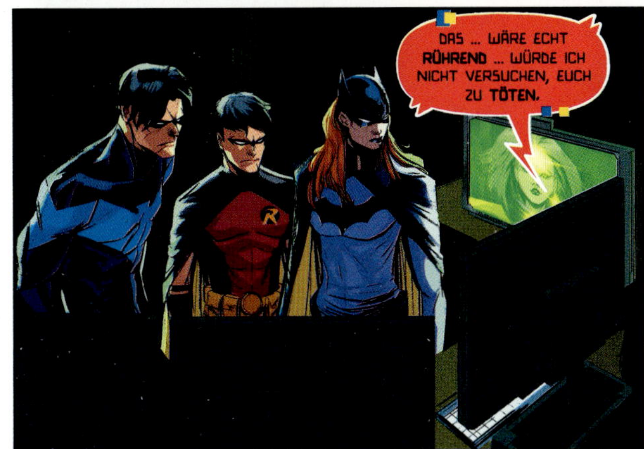
DAS ... WÄRE ECHT RÜHREND ... WÜRDE ICH NICHT VERSUCHEN, EUCH ZU TÖTEN.

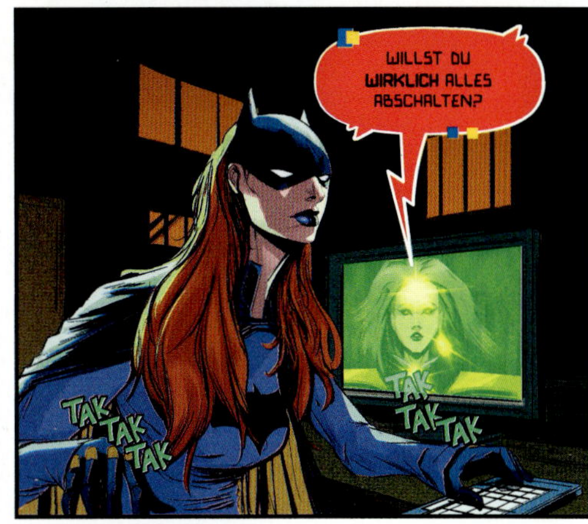
WILLST DU WIRKLICH ALLES ABSCHALTEN?
TAK TAK TAK
TAK TAK TAK

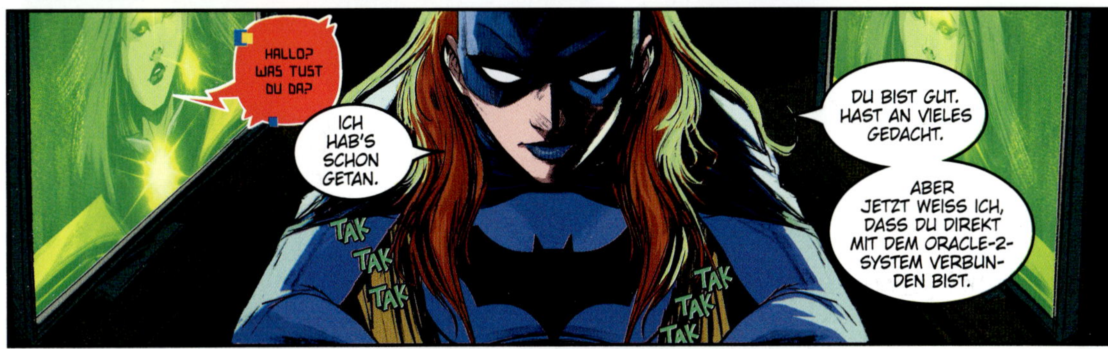
HALLO? WAS TUST DU DA?
ICH HAB'S SCHON GETAN.
DU BIST GUT. HAST AN VIELES GEDACHT.
ABER JETZT WEISS ICH, DASS DU DIREKT MIT DEM ORACLE-2-SYSTEM VERBUNDEN BIST.
TAK TAK TAK
TAK TAK TAK

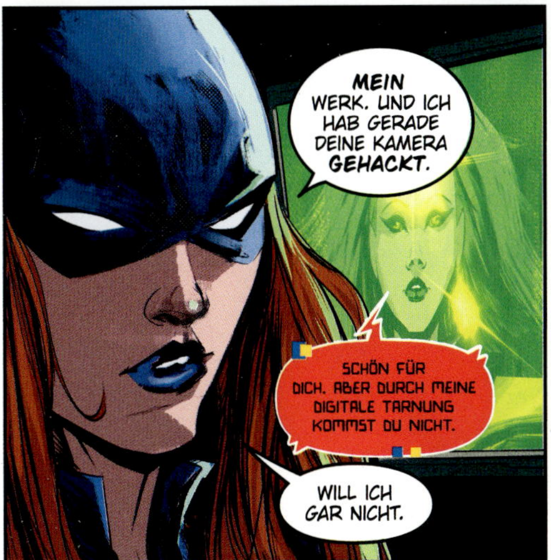
MEIN WERK. UND ICH HAB GERADE DEINE KAMERA GEHACKT.
SCHÖN FÜR DICH. ABER DURCH MEINE DIGITALE TARNUNG KOMMST DU NICHT.
WILL ICH GAR NICHT.

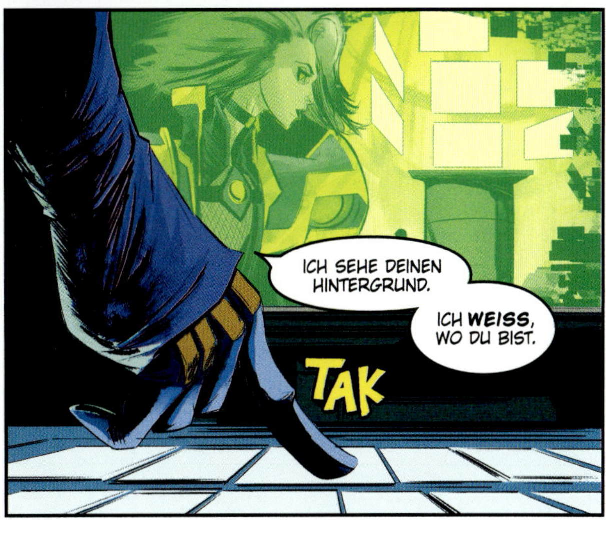
ICH SEHE DEINEN HINTERGRUND.
ICH WEISS, WO DU BIST.
TAK

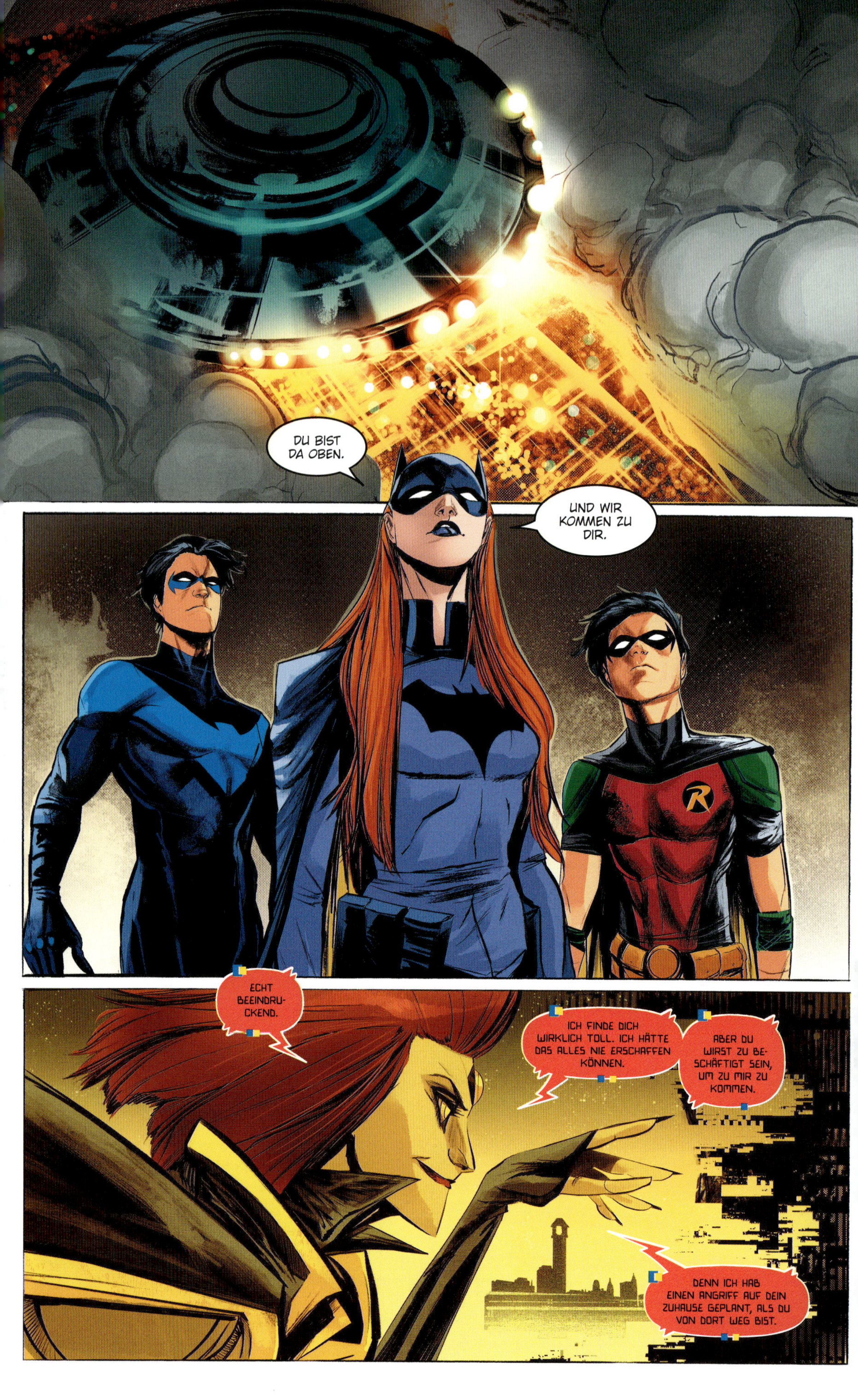
DU BIST DA OBEN.
UND WIR KOMMEN ZU DIR.
ECHT BEEINDRU-CKEND.
ICH FINDE DICH WIRKLICH TOLL. ICH HÄTTE DAS ALLES NIE ERSCHAFFEN KÖNNEN.
ABER DU WIRST ZU BE-SCHÄFTIGT SEIN, UM ZU MIR ZU KOMMEN.
DENN ICH HAB EINEN ANGRIFF AUF DEIN ZUHAUSE GEPLANT, ALS DU VON DORT WEG BIST.

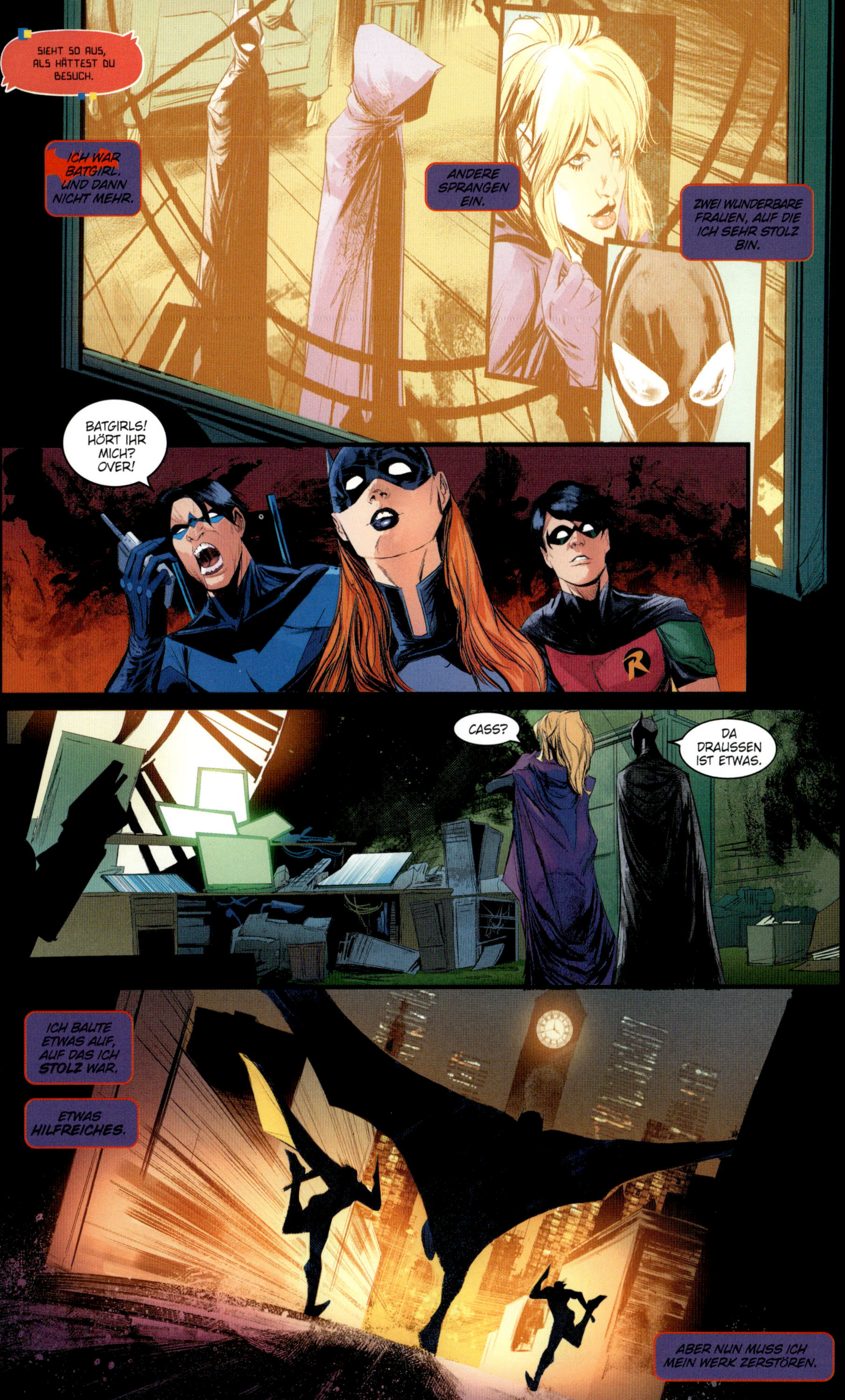
SIEHT SO AUS, ALS HÄTTEST DU BESUCH.
ICH WAR BATGIRL. UND DANN NICHT MEHR.
ANDERE SPRANGEN EIN.
ZWEI WUNDERBARE FRAUEN, AUF DIE ICH SEHR STOLZ BIN.
BATGIRLS! HÖRT IHR MICH? OVER!
CASS?
DA DRAUSSEN IST ETWAS.
ICH BAUTE ETWAS AUF, AUF DAS ICH STOLZ WAR.
ETWAS HILFREICHES.
ABER NUN MUSS ICH MEIN WERK ZERSTÖREN.

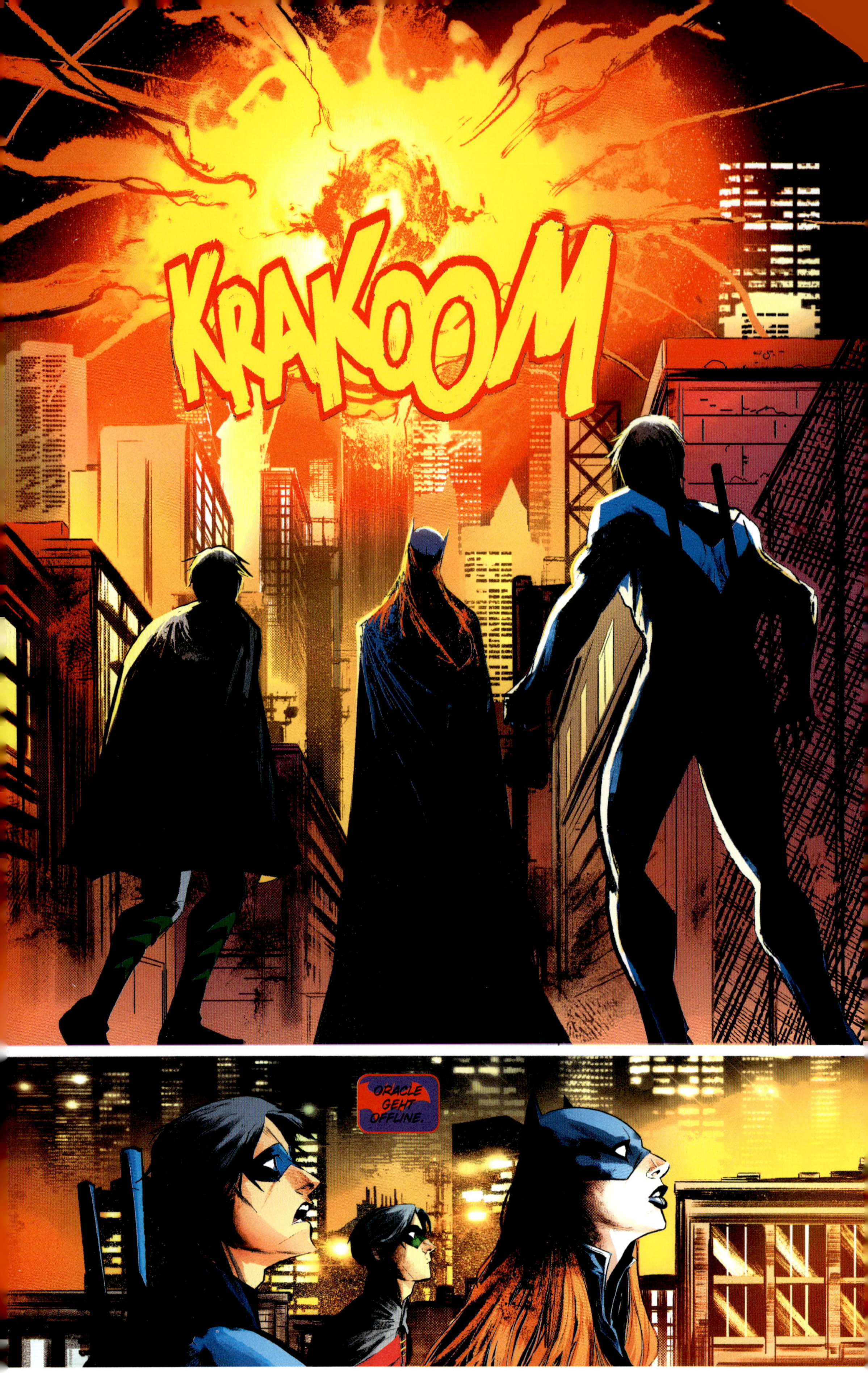

KRAKOOM

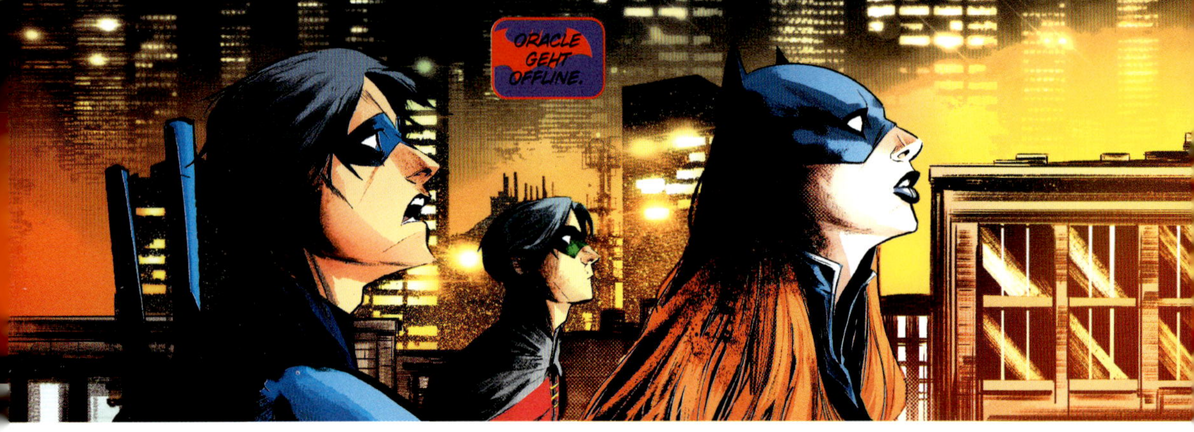
ORACLE GEHT OFFLINE.

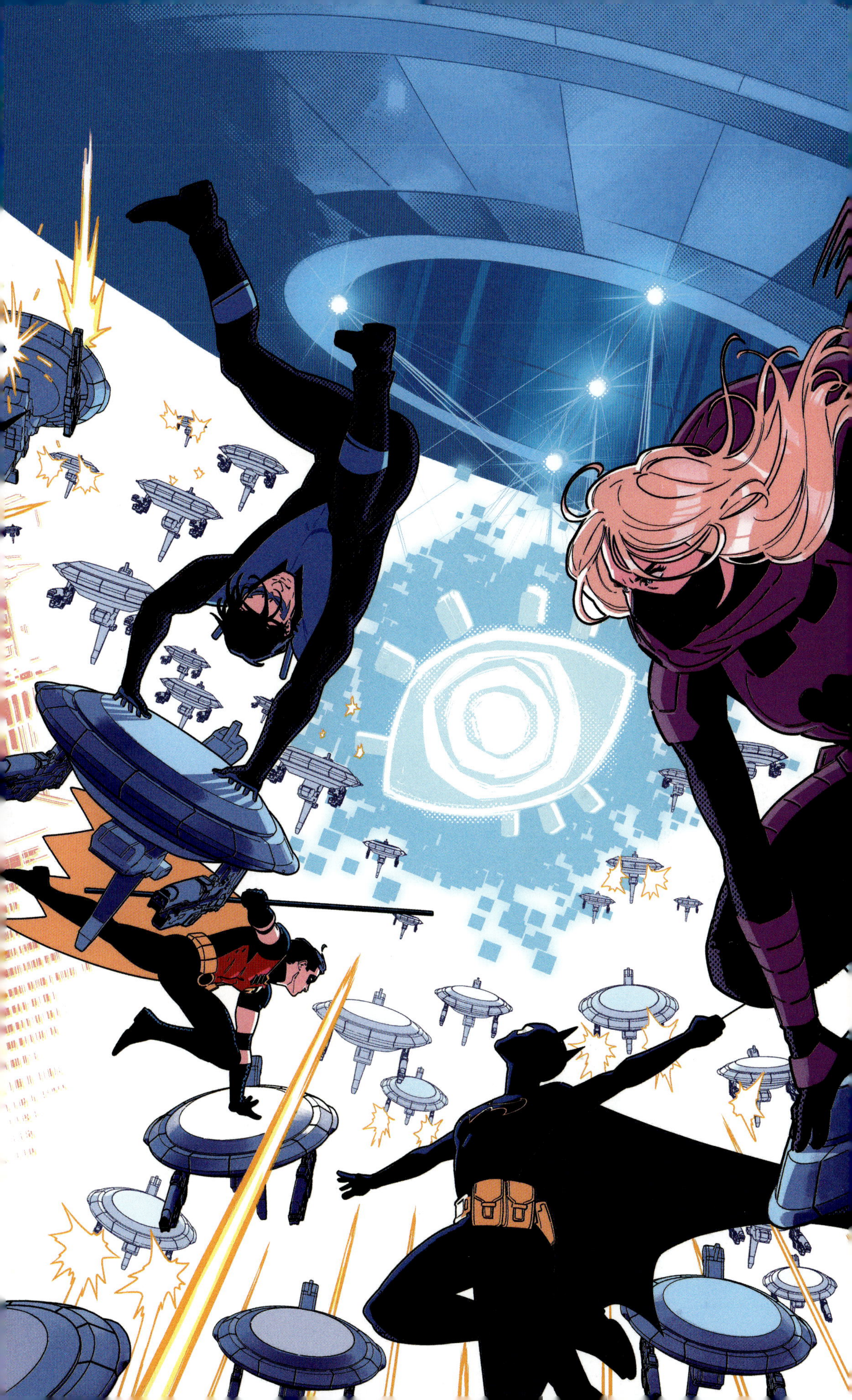

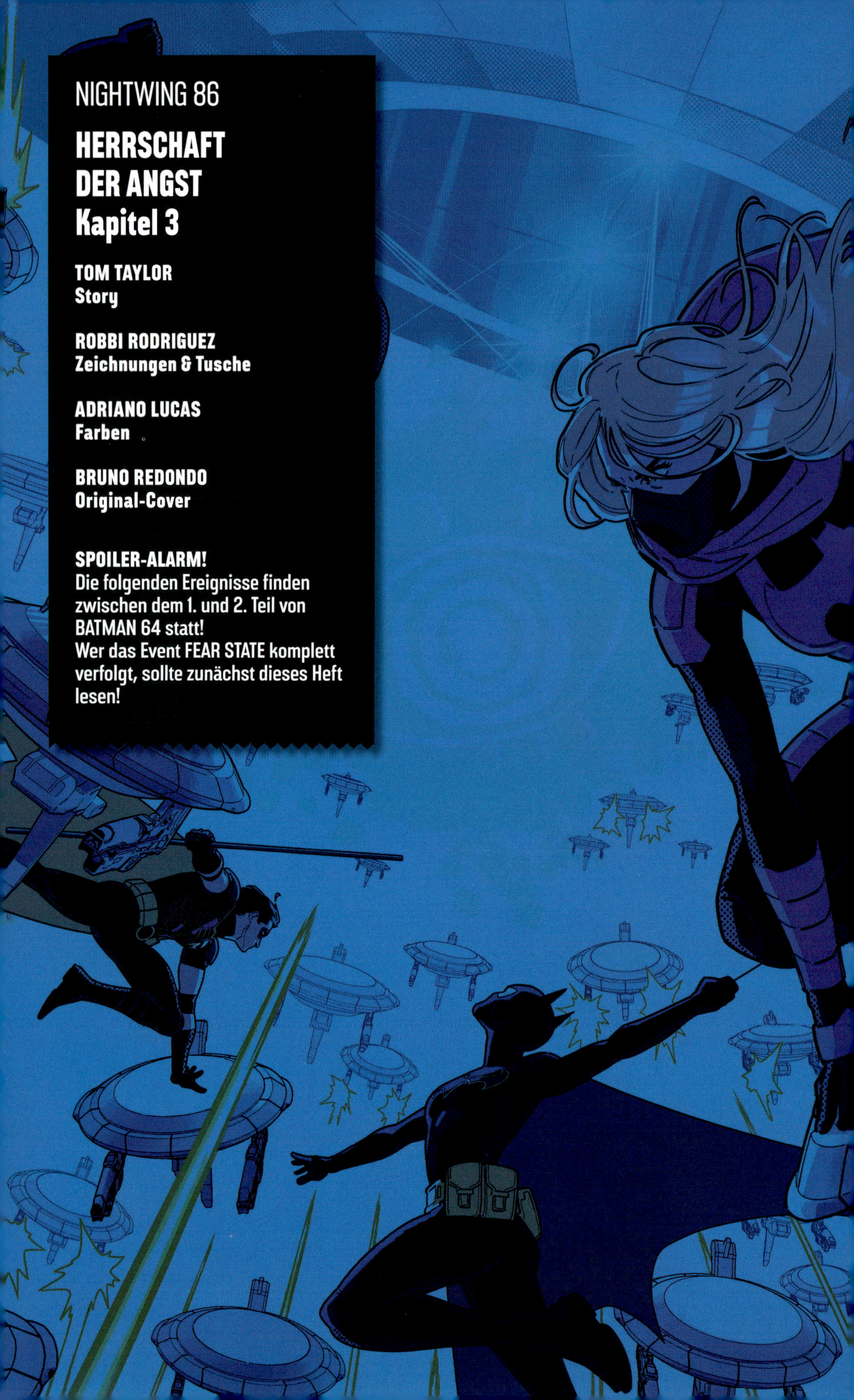

NIGHTWING 86

HERRSCHAFT DER ANGST
Kapitel 3

TOM TAYLOR
Story

ROBBI RODRIGUEZ
Zeichnungen & Tusche

ADRIANO LUCAS
Farben

BRUNO REDONDO
Original-Cover

SPOILER-ALARM!
Die folgenden Ereignisse finden zwischen dem 1. und 2. Teil von BATMAN 64 statt!
Wer das Event FEAR STATE komplett verfolgt, sollte zunächst dieses Heft lesen!

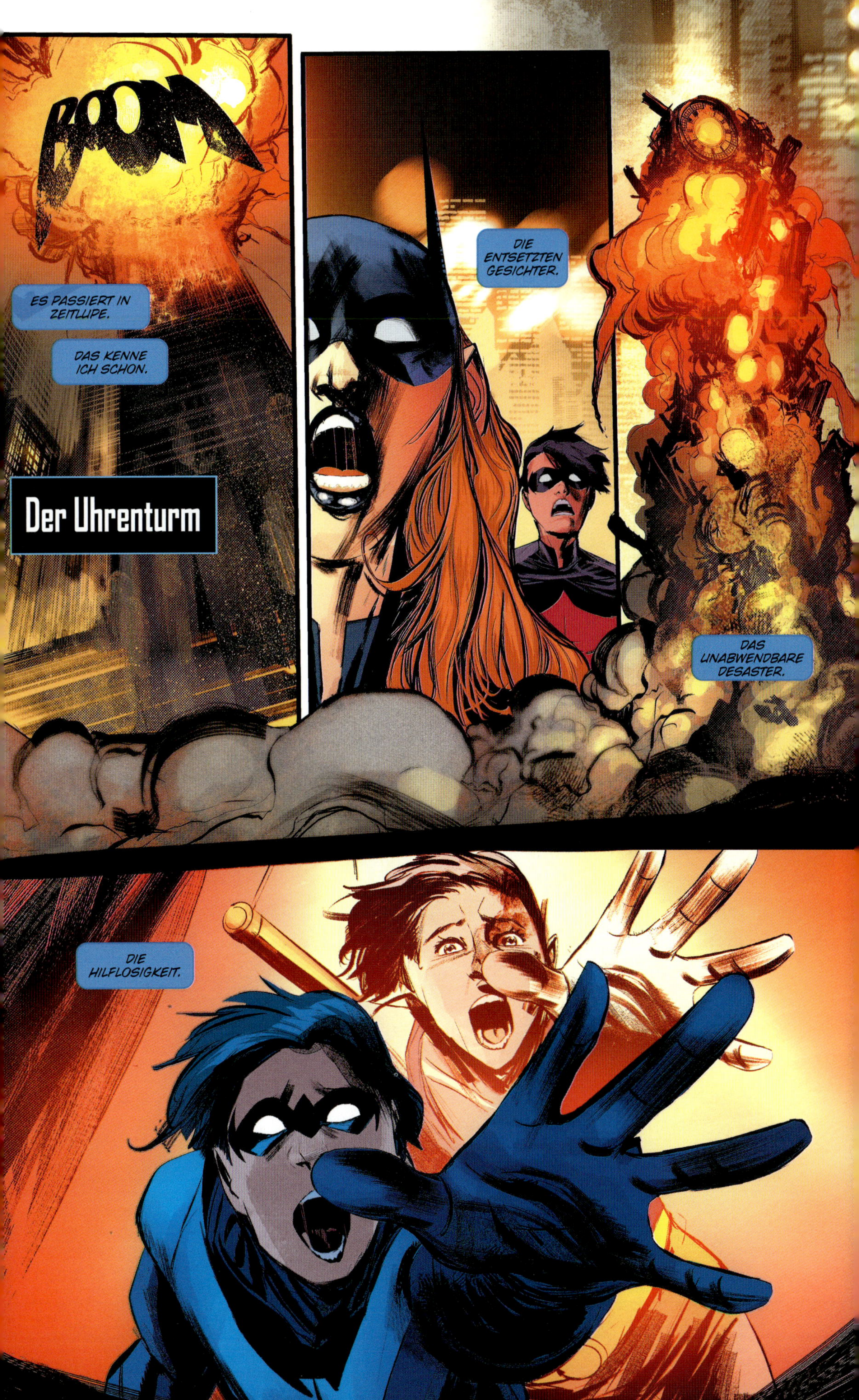
BOOM
ES PASSIERT IN ZEITLUPE.
DAS KENNE ICH SCHON.
Der Uhrenturm
DIE ENTSETZTEN GESICHTER.
DAS UNABWENDBARE DESASTER.
DIE HILFLOSIGKEIT.

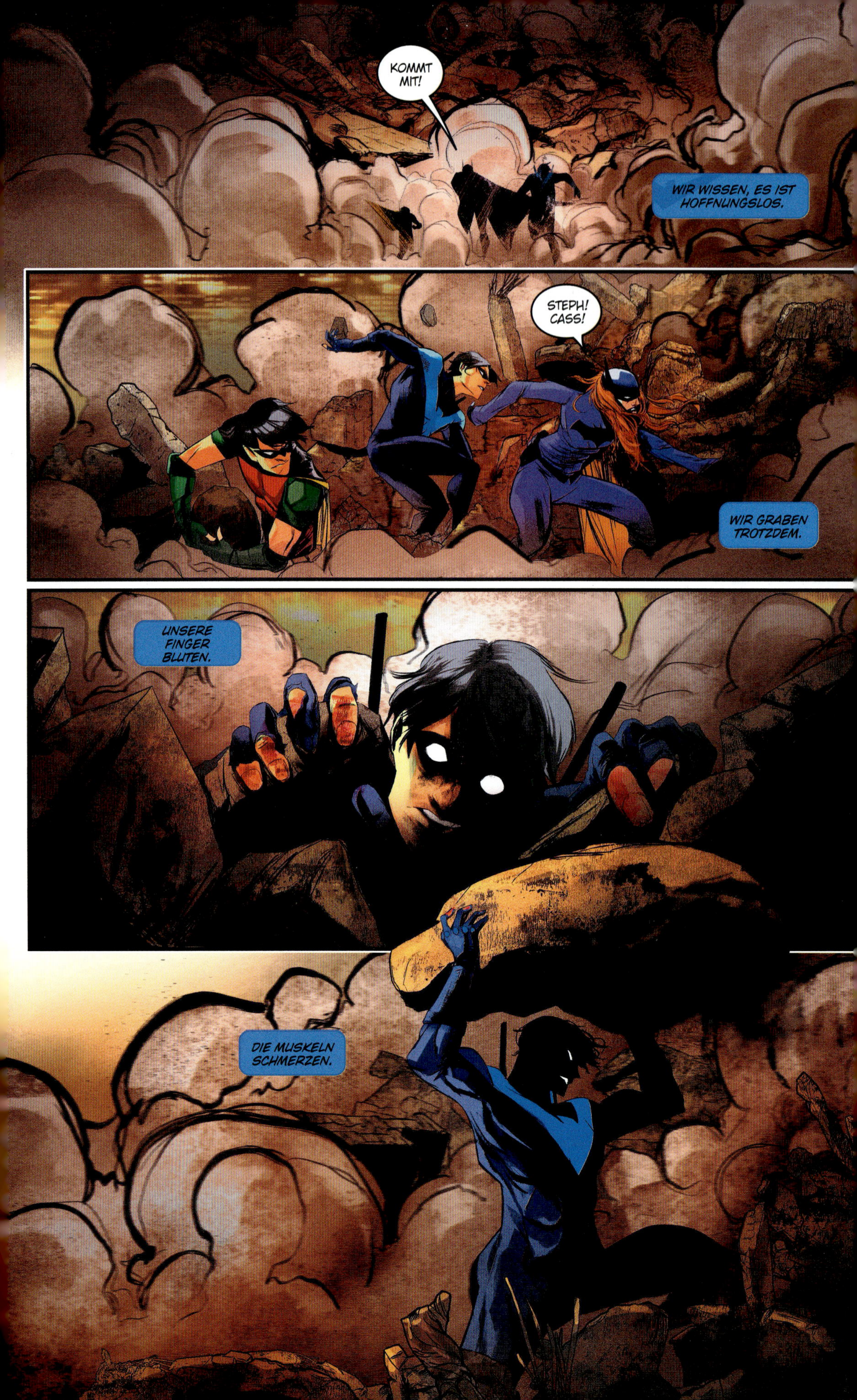

KOMMT MIT!
WIR WISSEN, ES IST HOFFNUNGSLOS.
STEPH! CASS!
WIR GRABEN TROTZDEM.
UNSERE FINGER BLUTEN.
DIE MUSKELN SCHMERZEN.

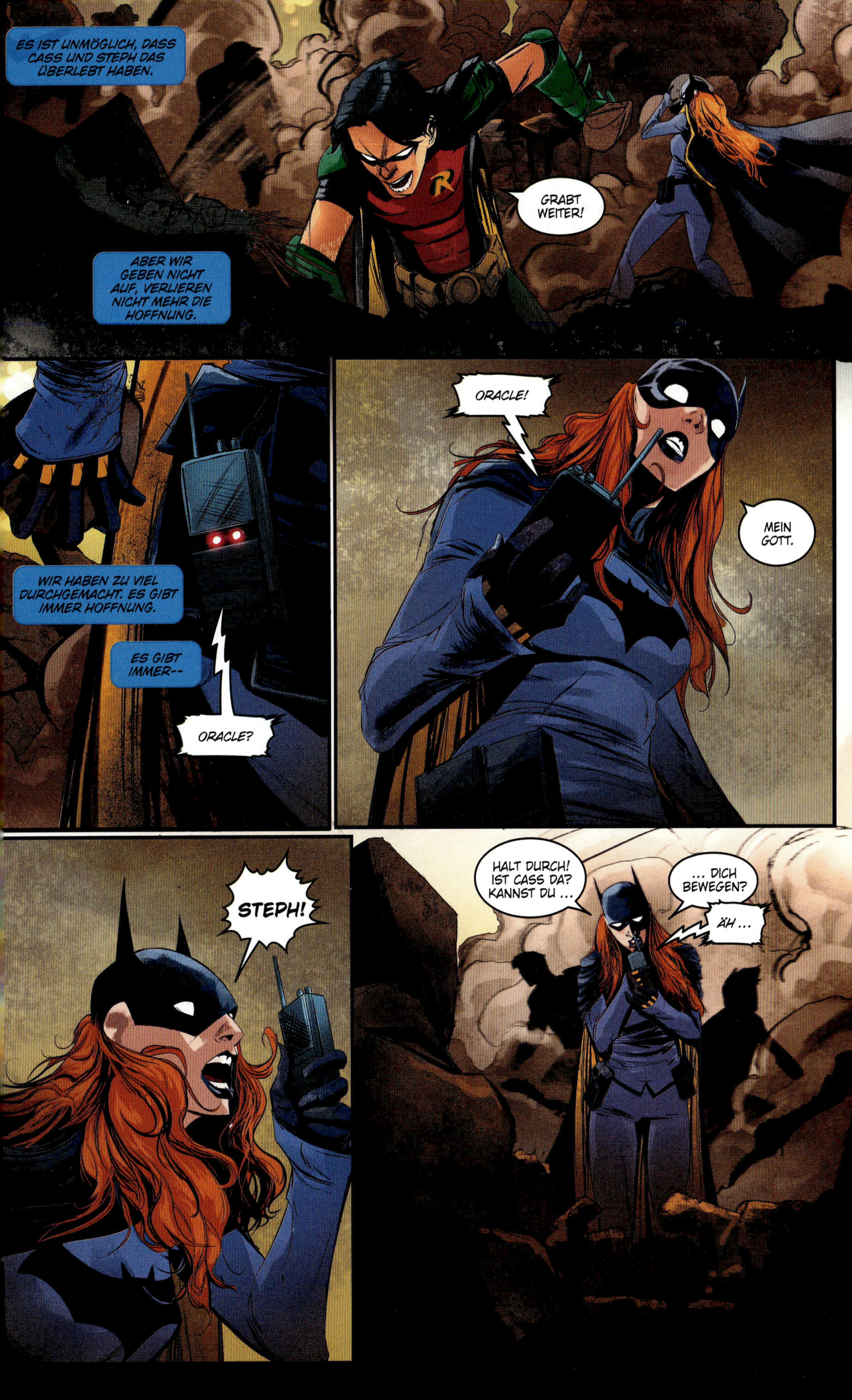
ES IST UNMÖGLICH, DASS CASS UND STEPH DAS ÜBERLEBT HABEN.
GRABT WEITER!
ABER WIR GEBEN NICHT AUF, VERLIEREN NICHT MEHR DIE HOFFNUNG.
WIR HABEN ZU VIEL DURCHGEMACHT. ES GIBT IMMER HOFFNUNG.
ES GIBT IMMER--
ORACLE?
ORACLE!
MEIN GOTT.
STEPH!
HALT DURCH! IST CASS DA? KANNST DU ...
... DICH BEWEGEN?
ÄH ...

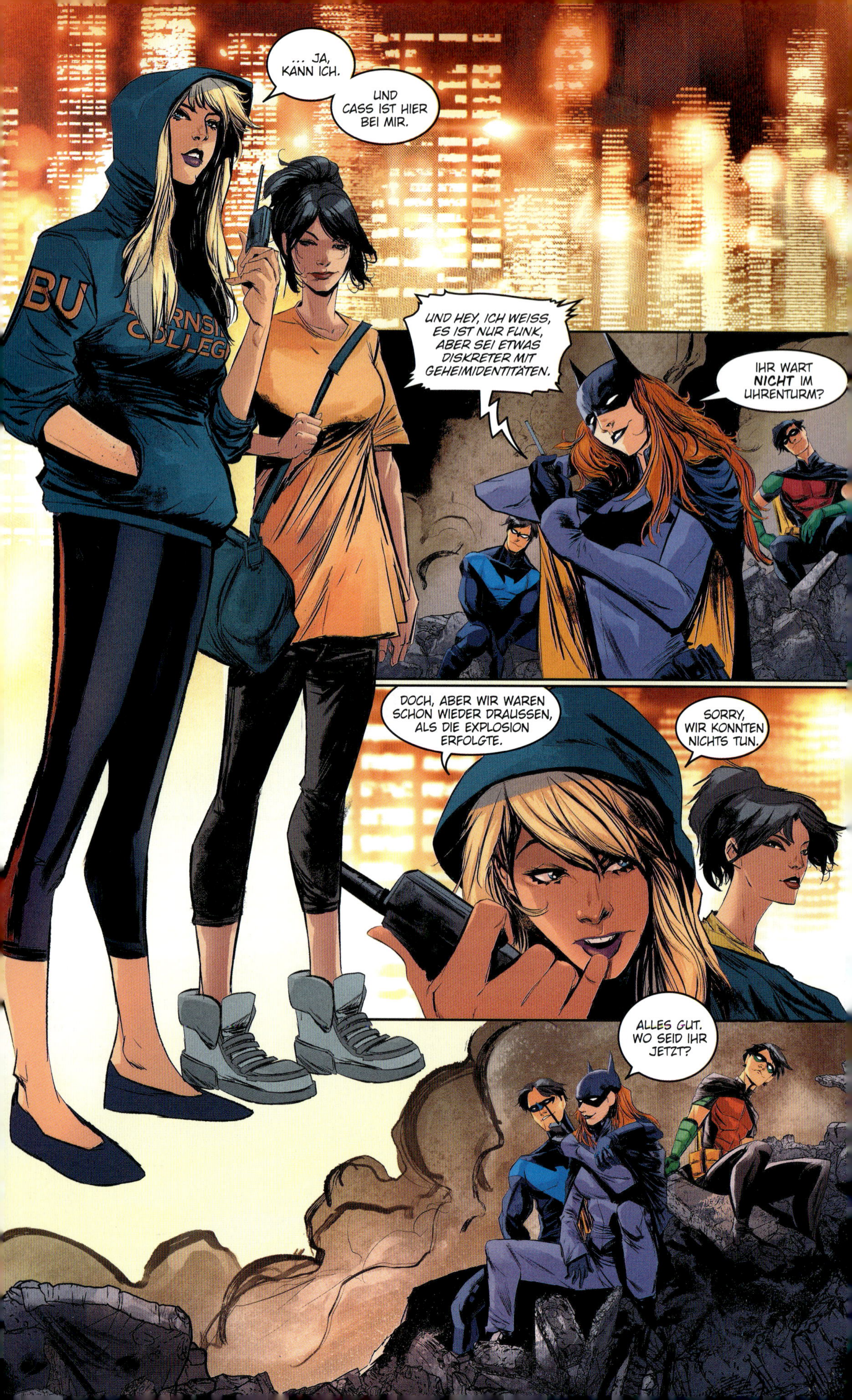
... JA, KANN ICH.
UND CASS IST HIER BEI MIR.
UND HEY, ICH WEISS, ES IST NUR FUNK, ABER SEI ETWAS DISKRETER MIT GEHEIMIDENTITÄTEN.
IHR WART **NICHT** IM UHRENTURM?
DOCH, ABER WIR WAREN SCHON WIEDER DRAUSSEN, ALS DIE EXPLOSION ERFOLGTE.
SORRY, WIR KONNTEN NICHTS TUN.
ALLES GUT. WO SEID IHR JETZT?

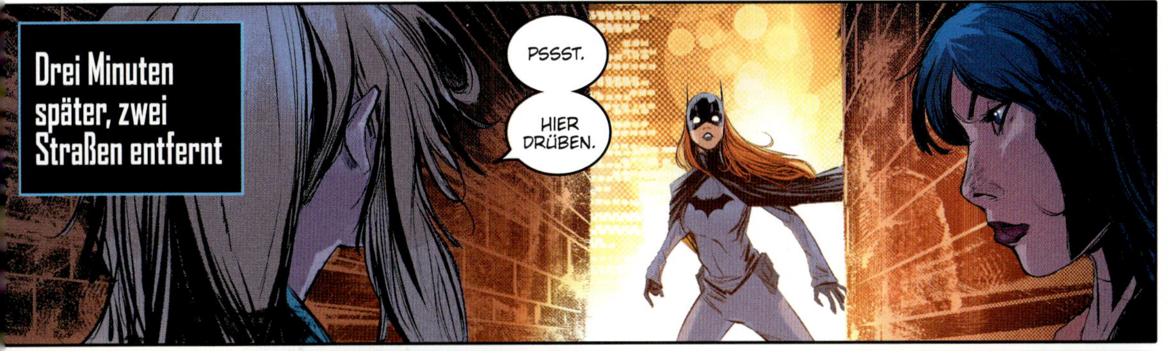
Drei Minuten später, zwei Straßen entfernt
PSSST.
HIER DRÜBEN.

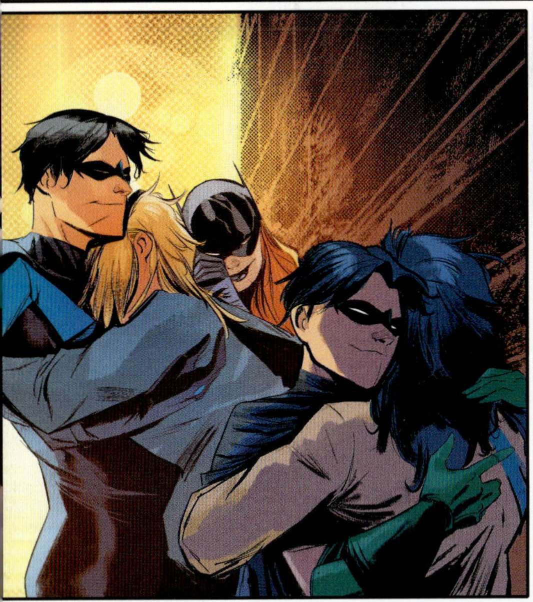

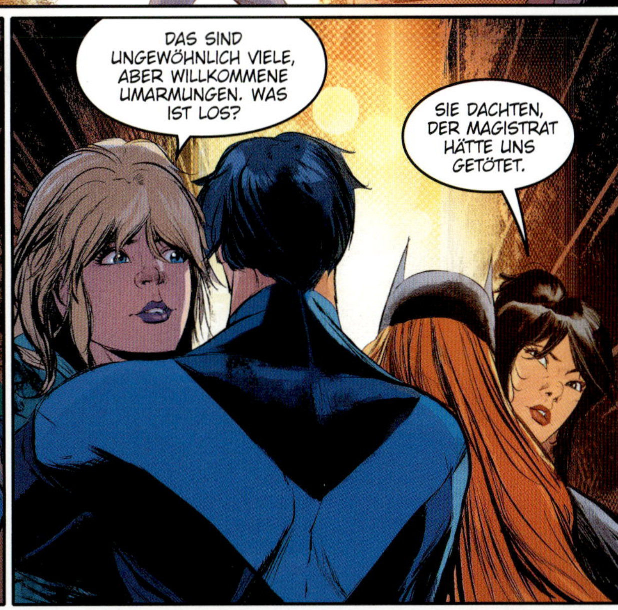
DAS SIND UNGEWÖHNLICH VIELE, ABER WILLKOMMENE UMARMUNGEN. WAS IST LOS?
SIE DACHTEN, DER MAGISTRAT HÄTTE UNS GETÖTET.

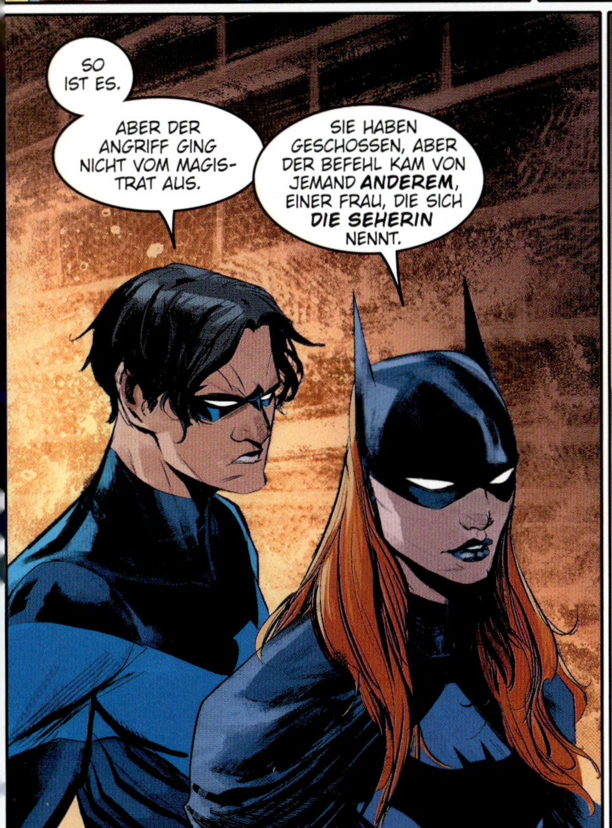
SO IST ES.
ABER DER ANGRIFF GING NICHT VOM MAGIS-TRAT AUS.
SIE HABEN GESCHOSSEN, ABER DER BEFEHL KAM VON JEMAND ANDEREM, EINER FRAU, DIE SICH DIE SEHERIN NENNT.

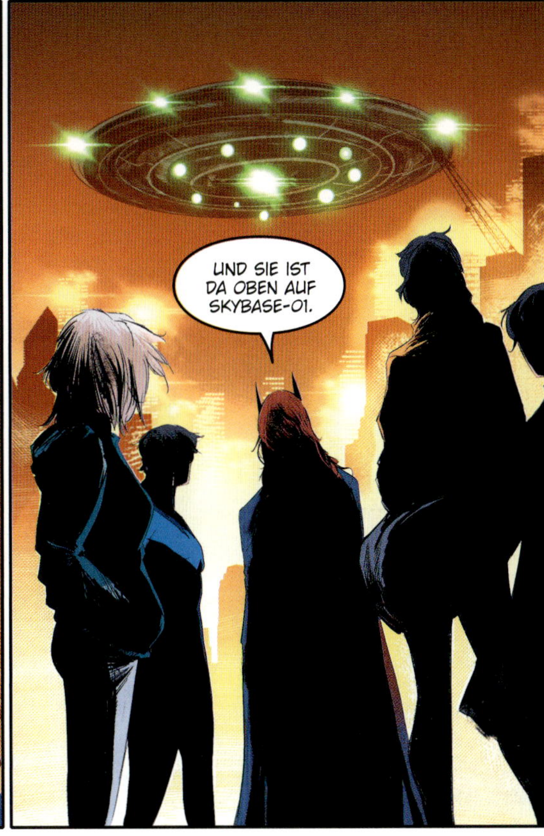
UND SIE IST DA OBEN AUF SKYBASE-01.

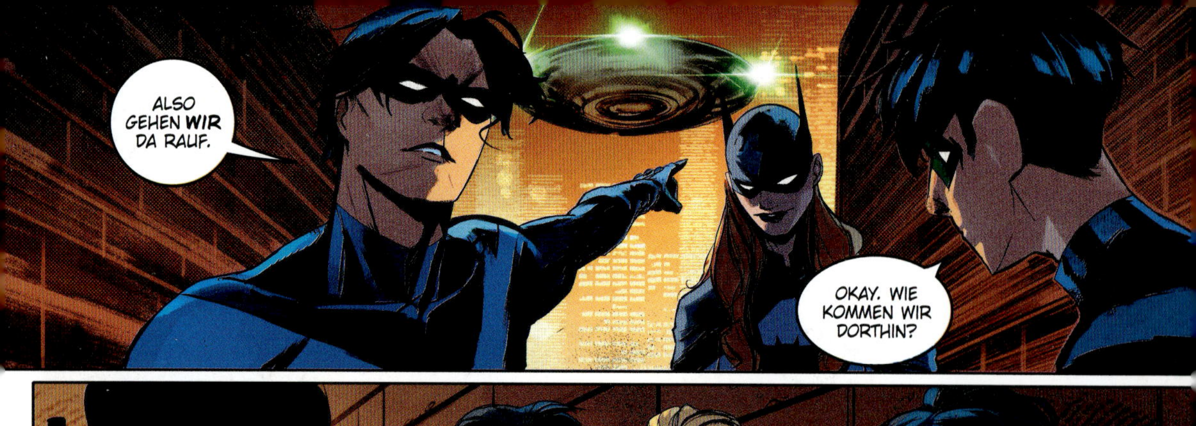
ALSO GEHEN **WIR** DA RAUF.
OKAY. WIE KOMMEN WIR DORTHIN?

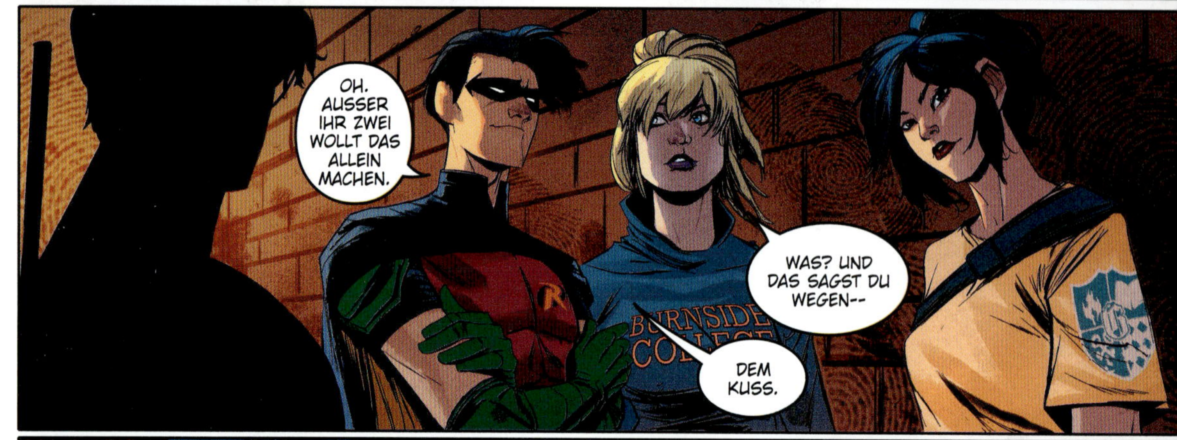
OH. AUSSER IHR ZWEI WOLLT DAS ALLEIN MACHEN.
WAS? UND DAS SAGST DU WEGEN--
DEM KUSS.
BURNSIDE COLLEGE

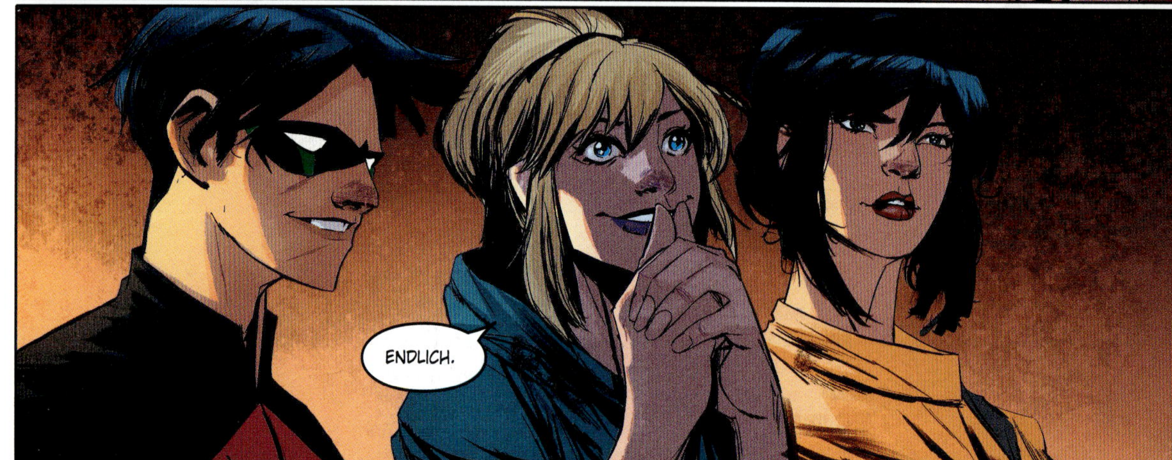
ENDLICH.

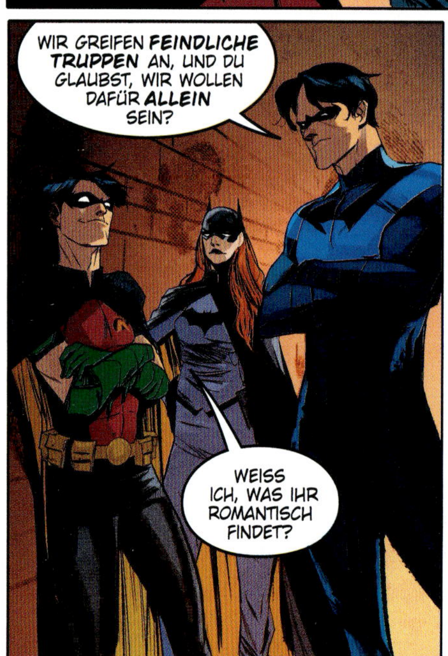
WIR GREIFEN **FEINDLICHE TRUPPEN** AN, UND DU GLAUBST, WIR WOLLEN DAFÜR **ALLEIN** SEIN?
WEISS ICH, WAS IHR ROMANTISCH FINDET?

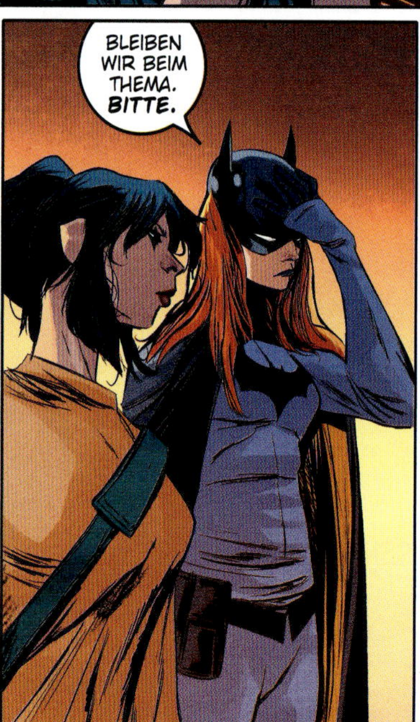
BLEIBEN WIR BEIM THEMA. **BITTE.**

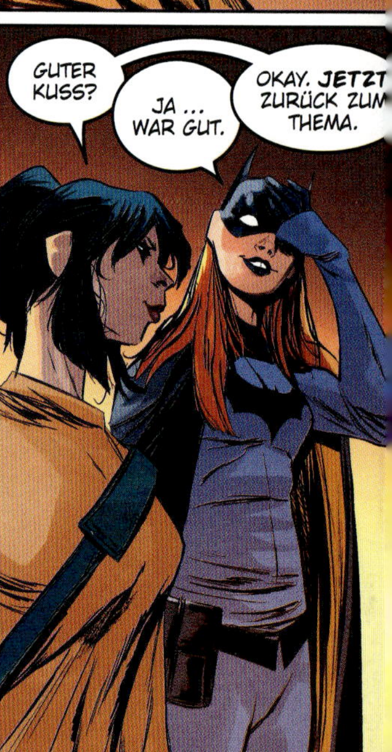
GUTER KUSS?
JA ... WAR GUT.
OKAY. **JETZT** ZURÜCK ZUM THEMA.

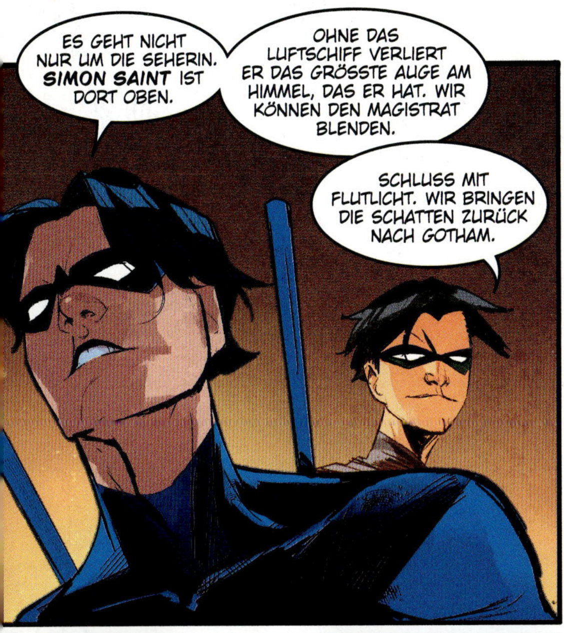
ES GEHT NICHT NUR UM DIE SEHERIN. **SIMON SAINT** IST DORT OBEN.
OHNE DAS LUFTSCHIFF VERLIERT ER DAS GRÖSSTE AUGE AM HIMMEL, DAS ER HAT. WIR KÖNNEN DEN MAGISTRAT BLENDEN.
SCHLUSS MIT FLUTLICHT. WIR BRINGEN DIE SCHATTEN ZURÜCK NACH GOTHAM.

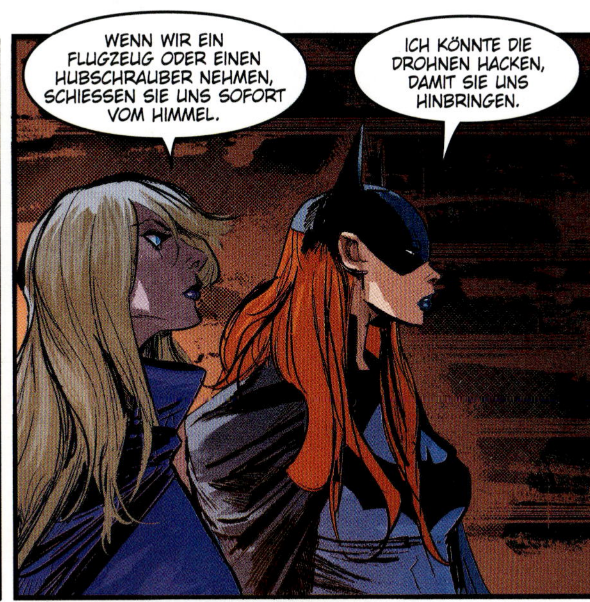
WENN WIR EIN FLUGZEUG ODER EINEN HUBSCHRAUBER NEHMEN, SCHIESSEN SIE UNS SOFORT VOM HIMMEL.
ICH KÖNNTE DIE DROHNEN HACKEN, DAMIT SIE UNS HINBRINGEN.

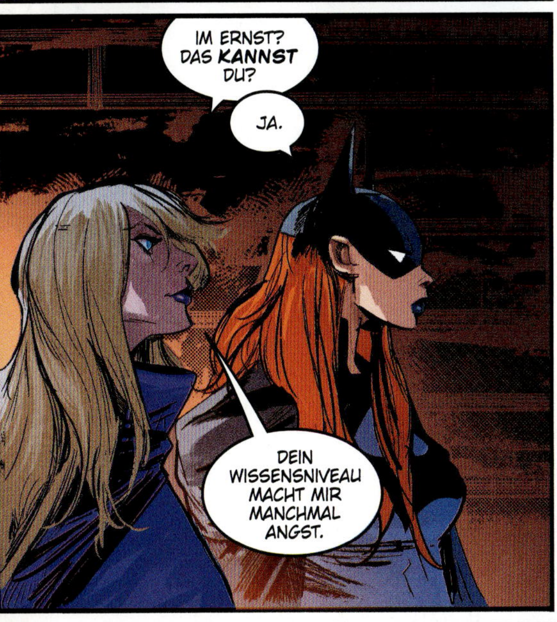
IM ERNST? DAS **KANNST** DU?
JA.
DEIN WISSENSNIVEAU MACHT MIR MANCHMAL ANGST.

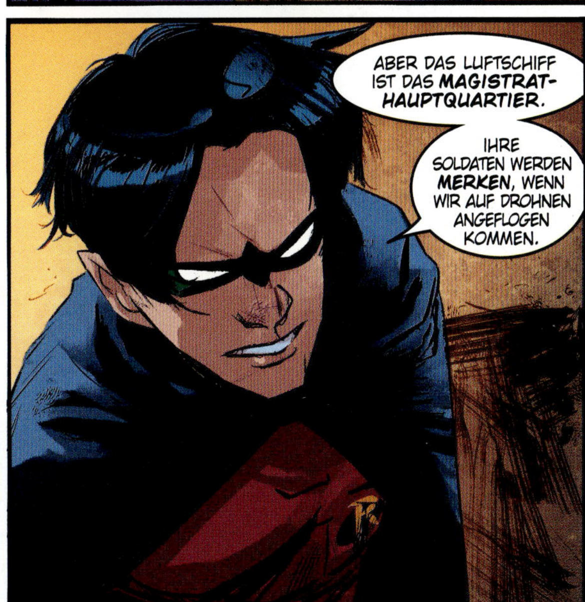
ABER DAS LUFTSCHIFF IST DAS **MAGISTRAT-HAUPTQUARTIER**.
IHRE SOLDATEN WERDEN **MERKEN**, WENN WIR AUF DROHNEN ANGEFLOGEN KOMMEN.

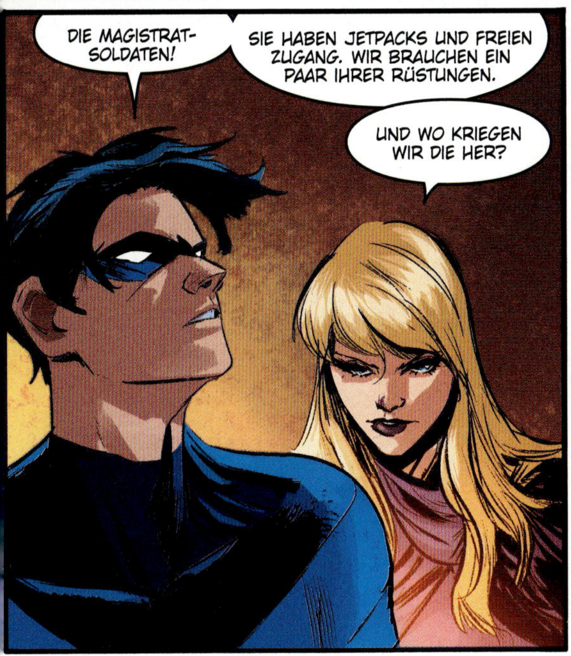
DIE MAGISTRAT-SOLDATEN!
SIE HABEN JETPACKS UND FREIEN ZUGANG. WIR BRAUCHEN EIN PAAR IHRER RÜSTUNGEN.
UND WO KRIEGEN WIR DIE HER?

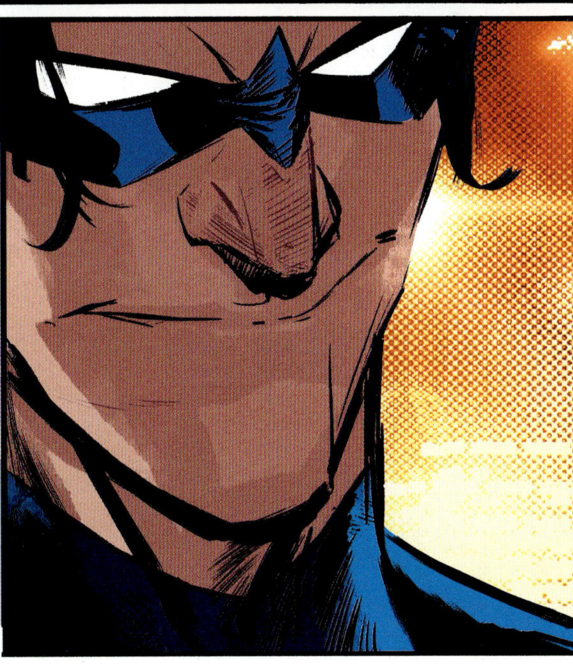

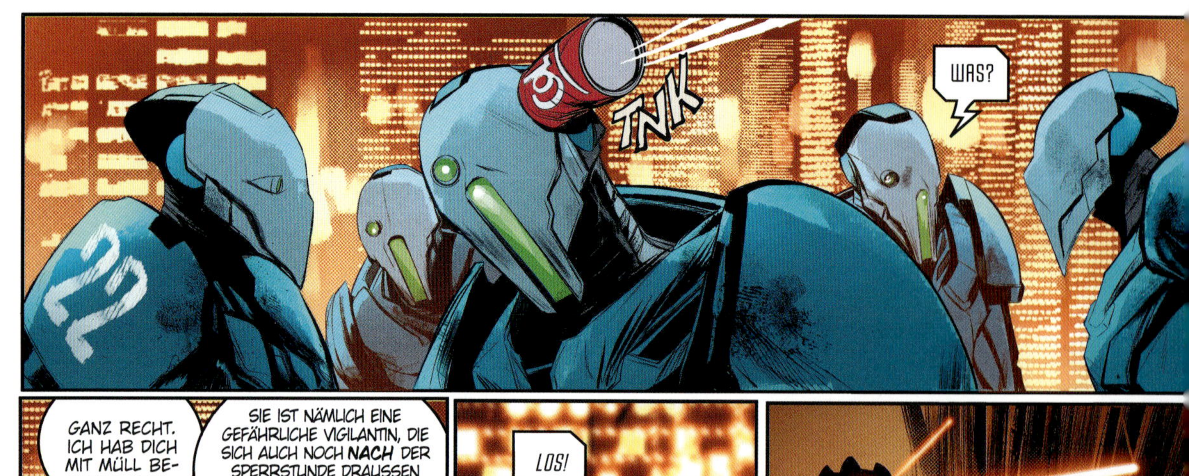
TNK
WAS?

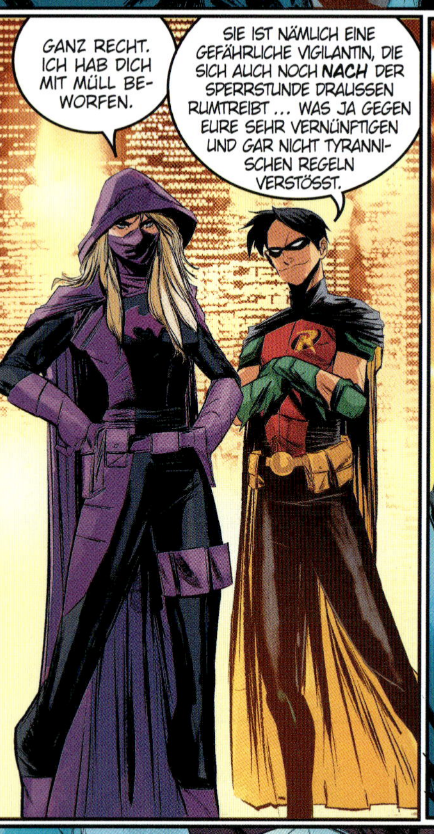
GANZ RECHT. ICH HAB DICH MIT MÜLL BEWORFEN.
SIE IST NÄMLICH EINE GEFÄHRLICHE VIGILANTIN, DIE SICH AUCH NOCH **NACH** DER SPERRSTUNDE DRAUSSEN RUMTREIBT … WAS JA GEGEN EURE SEHR VERNÜNFTIGEN UND GAR NICHT TYRANNISCHEN REGELN VERSTÖSST.

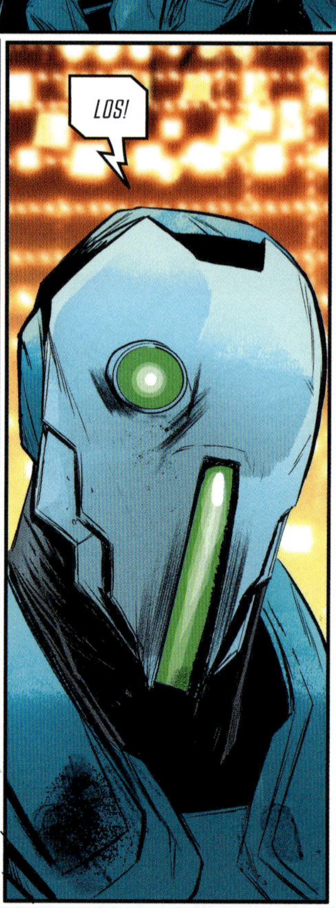
LOS!

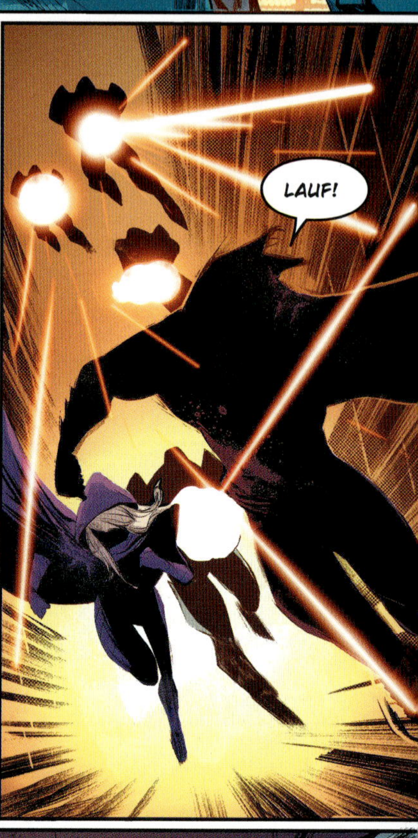
LAUF!

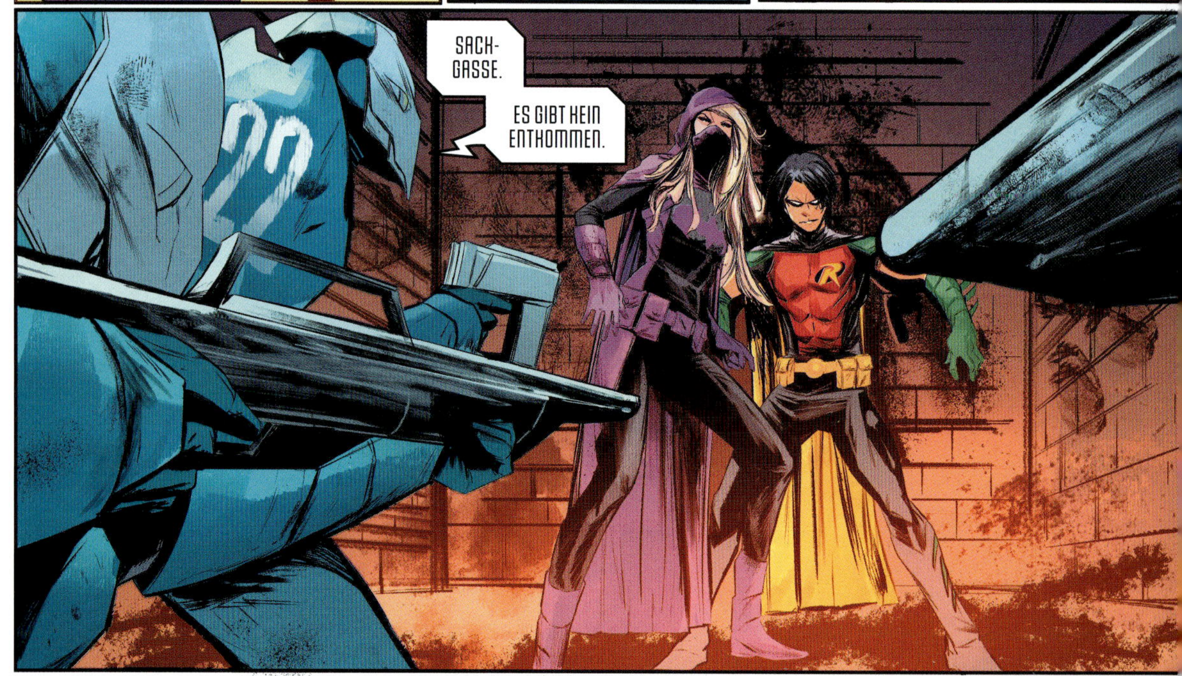
SACKGASSE.
ES GIBT KEIN ENTKOMMEN.

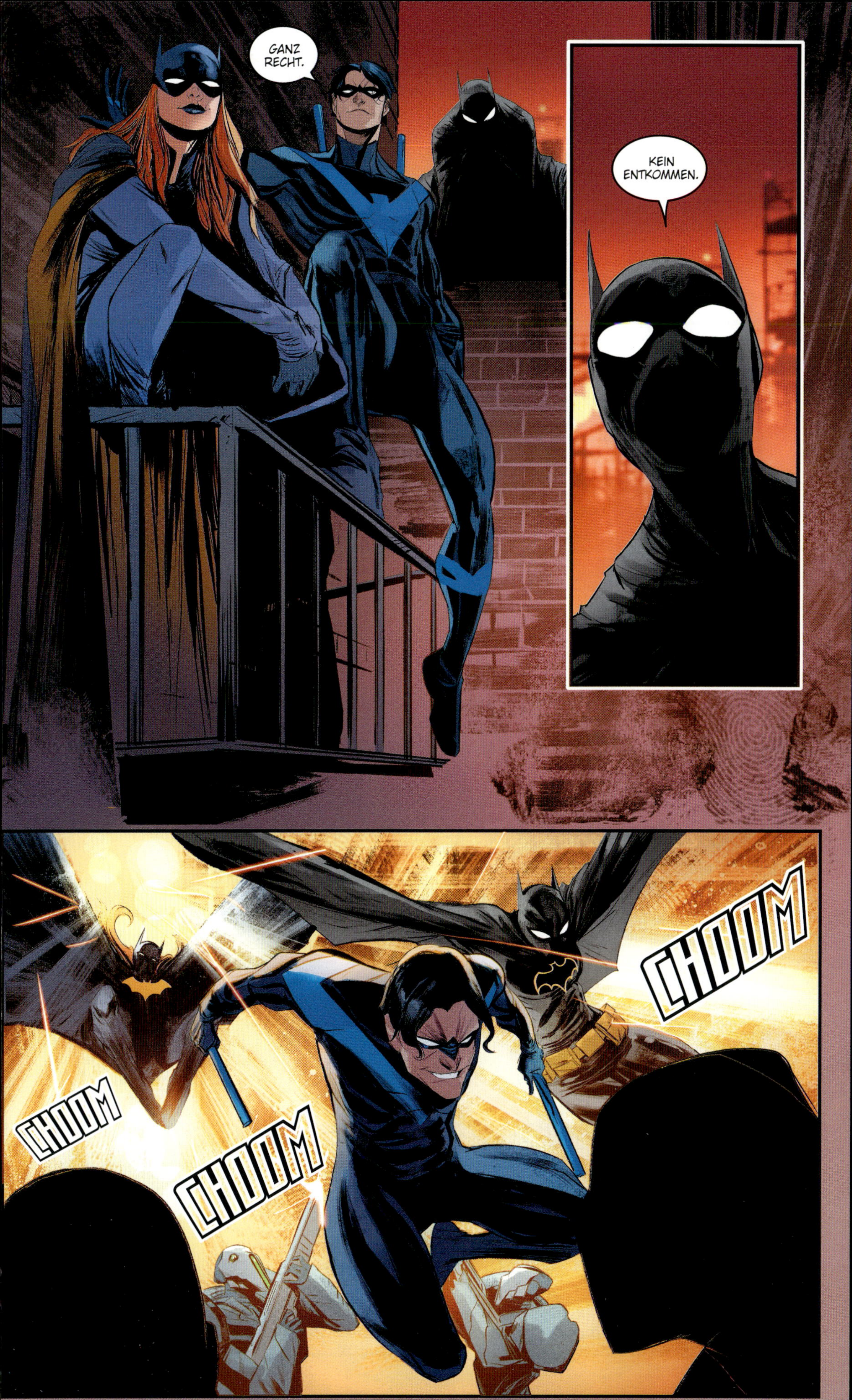
GANZ RECHT.
KEIN ENTKOMMEN.
CHOOM
CHOOM
CHOOM

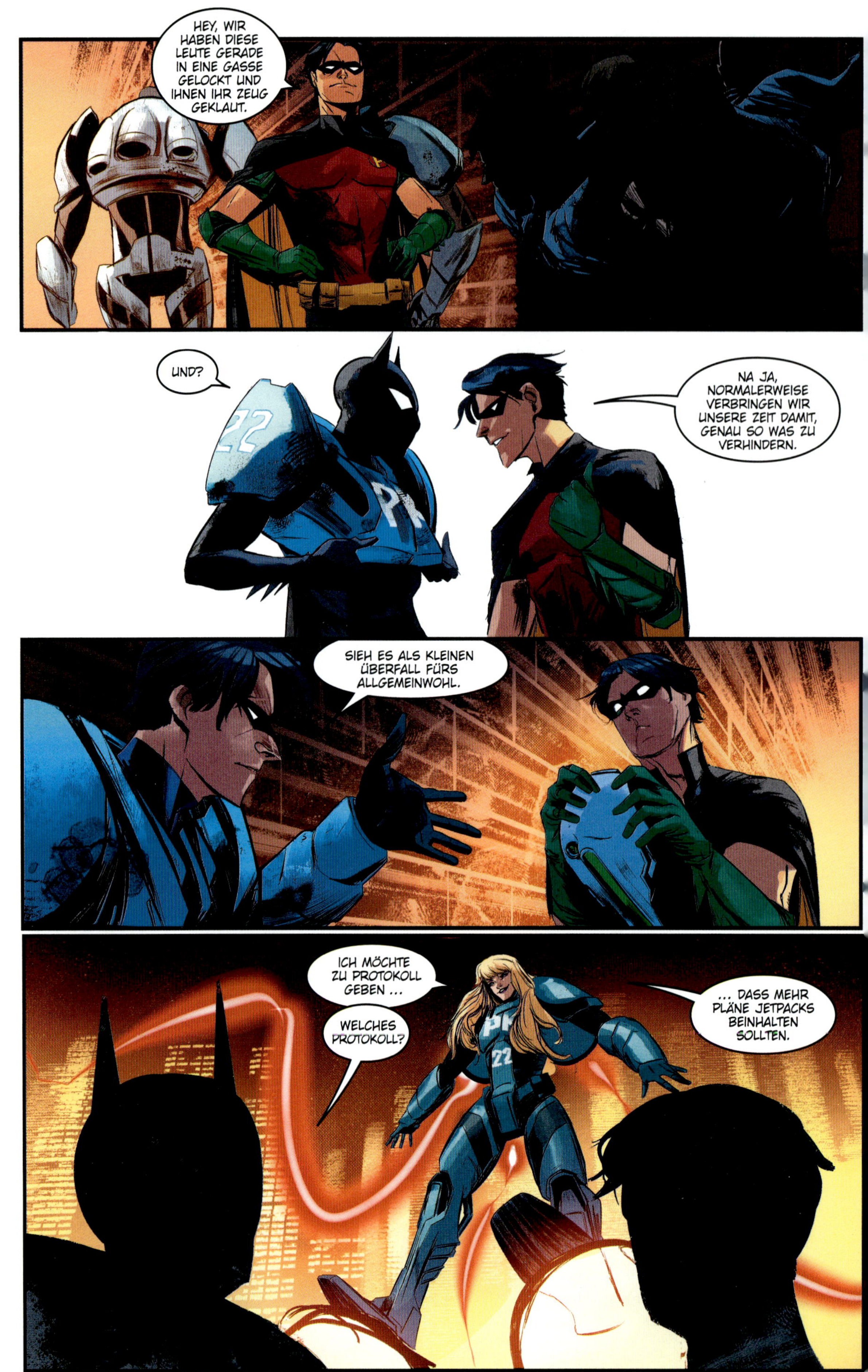
HEY, WIR HABEN DIESE LEUTE GERADE IN EINE GASSE GELOCKT UND IHNEN IHR ZEUG GEKLAUT.
UND?
NA JA, NORMALERWEISE VERBRINGEN WIR UNSERE ZEIT DAMIT, GENAU SO WAS ZU VERHINDERN.
SIEH ES ALS KLEINEN ÜBERFALL FÜRS ALLGEMEINWOHL.
ICH MÖCHTE ZU PROTOKOLL GEBEN …
WELCHES PROTOKOLL?
… DASS MEHR PLÄNE JETPACKS BEINHALTEN SOLLTEN.

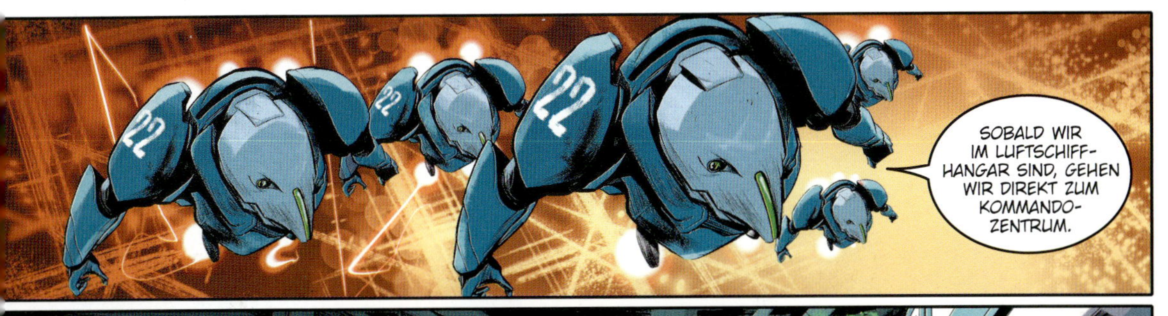
SOBALD WIR IM LUFTSCHIFF-HANGAR SIND, GEHEN WIR DIREKT ZUM KOMMANDO-ZENTRUM.

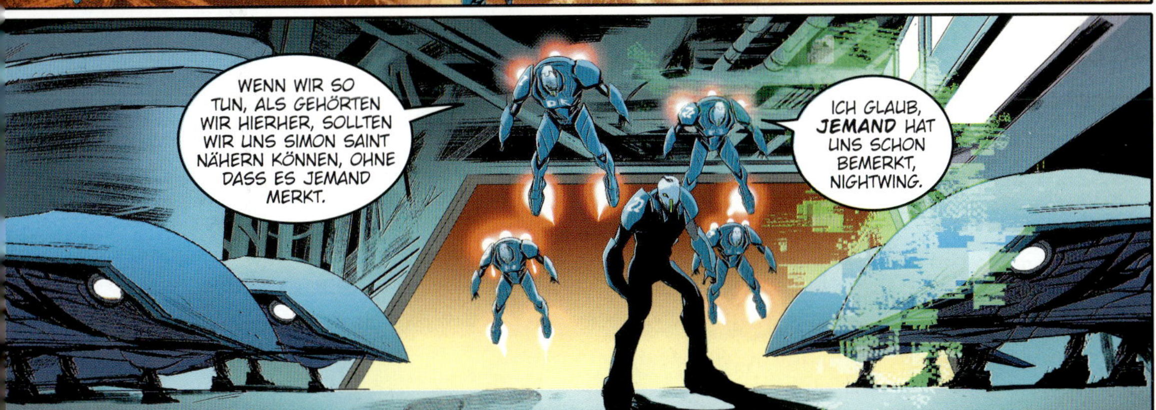
WENN WIR SO TUN, ALS GEHÖRTEN WIR HIERHER, SOLLTEN WIR UNS SIMON SAINT NÄHERN KÖNNEN, OHNE DASS ES JEMAND MERKT.
ICH GLAUB, **JEMAND** HAT UNS SCHON BEMERKT, NIGHTWING.

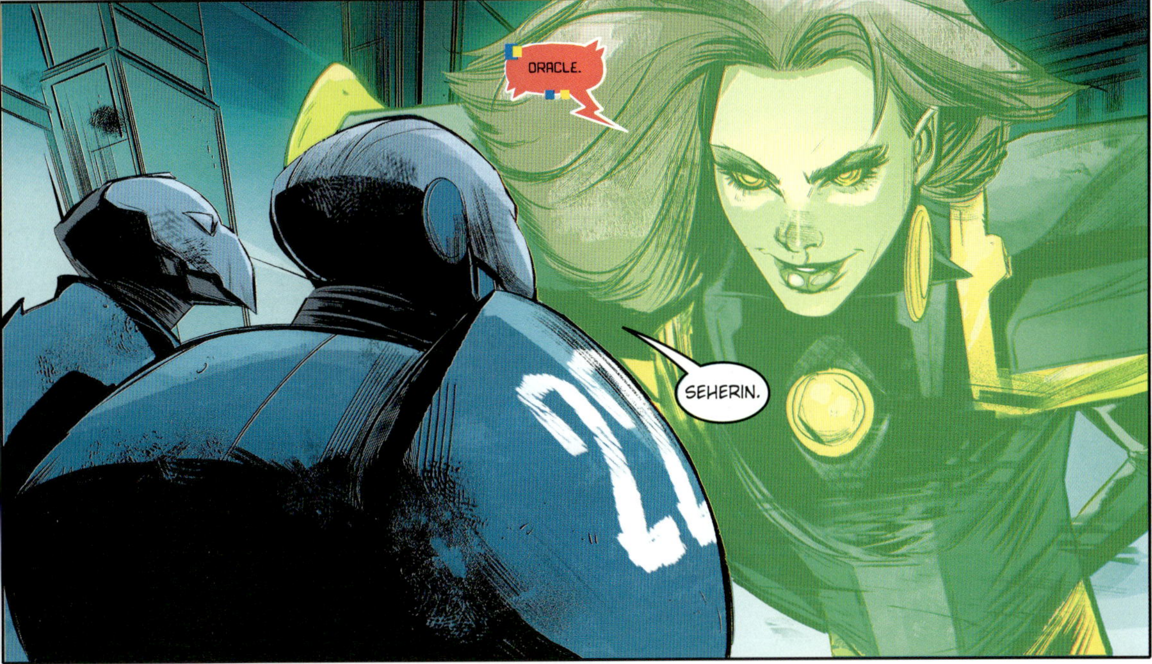
ORACLE.
SEHERIN.

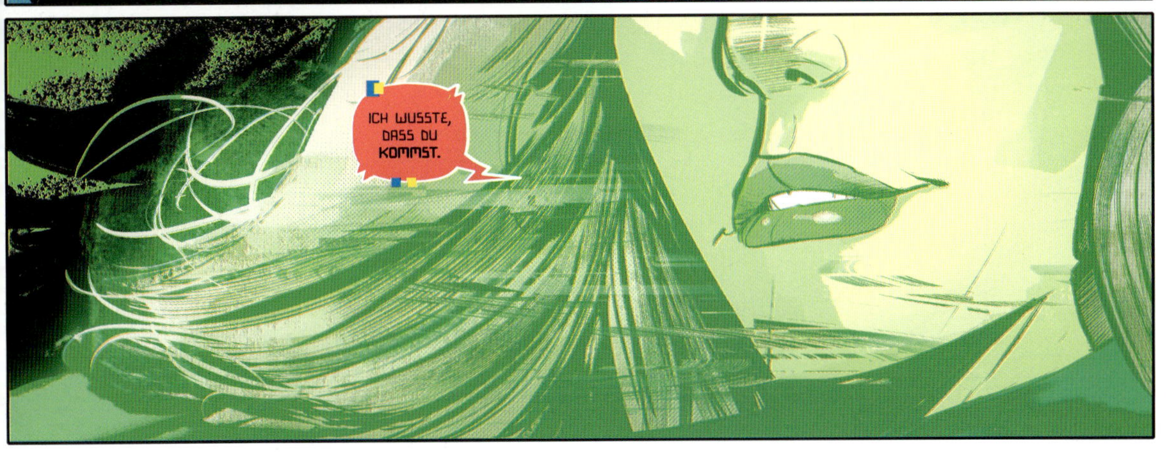
ICH WUSSTE, DASS DU **KOMMST.**

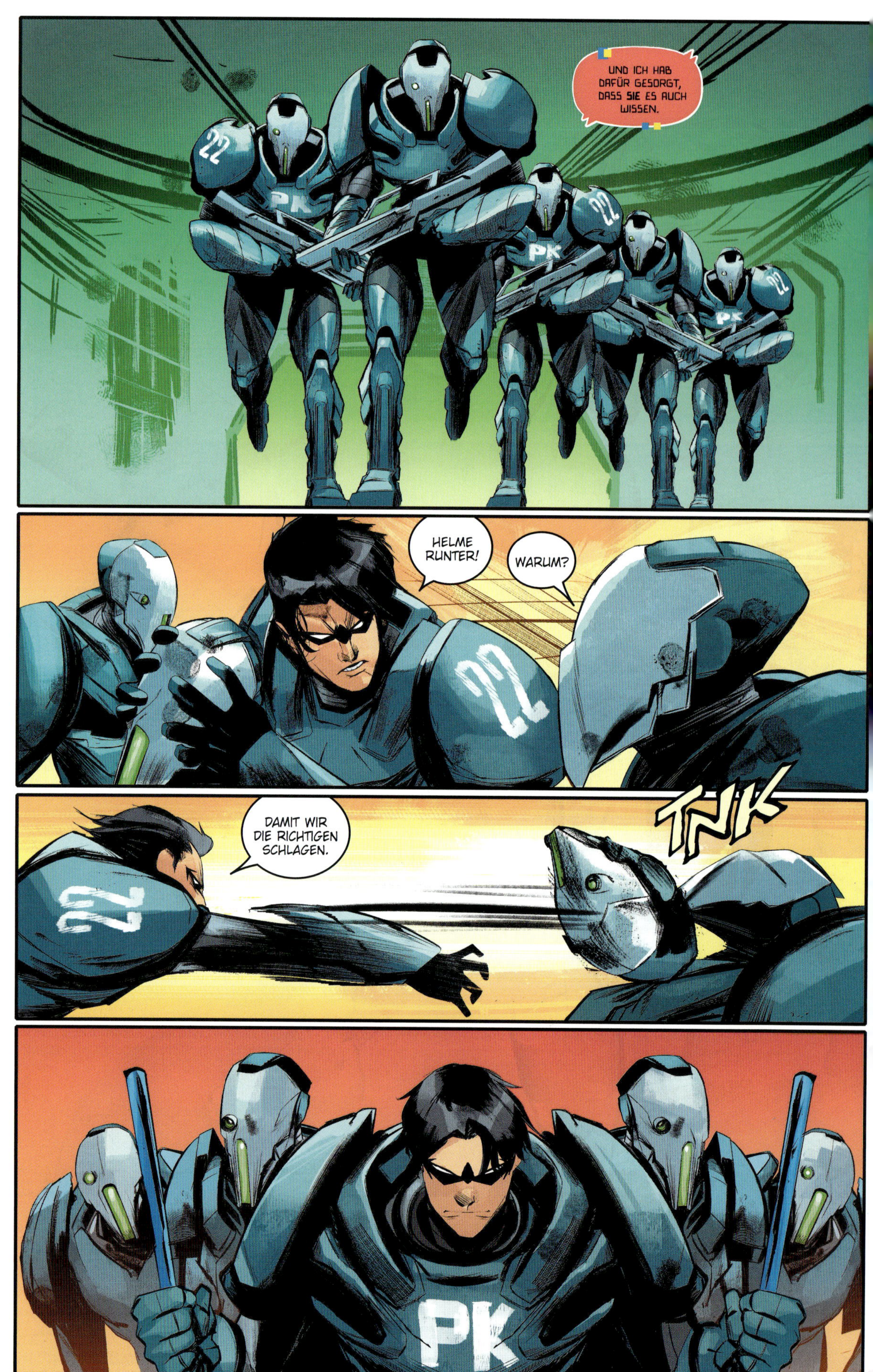
UND ICH HAB DAFÜR GESORGT, DASS SIE ES AUCH WISSEN.
HELME RUNTER!
WARUM?
DAMIT WIR DIE RICHTIGEN SCHLAGEN.
TNK

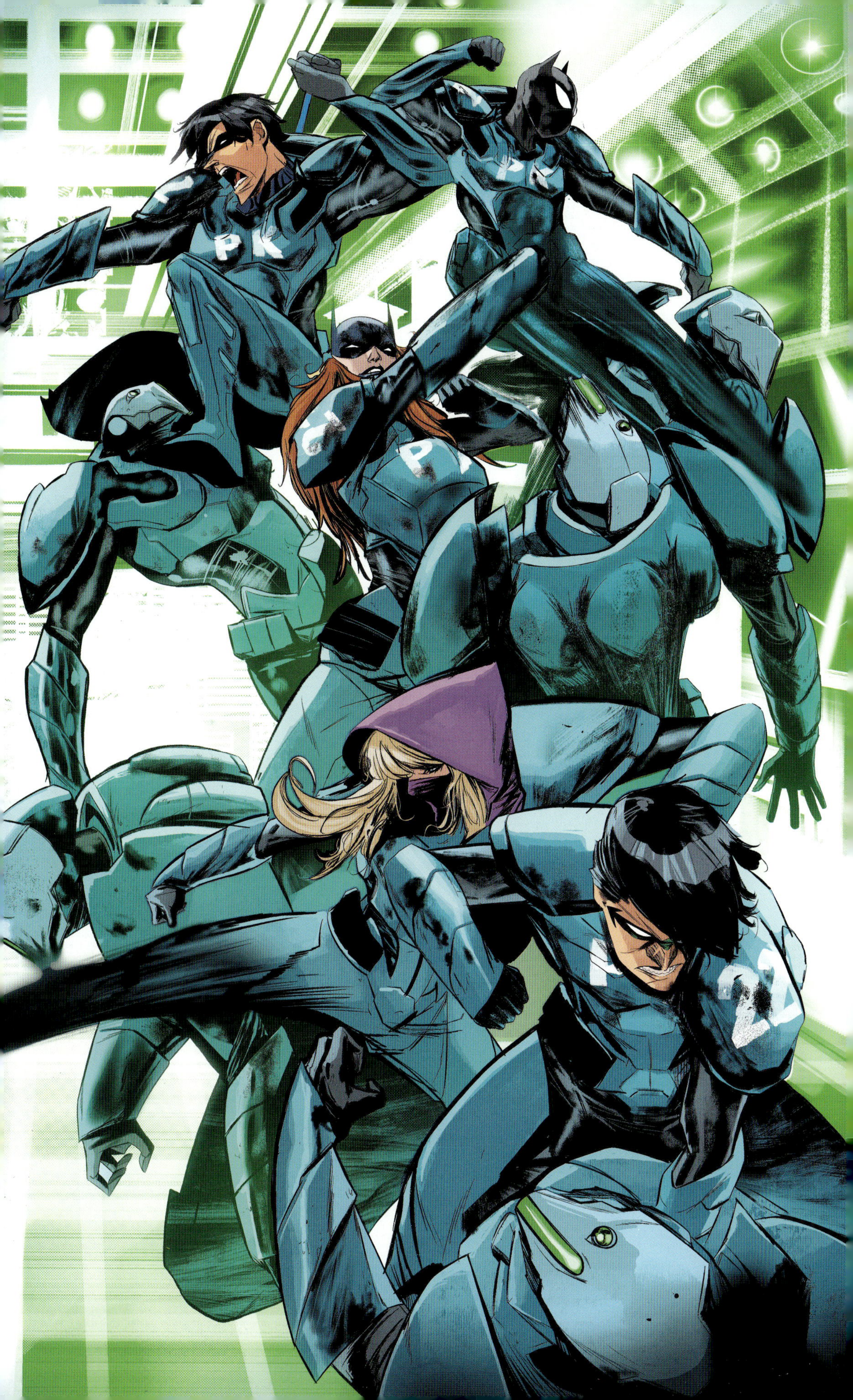

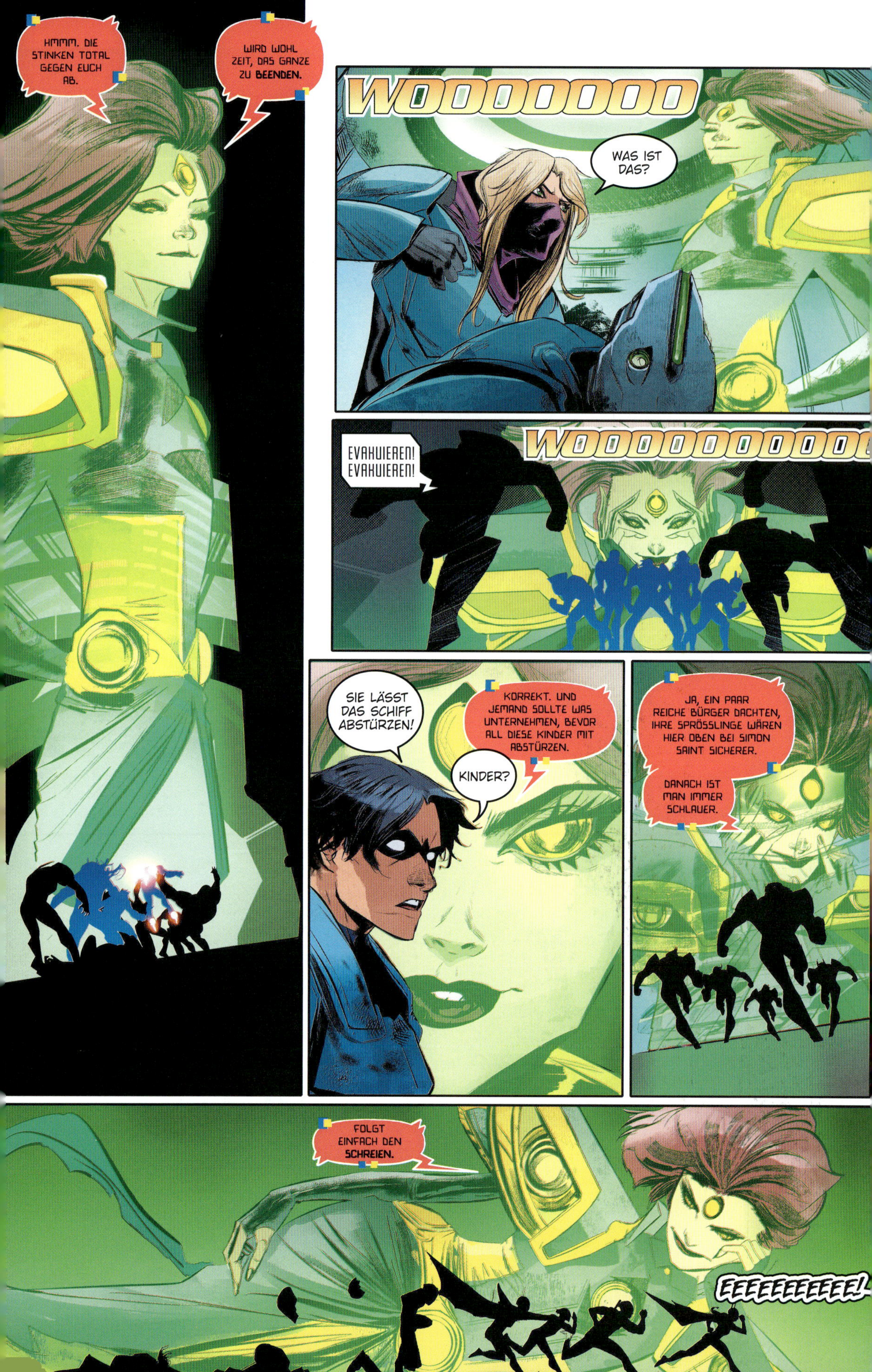
HMMM. DIE STINKEN TOTAL GEGEN EUCH AB.
WIRD WOHL ZEIT, DAS GANZE ZU BEENDEN.
WOOOOOOOO
WAS IST DAS?
EVAKUIEREN! EVAKUIEREN!
WOOOOOOOOOOO
SIE LÄSST DAS SCHIFF ABSTÜRZEN!
KORREKT. UND JEMAND SOLLTE WAS UNTERNEHMEN, BEVOR ALL DIESE KINDER MIT ABSTÜRZEN.
KINDER?
JA, EIN PAAR REICHE BÜRGER DACHTEN, IHRE SPRÖSSLINGE WÄREN HIER OBEN BEI SIMON SAINT SICHERER.
DANACH IST MAN IMMER SCHLAUER.
FOLGT EINFACH DEN SCHREIEN.
EEEEEEEEEEE!

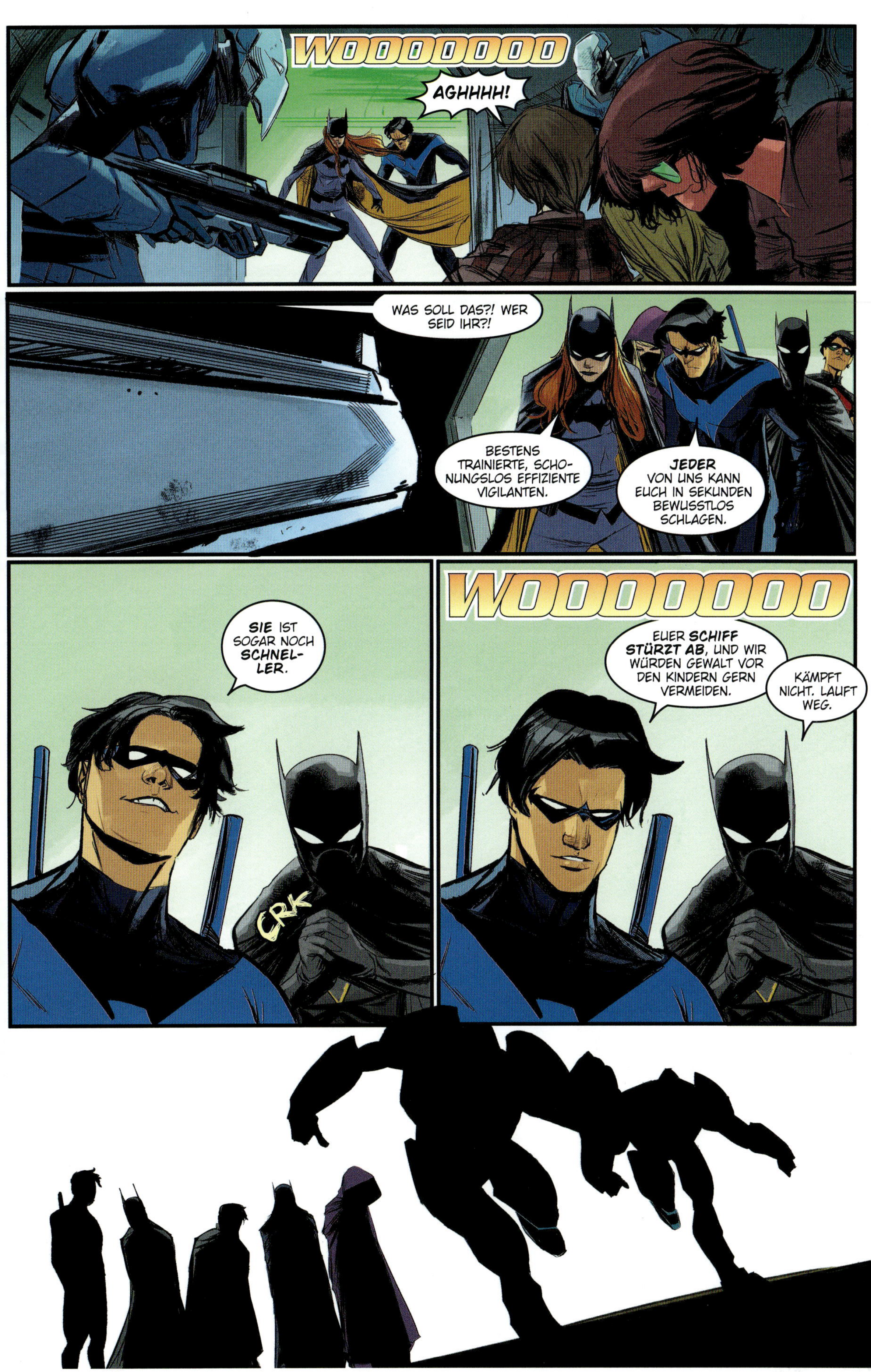
WOOOOOOO
AGHHHH!
WAS SOLL DAS?! WER SEID IHR?!
BESTENS TRAINIERTE, SCHONUNGSLOS EFFIZIENTE VIGILANTEN.
JEDER VON UNS KANN EUCH IN SEKUNDEN BEWUSSTLOS SCHLAGEN.
SIE IST SOGAR NOCH SCHNELLER.
ERK
WOOOOOOO
EUER SCHIFF STÜRZT AB, UND WIR WÜRDEN GEWALT VOR DEN KINDERN GERN VERMEIDEN.
KÄMPFT NICHT. LAUFT WEG.

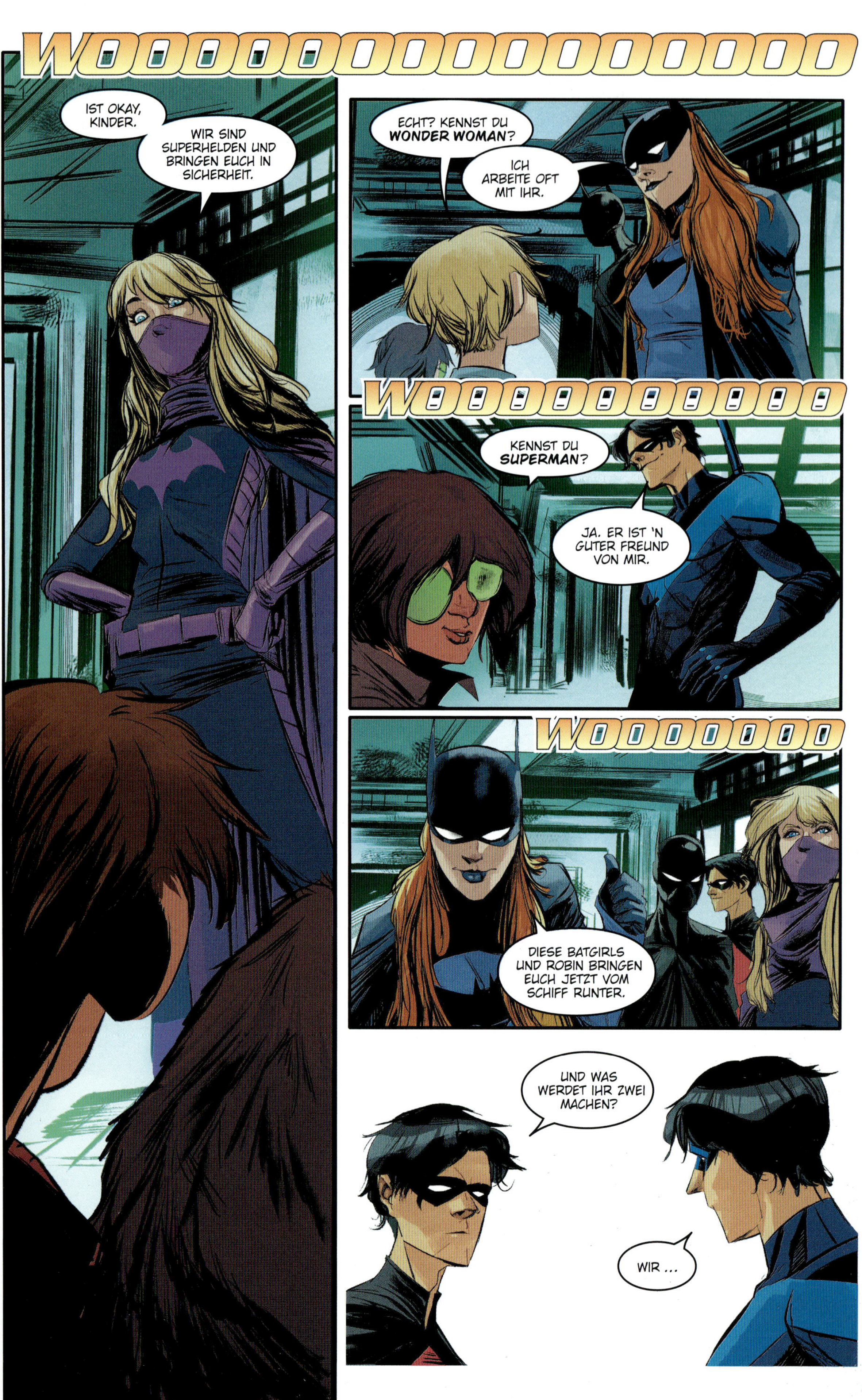
WOOOOOOOOOOOOOOO
IST OKAY, KINDER.
WIR SIND SUPERHELDEN UND BRINGEN EUCH IN SICHERHEIT.
ECHT? KENNST DU WONDER WOMAN?
ICH ARBEITE OFT MIT IHR.
WOOOOOOOOOOOO
KENNST DU SUPERMAN?
JA. ER IST 'N GUTER FREUND VON MIR.
WOOOOOOOO
DIESE BATGIRLS UND ROBIN BRINGEN EUCH JETZT VOM SCHIFF RUNTER.
UND WAS WERDET IHR ZWEI MACHEN?
WIR ...

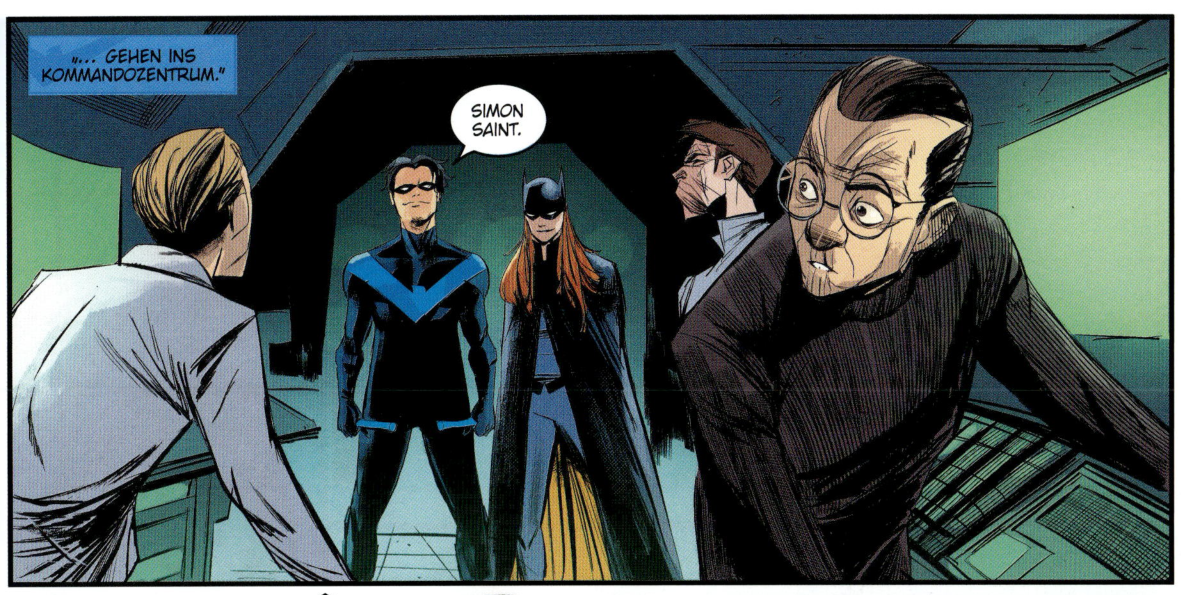

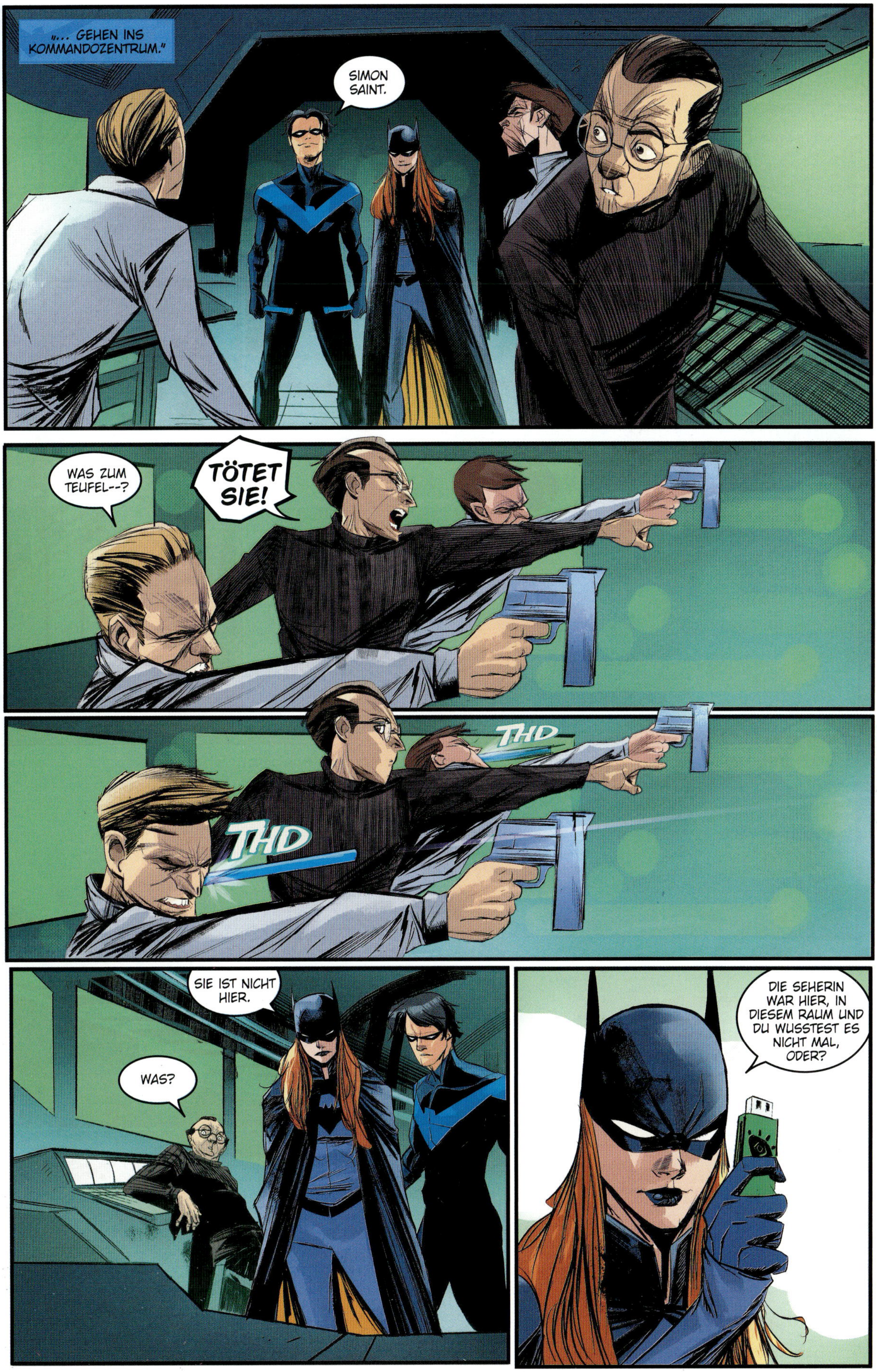

WAS ZUM TEUFEL--?

TÖTET SIE!

THD

THD

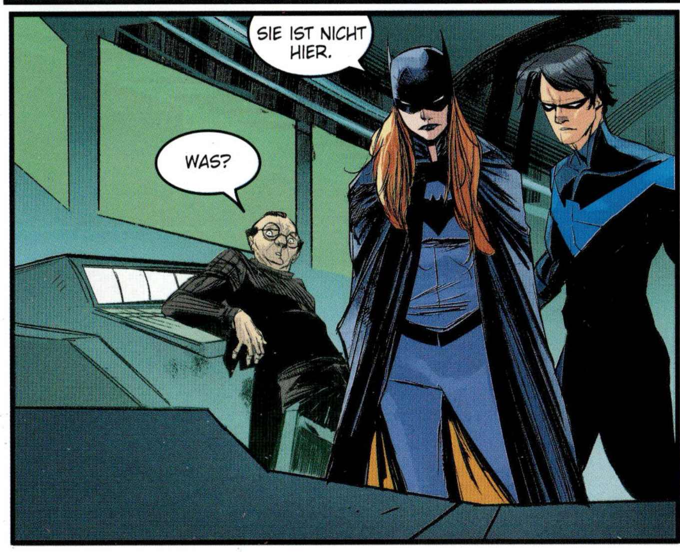

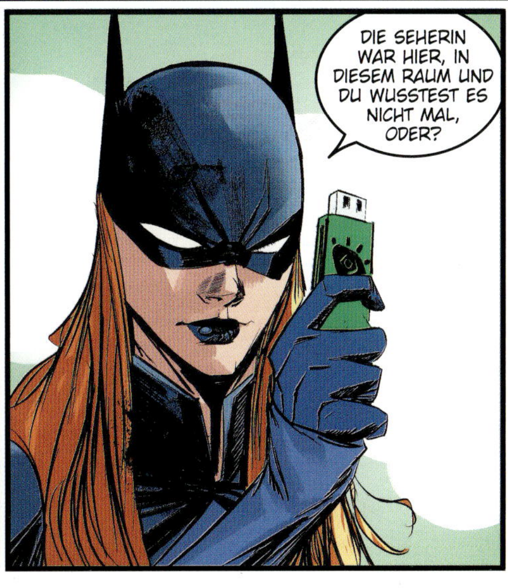

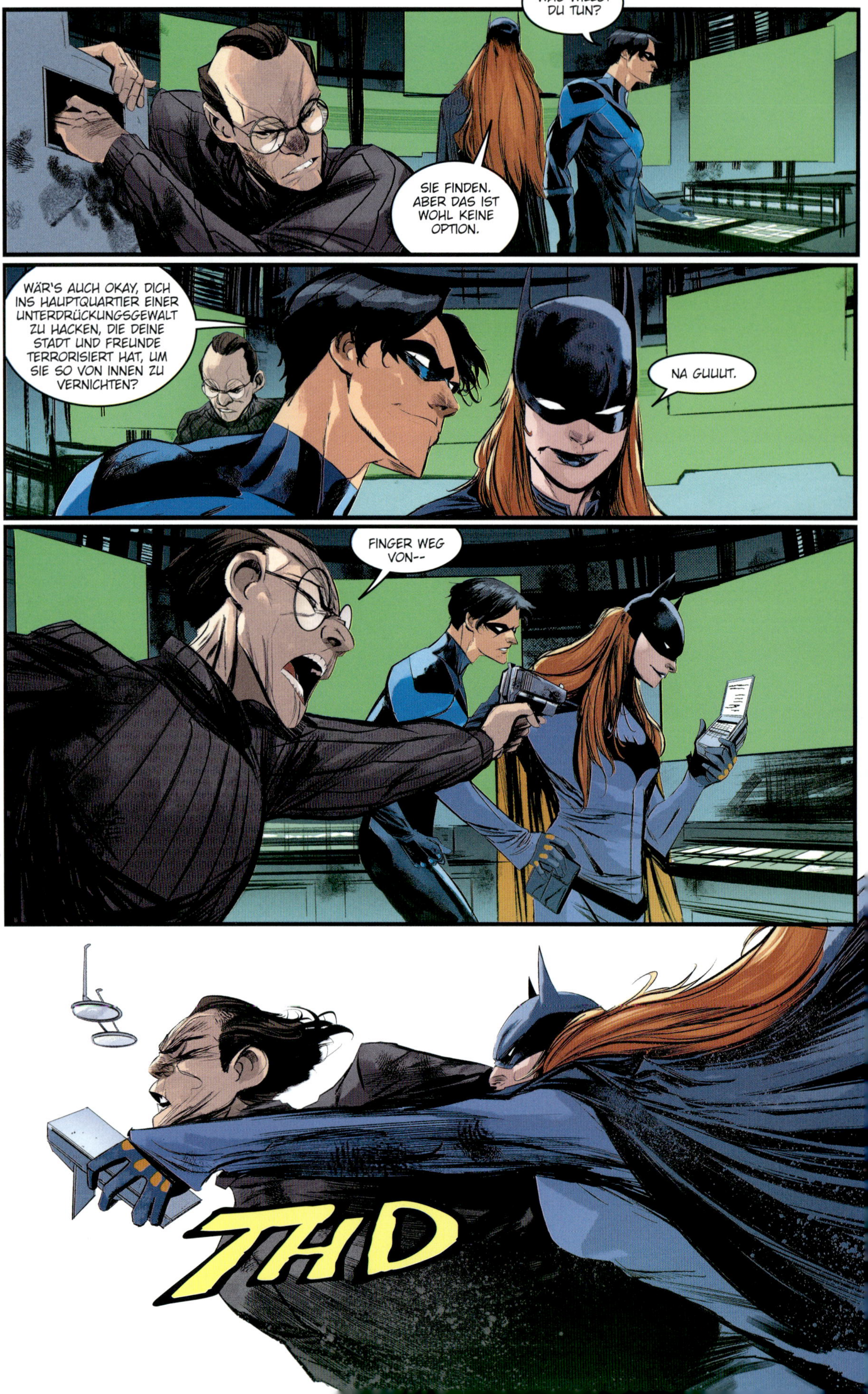

WAS WILLST DU TUN?

SIE FINDEN. ABER DAS IST WOHL KEINE OPTION.

WÄR'S AUCH OKAY, DICH INS HAUPTQUARTIER EINER UNTERDRÜCKUNGSGEWALT ZU HACKEN, DIE DEINE STADT UND FREUNDE TERRORISIERT HAT, UM SIE SO VON INNEN ZU VERNICHTEN?

NA GUUUT.

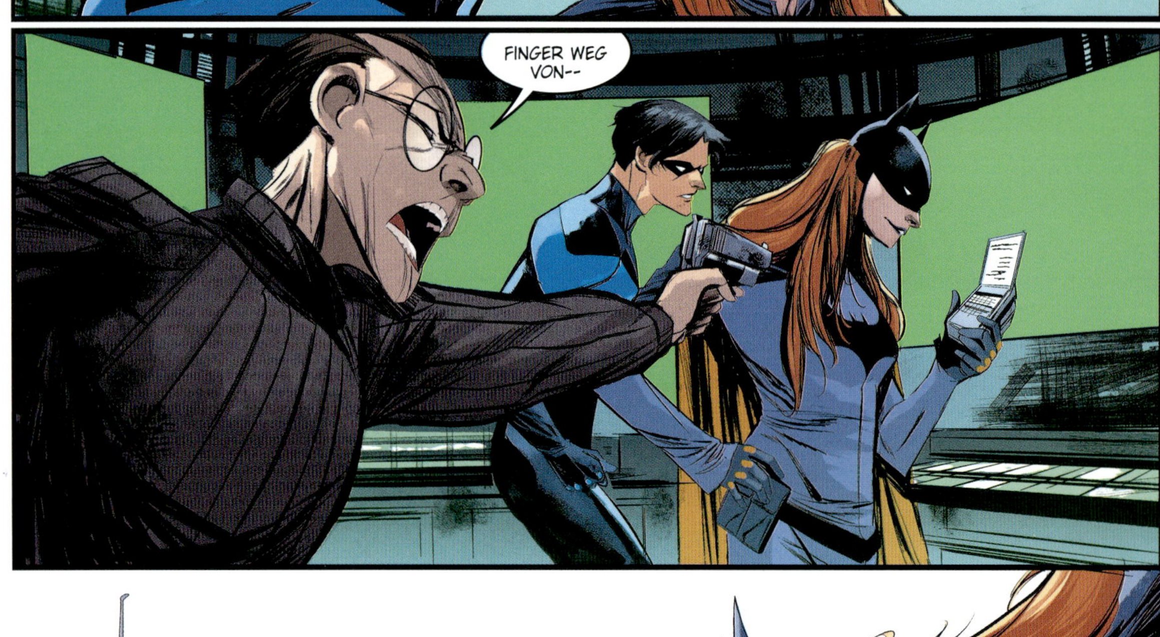

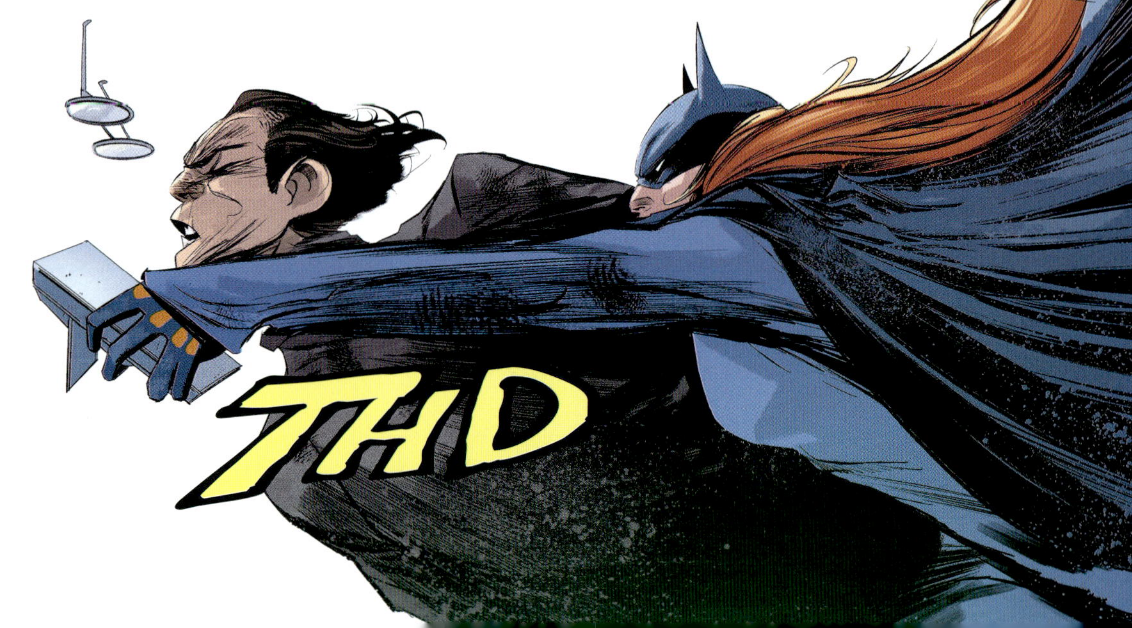

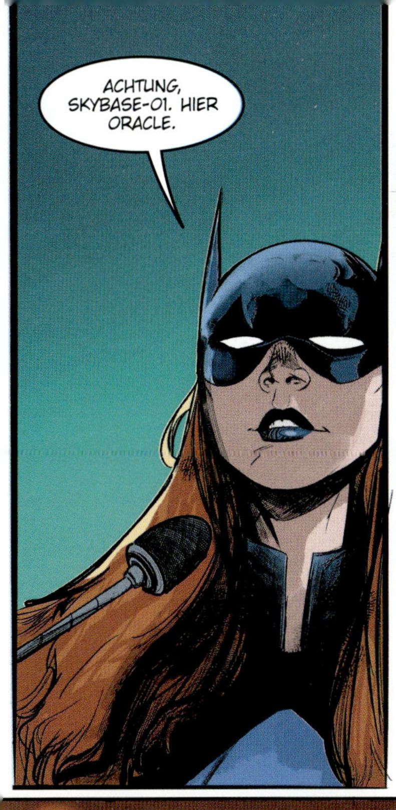
ACHTUNG, SKYBASE-01. HIER ORACLE.

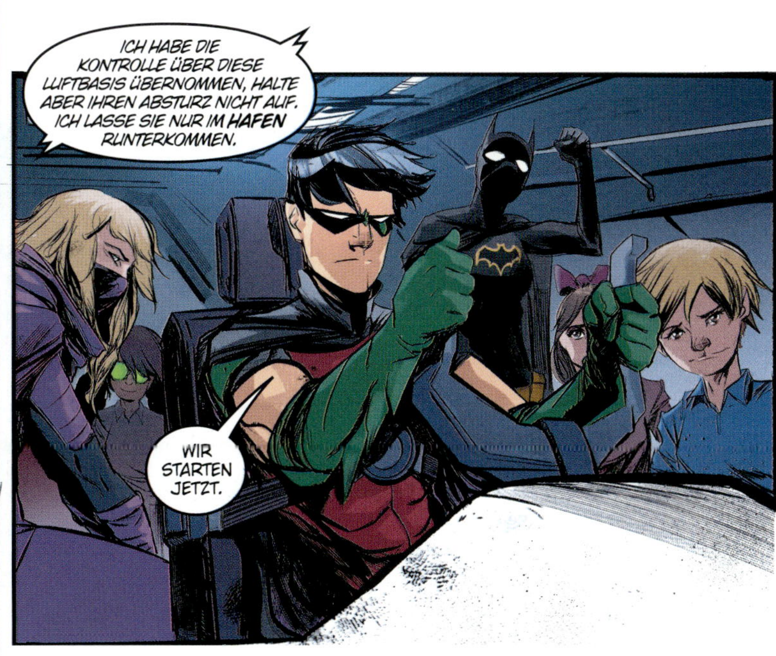
ICH HABE DIE KONTROLLE ÜBER DIESE LUFTBASIS ÜBERNOMMEN, HALTE ABER IHREN ABSTURZ NICHT AUF. ICH LASSE SIE NUR IM **HAFEN** RUNTERKOMMEN.
WIR STARTEN JETZT.

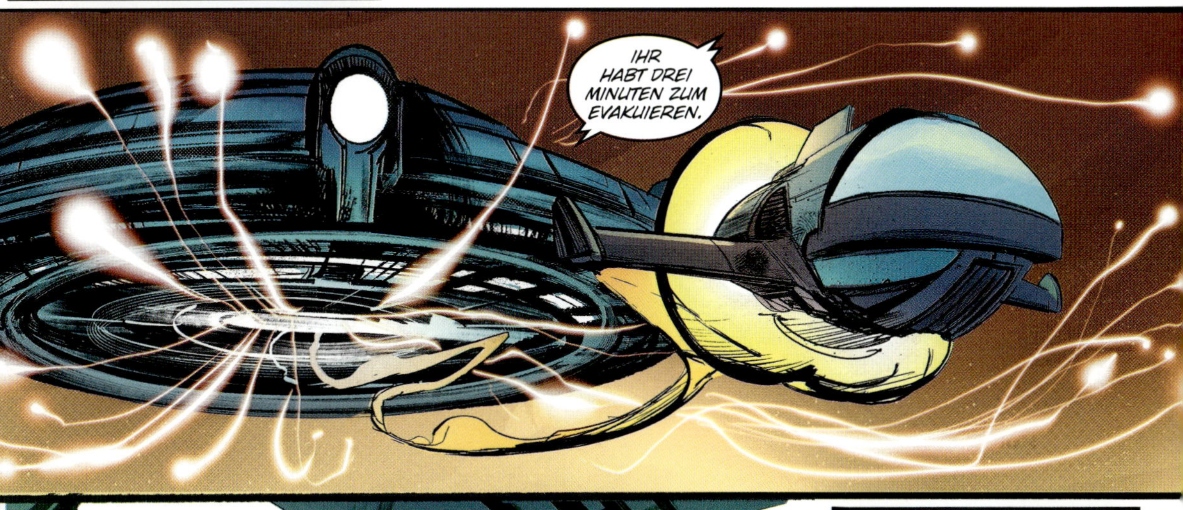
IHR HABT DREI MINUTEN ZUM EVAKUIEREN.

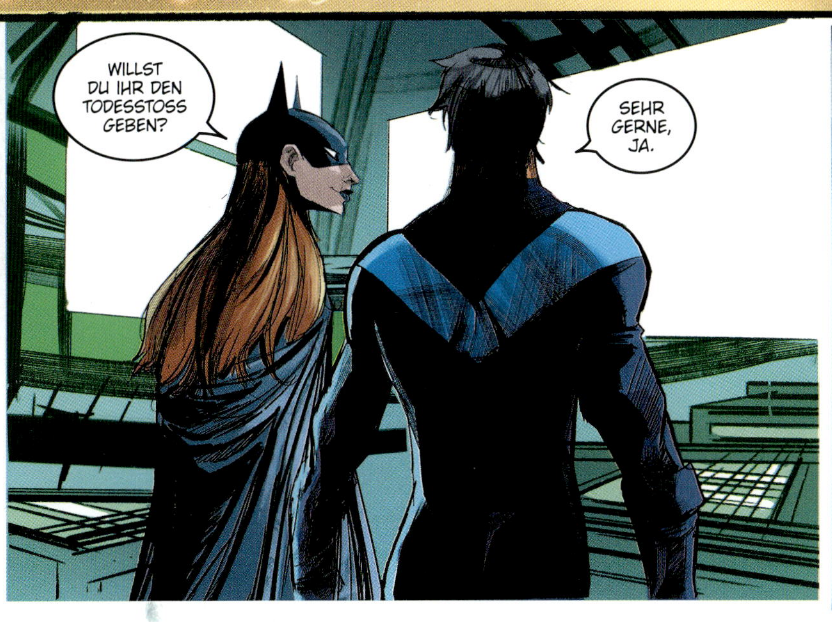
WILLST DU IHR DEN TODESSTOSS GEBEN?
SEHR GERNE, JA.

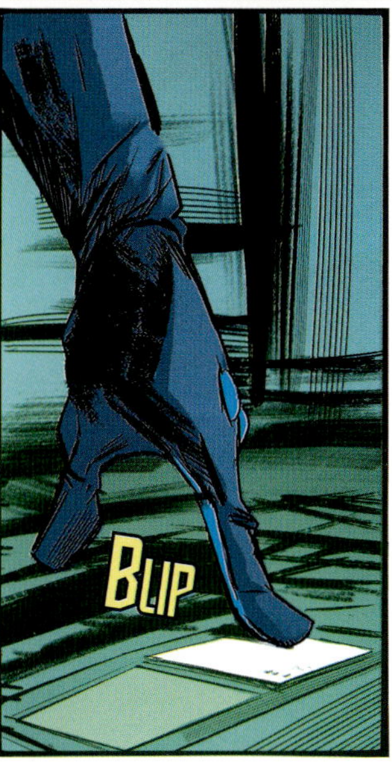
BLIP

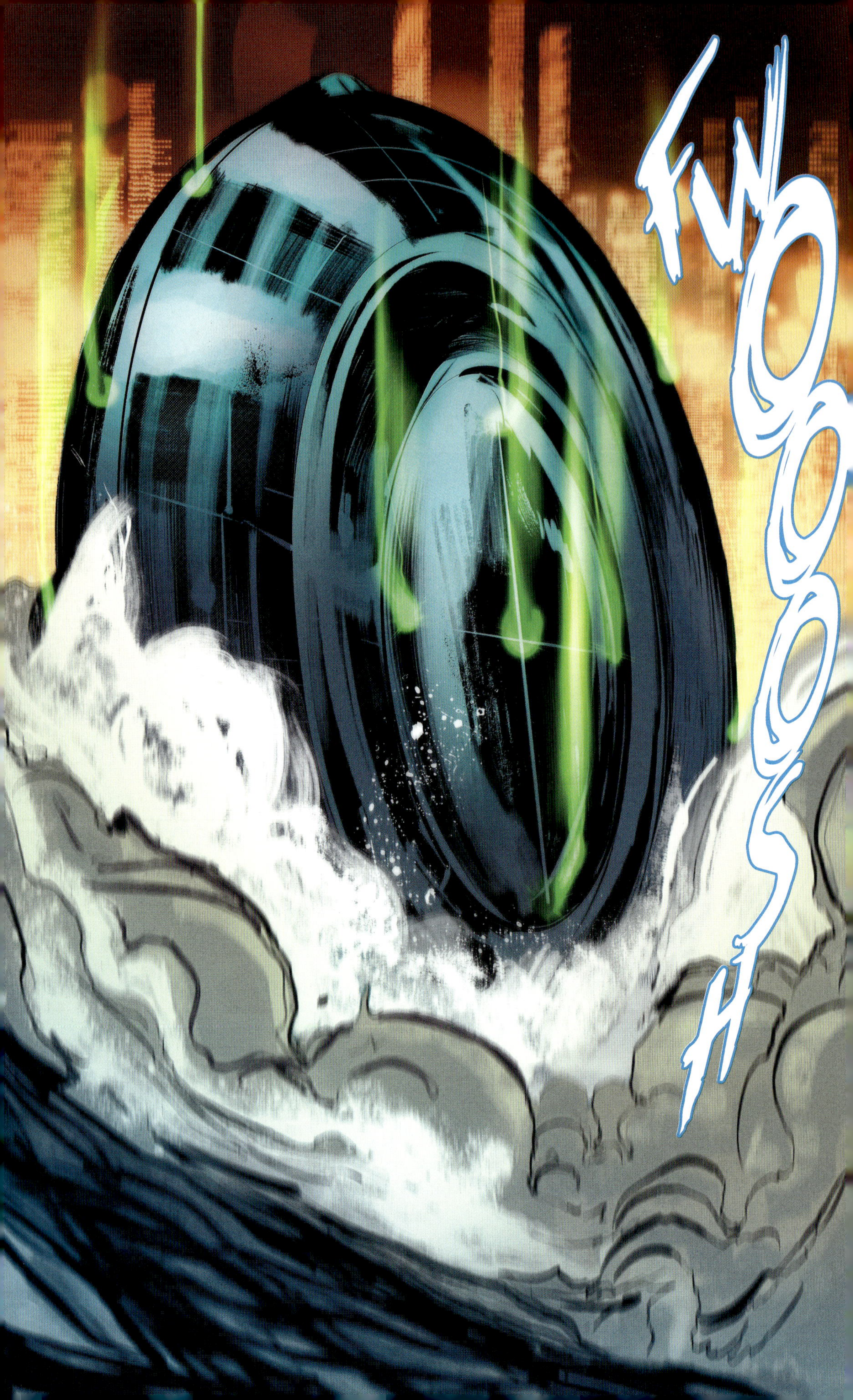
FWOOOOOSH

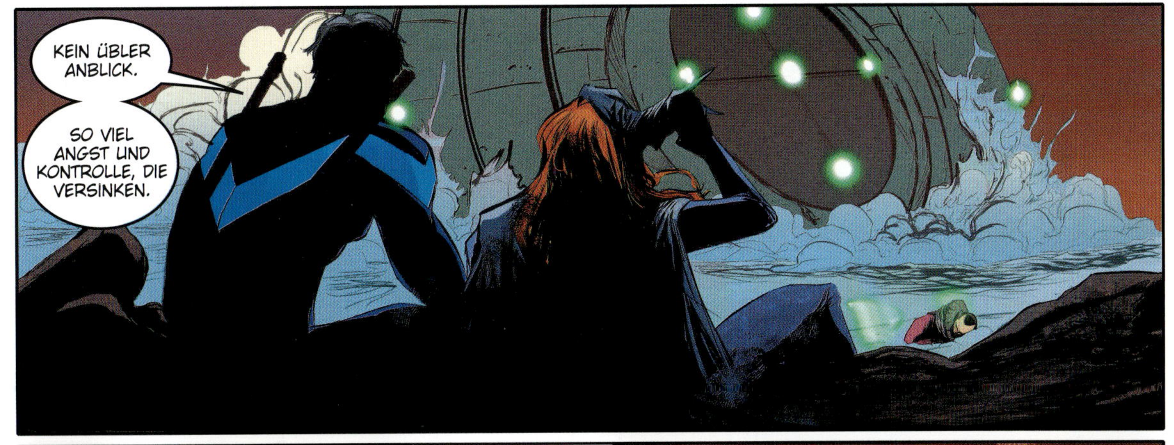
KEIN ÜBLER ANBLICK.
SO VIEL ANGST UND KONTROLLE, DIE VERSINKEN.

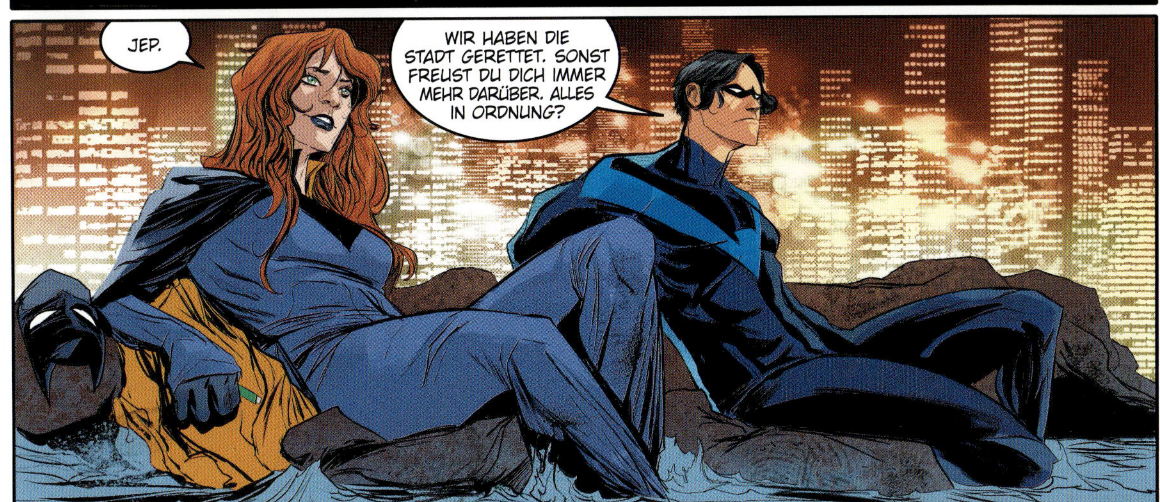
JEP.
WIR HABEN DIE STADT GERETTET. SONST FREUST DU DICH IMMER MEHR DARÜBER. ALLES IN ORDNUNG?

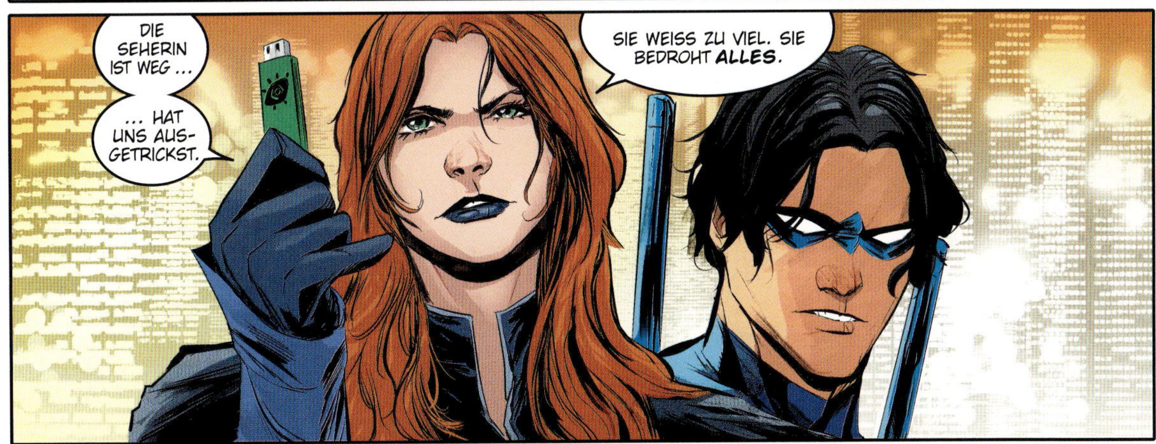
DIE SEHERIN IST WEG ...
... HAT UNS AUS-GETRICKST.
SIE WEISS ZU VIEL. SIE BEDROHT **ALLES**.

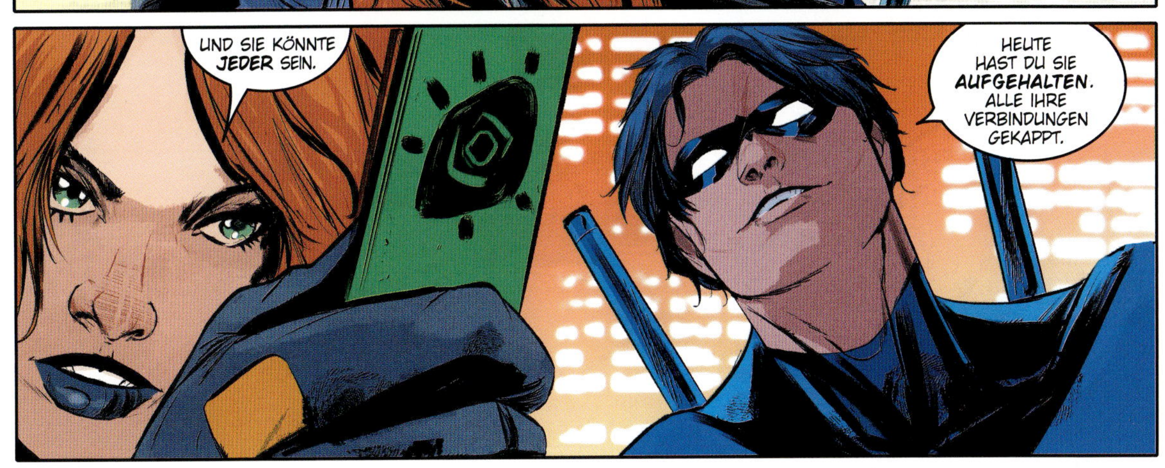
UND SIE KÖNNTE **JEDER** SEIN.
HEUTE HAST DU SIE **AUFGEHALTEN**. ALLE IHRE VERBINDUNGEN GEKAPPT.

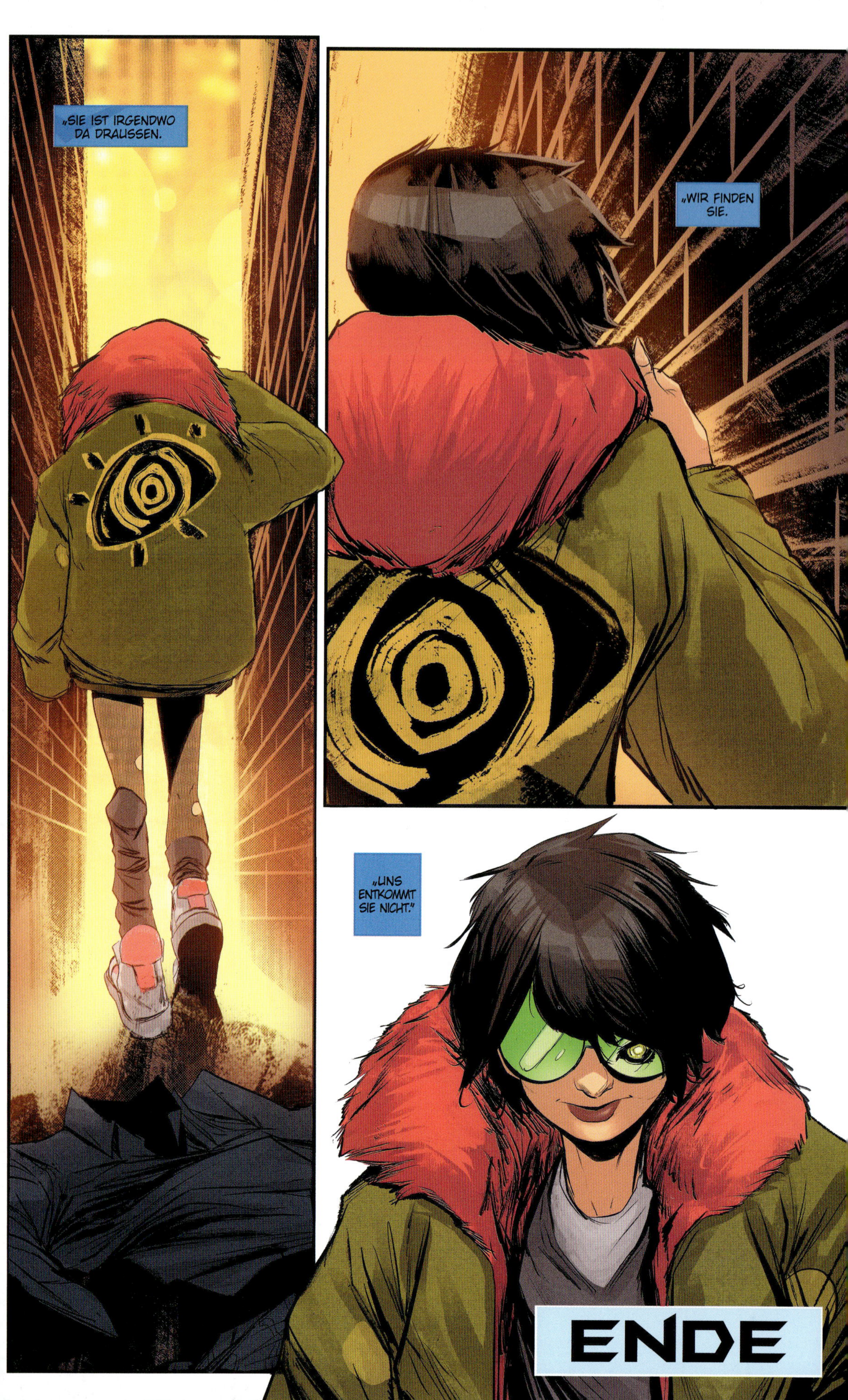
„SIE IST IRGENDWO DA DRAUSSEN.
„WIR FINDEN SIE.
„UNS ENTKOMMT SIE NICHT."
ENDE

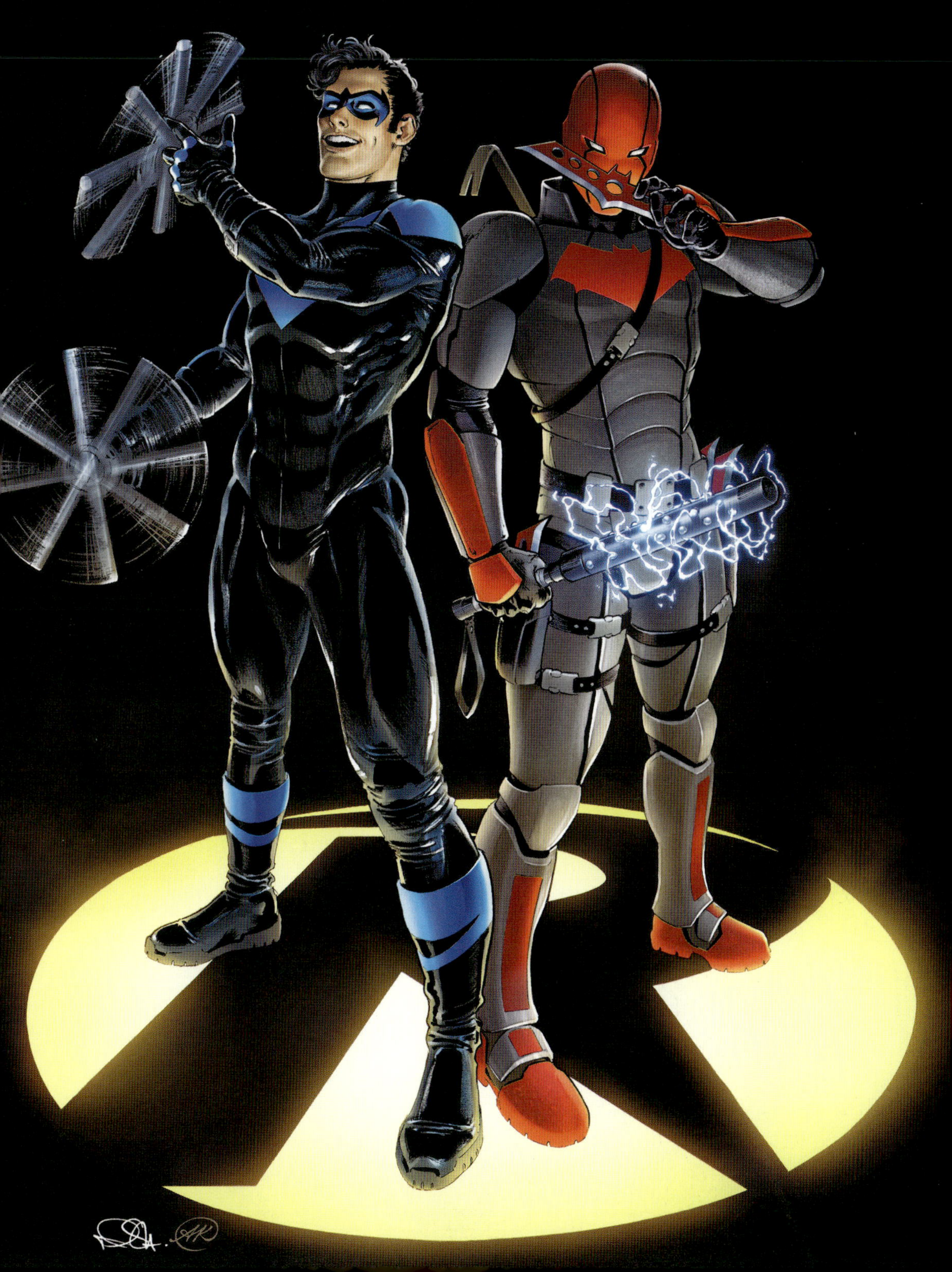

BLUTSBRÜDER

TOM TAYLOR
Story

CIAN TORMEY
DANIEL HDR
Zeichnungen

CIAN TORMEY
RAUL FERNANDEZ
DANIEL HDR
Tusche

RAIN BEREDO
JOHN KALISZ
Farben

NICOLA SCOTT
Original-Cover

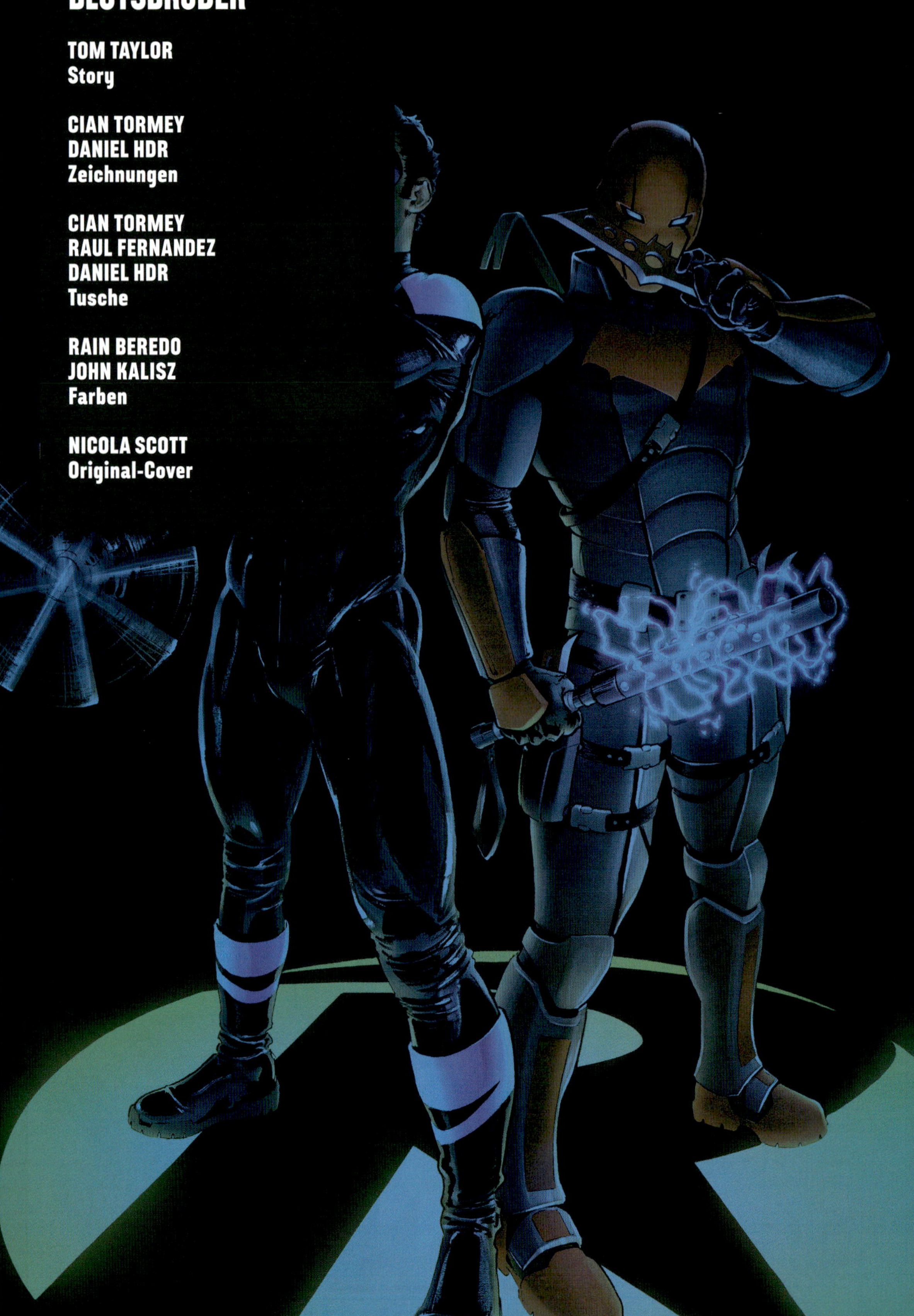

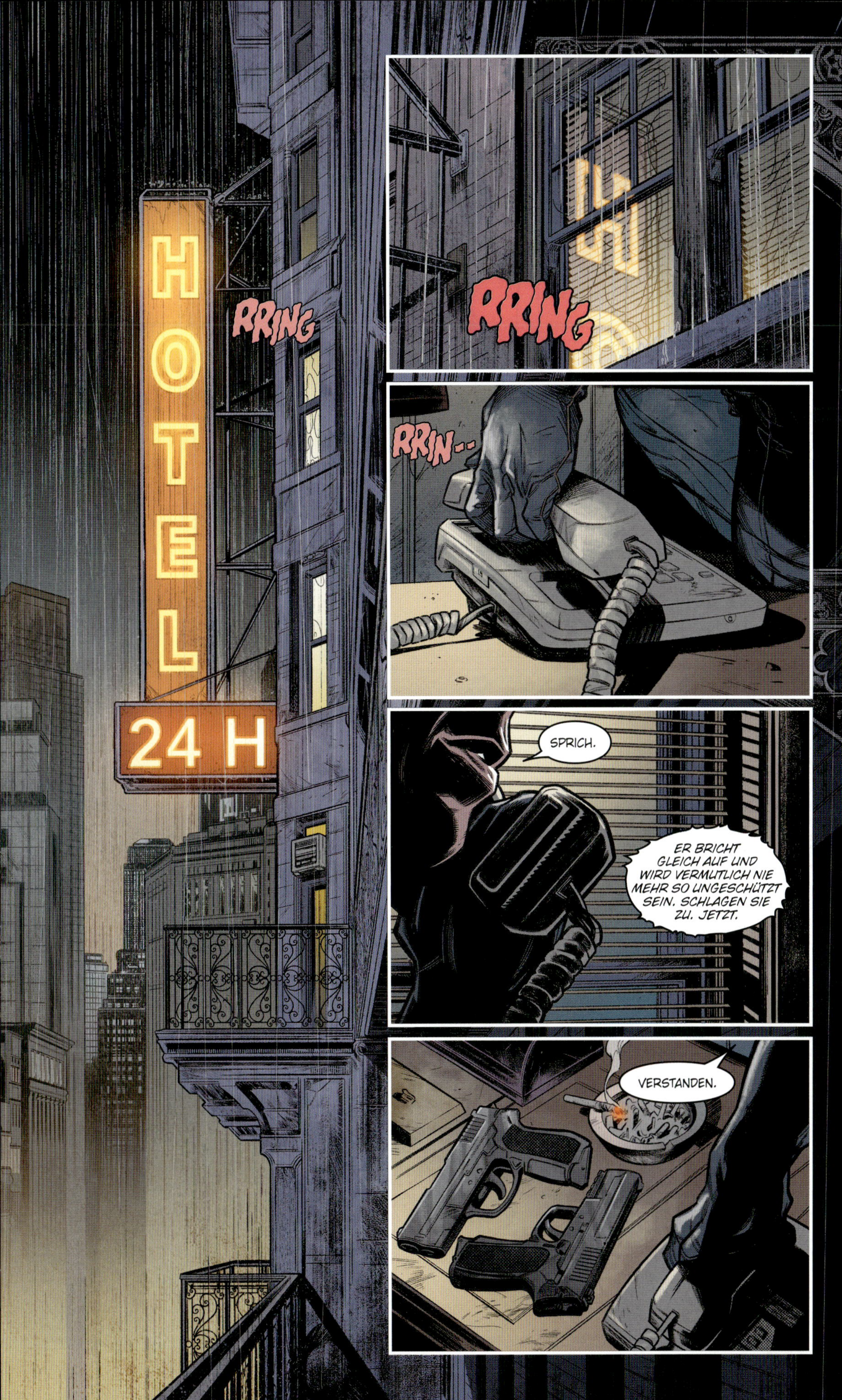
HOTEL
24 H
RRING
RRING
RRIN--
SPRICH.
ER BRICHT GLEICH AUF UND WIRD VERMUTLICH NIE MEHR SO UNGESCHÜTZT SEIN. SCHLAGEN SIE ZU. JETZT.
VERSTANDEN.

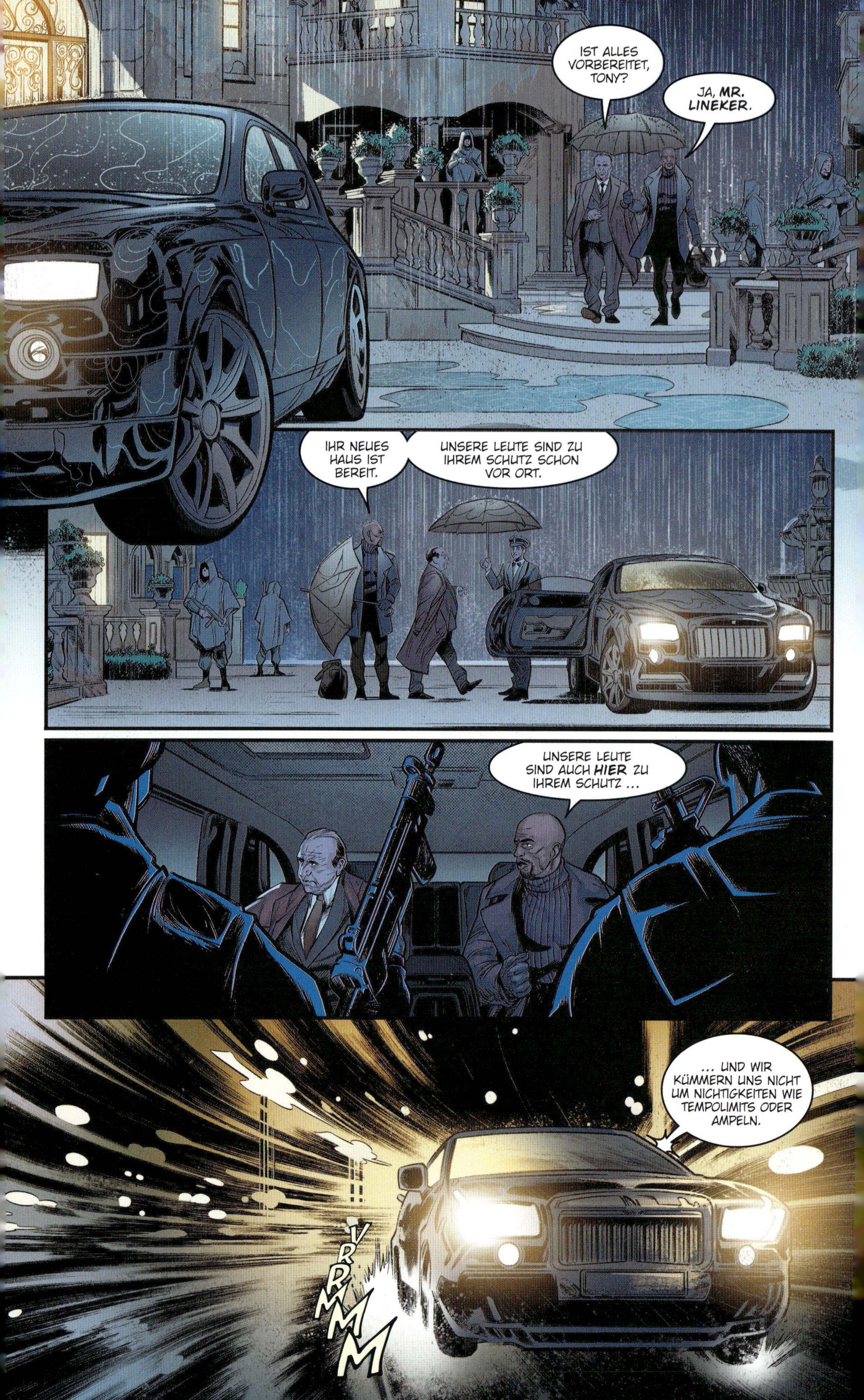
IST ALLES VORBEREITET, TONY?
JA, MR. LINEKER.
IHR NEUES HAUS IST BEREIT.
UNSERE LEUTE SIND ZU IHREM SCHUTZ SCHON VOR ORT.
UNSERE LEUTE SIND AUCH HIER ZU IHREM SCHUTZ ...
... UND WIR KÜMMERN UNS NICHT UM NICHTIGKEITEN WIE TEMPOLIMITS ODER AMPELN.
VRRMMM

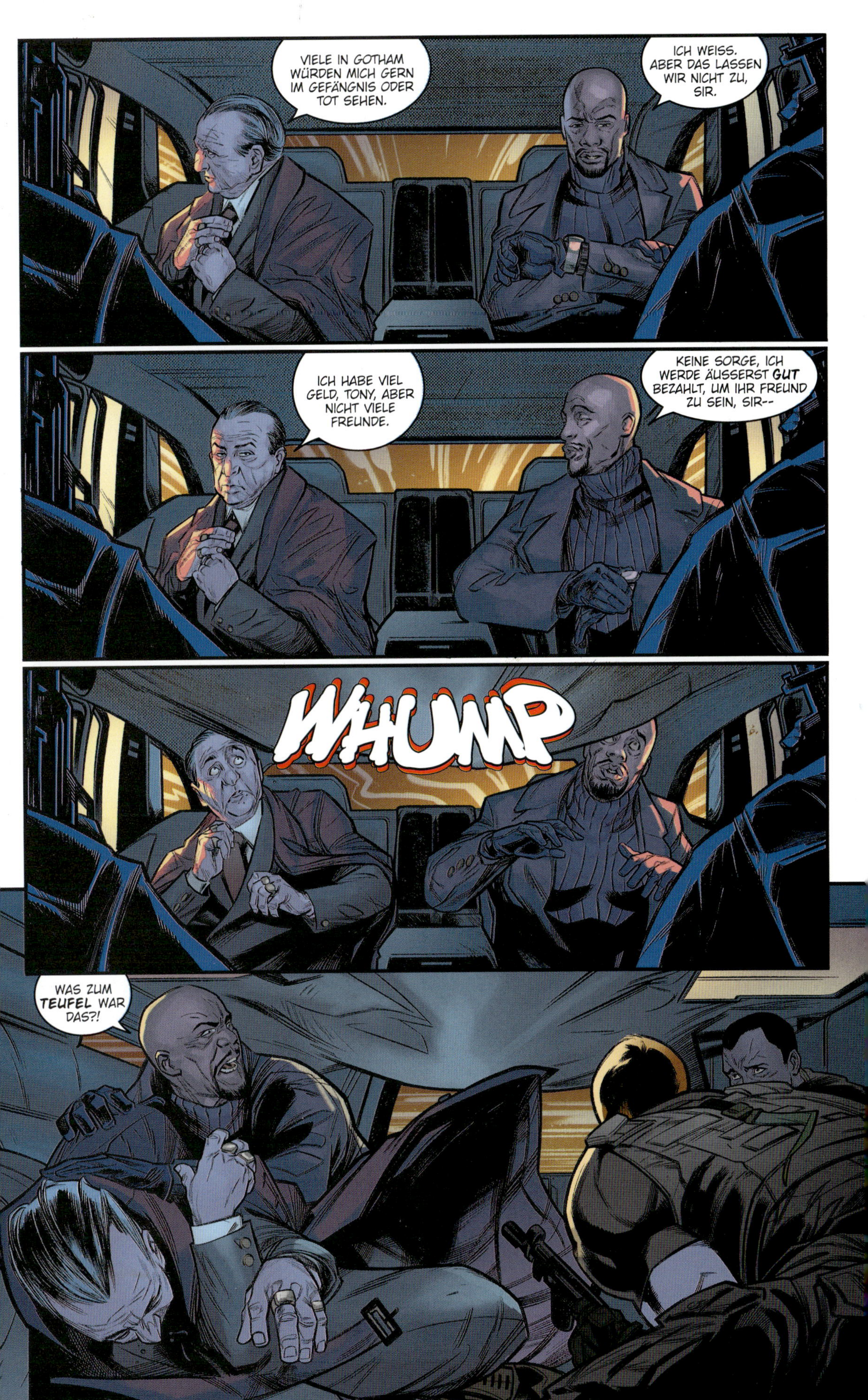

VIELE IN GOTHAM WÜRDEN MICH GERN IM GEFÄNGNIS ODER TOT SEHEN.
ICH WEISS. ABER DAS LASSEN WIR NICHT ZU, SIR.
ICH HABE VIEL GELD, TONY, ABER NICHT VIELE FREUNDE.
KEINE SORGE, ICH WERDE ÄUSSERST GUT BEZAHLT, UM IHR FREUND ZU SEIN, SIR--
WHUMP
WAS ZUM TEUFEL WAR DAS?!

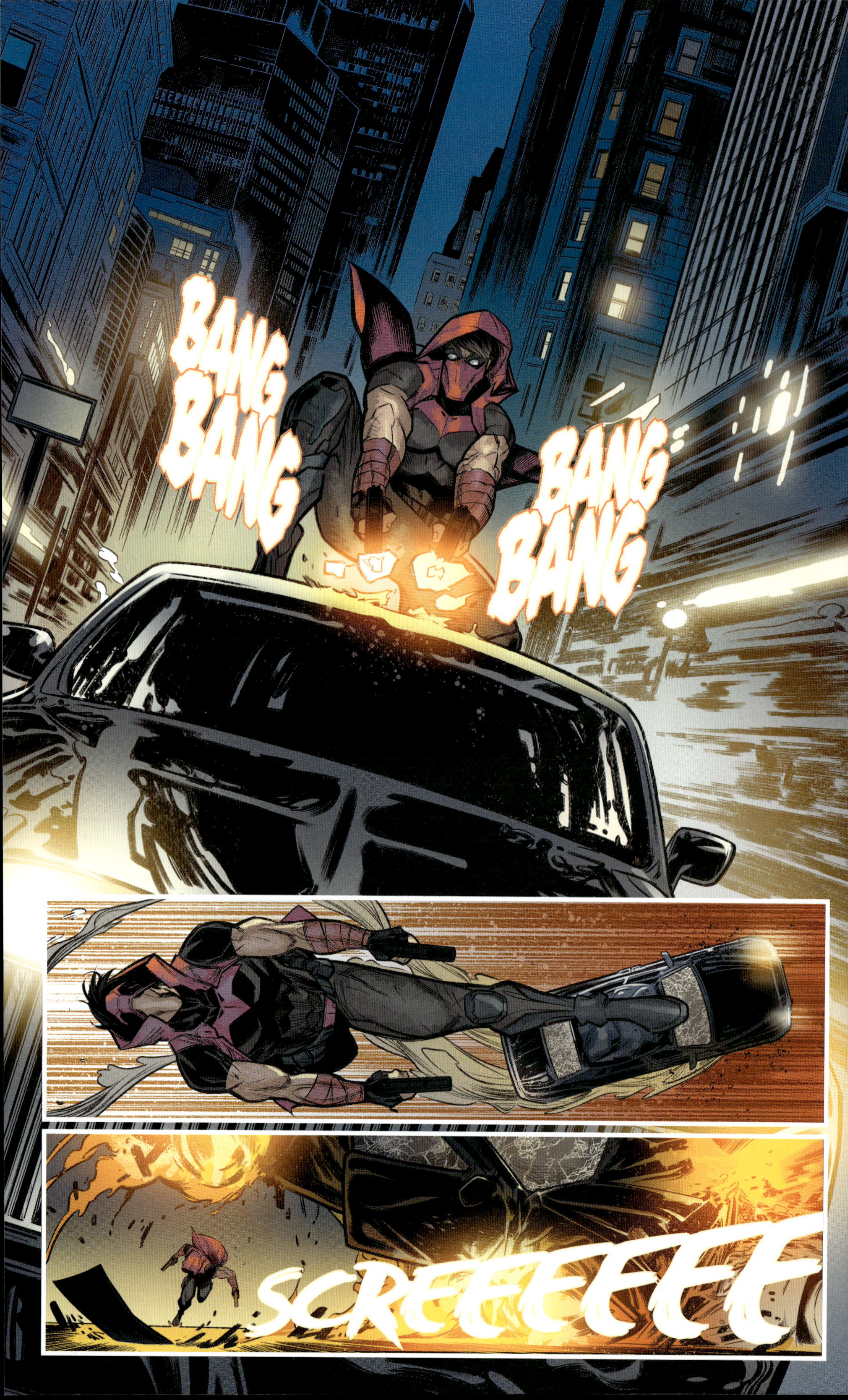

BANG
BANG
BANG
BANG
SCREEEEEEE

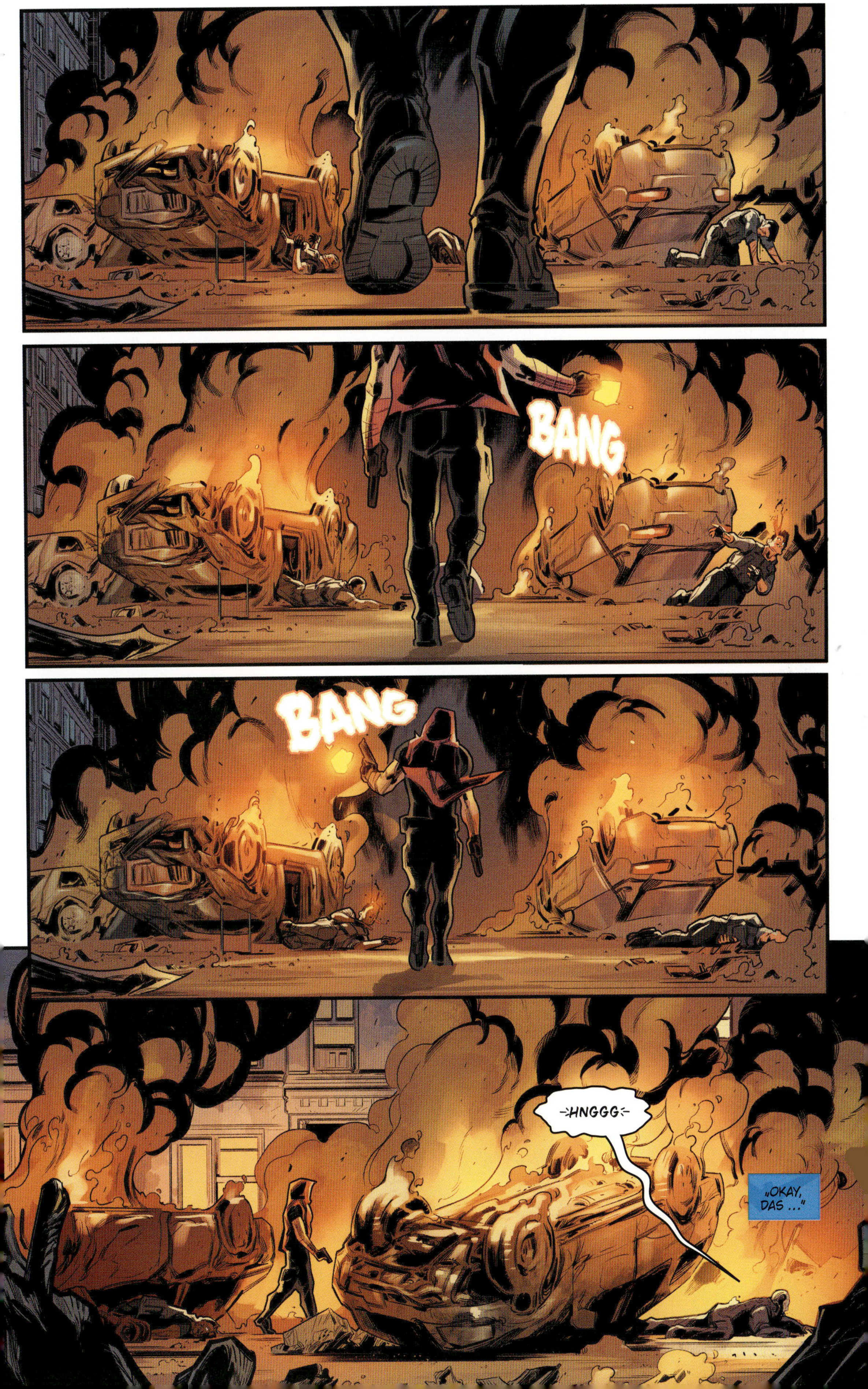

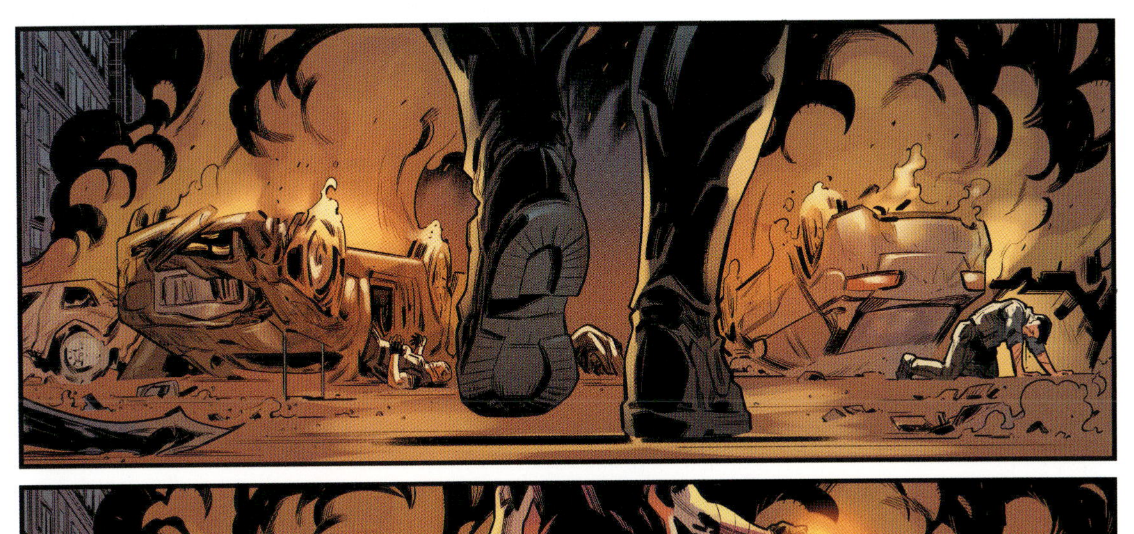

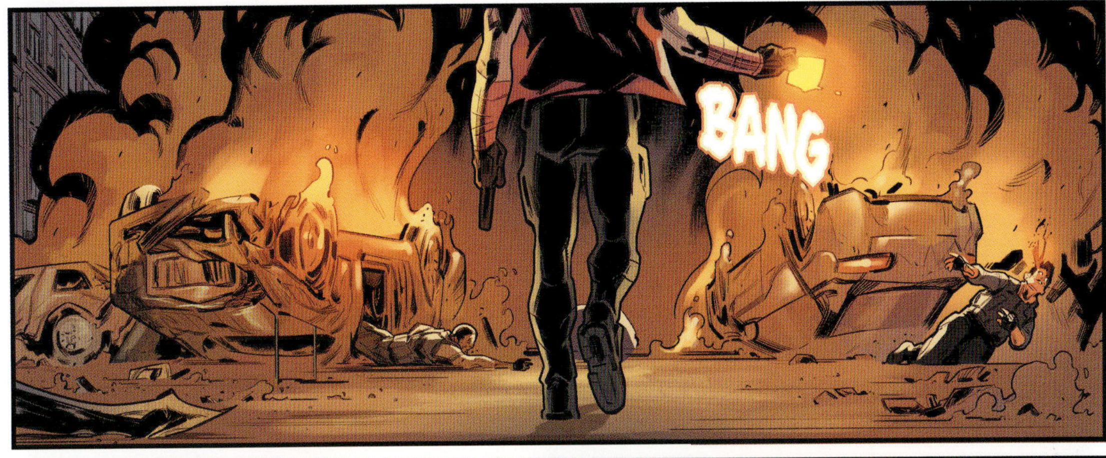

BANG

HNGGG

„OKAY, DAS …“

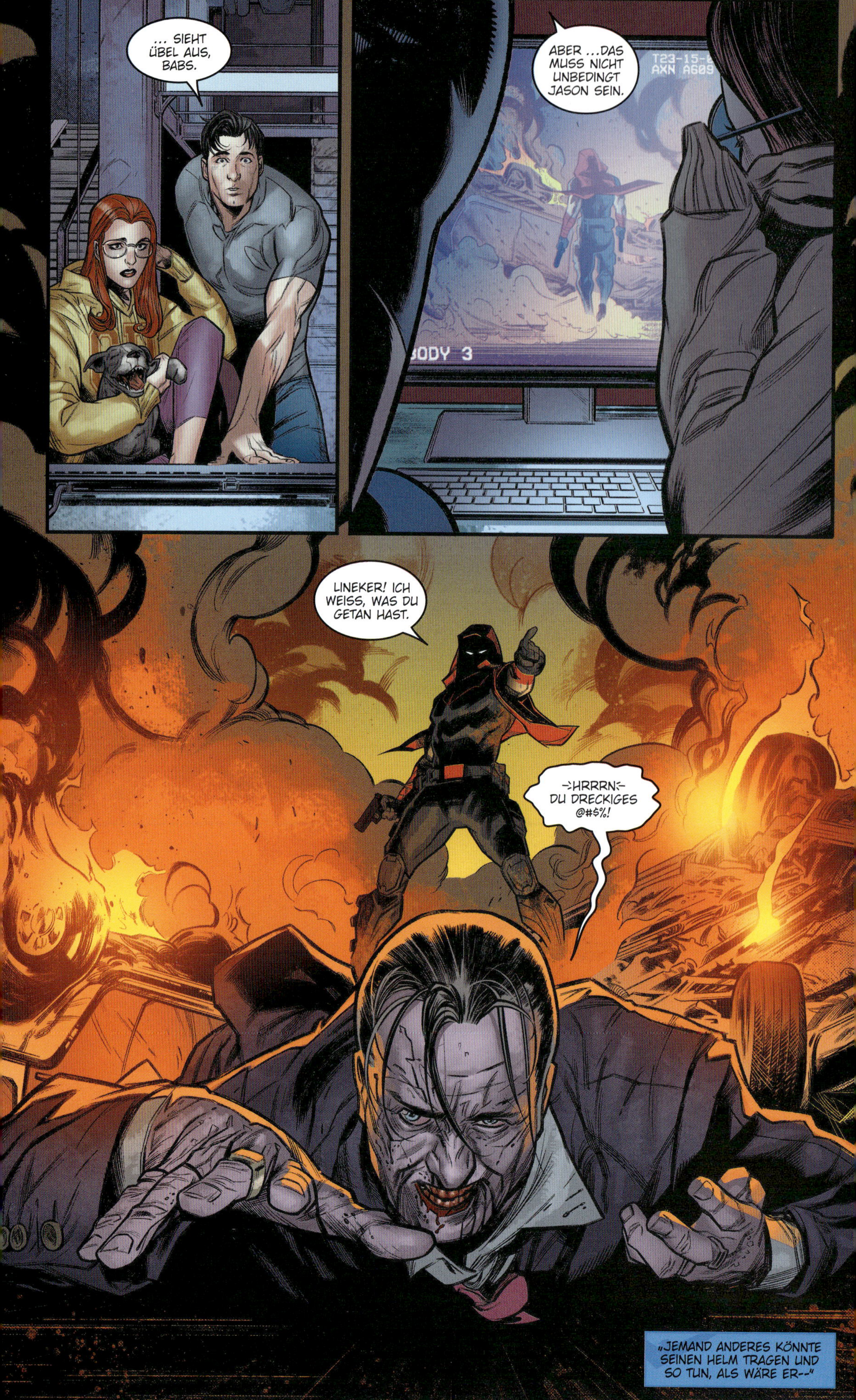

... SIEHT ÜBEL AUS, BABS.
ABER ...DAS MUSS NICHT UNBEDINGT JASON SEIN.
T23-15-6
AXN A609
BODY 3
LINEKER! ICH WEISS, WAS DU GETAN HAST.
-HRRRN- DU DRECKIGES @#$%!
„JEMAND ANDERES KÖNNTE SEINEN HELM TRAGEN UND SO TUN, ALS WÄRE ER--"

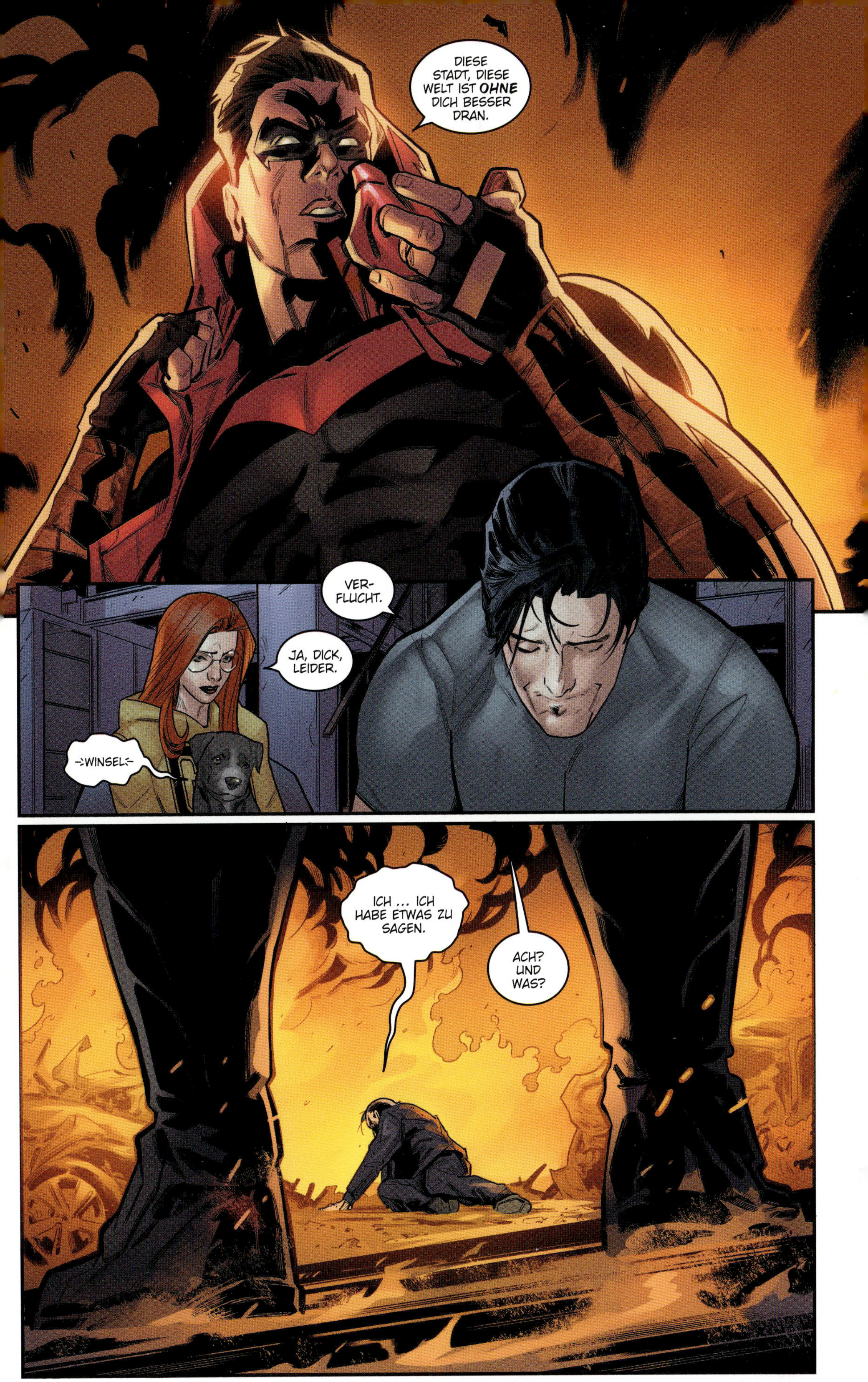

DIESE STADT, DIESE WELT IST **OHNE** DICH BESSER DRAN.
VERFLUCHT.
JA, DICK, LEIDER.
-WINSEL-
ICH ... ICH HABE ETWAS ZU SAGEN.
ACH? UND WAS?

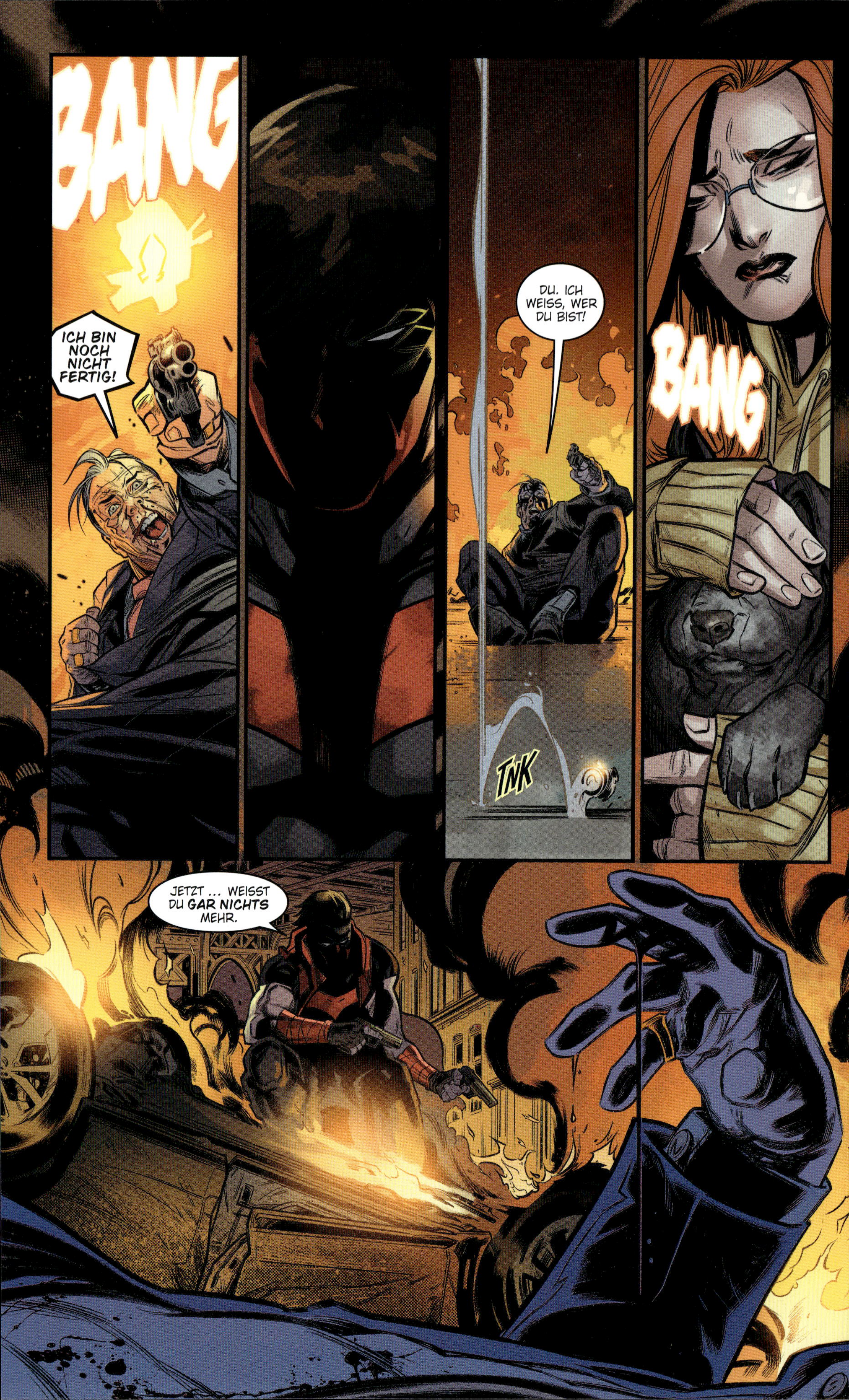
BANG
ICH BIN NOCH NICHT FERTIG!
DU. ICH WEISS, WER DU BIST!
BANG
TNK
JETZT ... WEISST DU **GAR NICHTS** MEHR.

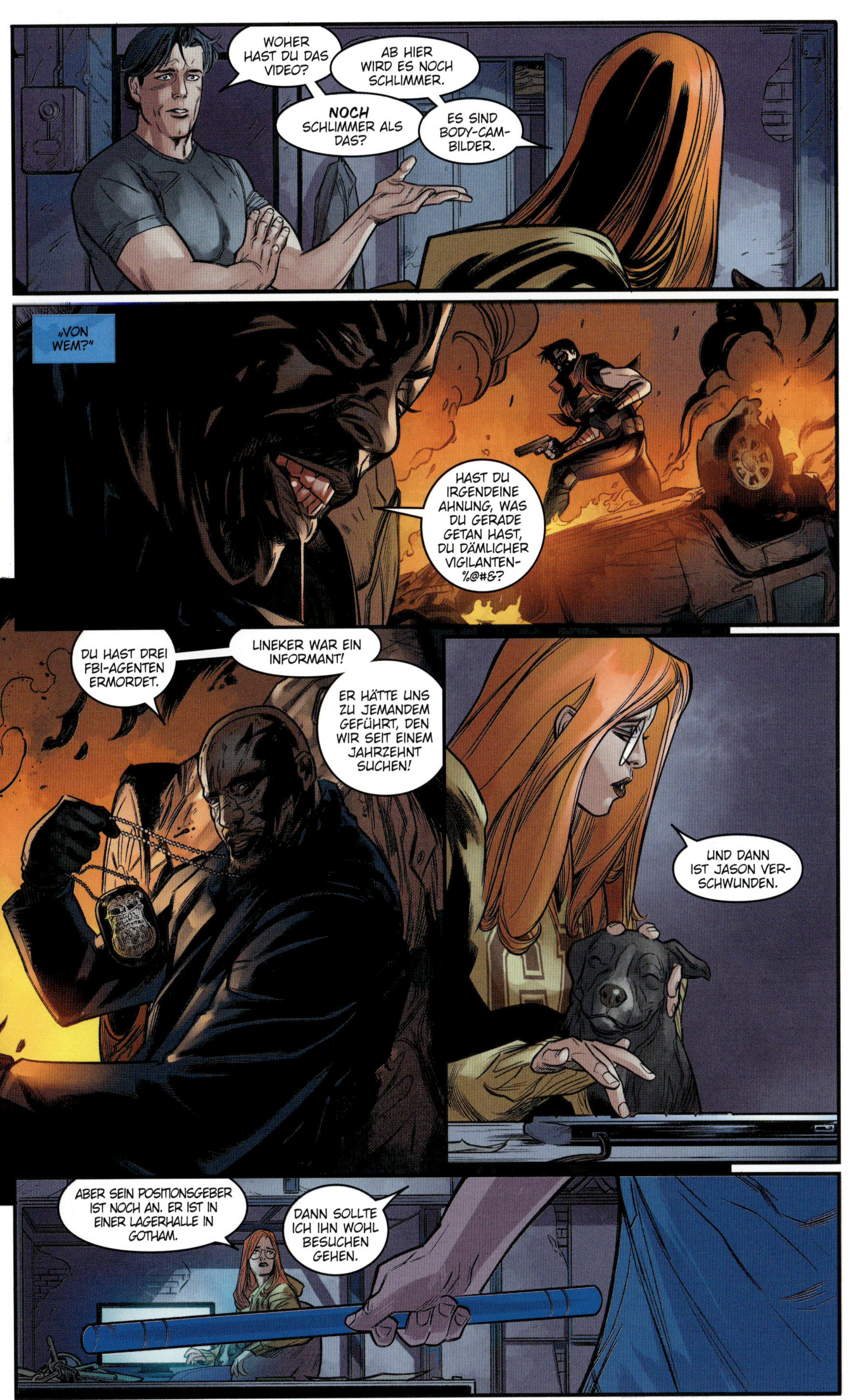
WOHER HAST DU DAS VIDEO?
AB HIER WIRD ES NOCH SCHLIMMER.
NOCH SCHLIMMER ALS DAS?
ES SIND BODY-CAM-BILDER.
„VON WEM?"
HAST DU IRGENDEINE AHNUNG, WAS DU GERADE GETAN HAST, DU DÄMLICHER VIGILANTEN-%@#&?
DU HAST DREI FBI-AGENTEN ERMORDET.
LINEKER WAR EIN INFORMANT!
ER HÄTTE UNS ZU JEMANDEM GEFÜHRT, DEN WIR SEIT EINEM JAHRZEHNT SUCHEN!
UND DANN IST JASON VERSCHWUNDEN.
ABER SEIN POSITIONSGEBER IST NOCH AN. ER IST IN EINER LAGERHALLE IN GOTHAM.
DANN SOLLTE ICH IHN WOHL BESUCHEN GEHEN.

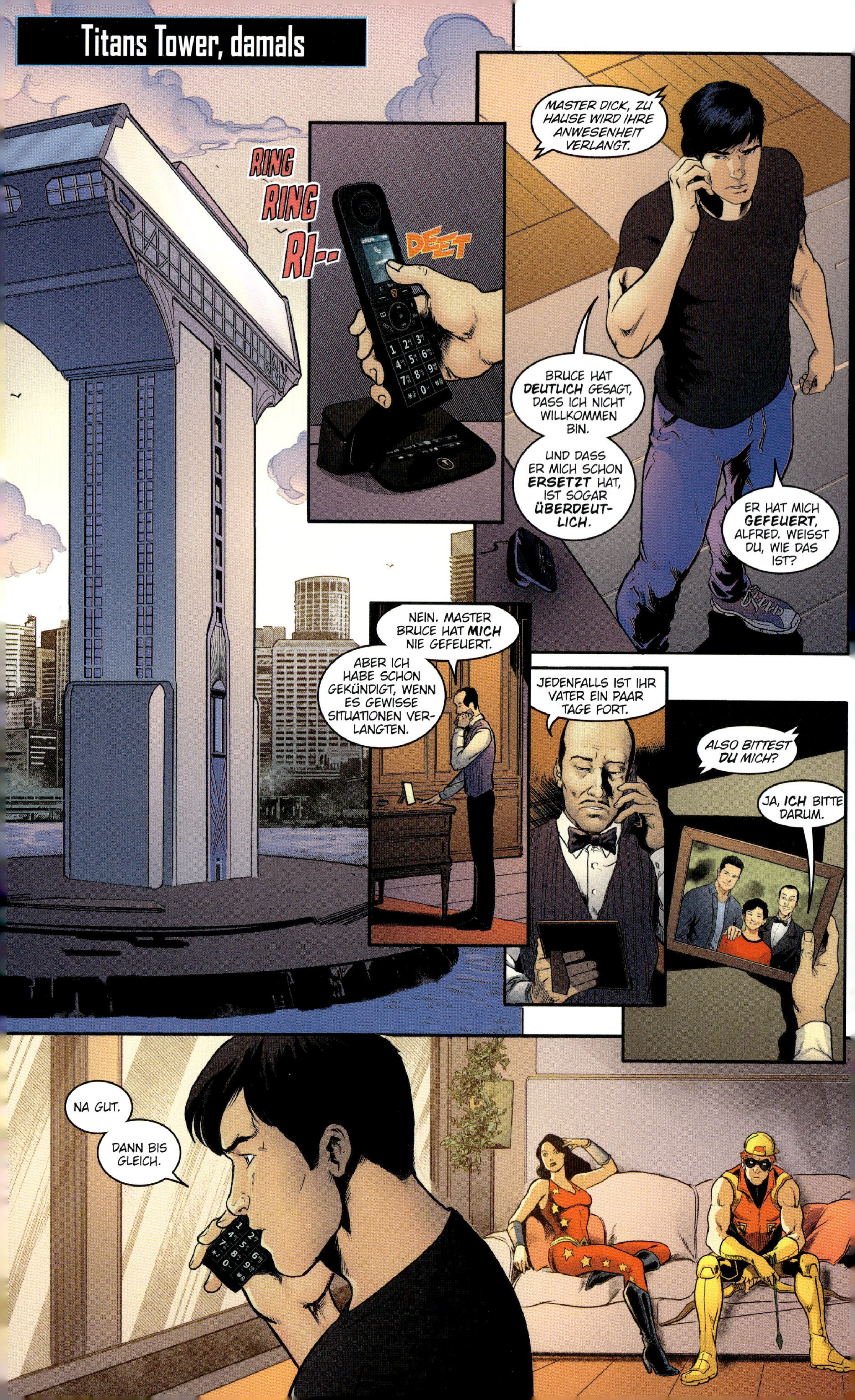
Titans Tower, damals
RING
RING
RI--
DEET
MASTER DICK, ZU HAUSE WIRD IHRE ANWESENHEIT VERLANGT.
BRUCE HAT DEUTLICH GESAGT, DASS ICH NICHT WILLKOMMEN BIN.
UND DASS ER MICH SCHON ERSETZT HAT, IST SOGAR ÜBERDEUT-LICH.
ER HAT MICH GEFEUERT, ALFRED. WEISST DU, WIE DAS IST?
NEIN. MASTER BRUCE HAT MICH NIE GEFEUERT.
ABER ICH HABE SCHON GEKÜNDIGT, WENN ES GEWISSE SITUATIONEN VER-LANGTEN.
JEDENFALLS IST IHR VATER EIN PAAR TAGE FORT.
ALSO BITTEST DU MICH?
JA, ICH BITTE DARUM.
NA GUT.
DANN BIS GLEICH.

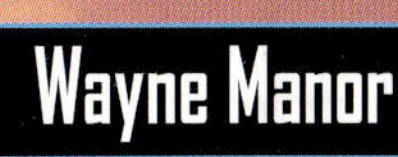
Wayne Manor

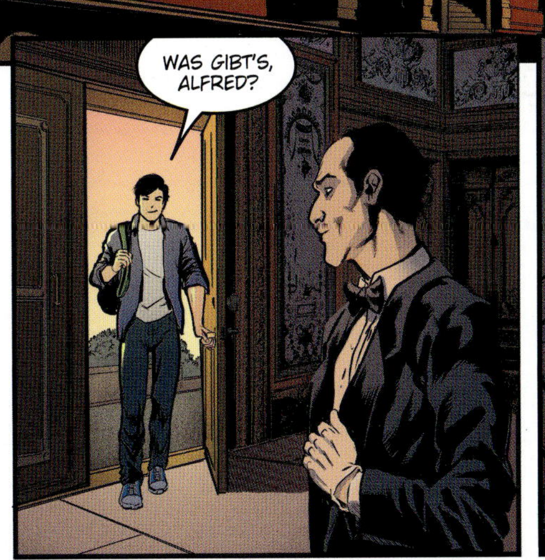
WAS GIBT'S, ALFRED?

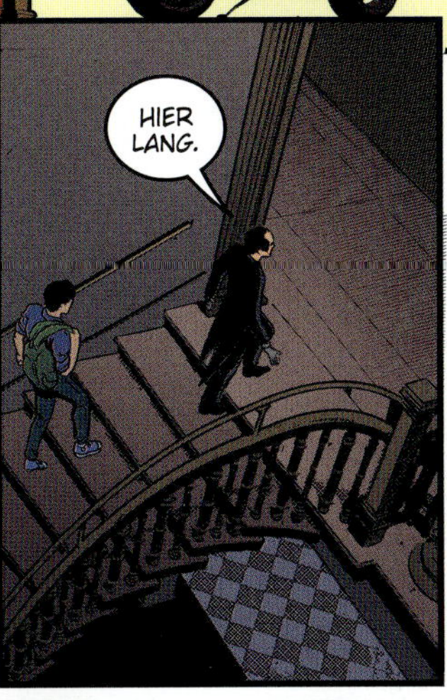
HIER LANG.

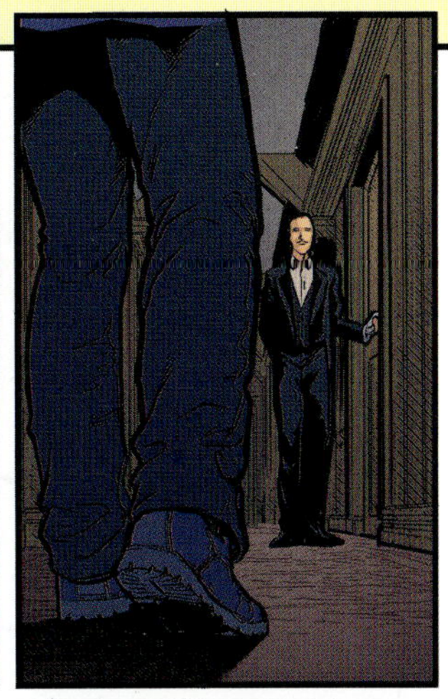

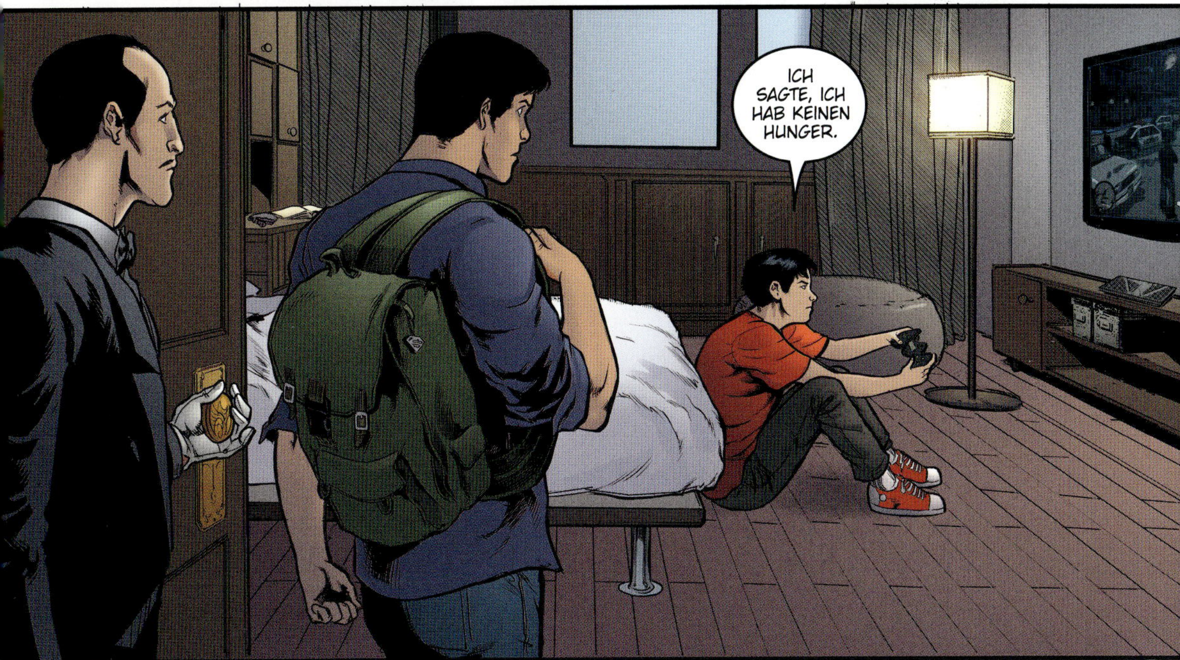
ICH SAGTE, ICH HAB KEINEN HUNGER.

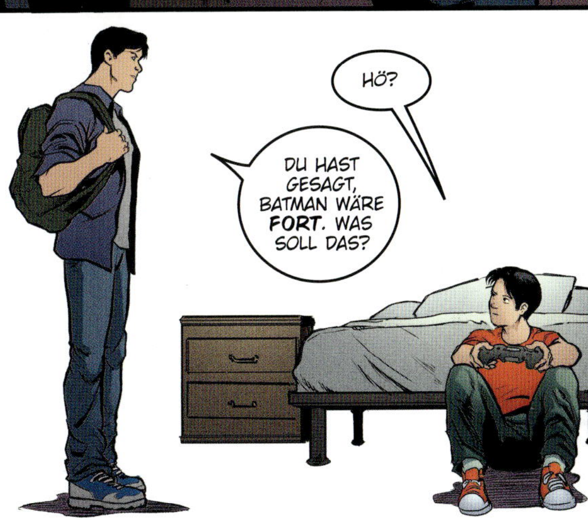
HÖ?
DU HAST GESAGT, BATMAN WÄRE **FORT**. WAS SOLL DAS?

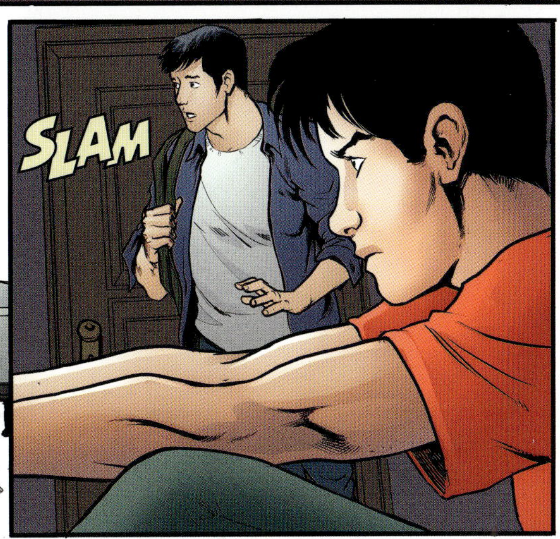
SLAM

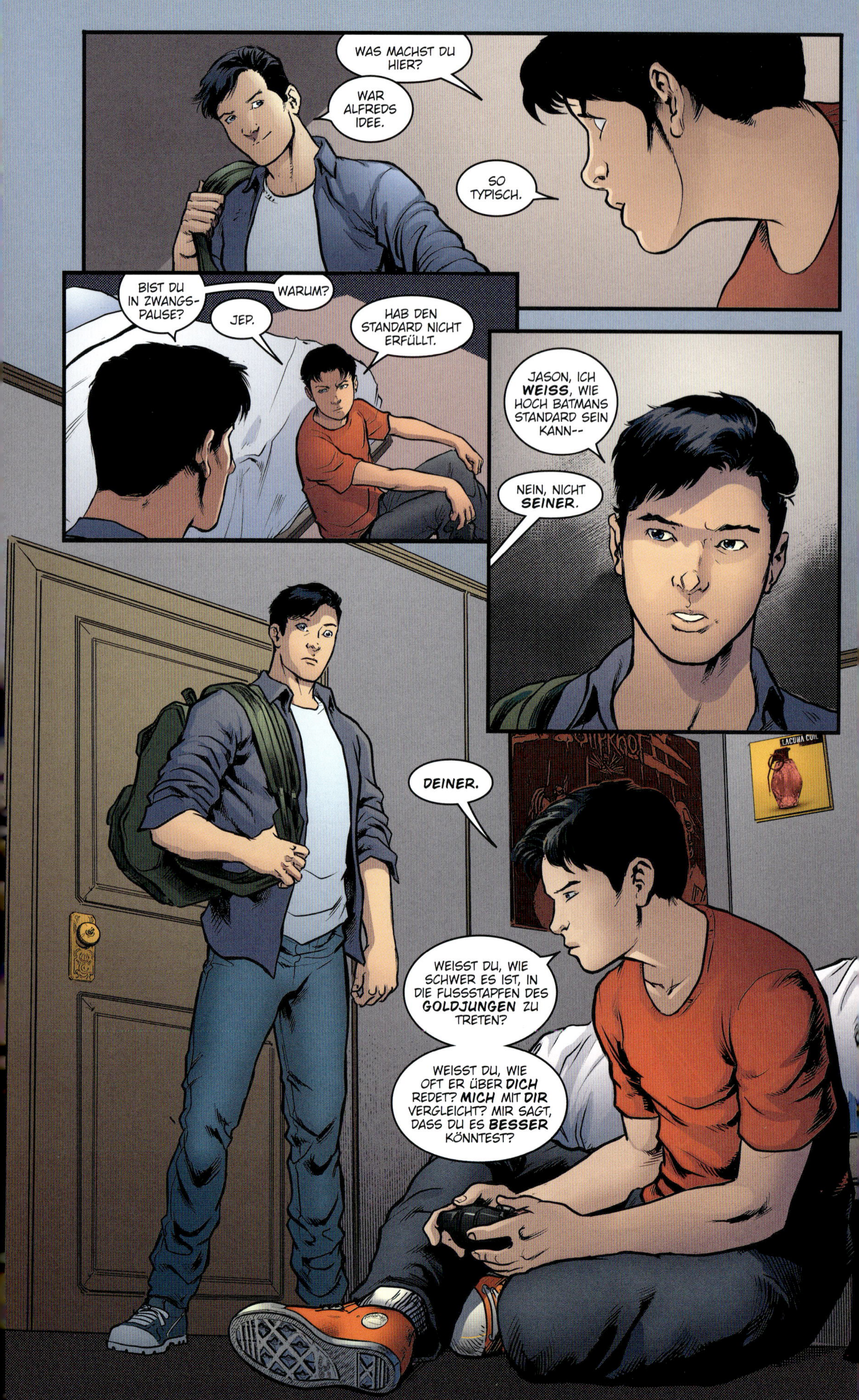
WAS MACHST DU HIER?
WAR ALFREDS IDEE.
SO TYPISCH.
BIST DU IN ZWANGS-PAUSE?
JEP.
WARUM?
HAB DEN STANDARD NICHT ERFÜLLT.
JASON, ICH **WEISS**, WIE HOCH BATMANS STANDARD SEIN KANN--
NEIN, NICHT **SEINER**.
DEINER.
LACUNA COIL
WEISST DU, WIE SCHWER ES IST, IN DIE FUSSSTAPFEN DES **GOLDJUNGEN** ZU TRETEN?
WEISST DU, WIE OFT ER ÜBER **DICH** REDET? **MICH** MIT **DIR** VERGLEICHT? MIR SAGT, DASS DU ES **BESSER** KÖNNTEST?

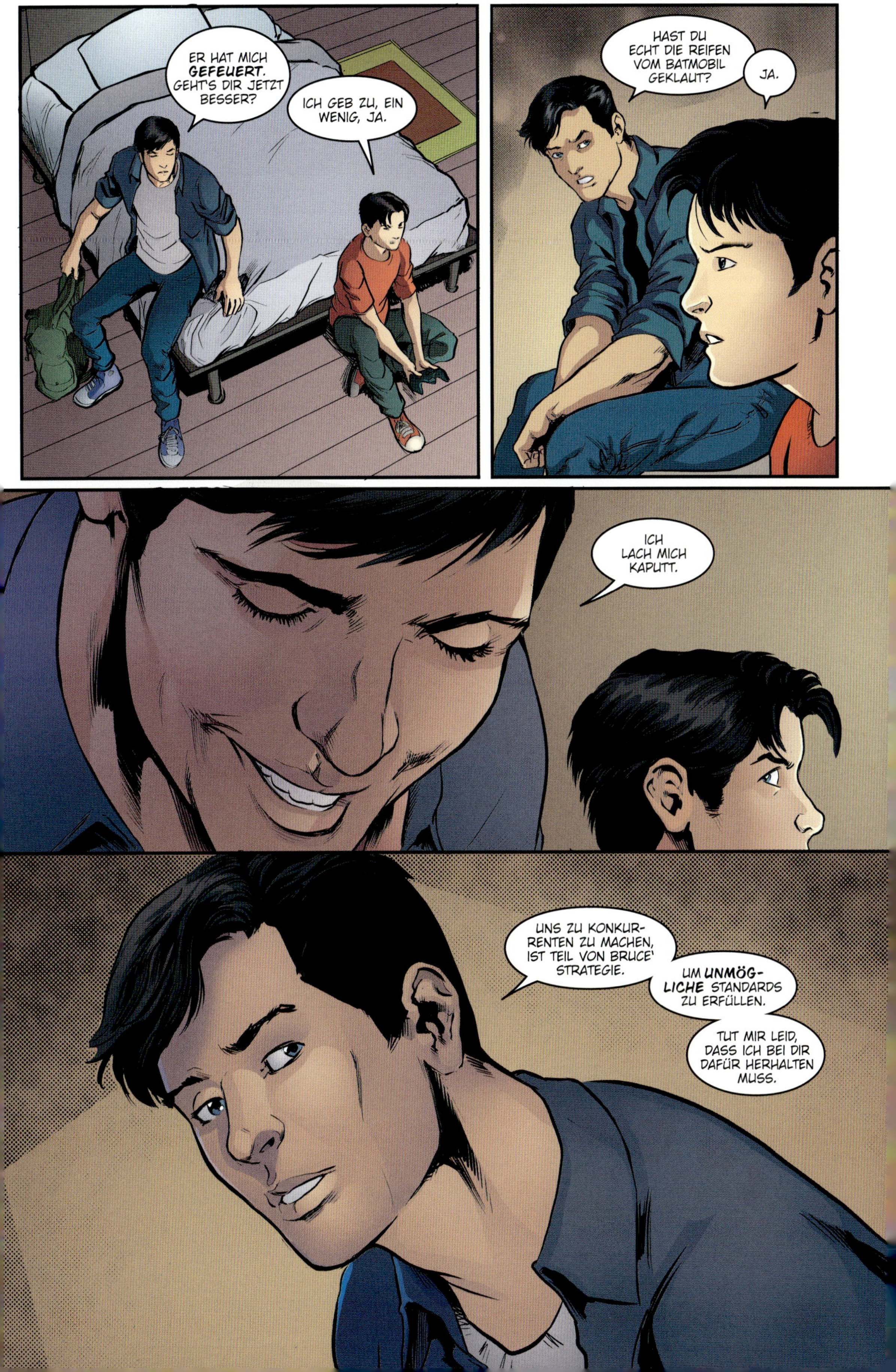

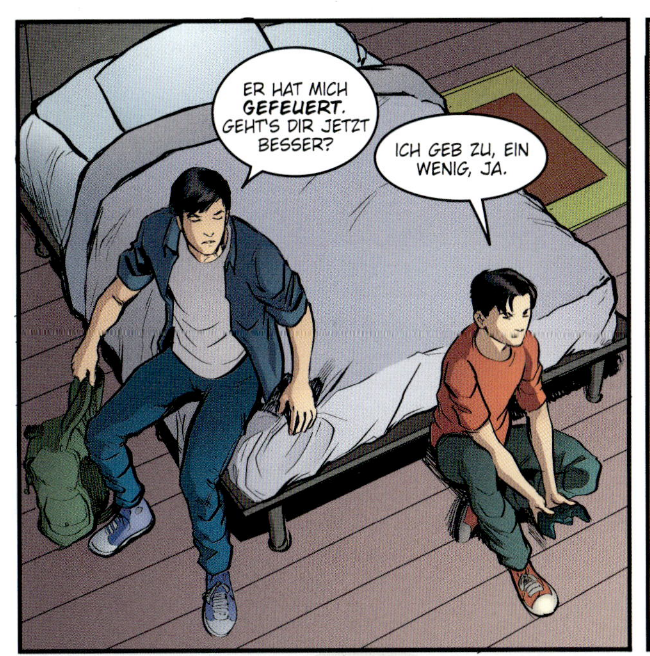

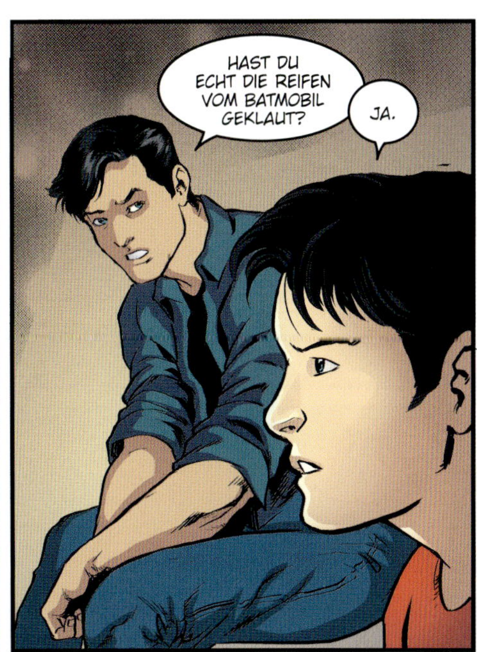

ICH LACH MICH KAPUTT.

UNS ZU KONKURRENTEN ZU MACHEN, IST TEIL VON BRUCE' STRATEGIE.

UM **UNMÖGLICHE** STANDARDS ZU ERFÜLLEN.

TUT MIR LEID, DASS ICH BEI DIR DAFÜR HERHALTEN MUSS.

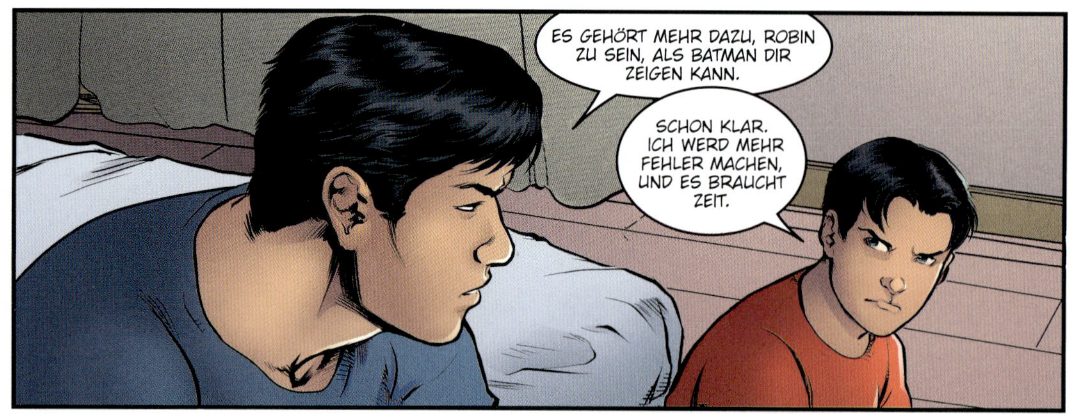
ES GEHÖRT MEHR DAZU, ROBIN ZU SEIN, ALS BATMAN DIR ZEIGEN KANN.
SCHON KLAR. ICH WERD MEHR FEHLER MACHEN, UND ES BRAUCHT ZEIT.

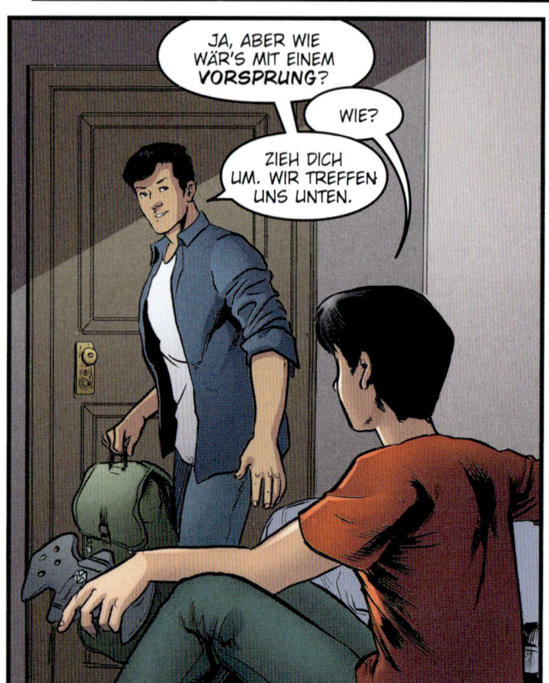
JA, ABER WIE WÄR'S MIT EINEM **VORSPRUNG**?
WIE?
ZIEH DICH UM. WIR TREFFEN UNS UNTEN.

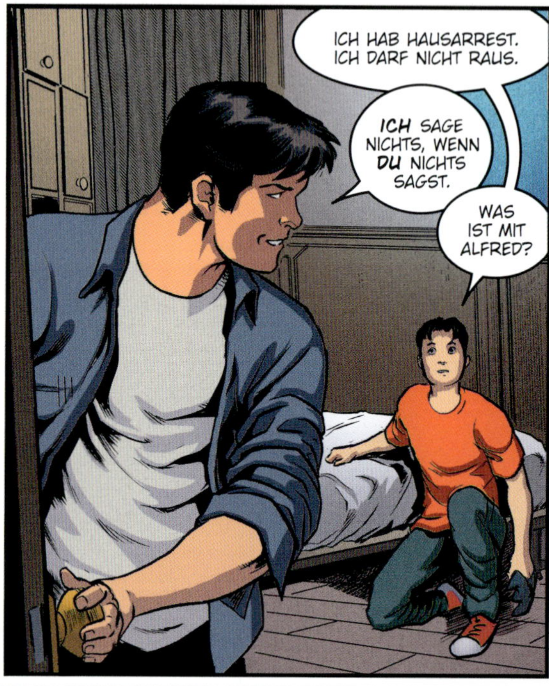
ICH HAB HAUSARREST. ICH DARF NICHT RAUS.
ICH SAGE NICHTS, WENN **DU** NICHTS SAGST.
WAS IST MIT ALFRED?

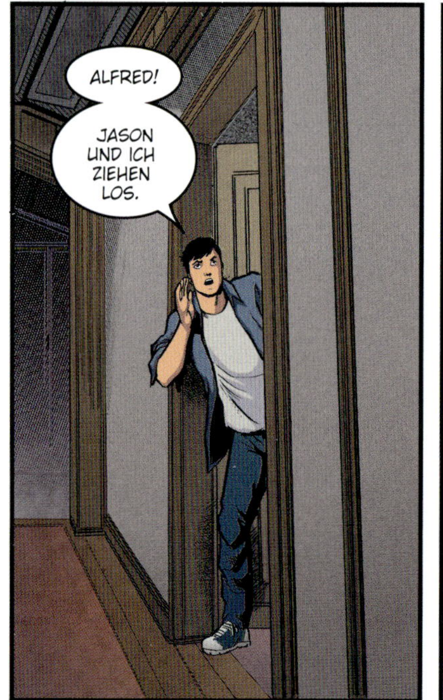
ALFRED!
JASON UND ICH ZIEHEN LOS.

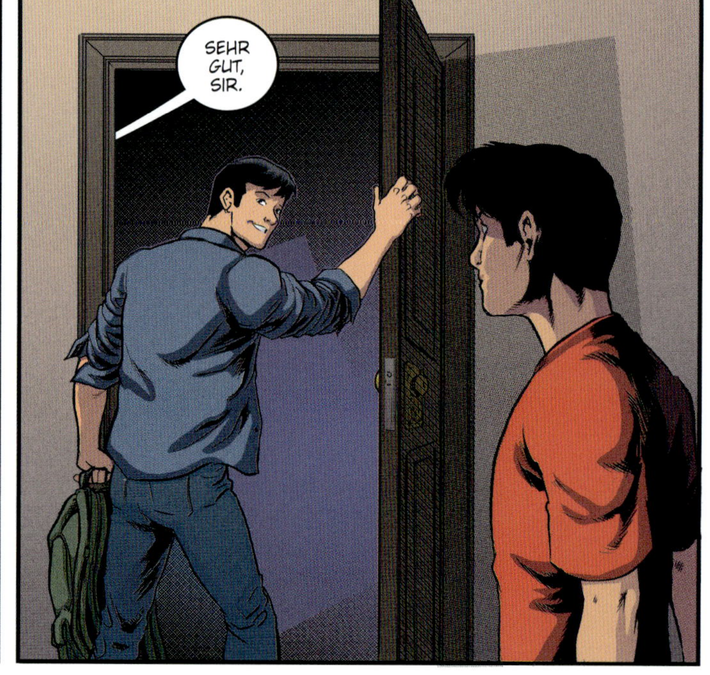
SEHR GUT, SIR.

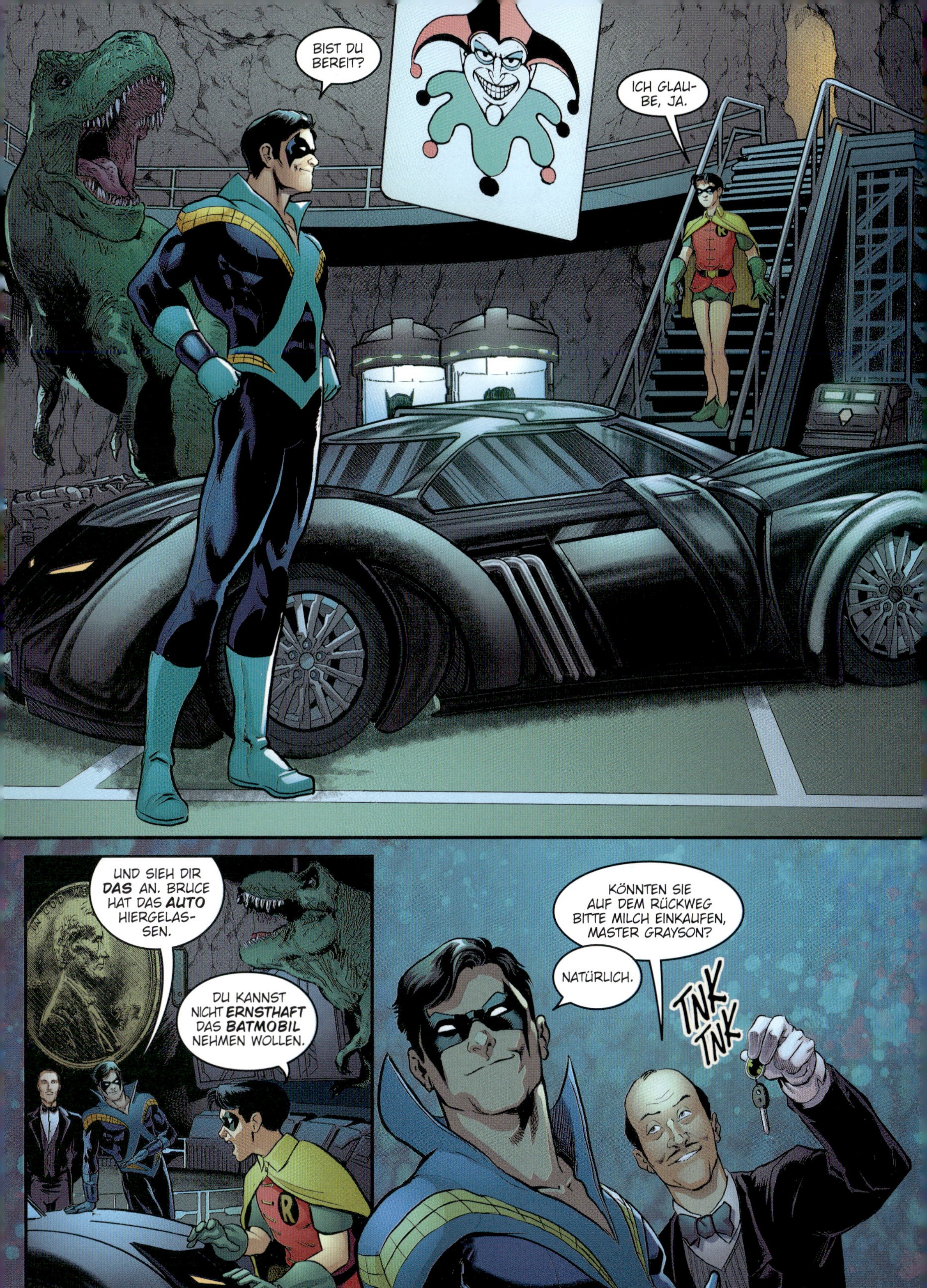
BIST DU BEREIT?
ICH GLAU-BE, JA.
UND SIEH DIR DAS AN. BRUCE HAT DAS AUTO HIERGELAS-SEN.
DU KANNST NICHT ERNSTHAFT DAS BATMOBIL NEHMEN WOLLEN.
KÖNNTEN SIE AUF DEM RÜCKWEG BITTE MILCH EINKAUFEN, MASTER GRAYSON?
NATÜRLICH.
TNK TNK

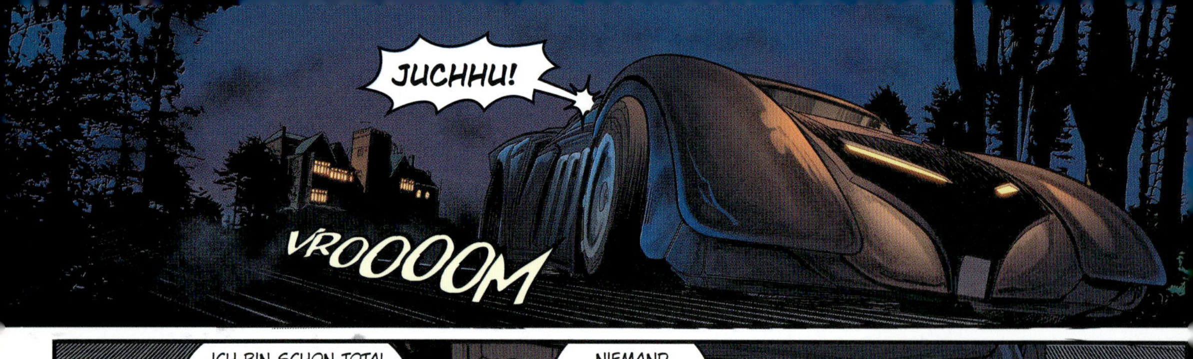
JUCHHU!
VROOOOM

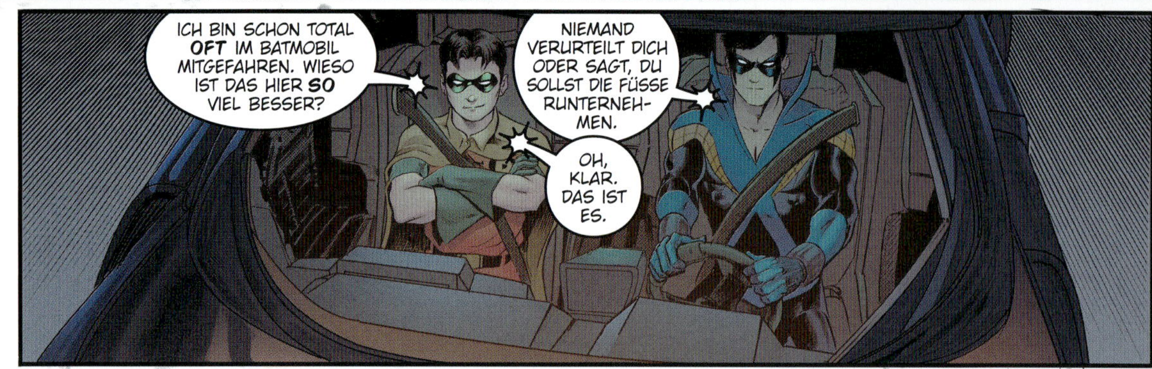
ICH BIN SCHON TOTAL OFT IM BATMOBIL MITGEFAHREN. WIESO IST DAS HIER SO VIEL BESSER?
NIEMAND VERURTEILT DICH ODER SAGT, DU SOLLST DIE FÜSSE RUNTERNEHMEN.
OH, KLAR. DAS IST ES.

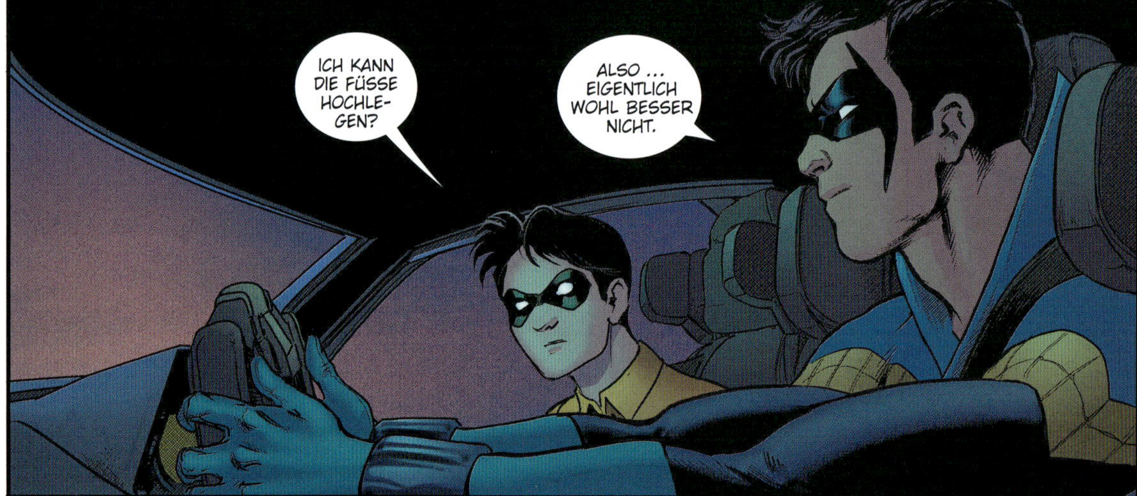
ICH KANN DIE FÜSSE HOCHLEGEN?
ALSO ... EIGENTLICH WOHL BESSER NICHT.

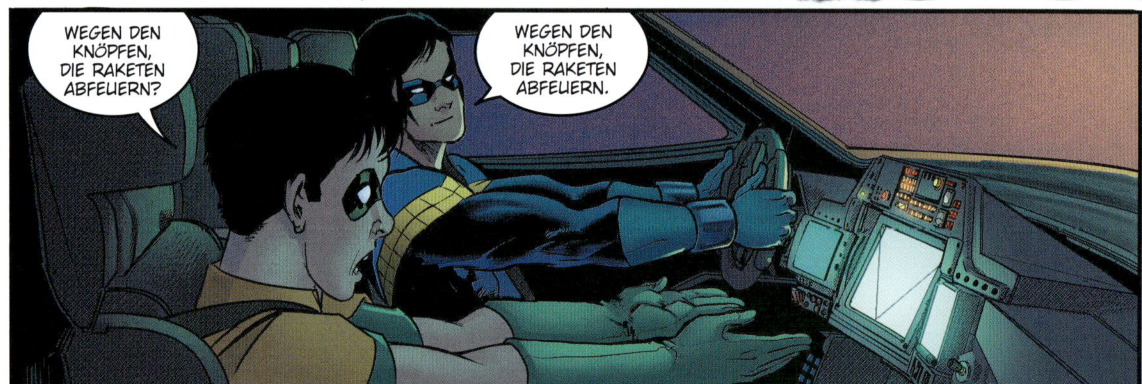
WEGEN DEN KNÖPFEN, DIE RAKETEN ABFEUERN?
WEGEN DEN KNÖPFEN, DIE RAKETEN ABFEUERN.

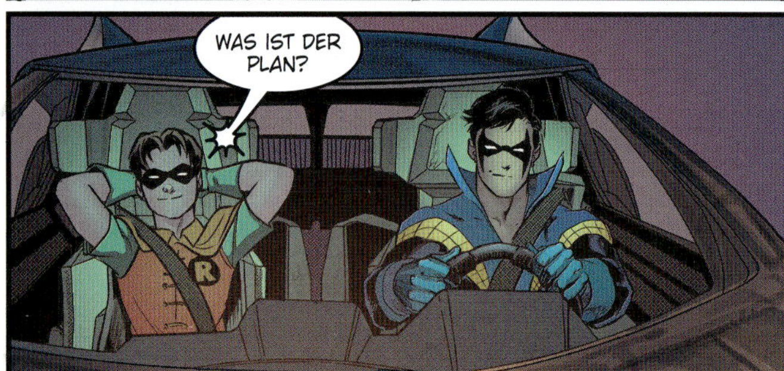
WAS IST DER PLAN?

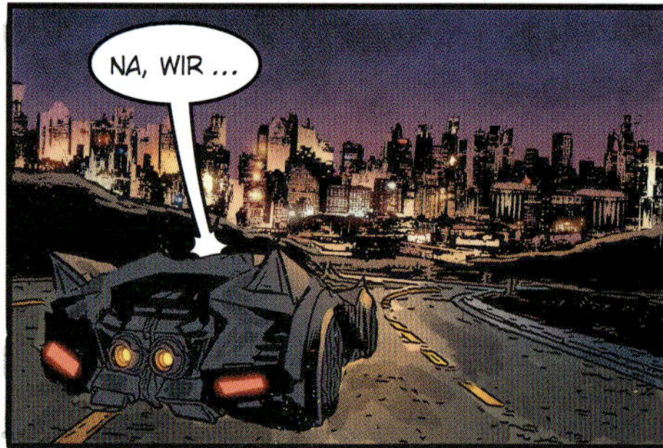
NA, WIR ...

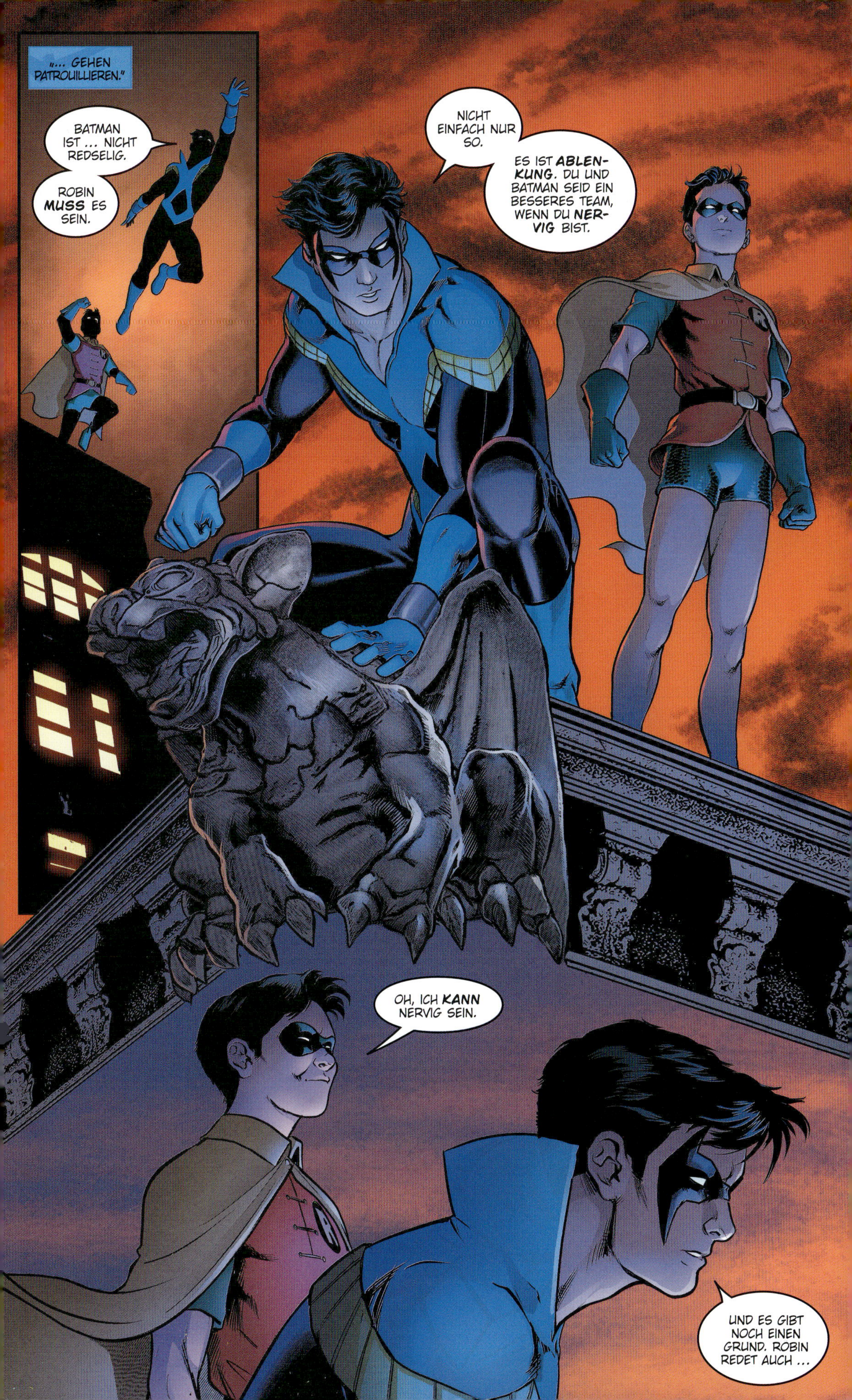
„... GEHEN PATROUILLIEREN."
BATMAN IST ... NICHT REDSELIG.
ROBIN **MUSS** ES SEIN.
NICHT EINFACH NUR SO.
ES IST **ABLENKUNG**. DU UND BATMAN SEID EIN BESSERES TEAM, WENN DU **NERVIG** BIST.
OH, ICH **KANN** NERVIG SEIN.
UND ES GIBT NOCH EINEN GRUND. ROBIN REDET AUCH ...

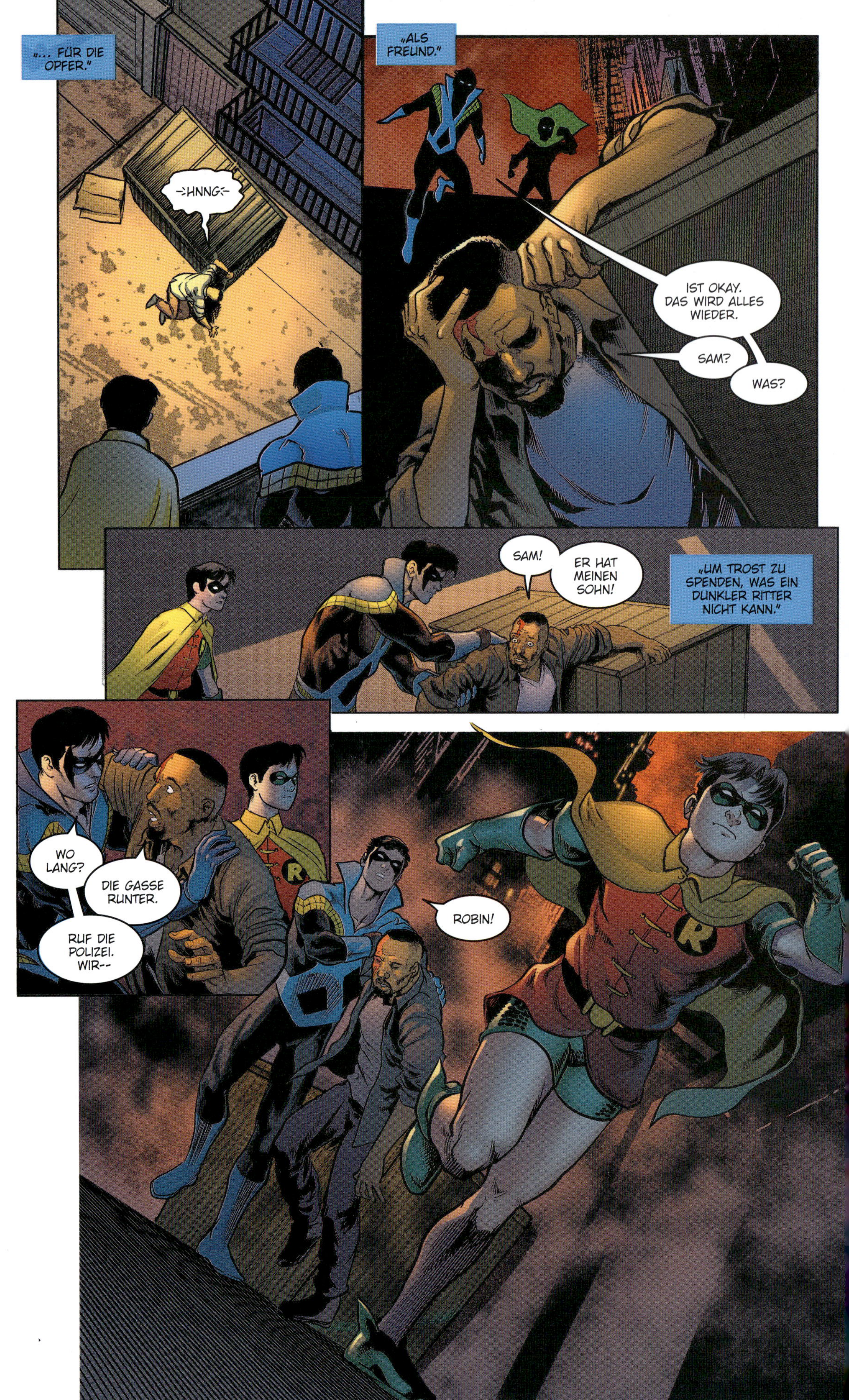
„... FÜR DIE OPFER."
-HNNG-
„ALS FREUND."
IST OKAY. DAS WIRD ALLES WIEDER.
SAM?
WAS?
SAM!
ER HAT MEINEN SOHN!
„UM TROST ZU SPENDEN, WAS EIN DUNKLER RITTER NICHT KANN."
WO LANG?
DIE GASSE RUNTER.
RUF DIE POLIZEI. WIR--
ROBIN!

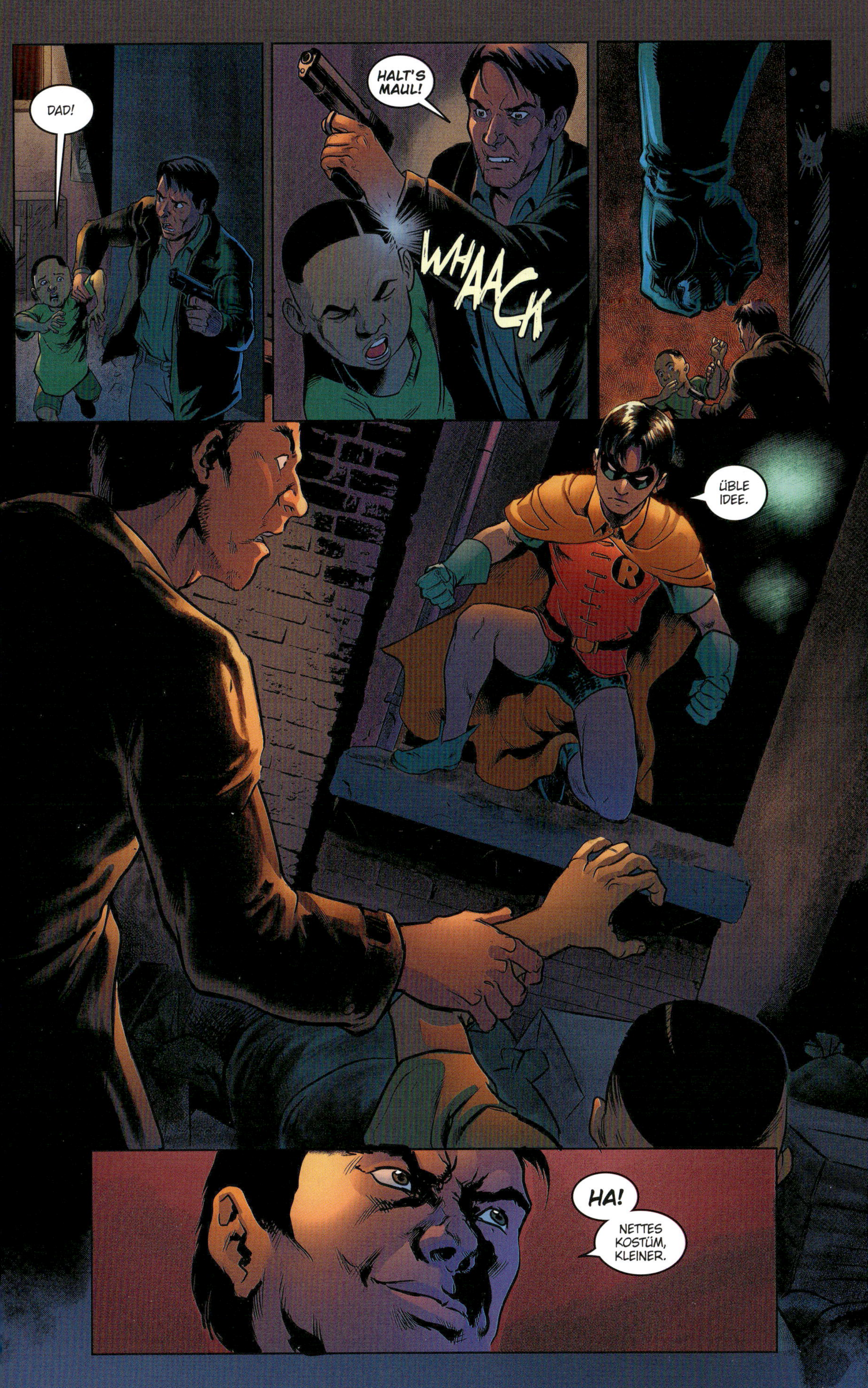
DAD!
HALT'S MAUL!
WHAACK
ÜBLE IDEE.
HA!
NETTES KOSTÜM, KLEINER.

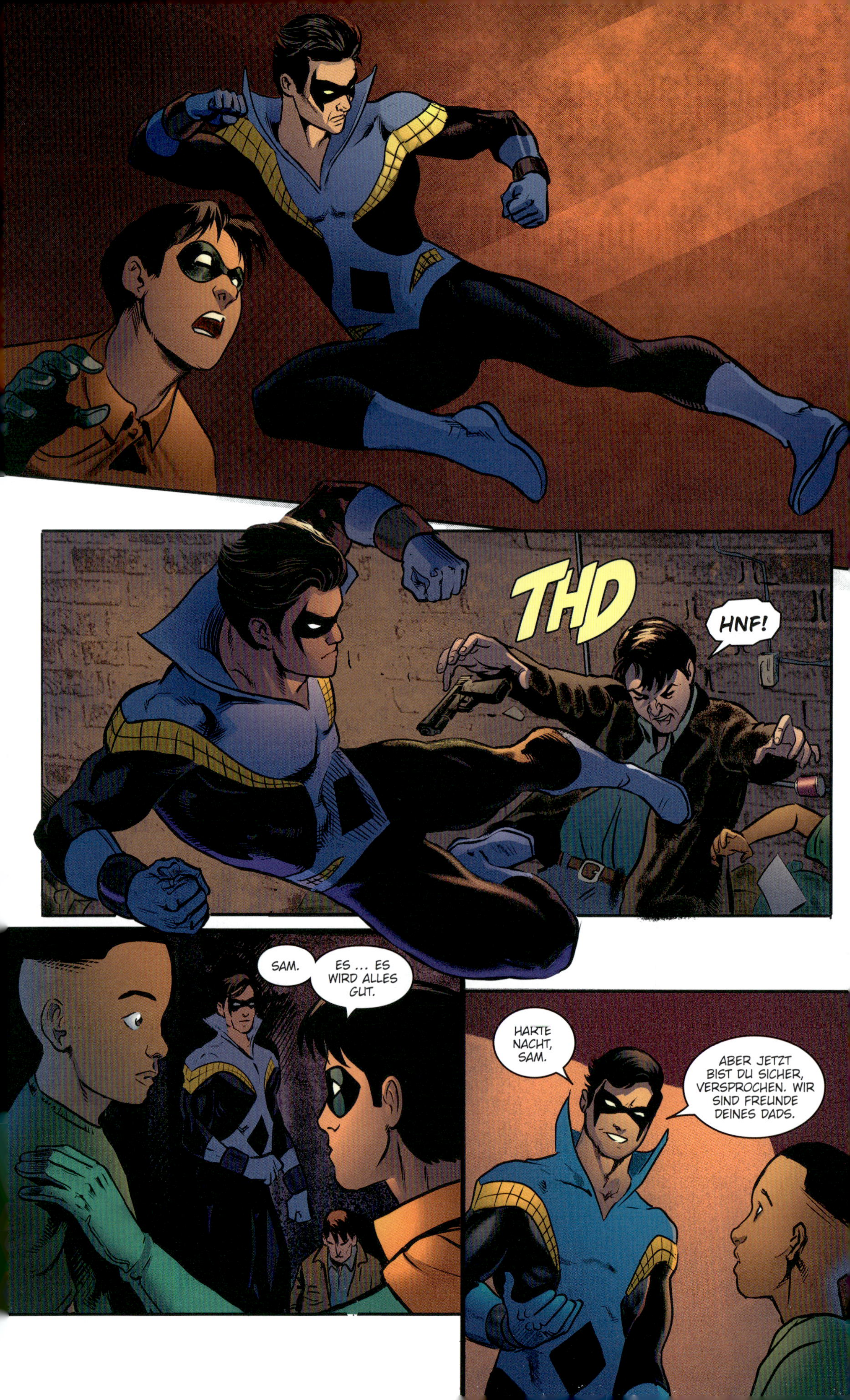
THD
HNF!
SAM.
ES ... ES WIRD ALLES GUT.
HARTE NACHT, SAM.
ABER JETZT BIST DU SICHER, VERSPROCHEN. WIR SIND FREUNDE DEINES DADS.

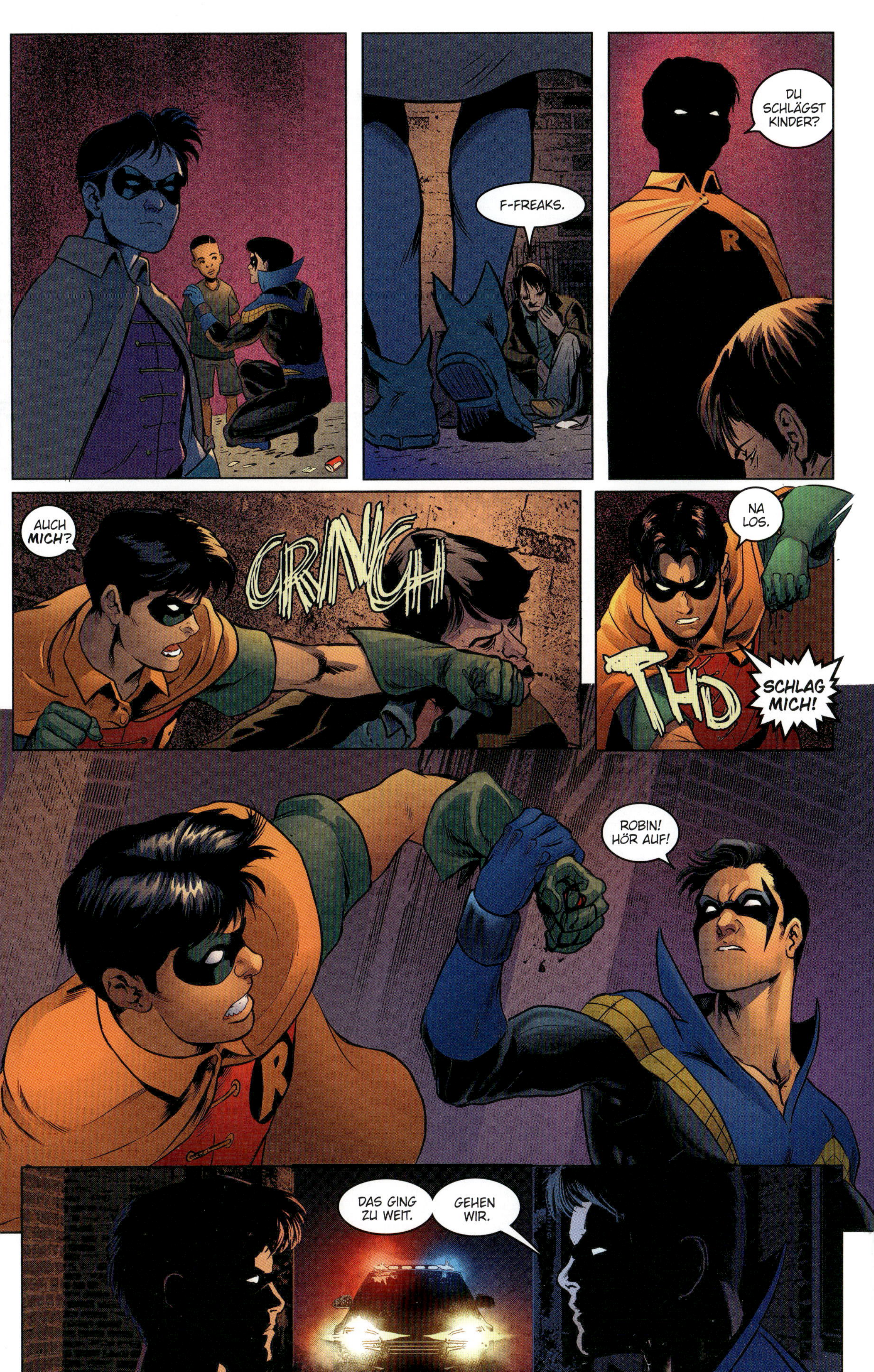
F-FREAKS.
DU SCHLÄGST KINDER?
AUCH MICH?
CRNCH
NA LOS.
THD
SCHLAG MICH!
ROBIN! HÖR AUF!
DAS GING ZU WEIT.
GEHEN WIR.

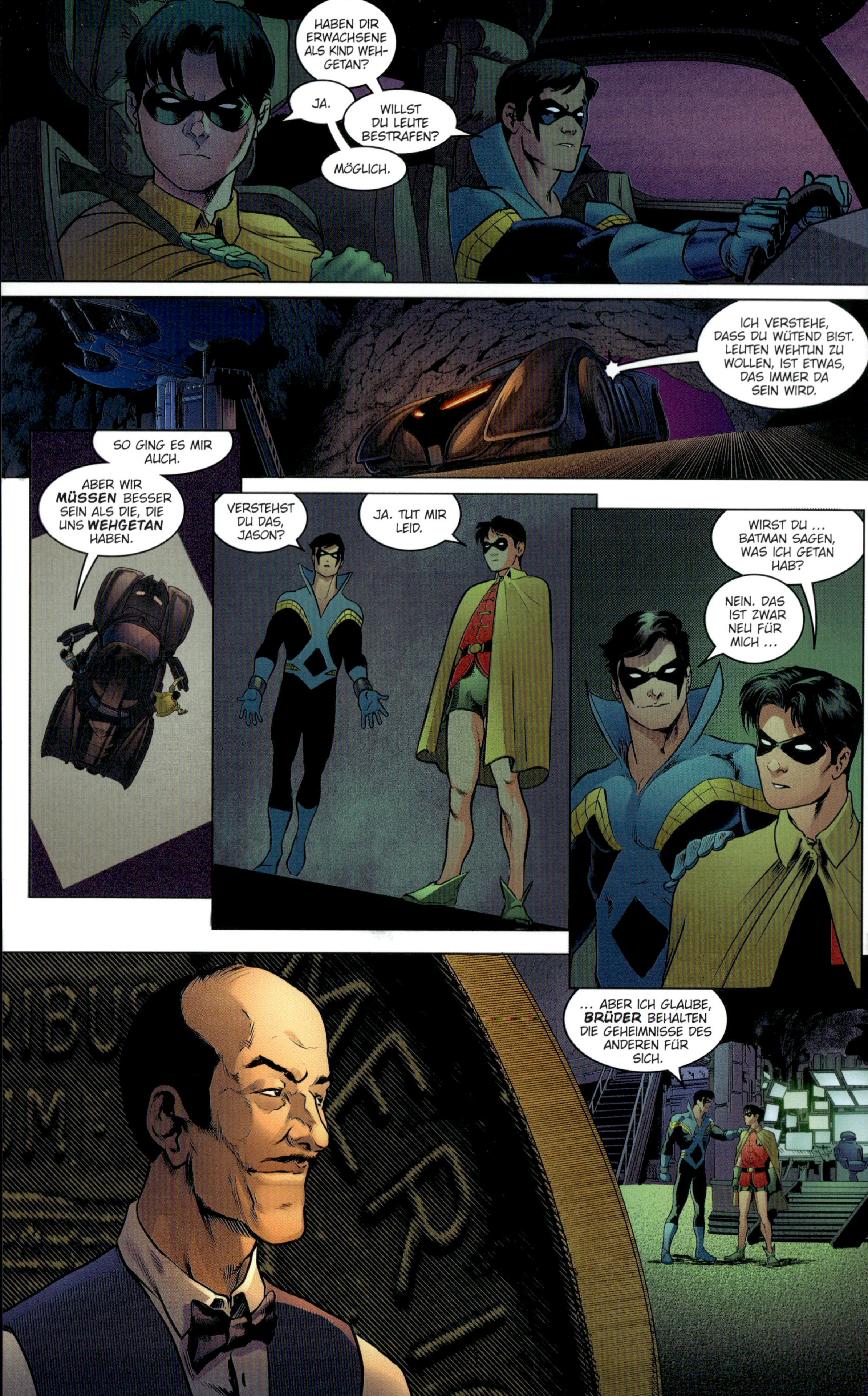
HABEN DIR ERWACHSENE ALS KIND WEHGETAN?
JA.
WILLST DU LEUTE BESTRAFEN?
MÖGLICH.
ICH VERSTEHE, DASS DU WÜTEND BIST. LEUTEN WEHTUN ZU WOLLEN, IST ETWAS, DAS IMMER DA SEIN WIRD.
SO GING ES MIR AUCH.
ABER WIR **MÜSSEN** BESSER SEIN ALS DIE, DIE UNS **WEHGETAN** HABEN.
VERSTEHST DU DAS, JASON?
JA. TUT MIR LEID.
WIRST DU ... BATMAN SAGEN, WAS ICH GETAN HAB?
NEIN. DAS IST ZWAR NEU FÜR MICH ...
... ABER ICH GLAUBE, **BRÜDER** BEHALTEN DIE GEHEIMNISSE DES ANDEREN FÜR SICH.

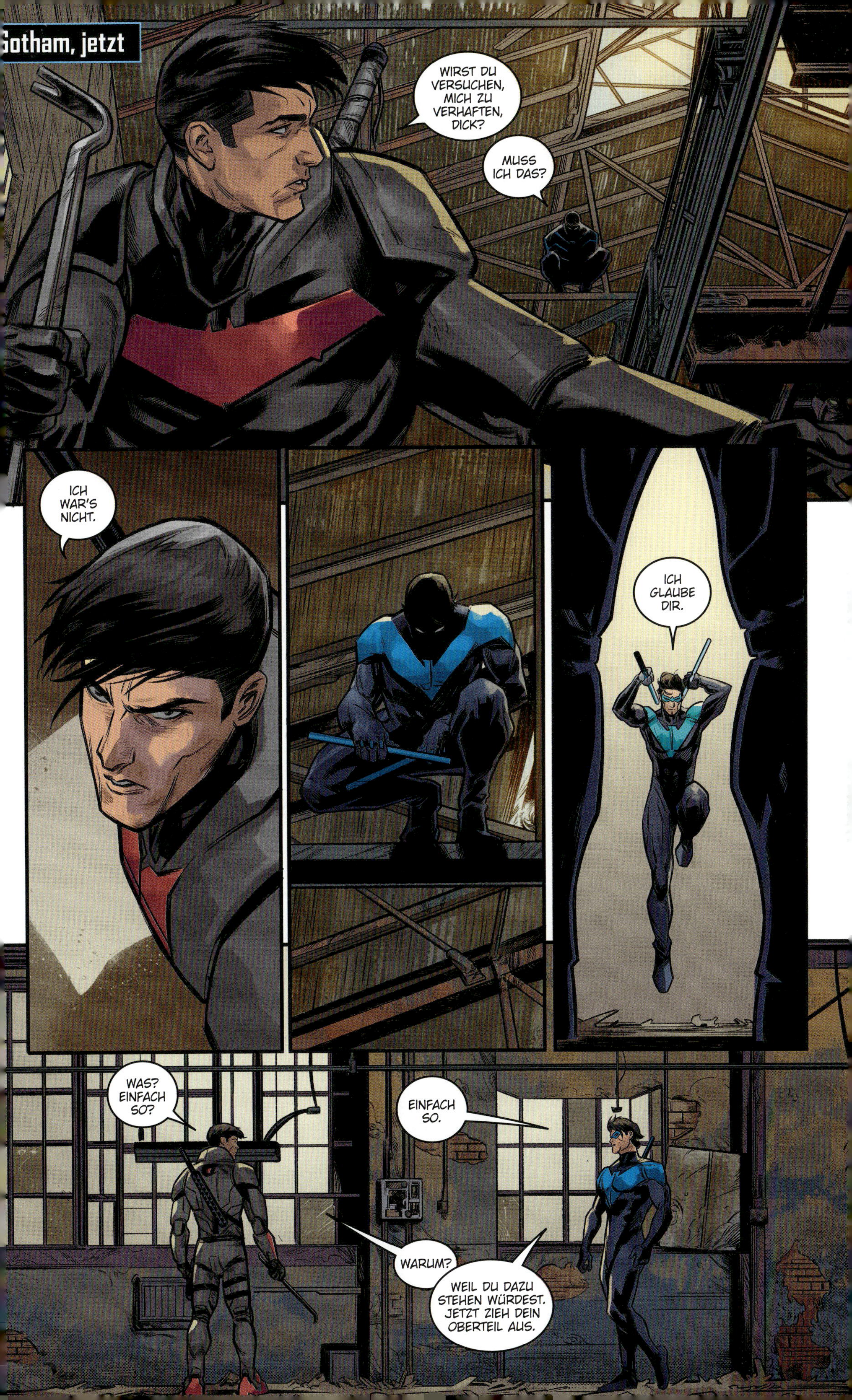
Gotham, jetzt
WIRST DU VERSUCHEN, MICH ZU VERHAFTEN, DICK?
MUSS ICH DAS?
ICH WAR'S NICHT.
ICH GLAUBE DIR.
WAS? EINFACH SO?
EINFACH SO.
WARUM?
WEIL DU DAZU STEHEN WÜRDEST. JETZT ZIEH DEIN OBERTEIL AUS.

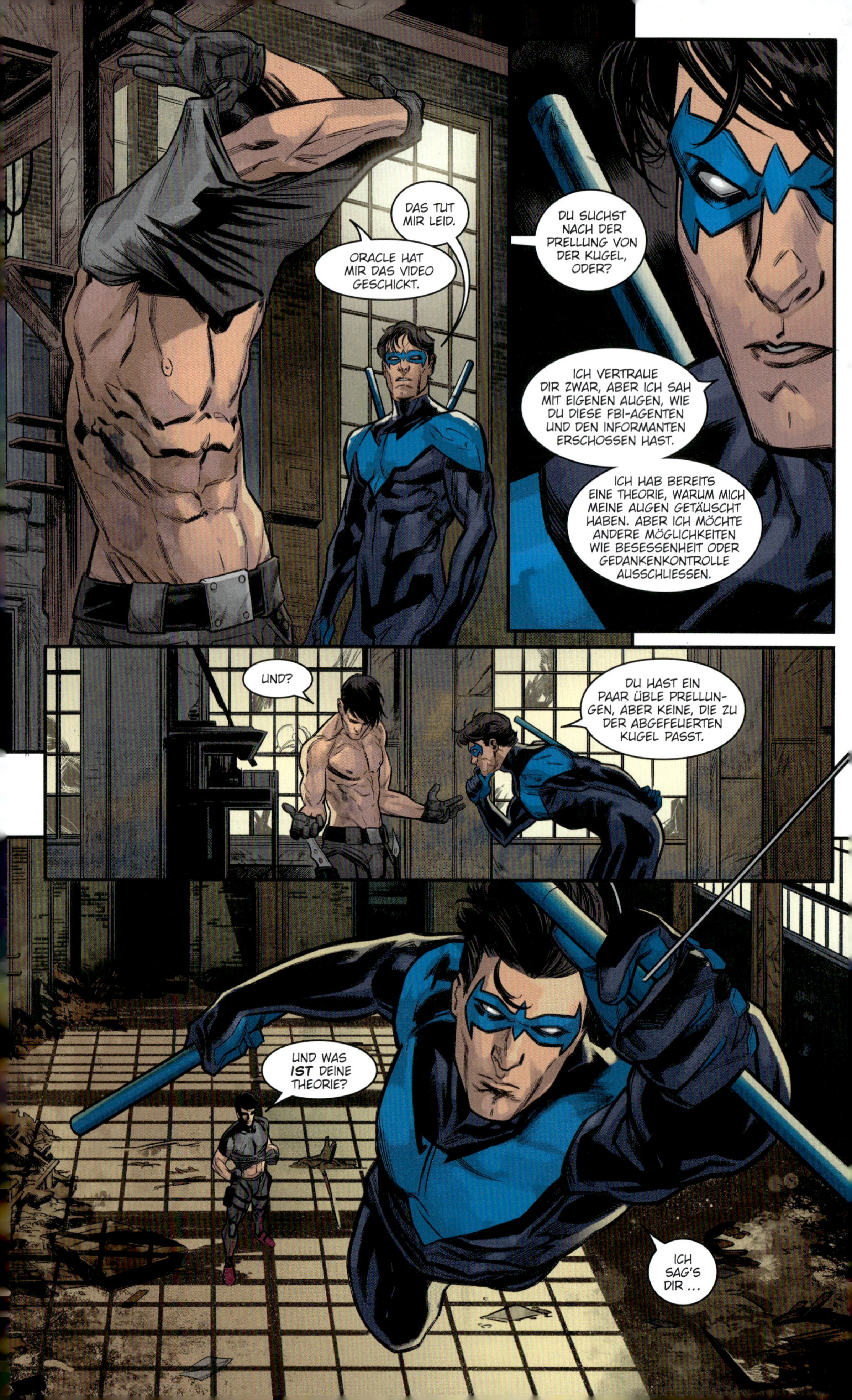
ORACLE HAT MIR DAS VIDEO GESCHICKT.
DAS TUT MIR LEID.
DU SUCHST NACH DER PRELLUNG VON DER KUGEL, ODER?
ICH VERTRAUE DIR ZWAR, ABER ICH SAH MIT EIGENEN AUGEN, WIE DU DIESE FBI-AGENTEN UND DEN INFORMANTEN ERSCHOSSEN HAST.
ICH HAB BEREITS EINE THEORIE, WARUM MICH MEINE AUGEN GETÄUSCHT HABEN. ABER ICH MÖCHTE ANDERE MÖGLICHKEITEN WIE BESESSENHEIT ODER GEDANKENKONTROLLE AUSSCHLIESSEN.
UND?
DU HAST EIN PAAR ÜBLE PRELLUN-GEN, ABER KEINE, DIE ZU DER ABGEFEUERTEN KUGEL PASST.
UND WAS **IST** DEINE THEORIE?
ICH SAG'S DIR ...

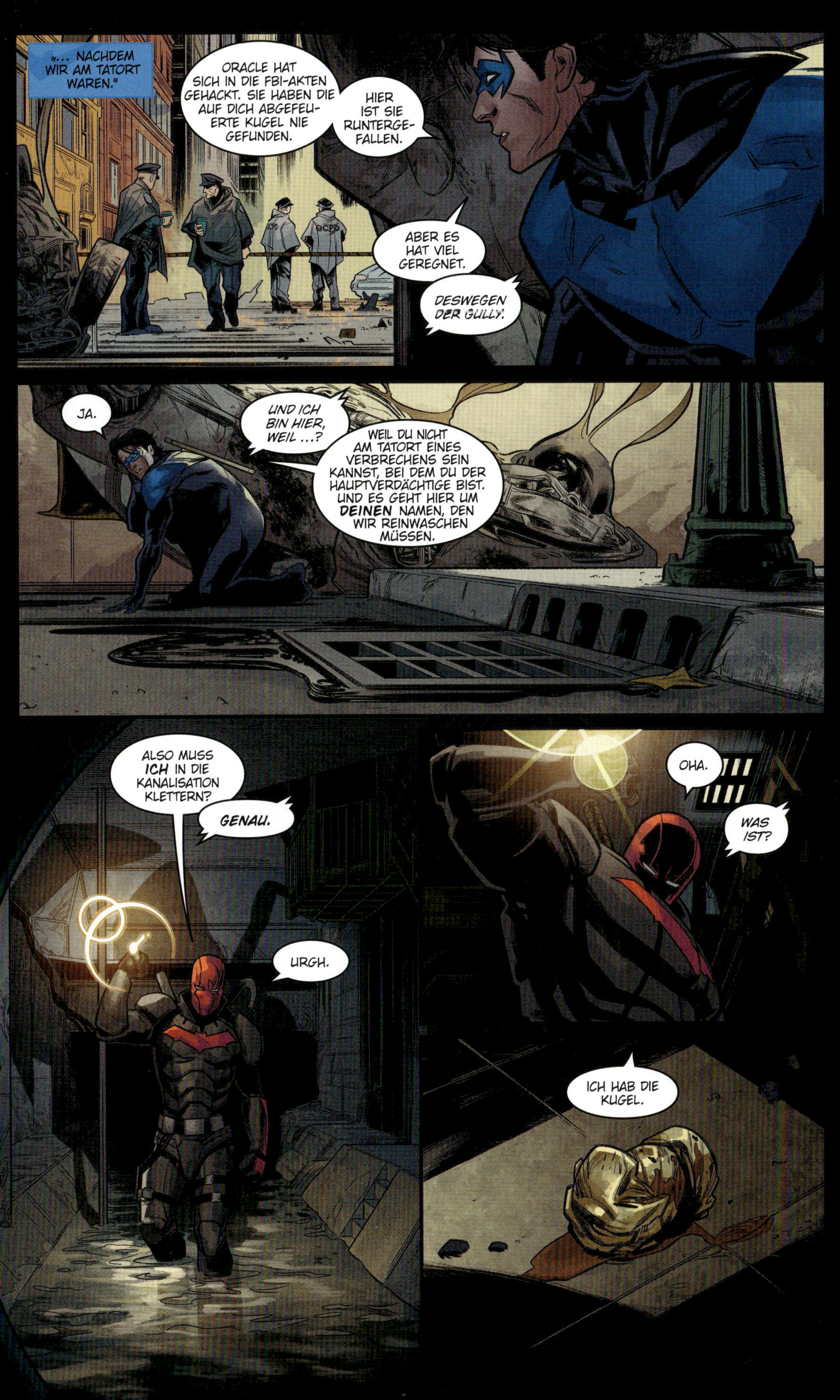
„... NACHDEM WIR AM TATORT WAREN."
ORACLE HAT SICH IN DIE FBI-AKTEN GEHACKT. SIE HABEN DIE AUF DICH ABGEFEUERTE KUGEL NIE GEFUNDEN.
HIER IST SIE RUNTERGEFALLEN.
ABER ES HAT VIEL GEREGNET.
DESWEGEN DER GULLY.
JA.
UND ICH BIN HIER, WEIL ...?
WEIL DU NICHT AM TATORT EINES VERBRECHENS SEIN KANNST, BEI DEM DU DER HAUPTVERDÄCHTIGE BIST. UND ES GEHT HIER UM DEINEN NAMEN, DEN WIR REINWASCHEN MÜSSEN.
ALSO MUSS ICH IN DIE KANALISATION KLETTERN?
GENAU.
URGH.
OHA.
WAS IST?
ICH HAB DIE KUGEL.

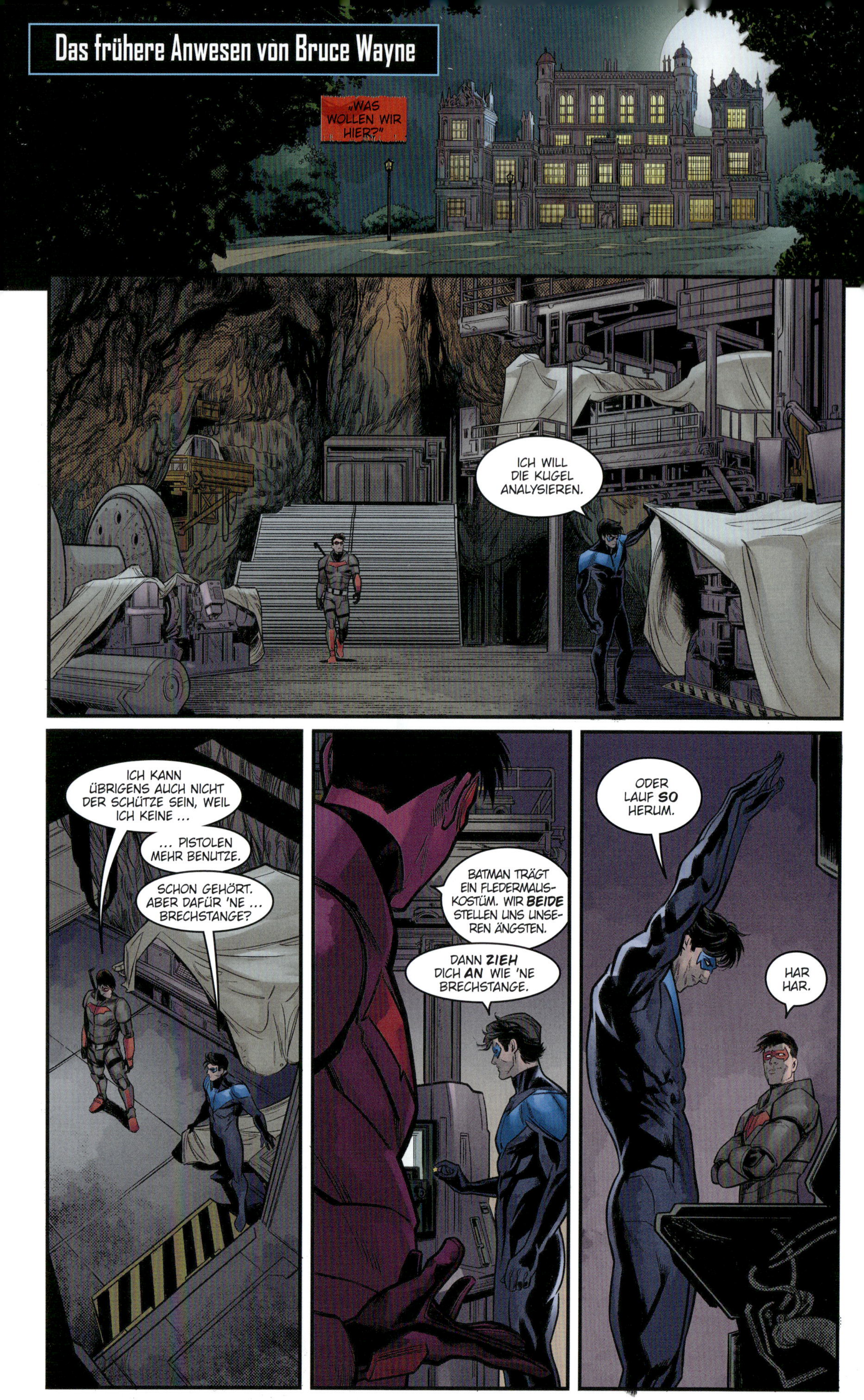

Das frühere Anwesen von Bruce Wayne

„WAS WOLLEN WIR HIER?"

ICH WILL DIE KUGEL ANALYSIEREN.

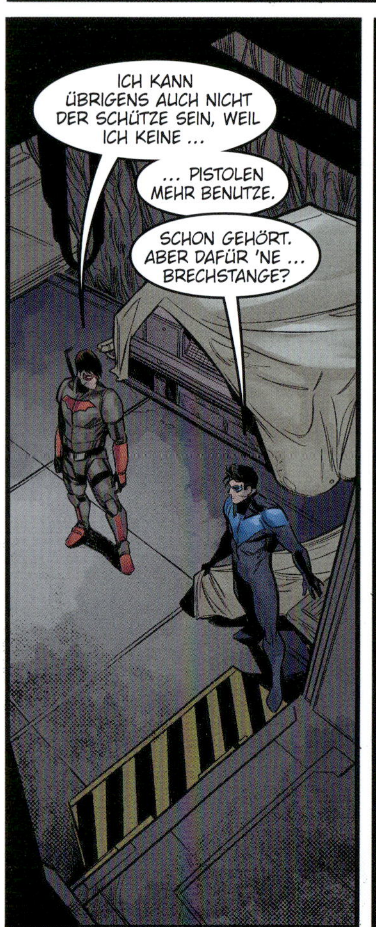

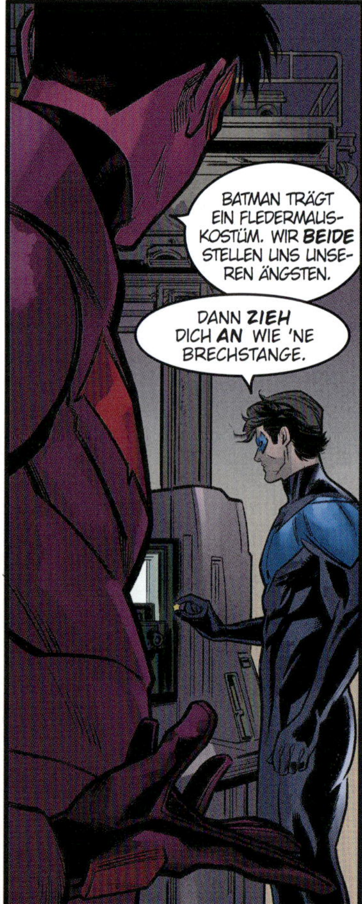

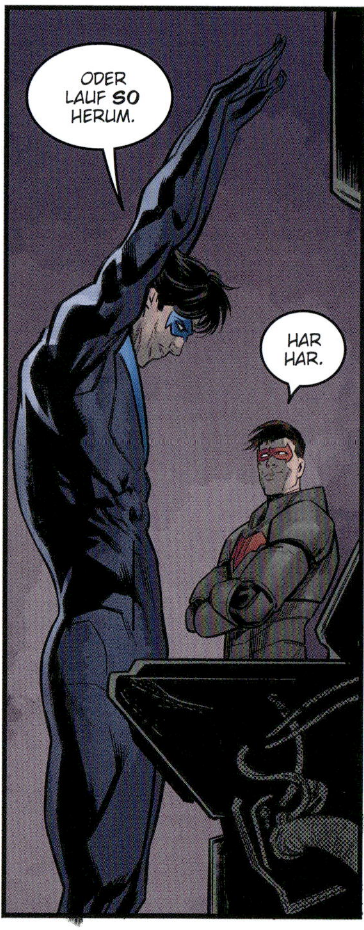

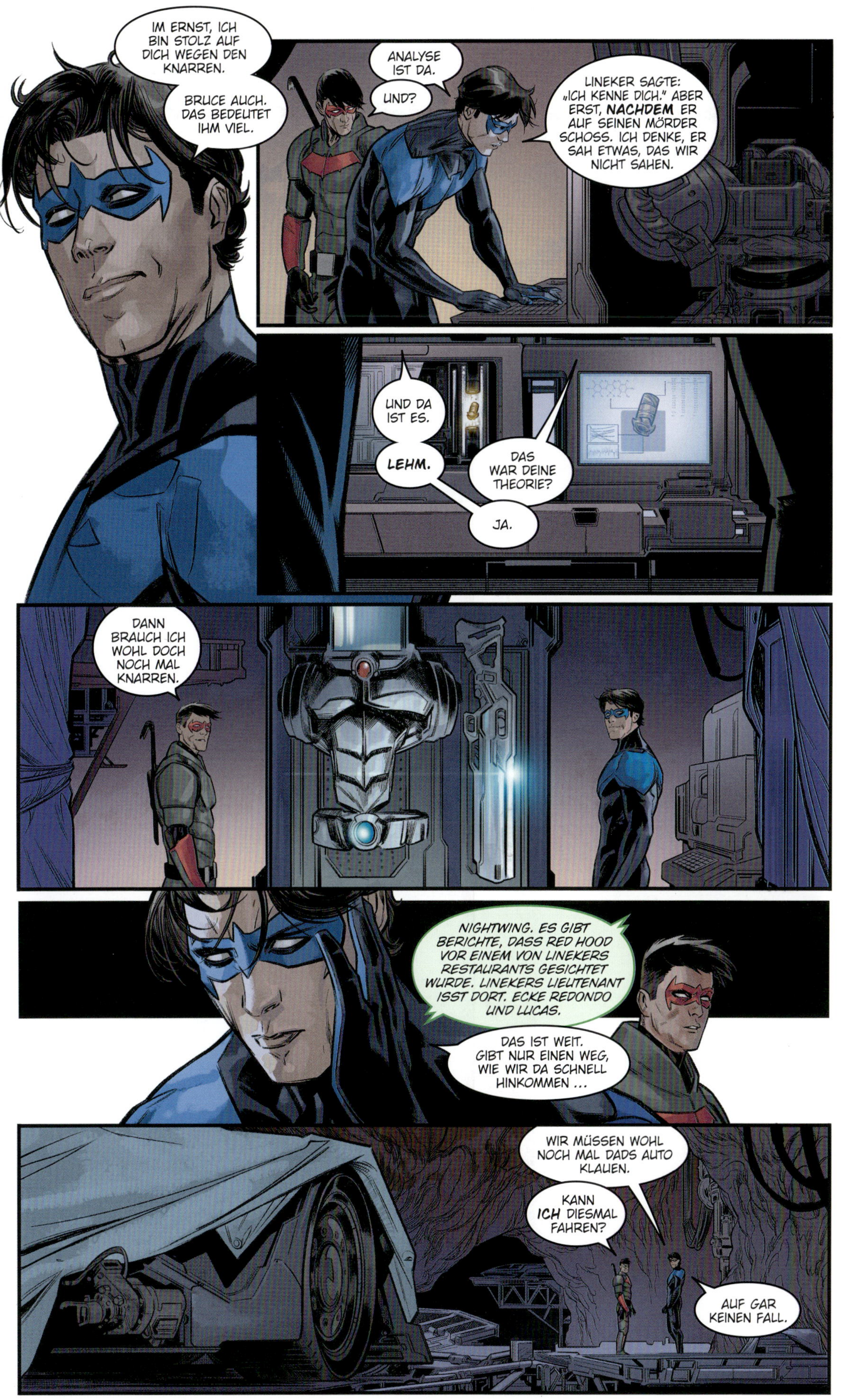
IM ERNST, ICH BIN STOLZ AUF DICH WEGEN DEN KNARREN.
BRUCE AUCH. DAS BEDEUTET IHM VIEL.
ANALYSE IST DA.
UND?
LINEKER SAGTE: „ICH KENNE DICH." ABER ERST, NACHDEM ER AUF SEINEN MÖRDER SCHOSS. ICH DENKE, ER SAH ETWAS, DAS WIR NICHT SAHEN.
UND DA IST ES.
LEHM.
DAS WAR DEINE THEORIE?
JA.
DANN BRAUCH ICH WOHL DOCH NOCH MAL KNARREN.
NIGHTWING. ES GIBT BERICHTE, DASS RED HOOD VOR EINEM VON LINEKERS RESTAURANTS GESICHTET WURDE. LINEKERS LIEUTENANT ISST DORT. ECKE REDONDO UND LUCAS.
DAS IST WEIT. GIBT NUR EINEN WEG, WIE WIR DA SCHNELL HINKOMMEN …
WIR MÜSSEN WOHL NOCH MAL DADS AUTO KLAUEN.
KANN ICH DIESMAL FAHREN?
AUF GAR KEINEN FALL.

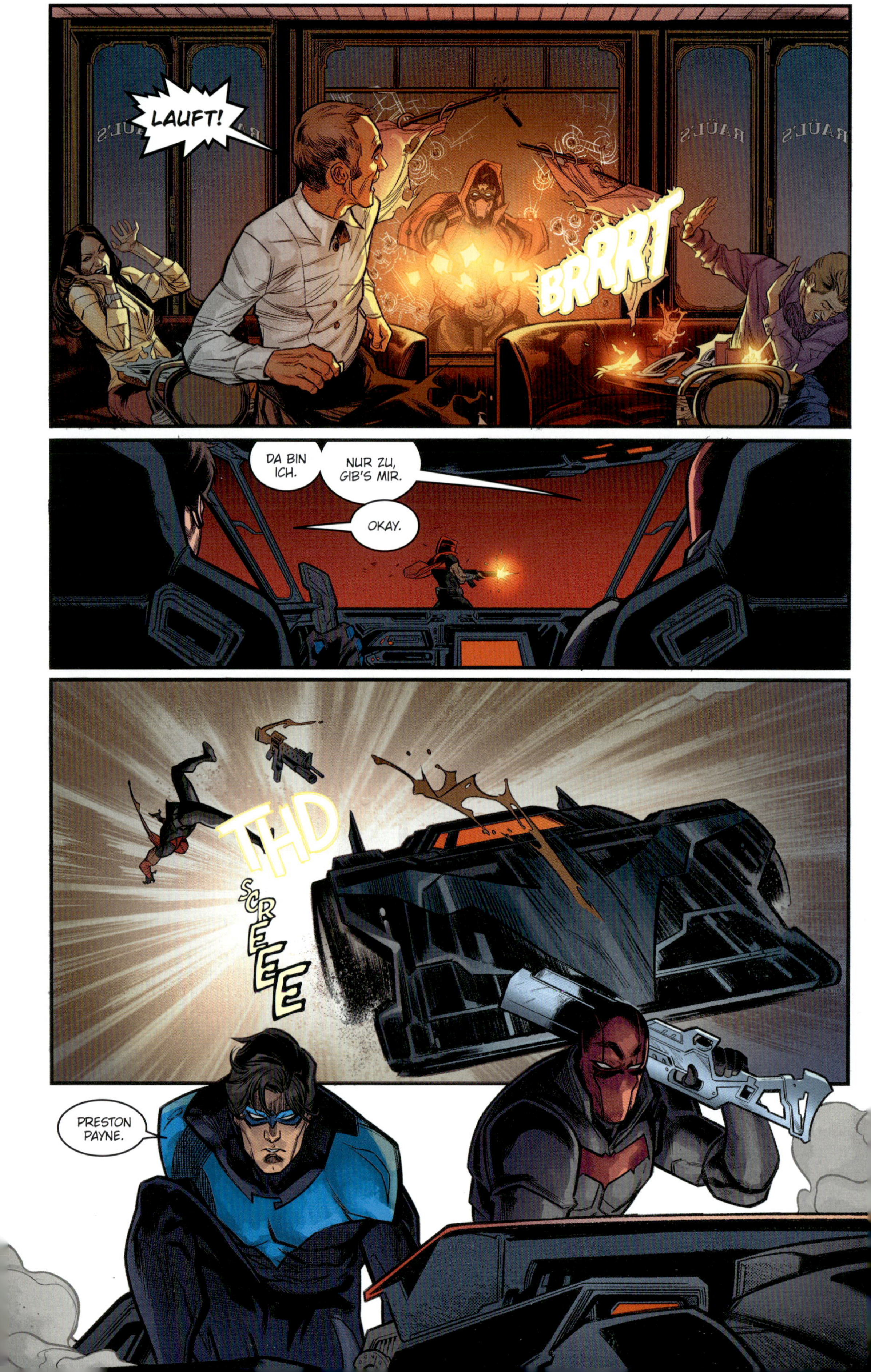

LAUFT!
BRRRT
DA BIN ICH.
NUR ZU, GIB'S MIR.
OKAY.
THD
SCREEE
PRESTON PAYNE.

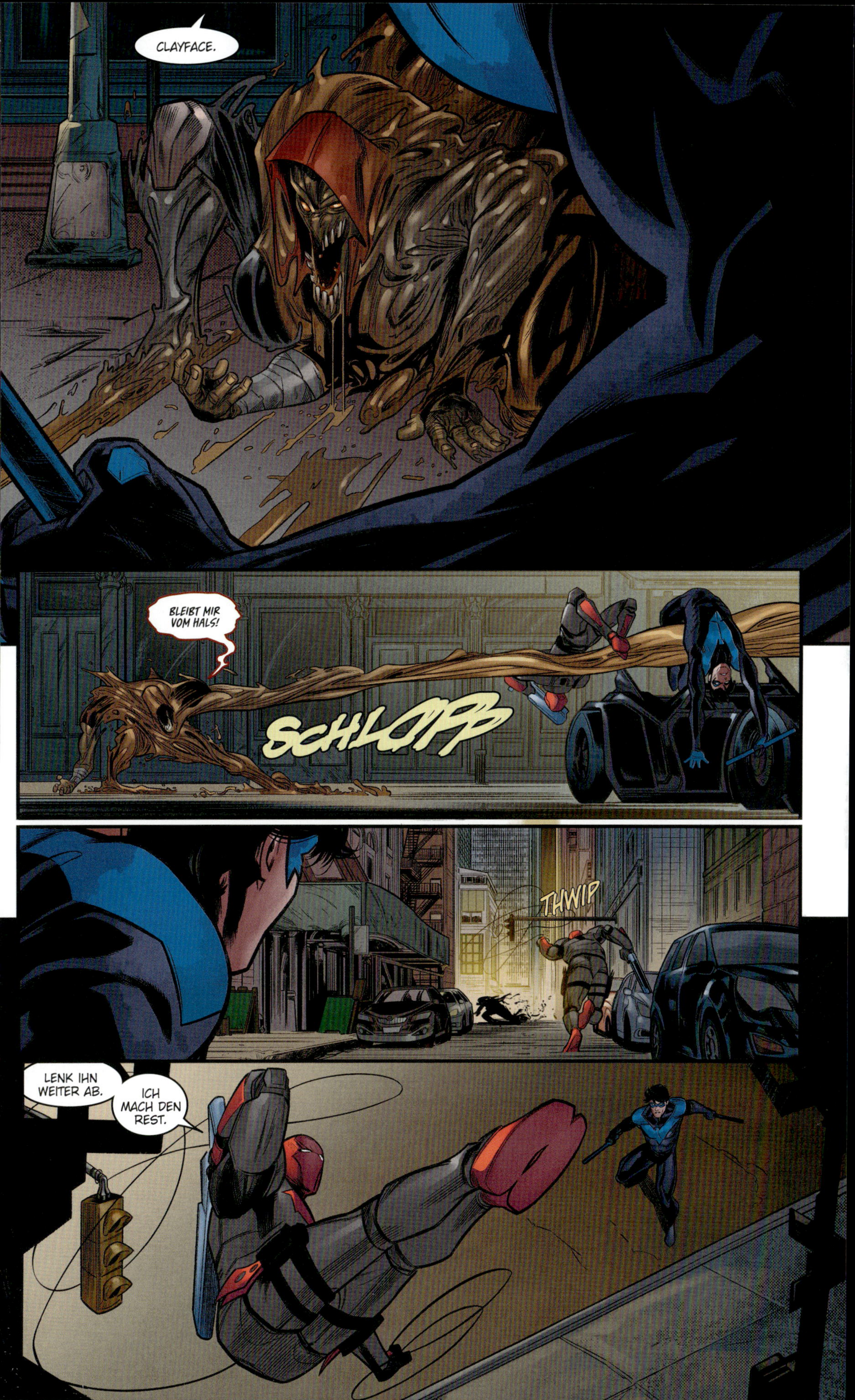
CLAYFACE.
BLEIBT MIR VOM HALS!
SCHLOPP
THWIP
LENK IHN WEITER AB.
ICH MACH DEN REST.

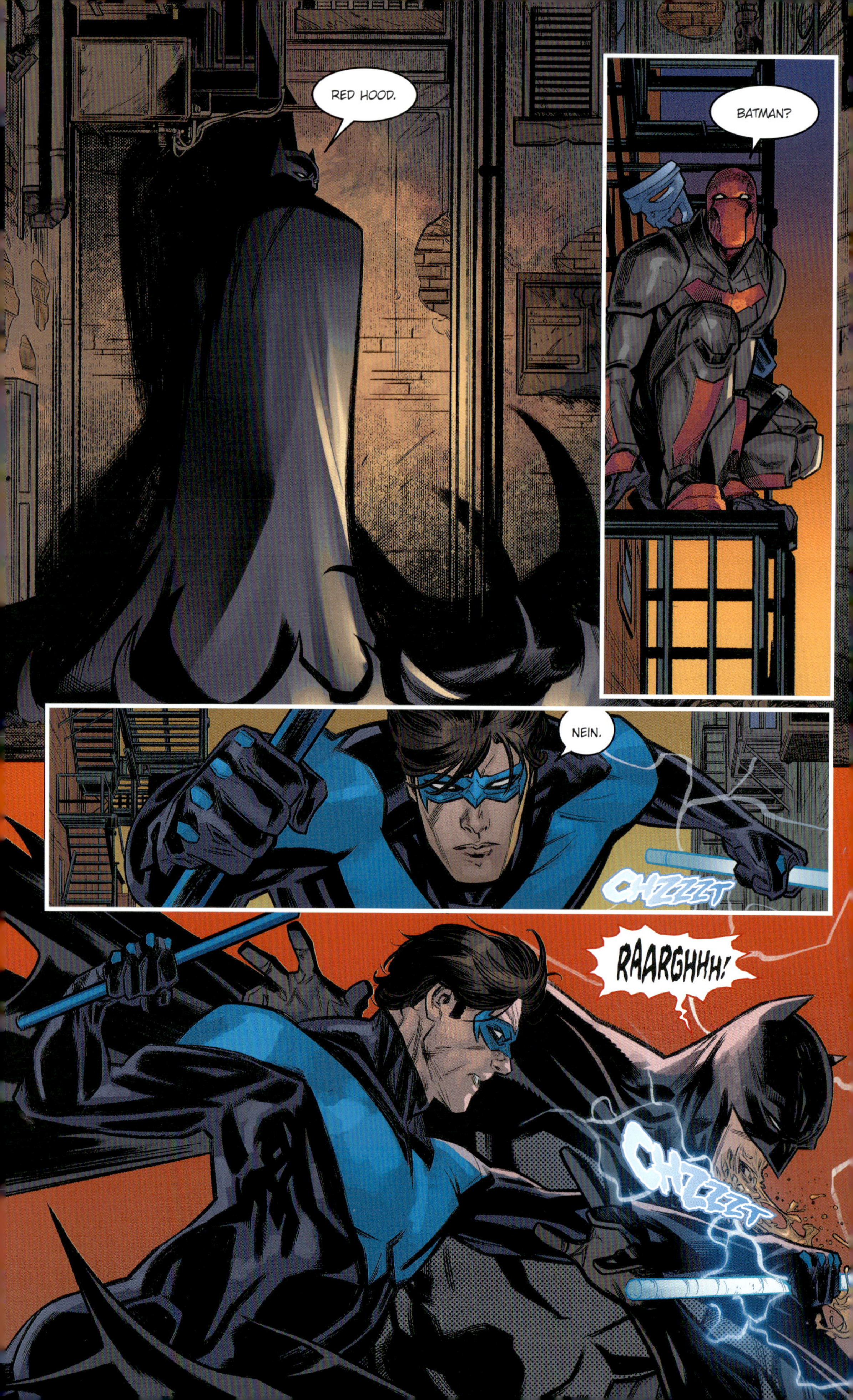
RED HOOD.
BATMAN?
NEIN.
CHZZZZT
RAARGHHH!
CHZZZZT

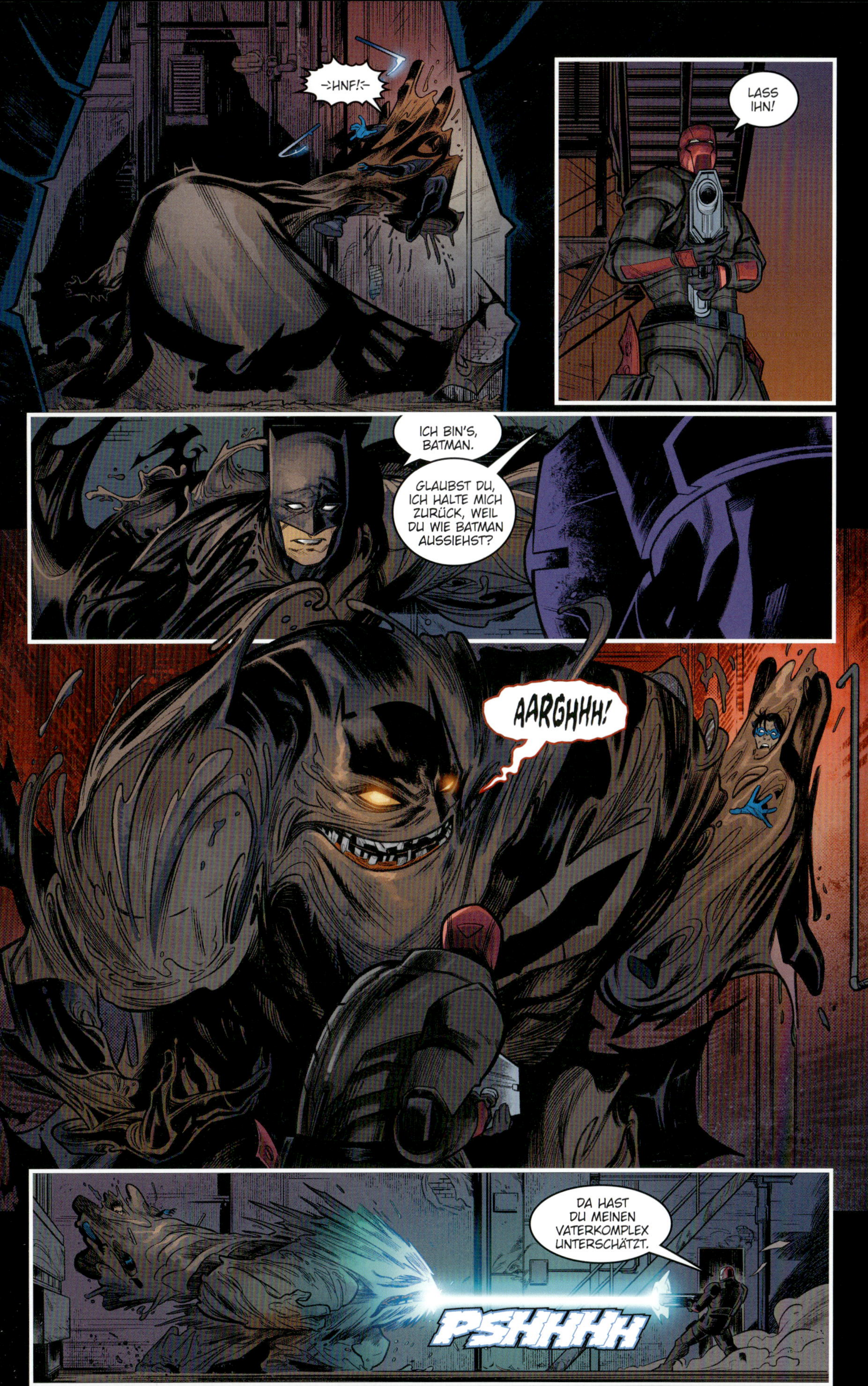
-HNF!-
LASS IHN!
ICH BIN'S, BATMAN.
GLAUBST DU, ICH HALTE MICH ZURÜCK, WEIL DU WIE BATMAN AUSSIEHST?
AARGHHH!
DA HAST DU MEINEN VATERKOMPLEX UNTERSCHÄTZT.
PSHHHH

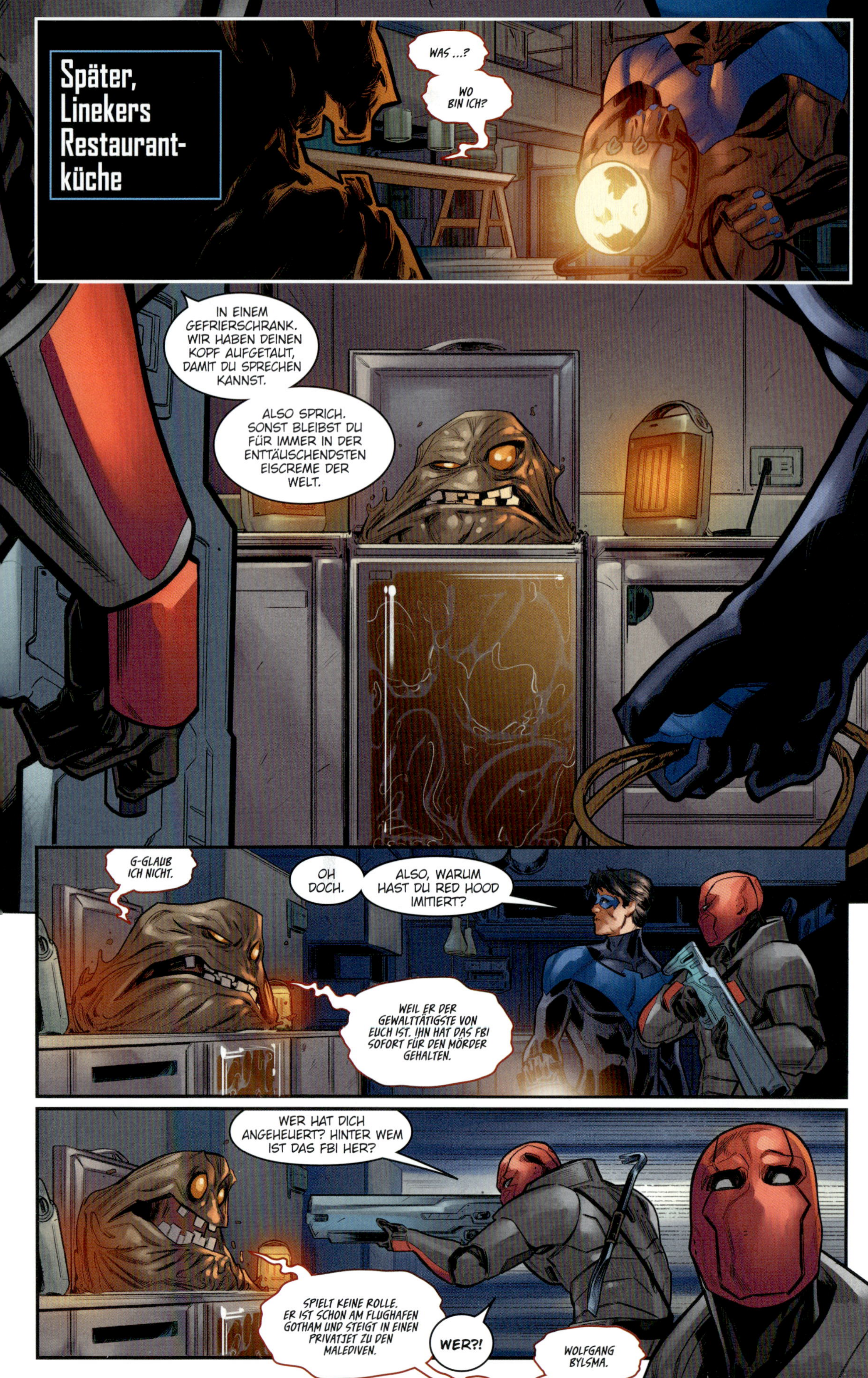

Später, Linekers Restaurantküche
WAS ...?
WO BIN ICH?
IN EINEM GEFRIERSCHRANK. WIR HABEN DEINEN KOPF AUFGETAUT, DAMIT DU SPRECHEN KANNST.
ALSO SPRICH. SONST BLEIBST DU FÜR IMMER IN DER ENTTÄUSCHENDSTEN EISCREME DER WELT.
G-GLAUB ICH NICHT.
OH DOCH.
ALSO, WARUM HAST DU RED HOOD IMITIERT?
WEIL ER DER GEWALTTÄTIGSTE VON EUCH IST. IHN HAT DAS FBI SOFORT FÜR DEN MÖRDER GEHALTEN.
WER HAT DICH ANGEHEUERT? HINTER WEM IST DAS FBI HER?
SPIELT KEINE ROLLE. ER IST SCHON AM FLUGHAFEN GOTHAM UND STEIGT IN EINEN PRIVATJET ZU DEN MALEDIVEN.
WER?!
WOLFGANG BYLSMA.

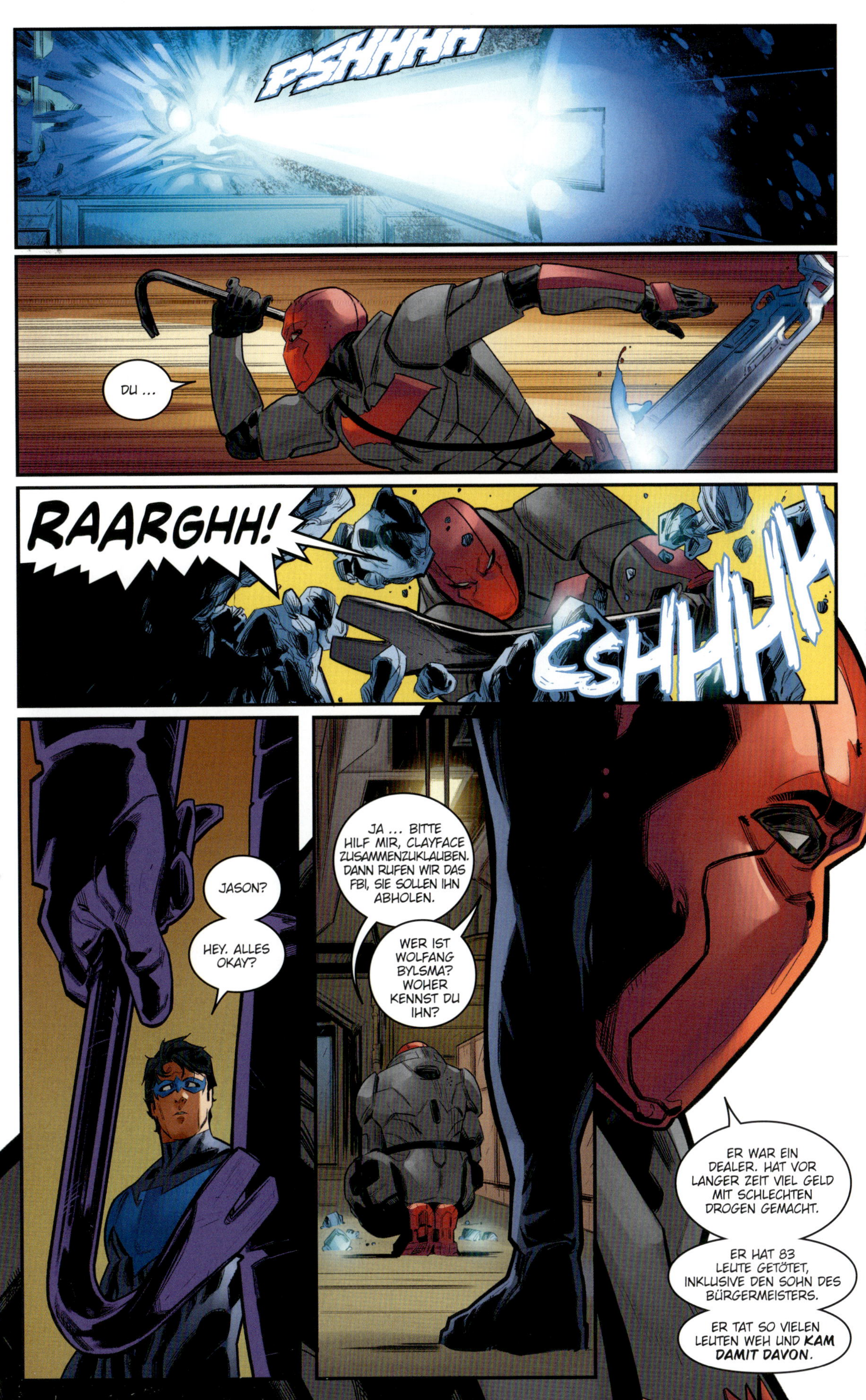
PSHHHH
DU ...
RAARGHH!
CSHHHH
JASON?
HEY. ALLES OKAY?
JA ... BITTE HILF MIR, CLAYFACE ZUSAMMENZUKLAUBEN. DANN RUFEN WIR DAS FBI, SIE SOLLEN IHN ABHOLEN.
WER IST WOLFANG BYLSMA? WOHER KENNST DU IHN?
ER WAR EIN DEALER. HAT VOR LANGER ZEIT VIEL GELD MIT SCHLECHTEN DROGEN GEMACHT.
ER HAT 83 LEUTE GETÖTET, INKLUSIVE DEN SOHN DES BÜRGERMEISTERS.
ER TAT SO VIELEN LEUTEN WEH UND **KAM DAMIT DAVON**.

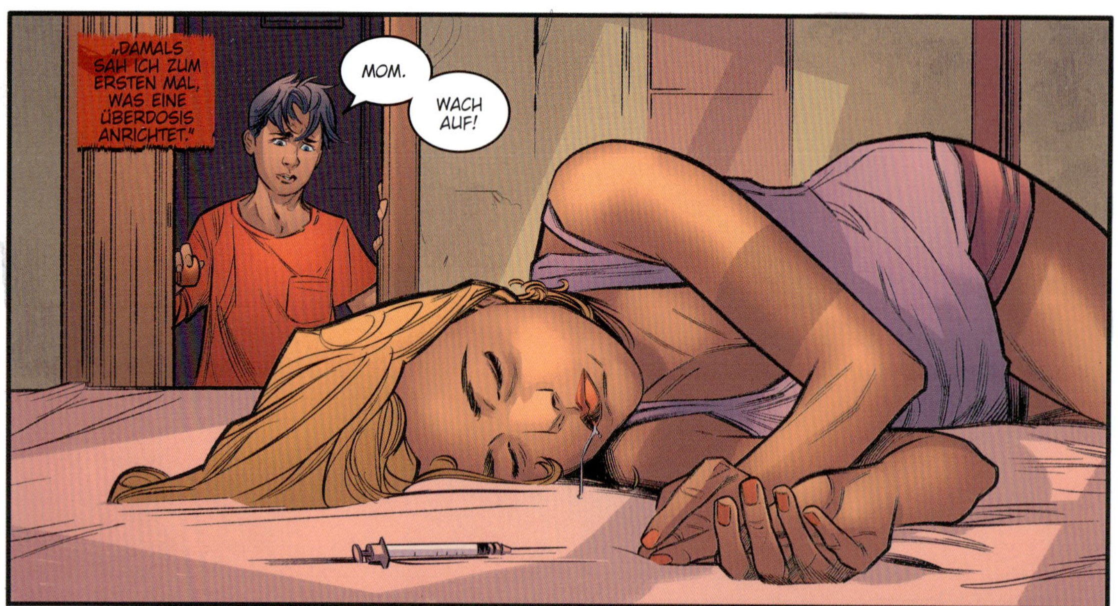
„DAMALS SAH ICH ZUM ERSTEN MAL, WAS EINE ÜBERDOSIS ANRICHTET."
MOM.
WACH AUF!

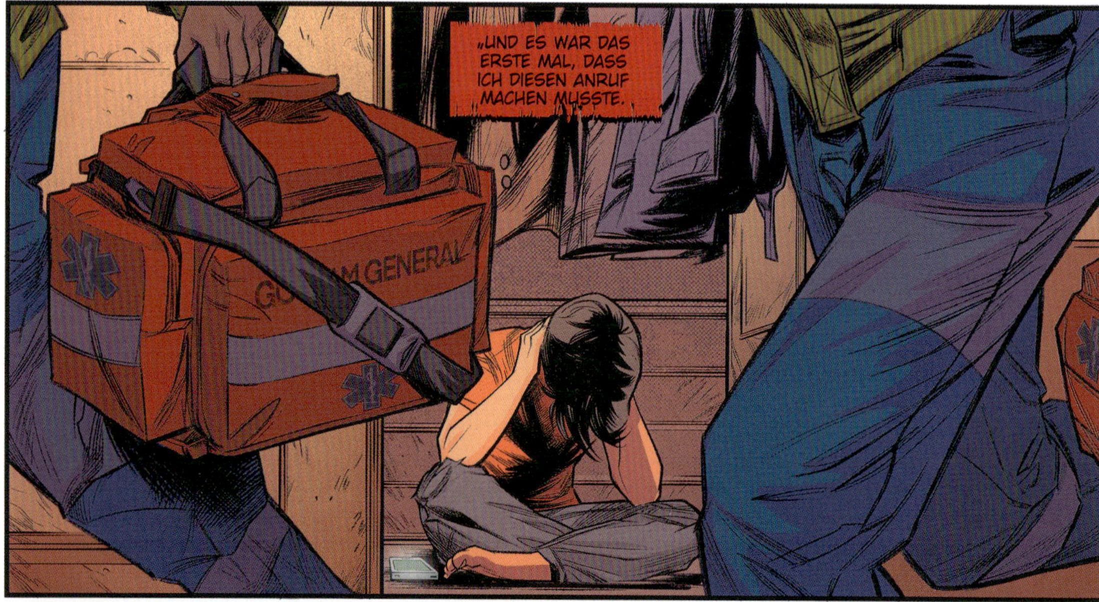
„UND ES WAR DAS ERSTE MAL, DASS ICH DIESEN ANRUF MACHEN MUSSTE.

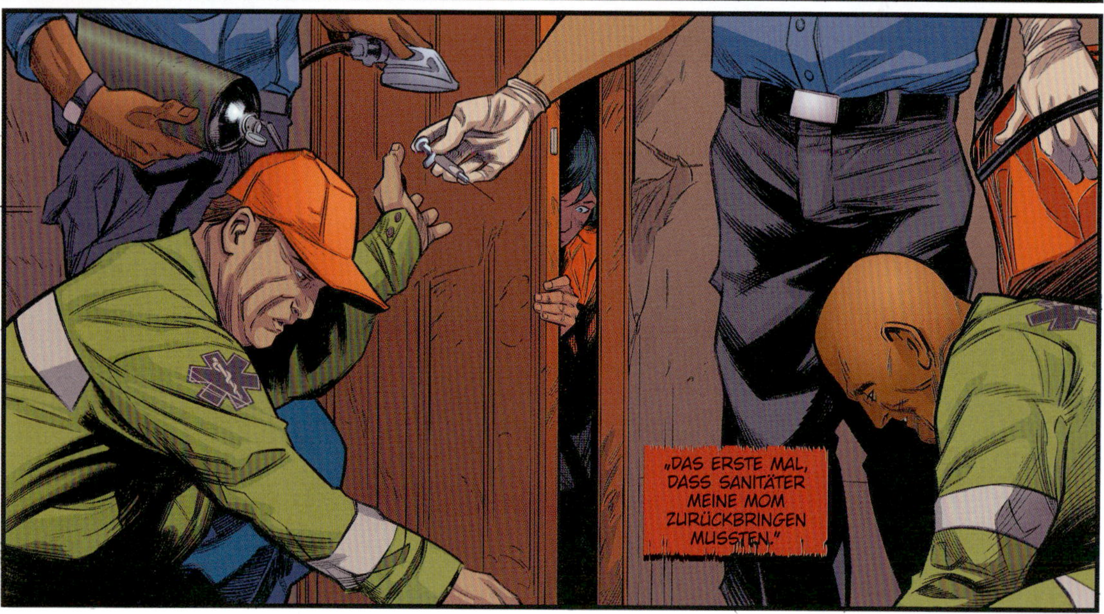
„DAS ERSTE MAL, DASS SANITÄTER MEINE MOM ZURÜCKBRINGEN MUSSTEN."

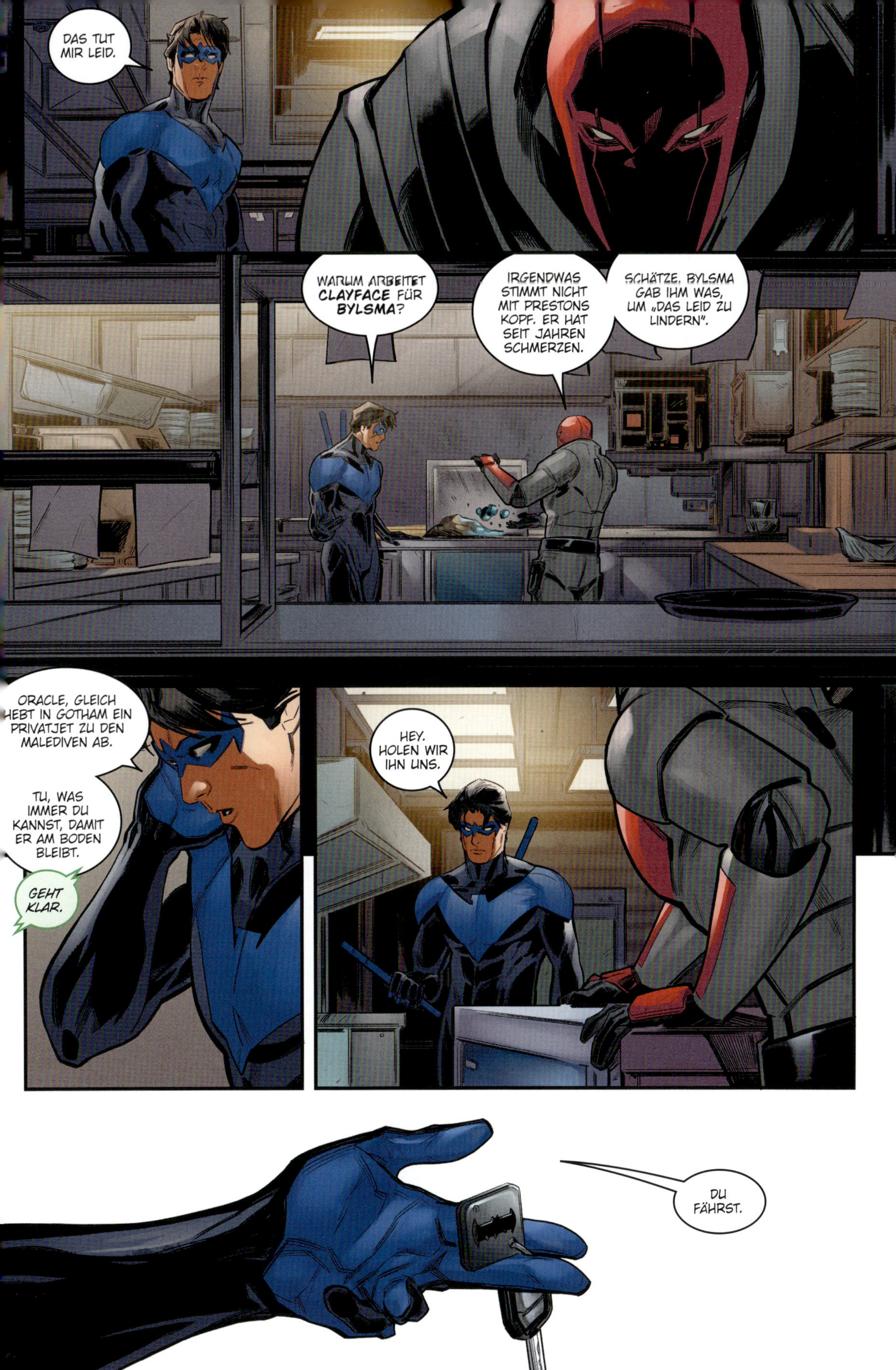

DAS TUT MIR LEID.
WARUM ARBEITET CLAYFACE FÜR BYLSMA?
IRGENDWAS STIMMT NICHT MIT PRESTONS KOPF. ER HAT SEIT JAHREN SCHMERZEN.
SCHÄTZE, BYLSMA GAB IHM WAS, UM „DAS LEID ZU LINDERN".
ORACLE, GLEICH HEBT IN GOTHAM EIN PRIVATJET ZU DEN MALEDIVEN AB.
TU, WAS IMMER DU KANNST, DAMIT ER AM BODEN BLEIBT.
GEHT KLAR.
HEY. HOLEN WIR IHN UNS.
DU FÄHRST.

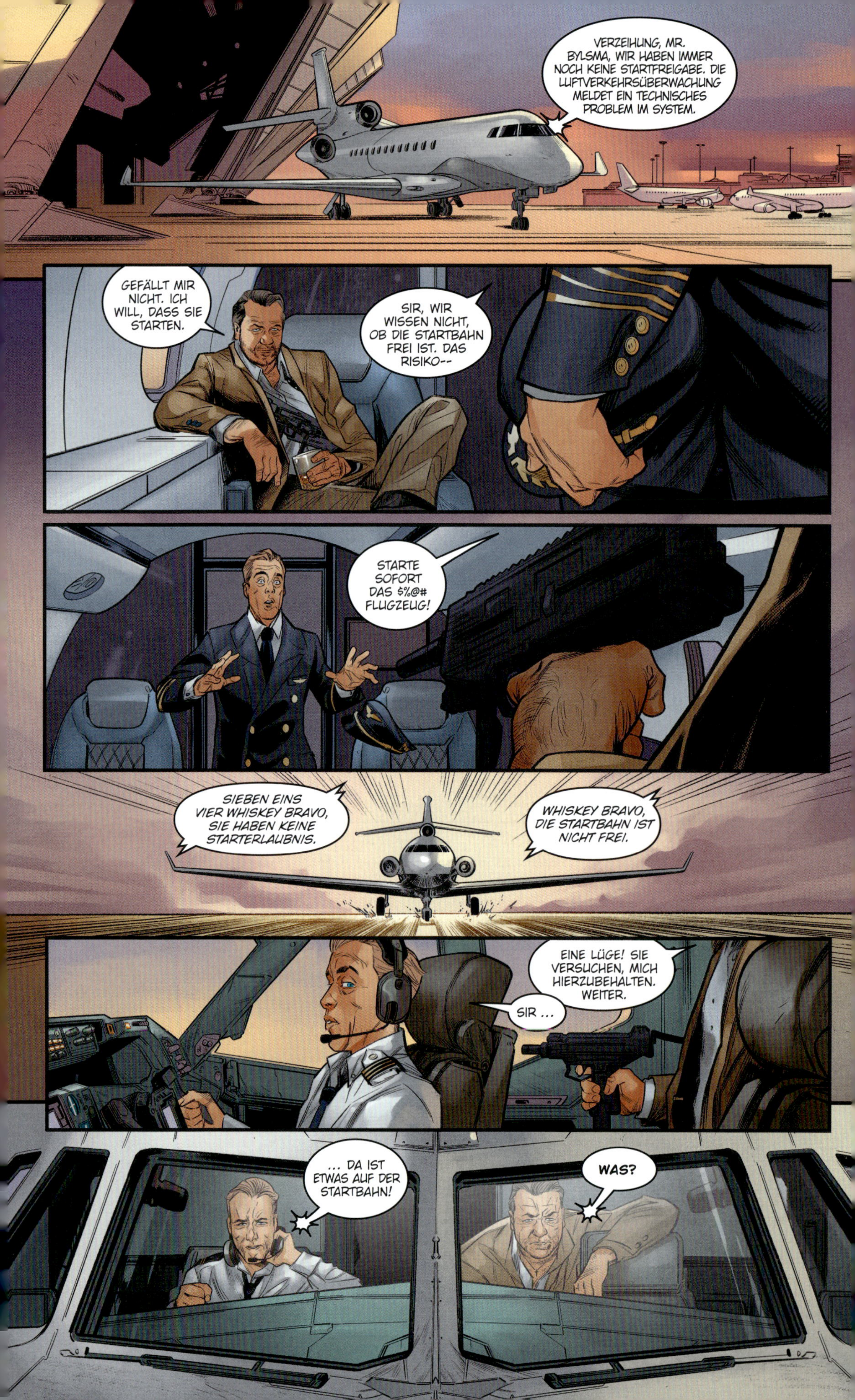
VERZEIHUNG, MR. BYLSMA, WIR HABEN IMMER NOCH KEINE STARTFREIGABE. DIE LUFTVERKEHRSÜBERWACHUNG MELDET EIN TECHNISCHES PROBLEM IM SYSTEM.
GEFÄLLT MIR NICHT. ICH WILL, DASS SIE STARTEN.
SIR, WIR WISSEN NICHT, OB DIE STARTBAHN FREI IST. DAS RISIKO--
STARTE SOFORT DAS $%@# FLUGZEUG!
SIEBEN EINS VIER WHISKEY BRAVO, SIE HABEN KEINE STARTERLAUBNIS.
WHISKEY BRAVO, DIE STARTBAHN IST NICHT FREI.
SIR ...
EINE LÜGE! SIE VERSUCHEN, MICH HIERZUBEHALTEN. WEITER.
... DA IST ETWAS AUF DER STARTBAHN!
WAS?

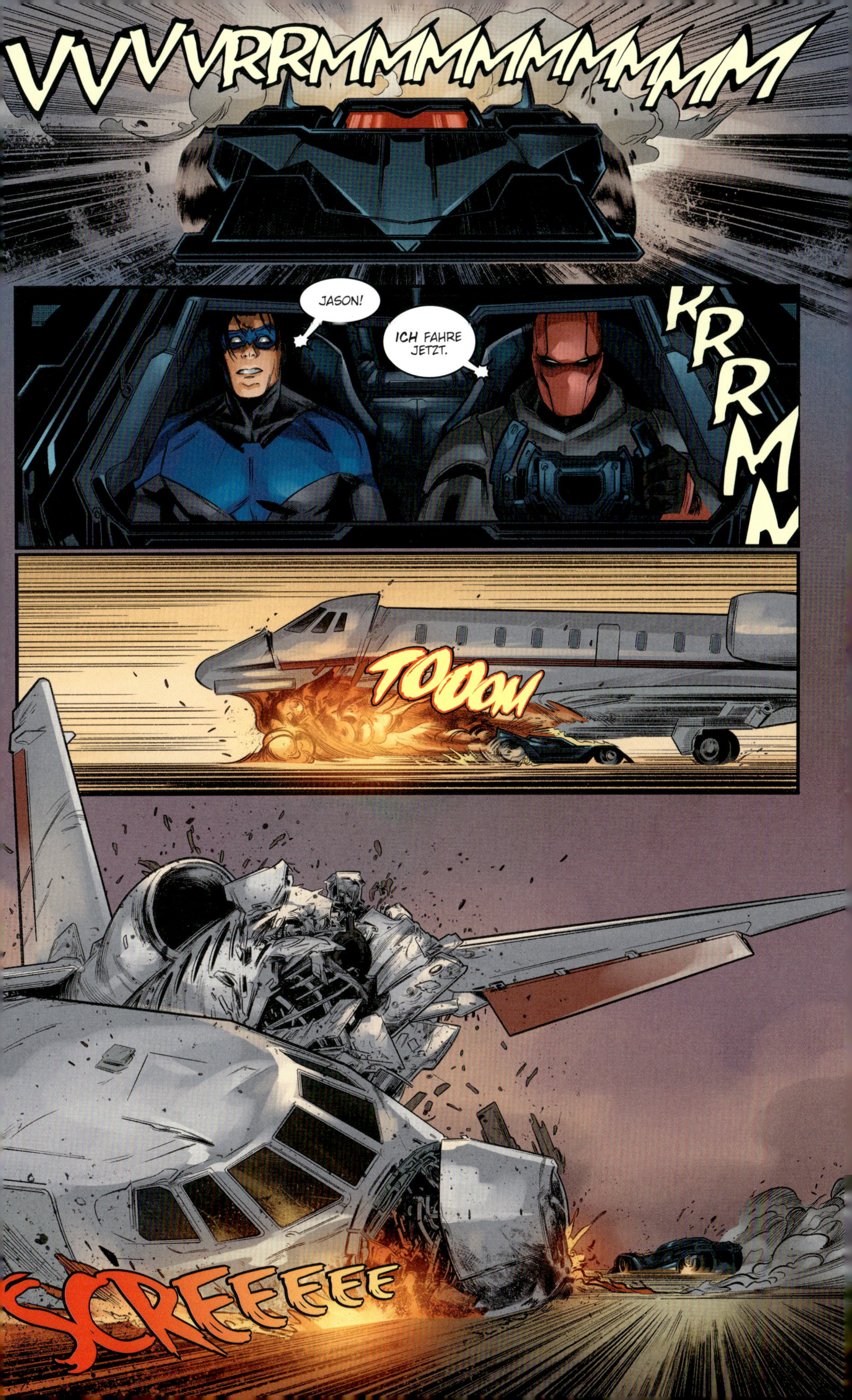
VVVVRRRMMMMMMMMMM
JASON!
ICH FAHRE JETZT.
KRRRMM
TOOOM
SCREEEEE

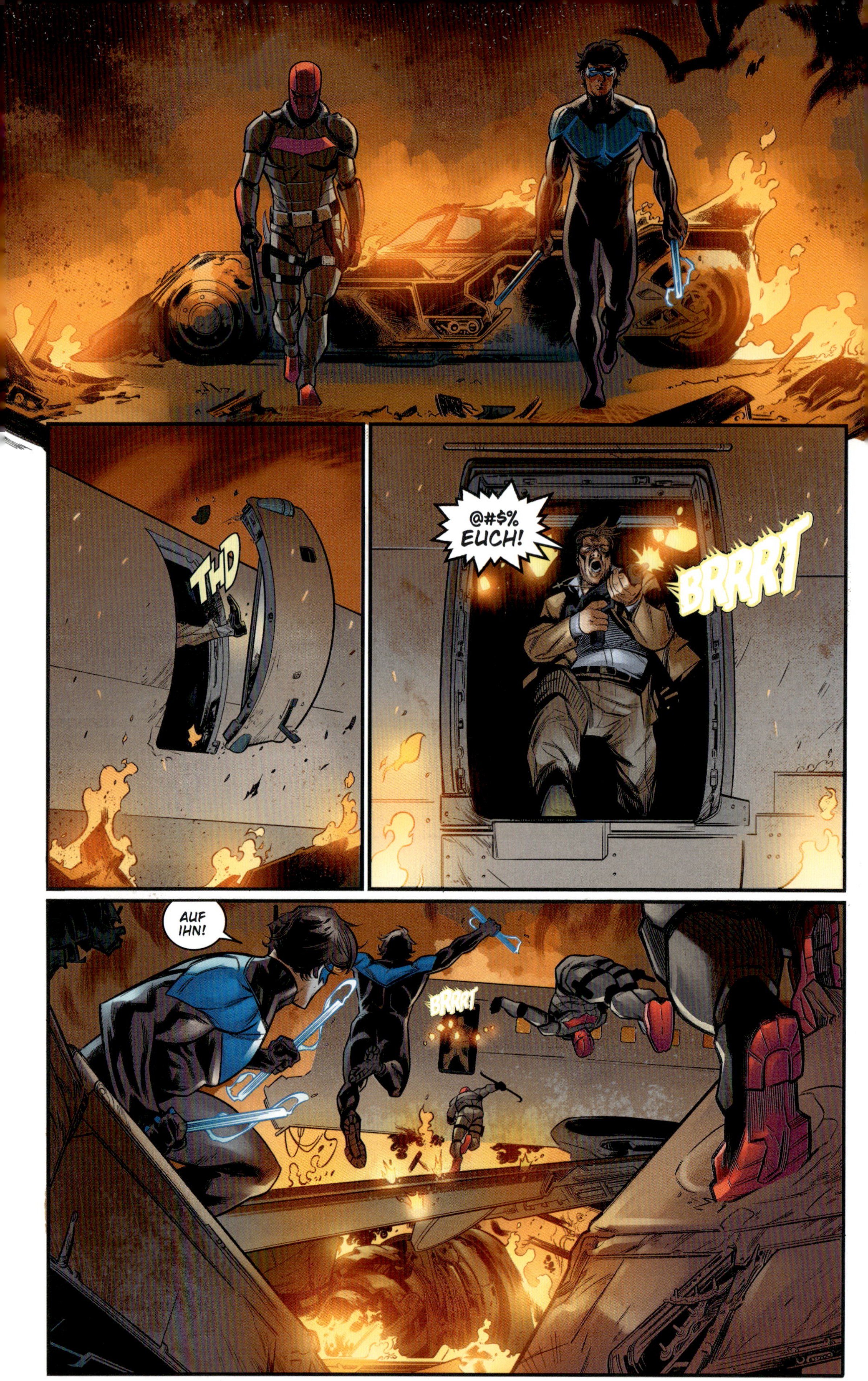

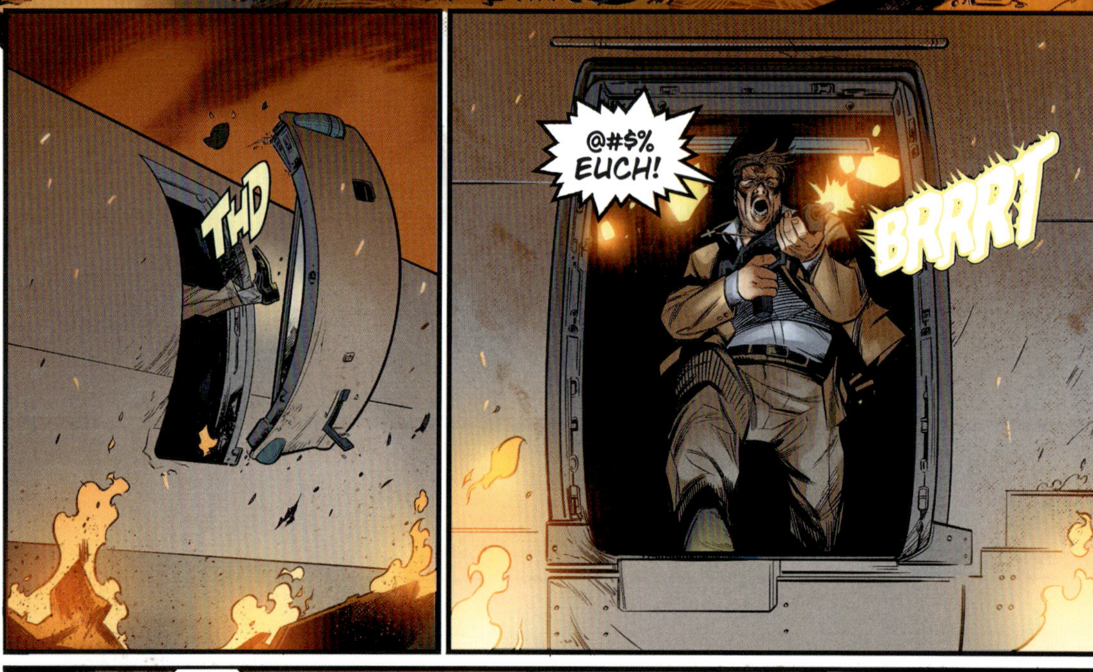
THD
@#$% EUCH!
BRRRT

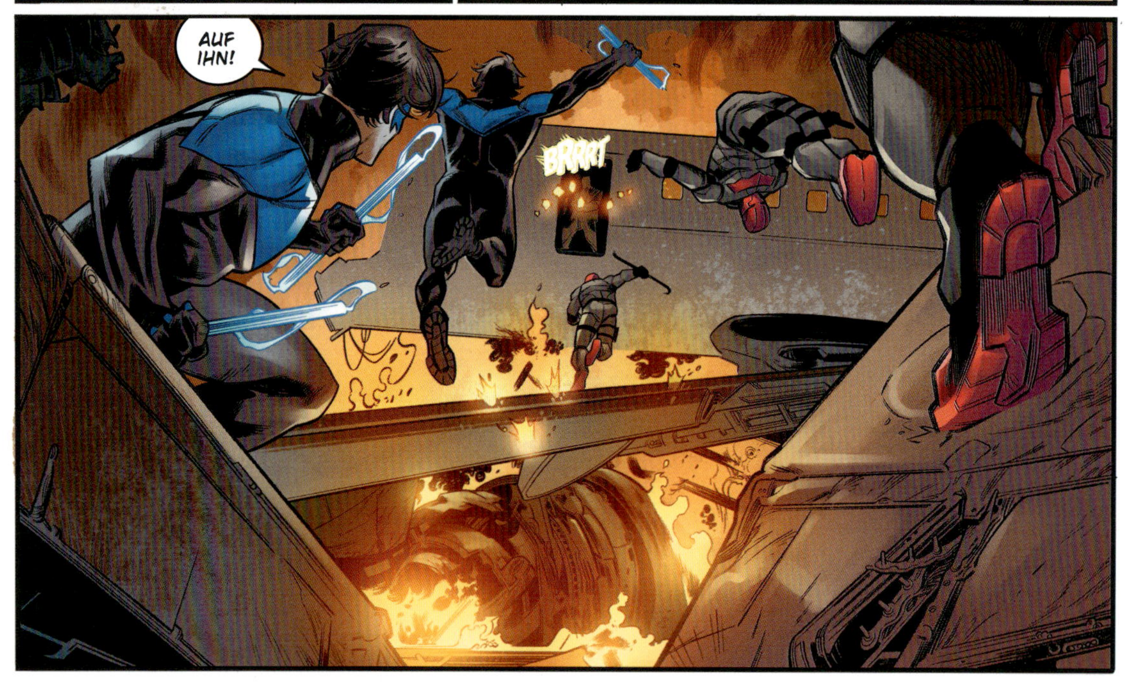
AUF IHN!
BRRRT

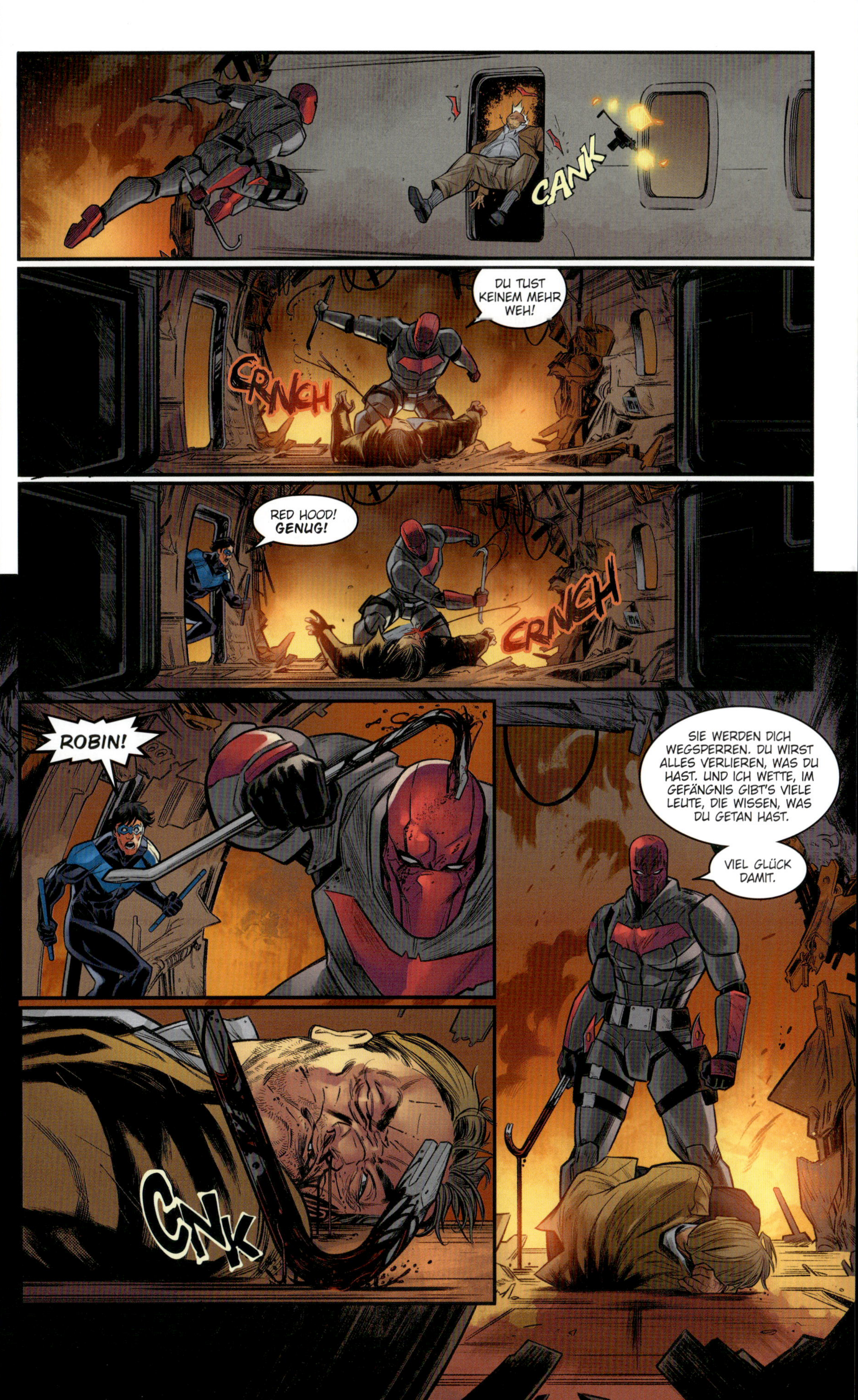
CANK
DU TUST KEINEM MEHR WEH!
CRNCH
RED HOOD! GENUG!
CRNCH
ROBIN!
CNK
SIE WERDEN DICH WEGSPERREN. DU WIRST ALLES VERLIEREN, WAS DU HAST. UND ICH WETTE, IM GEFÄNGNIS GIBT'S VIELE LEUTE, DIE WISSEN, WAS DU GETAN HAST.
VIEL GLÜCK DAMIT.

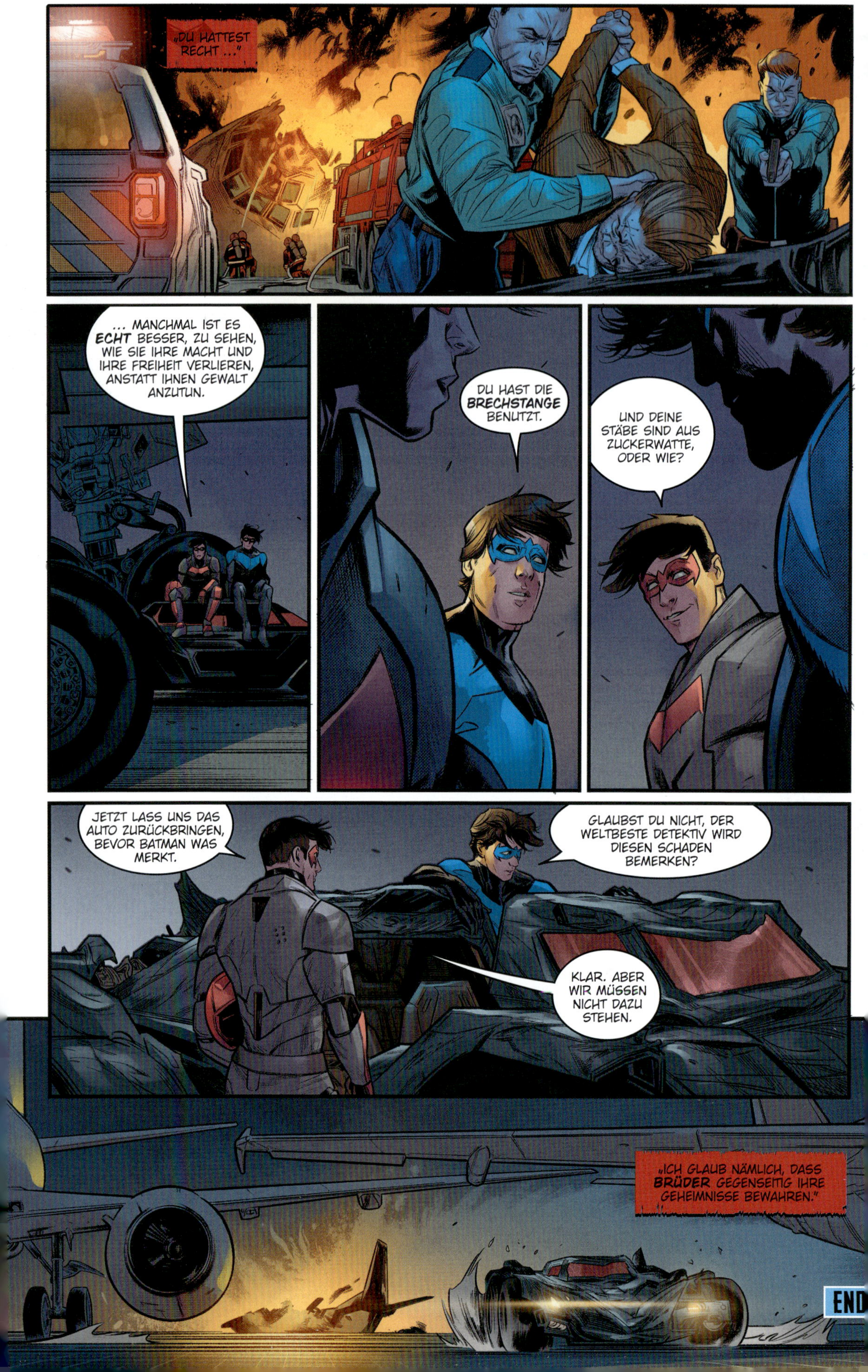

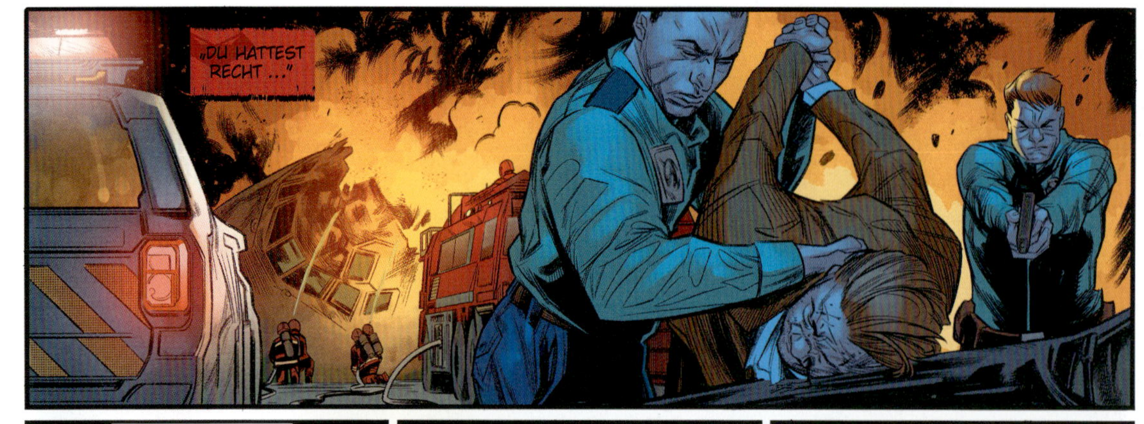

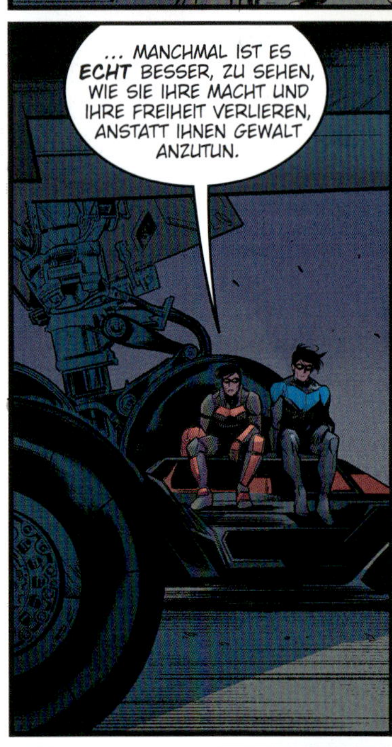

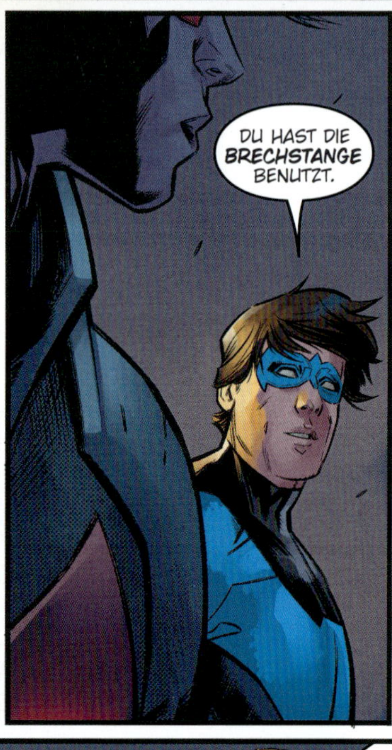

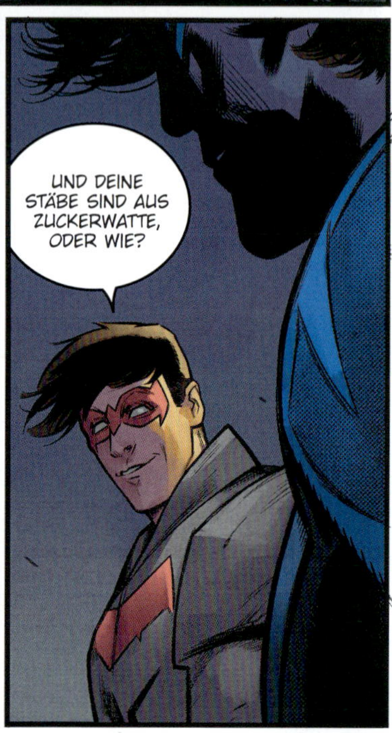

JETZT LASS UNS DAS AUTO ZURÜCKBRINGEN, BEVOR BATMAN WAS MERKT.

GLAUBST DU NICHT, DER WELTBESTE DETEKTIV WIRD DIESEN SCHADEN BEMERKEN?

KLAR. ABER WIR MÜSSEN NICHT DAZU STEHEN.

„ICH GLAUB NÄMLICH, DASS **BRÜDER** GEGENSEITIG IHRE GEHEIMNISSE BEWAHREN.“

END

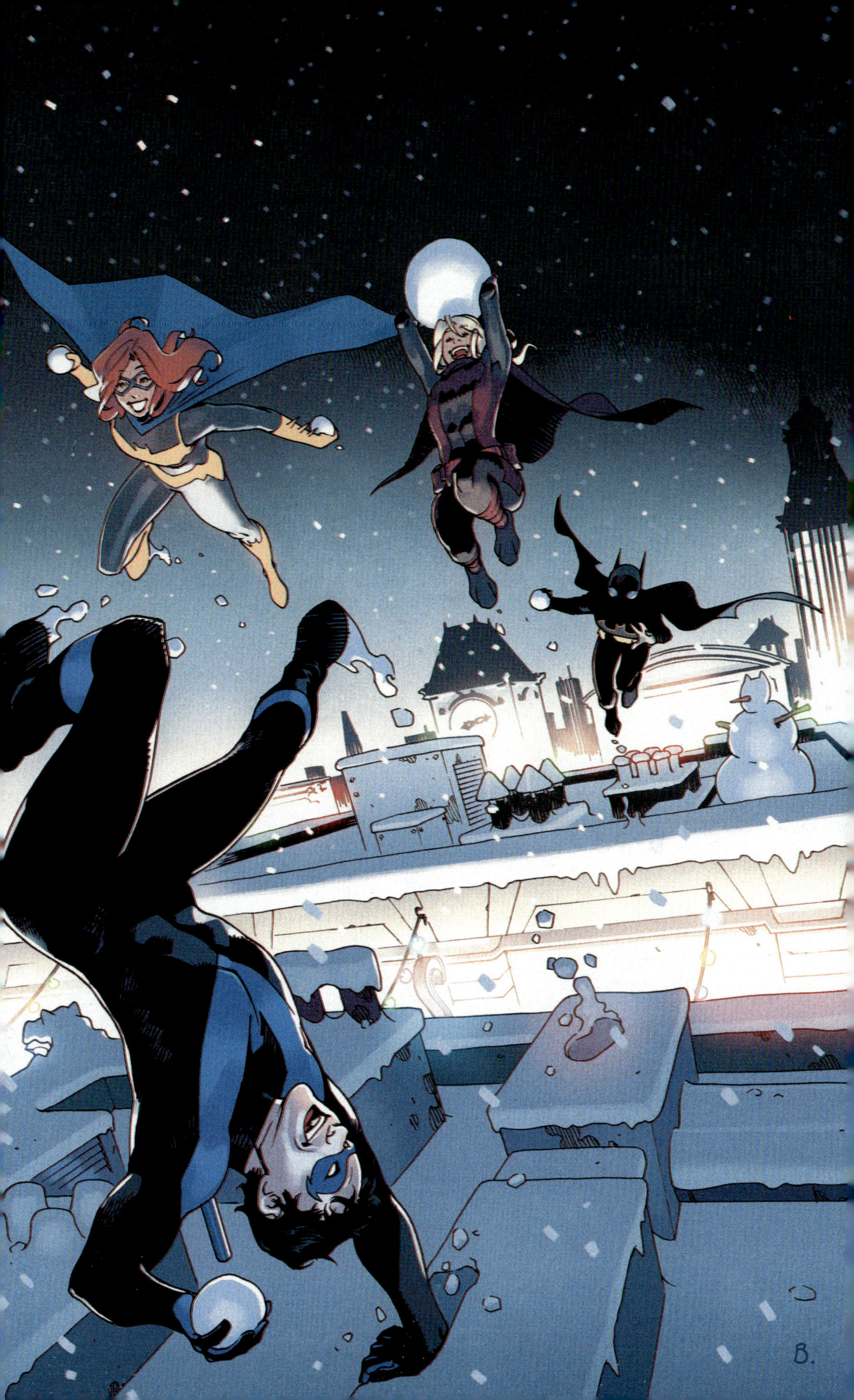

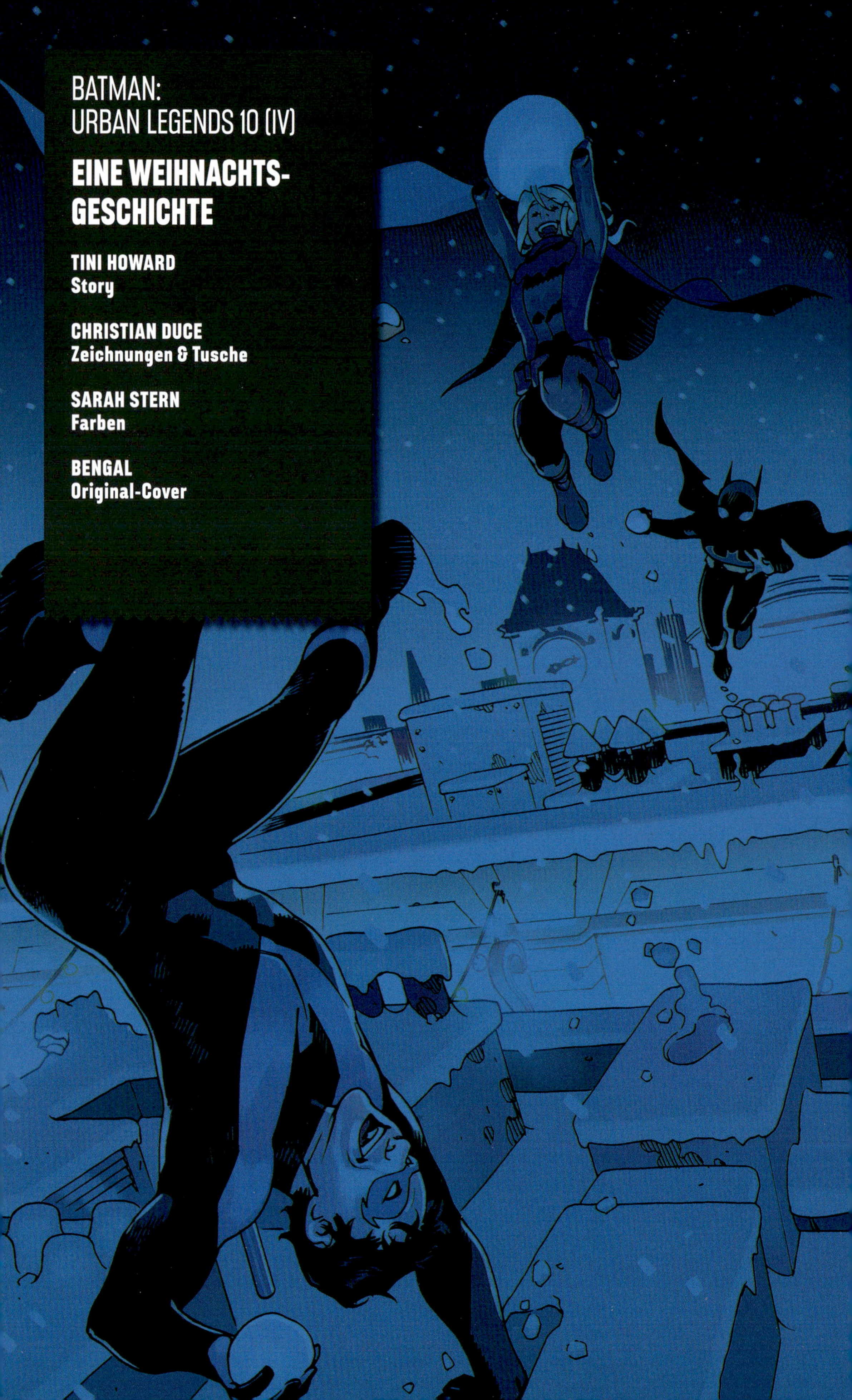

BATMAN: URBAN LEGENDS 10 (IV)

EINE WEIHNACHTS-GESCHICHTE

TINI HOWARD
Story

CHRISTIAN DUCE
Zeichnungen & Tusche

SARAH STERN
Farben

BENGAL
Original-Cover

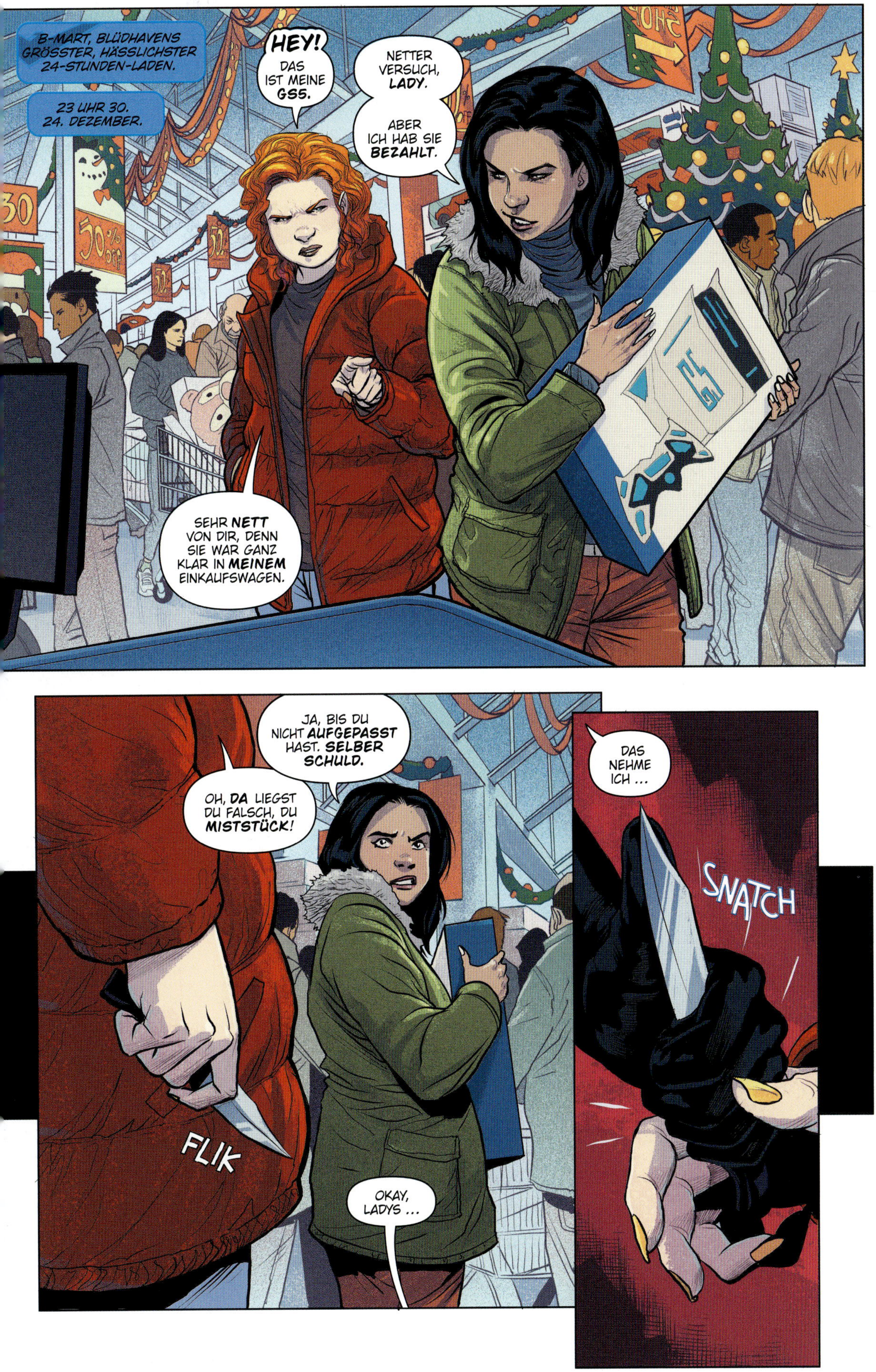

B-MART, BLÜDHAVENS GRÖSSTER, HÄSSLICHSTER 24-STUNDEN-LADEN.

23 UHR 30. 24. DEZEMBER.

HEY! DAS IST MEINE **GS5.**

NETTER VERSUCH, **LADY.**

ABER ICH HAB SIE **BEZAHLT.**

SEHR **NETT** VON DIR, DENN SIE WAR GANZ KLAR IN **MEINEM** EINKAUFSWAGEN.

JA, BIS DU NICHT **AUFGEPASST** HAST. **SELBER SCHULD.**

OH, **DA** LIEGST DU FALSCH, DU **MISTSTÜCK!**

FLIK

OKAY, LADYS ...

DAS NEHME ICH ...

SNATCH

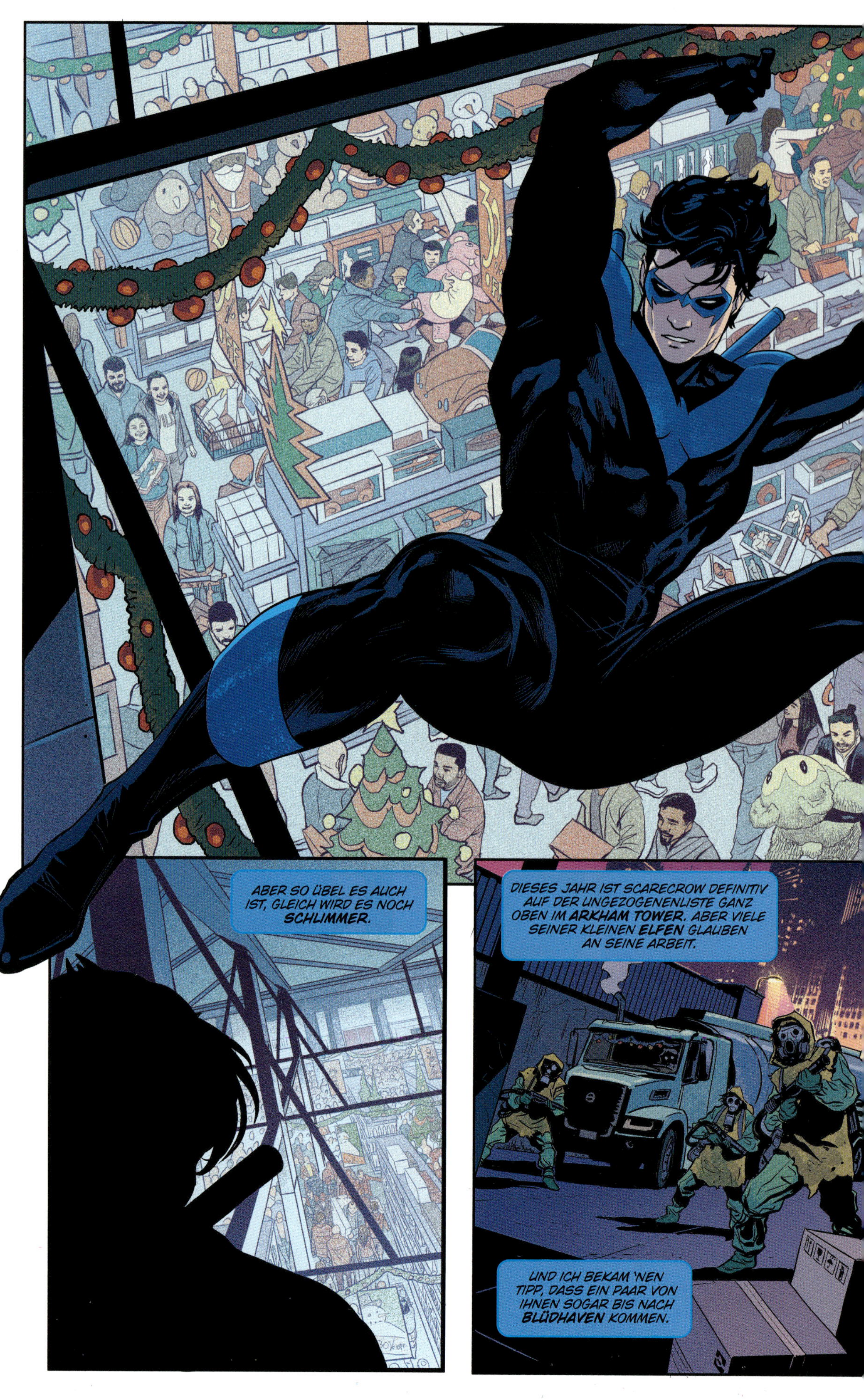
ABER SO ÜBEL ES AUCH IST, GLEICH WIRD ES NOCH **SCHLIMMER.**
DIESES JAHR IST SCARECROW DEFINITIV AUF DER UNGEZOGENENLISTE GANZ OBEN IM **ARKHAM TOWER.** ABER VIELE SEINER KLEINEN **ELFEN** GLAUBEN AN SEINE ARBEIT.
UND ICH BEKAM 'NEN TIPP, DASS EIN PAAR VON IHNEN SOGAR BIS NACH **BLÜDHAVEN** KOMMEN.

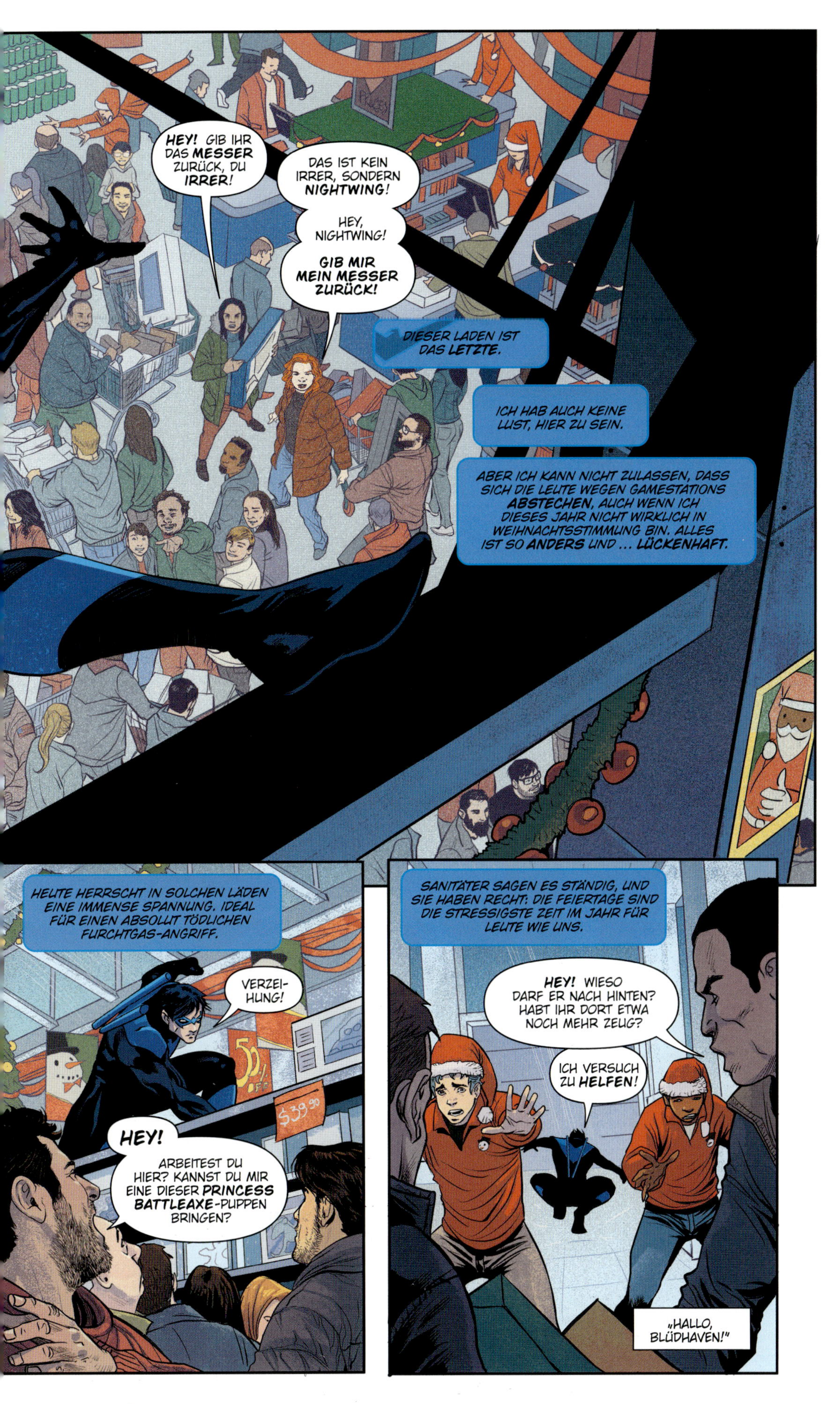
HEY! GIB IHR DAS MESSER ZURÜCK, DU IRRER!
DAS IST KEIN IRRER, SONDERN NIGHTWING!
HEY, NIGHTWING!
GIB MIR MEIN MESSER ZURÜCK!
DIESER LADEN IST DAS LETZTE.
ICH HAB AUCH KEINE LUST, HIER ZU SEIN.
ABER ICH KANN NICHT ZULASSEN, DASS SICH DIE LEUTE WEGEN GAMESTATIONS ABSTECHEN, AUCH WENN ICH DIESES JAHR NICHT WIRKLICH IN WEIHNACHTSSTIMMUNG BIN. ALLES IST SO ANDERS UND ... LÜCKENHAFT.
HEUTE HERRSCHT IN SOLCHEN LÄDEN EINE IMMENSE SPANNUNG. IDEAL FÜR EINEN ABSOLUT TÖDLICHEN FURCHTGAS-ANGRIFF.
VERZEI-HUNG!
$39.90
HEY!
ARBEITEST DU HIER? KANNST DU MIR EINE DIESER PRINCESS BATTLEAXE-PUPPEN BRINGEN?
SANITÄTER SAGEN ES STÄNDIG, UND SIE HABEN RECHT: DIE FEIERTAGE SIND DIE STRESSIGSTE ZEIT IM JAHR FÜR LEUTE WIE UNS.
HEY! WIESO DARF ER NACH HINTEN? HABT IHR DORT ETWA NOCH MEHR ZEUG?
ICH VERSUCH ZU HELFEN!
„HALLO, BLÜDHAVEN!"

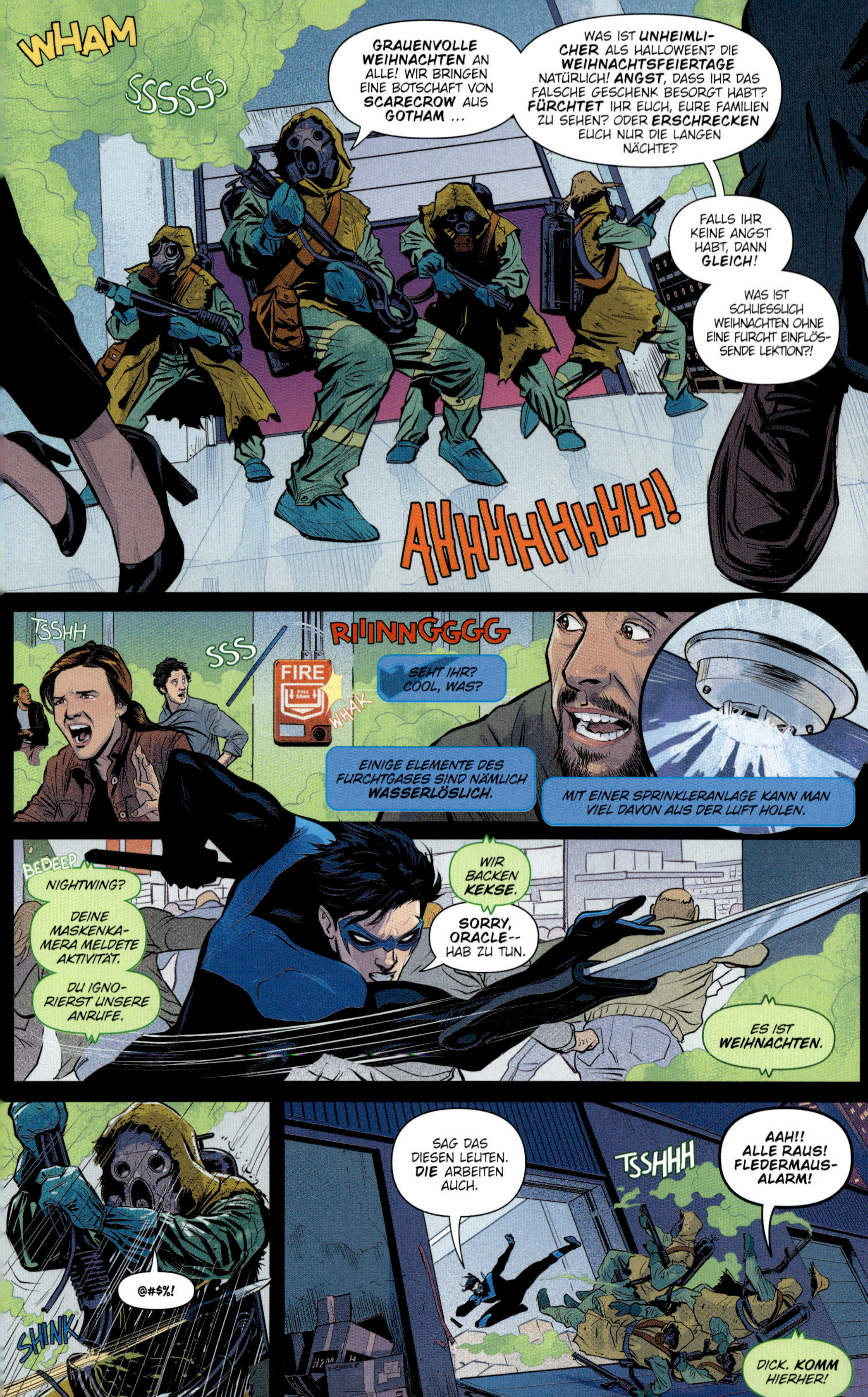
WHAM
SSSSSS
GRAUENVOLLE WEIHNACHTEN AN ALLE! WIR BRINGEN EINE BOTSCHAFT VON SCARECROW AUS GOTHAM ...
WAS IST UNHEIMLICHER ALS HALLOWEEN? DIE WEIHNACHTSFEIERTAGE NATÜRLICH! ANGST, DASS IHR DAS FALSCHE GESCHENK BESORGT HABT? FÜRCHTET IHR EUCH, EURE FAMILIEN ZU SEHEN? ODER ERSCHRECKEN EUCH NUR DIE LANGEN NÄCHTE?
FALLS IHR KEINE ANGST HABT, DANN GLEICH!
WAS IST SCHLIESSLICH WEIHNACHTEN OHNE EINE FURCHT EINFLÖSSENDE LEKTION?!
AHHHHHHHHH!
TSSHH
SSS
FIRE
WHAK
RIIINNGGGG
SEHT IHR? COOL, WAS?
EINIGE ELEMENTE DES FURCHTGASES SIND NÄMLICH WASSERLÖSLICH.
MIT EINER SPRINKLERANLAGE KANN MAN VIEL DAVON AUS DER LUFT HOLEN.
BEDEEP
NIGHTWING?
DEINE MASKENKAMERA MELDETE AKTIVITÄT.
DU IGNORIERST UNSERE ANRUFE.
WIR BACKEN KEKSE.
SORRY, ORACLE-- HAB ZU TUN.
ES IST WEIHNACHTEN.
@#$%!
SHINK
SAG DAS DIESEN LEUTEN. DIE ARBEITEN AUCH.
TSSHHH
AAH!! ALLE RAUS! FLEDERMAUS-ALARM!
DICK. KOMM HIERHER!

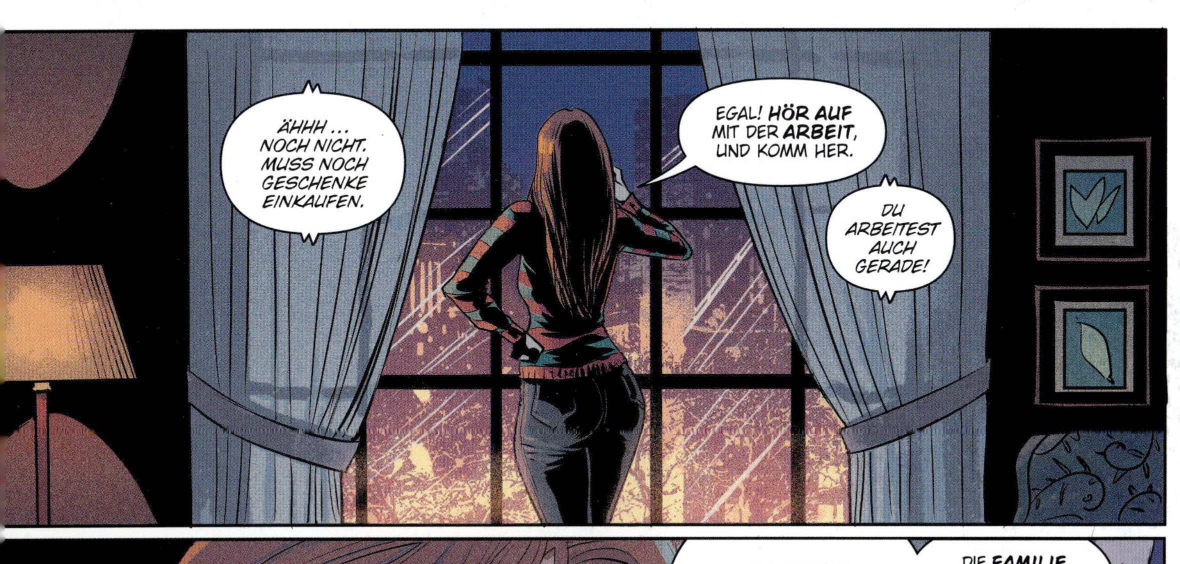
ÄHHH … NOCH NICHT. MUSS NOCH GESCHENKE EINKAUFEN.
EGAL! HÖR AUF MIT DER ARBEIT, UND KOMM HER.
DU ARBEITEST AUCH GERADE!

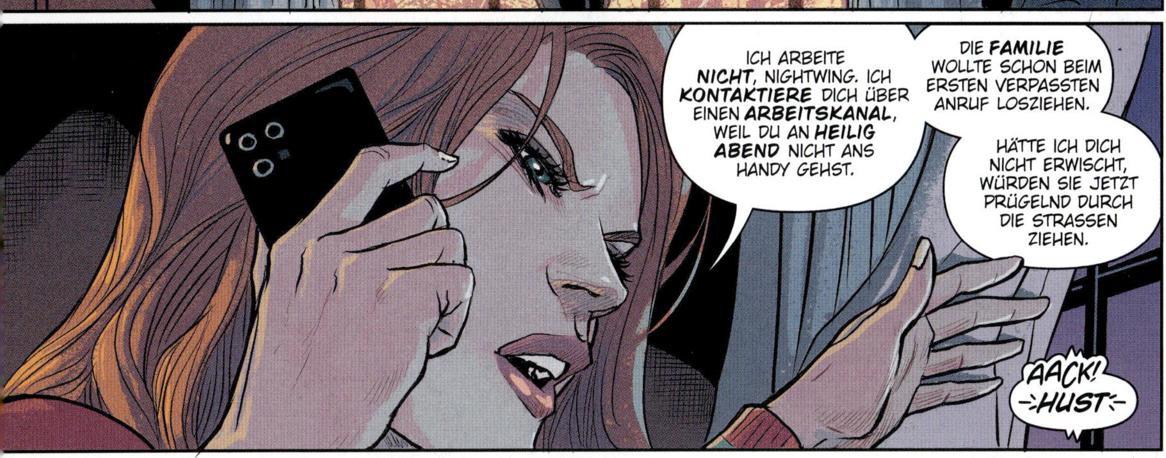
ICH ARBEITE NICHT, NIGHTWING. ICH KONTAKTIERE DICH ÜBER EINEN ARBEITSKANAL, WEIL DU AN HEILIG ABEND NICHT ANS HANDY GEHST.
DIE FAMILIE WOLLTE SCHON BEIM ERSTEN VERPASSTEN ANRUF LOSZIEHEN.
HÄTTE ICH DICH NICHT ERWISCHT, WÜRDEN SIE JETZT PRÜGELND DURCH DIE STRASSEN ZIEHEN.
AACK! HUST

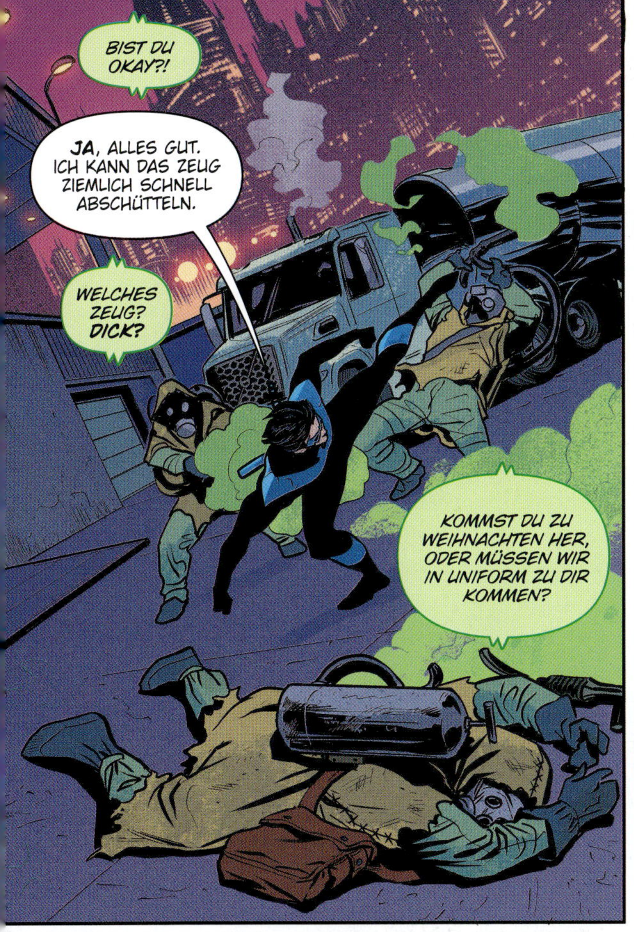
BIST DU OKAY?!
JA, ALLES GUT. ICH KANN DAS ZEUG ZIEMLICH SCHNELL ABSCHÜTTELN.
WELCHES ZEUG? DICK?
KOMMST DU ZU WEIHNACHTEN HER, ODER MÜSSEN WIR IN UNIFORM ZU DIR KOMMEN?

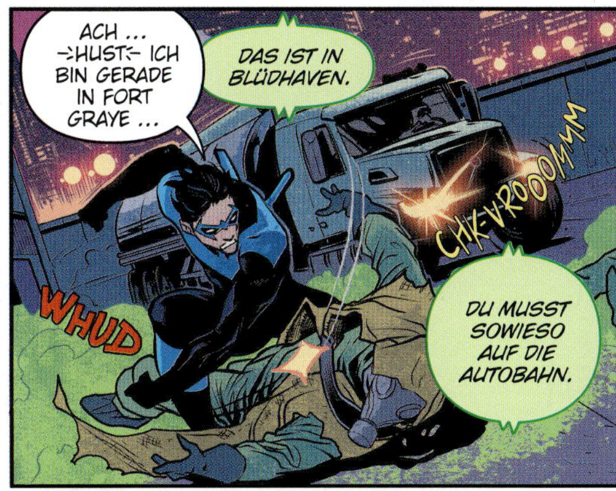
ACH … HUST ICH BIN GERADE IN FORT GRAYE …
DAS IST IN BLÜDHAVEN.
CHK-VROOOMMM
WHUD
DU MUSST SOWIESO AUF DIE AUTOBAHN.

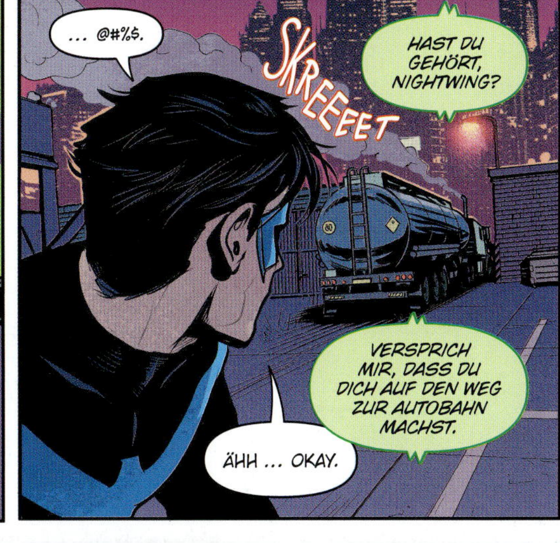
… @#%$.
SKREEEEET
HAST DU GEHÖRT, NIGHTWING?
VERSPRICH MIR, DASS DU DICH AUF DEN WEG ZUR AUTOBAHN MACHST.
ÄHH … OKAY.

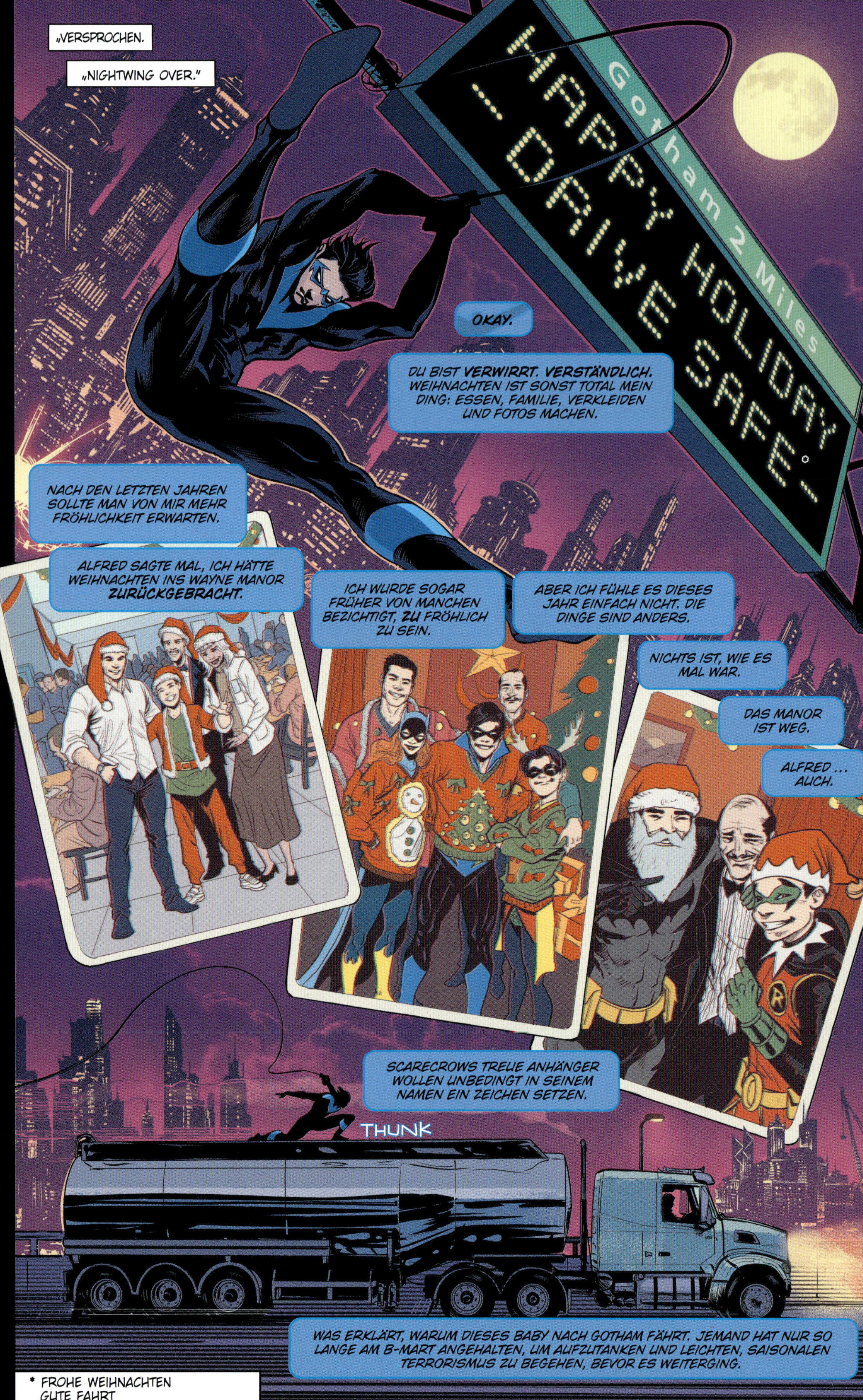

* FROHE WEIHNACHTEN
GUTE FAHRT

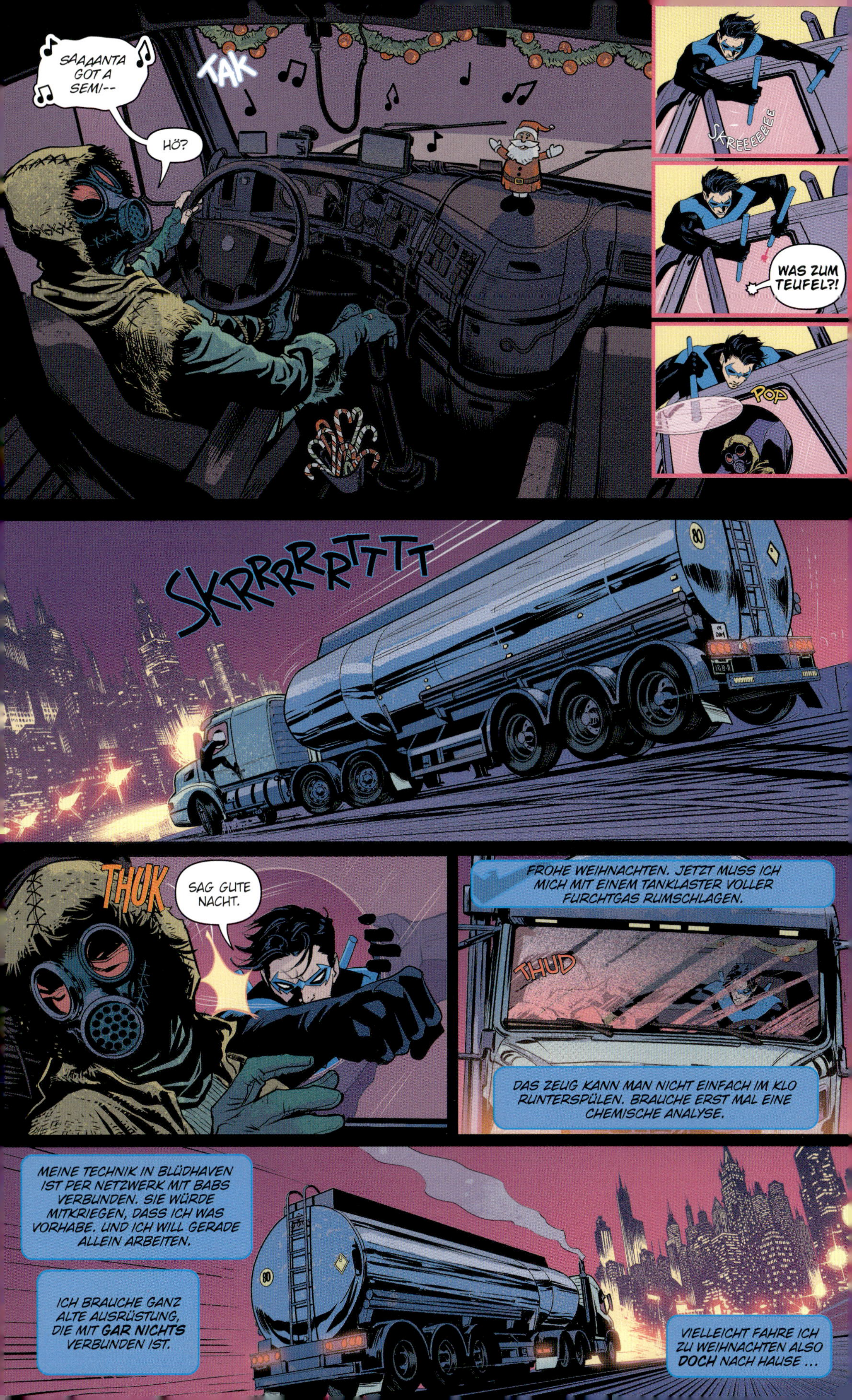

SAAAANTA GOT A SEMI--
TAK
HÖ?
SKREEEEEEE
WAS ZUM TEUFEL?!
POP

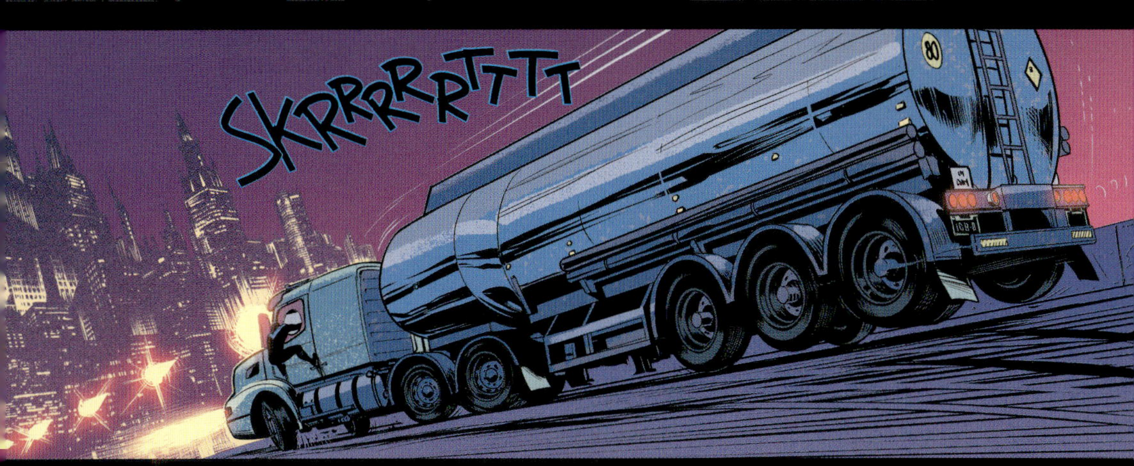
SKRRRRTTTT

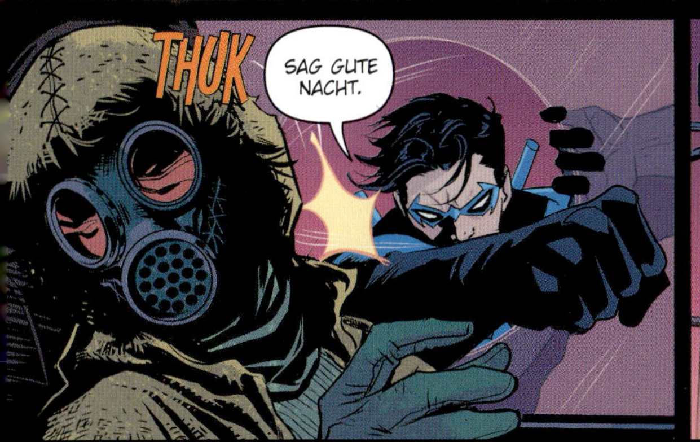
THUK
SAG GUTE NACHT.

FROHE WEIHNACHTEN. JETZT MUSS ICH MICH MIT EINEM TANKLASTER VOLLER FURCHTGAS RUMSCHLAGEN.
THUD
DAS ZEUG KANN MAN NICHT EINFACH IM KLO RUNTERSPÜLEN. BRAUCHE ERST MAL EINE CHEMISCHE ANALYSE.

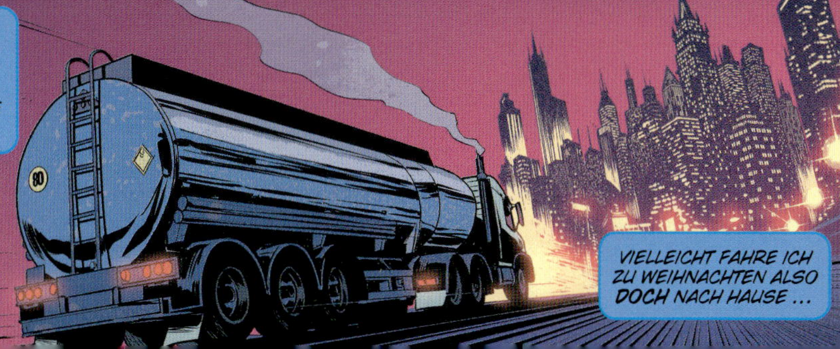
MEINE TECHNIK IN BLÜDHAVEN IST PER NETZWERK MIT BABS VERBUNDEN. SIE WÜRDE MITKRIEGEN, DASS ICH WAS VORHABE. UND ICH WILL GERADE ALLEIN ARBEITEN.
ICH BRAUCHE GANZ ALTE AUSRÜSTUNG, DIE MIT GAR NICHTS VERBUNDEN IST.
VIELLEICHT FAHRE ICH ZU WEIHNACHTEN ALSO DOCH NACH HAUSE ...

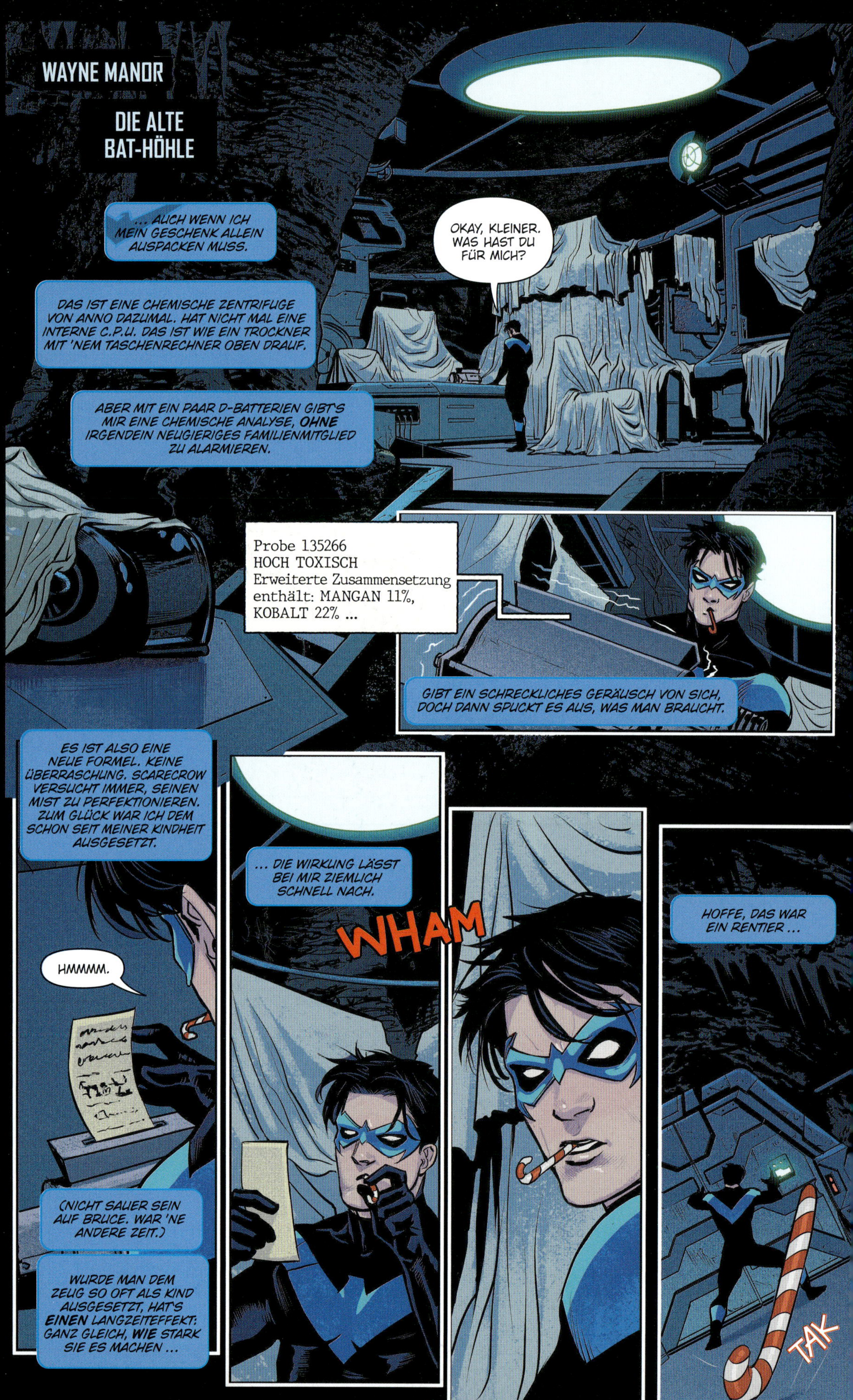
WAYNE MANOR
DIE ALTE BAT-HÖHLE
... AUCH WENN ICH MEIN GESCHENK ALLEIN AUSPACKEN MUSS.
OKAY, KLEINER. WAS HAST DU FÜR MICH?
DAS IST EINE CHEMISCHE ZENTRIFUGE VON ANNO DAZUMAL. HAT NICHT MAL EINE INTERNE C.P.U. DAS IST WIE EIN TROCKNER MIT 'NEM TASCHENRECHNER OBEN DRAUF.
ABER MIT EIN PAAR D-BATTERIEN GIBT'S MIR EINE CHEMISCHE ANALYSE, **OHNE** IRGENDEIN NEUGIERIGES FAMILIENMITGLIED ZU ALARMIEREN.
Probe 135266 HOCH TOXISCH Erweiterte Zusammensetzung enthält: MANGAN 11%, KOBALT 22% ...
GIBT EIN SCHRECKLICHES GERÄUSCH VON SICH, DOCH DANN SPUCKT ES AUS, WAS MAN BRAUCHT.
ES IST ALSO EINE NEUE FORMEL. KEINE ÜBERRASCHUNG. SCARECROW VERSUCHT IMMER, SEINEN MIST ZU PERFEKTIONIEREN. ZUM GLÜCK WAR ICH DEM SCHON SEIT MEINER KINDHEIT AUSGESETZT.
HMMMM.
(NICHT SAUER SEIN AUF BRUCE. WAR 'NE ANDERE ZEIT.)
WURDE MAN DEM ZEUG SO OFT ALS KIND AUSGESETZT, HAT'S **EINEN** LANGZEITEFFEKT: GANZ GLEICH, **WIE** STARK SIE ES MACHEN ...
... DIE WIRKUNG LÄSST BEI MIR ZIEMLICH SCHNELL NACH.
WHAM
HOFFE, DAS WAR EIN RENTIER ...
TAK

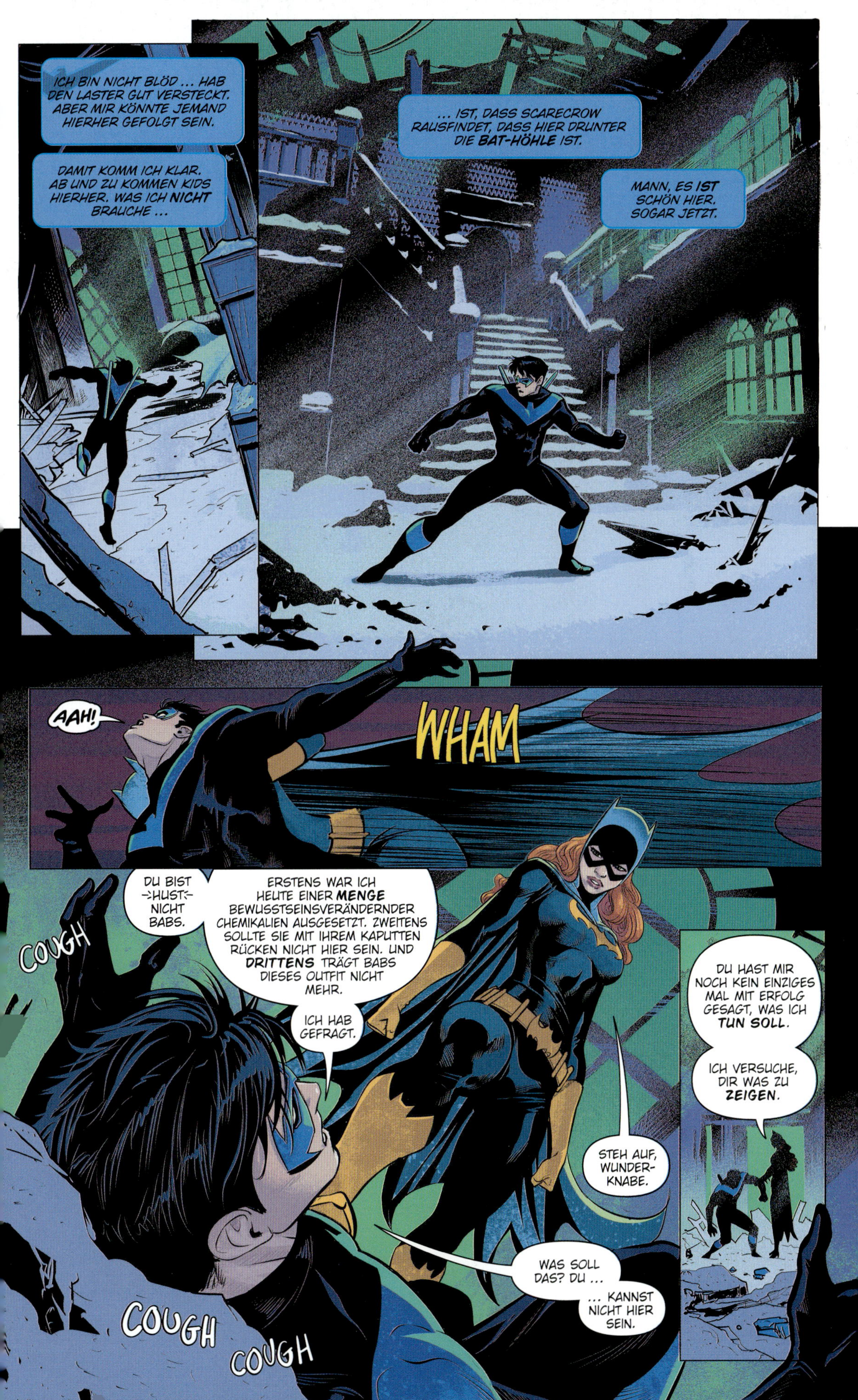
ICH BIN NICHT BLÖD ... HAB DEN LASTER GUT VERSTECKT. ABER MIR KÖNNTE JEMAND HIERHER GEFOLGT SEIN.
DAMIT KOMM ICH KLAR. AB UND ZU KOMMEN KIDS HIERHER. WAS ICH NICHT BRAUCHE ...
... IST, DASS SCARECROW RAUSFINDET, DASS HIER DRUNTER DIE BAT-HÖHLE IST.
MANN, ES IST SCHÖN HIER. SOGAR JETZT.
AAH!
WHAM
COUGH
DU BIST -HUST- NICHT BABS.
ERSTENS WAR ICH HEUTE EINER MENGE BEWUSSTSEINSVERÄNDERNDER CHEMIKALIEN AUSGESETZT. ZWEITENS SOLLTE SIE MIT IHREM KAPUTTEN RÜCKEN NICHT HIER SEIN. UND DRITTENS TRÄGT BABS DIESES OUTFIT NICHT MEHR.
ICH HAB GEFRAGT.
STEH AUF, WUNDERKNABE.
DU HAST MIR NOCH KEIN EINZIGES MAL MIT ERFOLG GESAGT, WAS ICH TUN SOLL.
ICH VERSUCHE, DIR WAS ZU ZEIGEN.
WAS SOLL DAS? DU ...
... KANNST NICHT HIER SEIN.
COUGH
COUGH

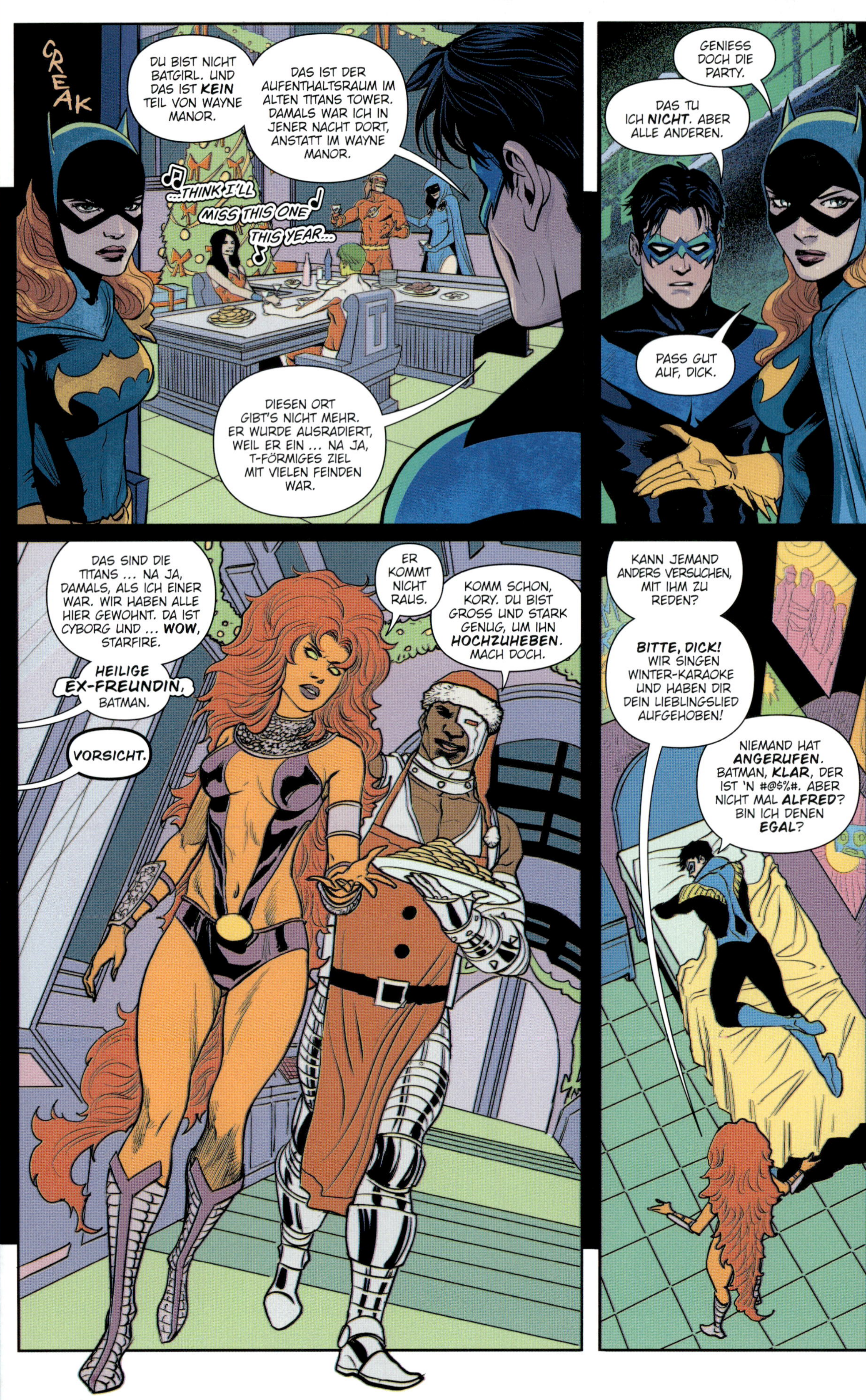
CREAK
DU BIST NICHT BATGIRL. UND DAS IST **KEIN** TEIL VON WAYNE MANOR.
DAS IST DER AUFENTHALTSRAUM IM ALTEN TITANS TOWER. DAMALS WAR ICH IN JENER NACHT DORT, ANSTATT IM WAYNE MANOR.
...THINK I'LL MISS THIS ONE THIS YEAR...
DIESEN ORT GIBT'S NICHT MEHR. ER WURDE AUSRADIERT, WEIL ER EIN ... NA JA, T-FÖRMIGES ZIEL MIT VIELEN FEINDEN WAR.
GENIESS DOCH DIE PARTY.
DAS TU ICH **NICHT**. ABER ALLE ANDEREN.
PASS GUT AUF, DICK.
DAS SIND DIE TITANS ... NA JA, DAMALS, ALS ICH EINER WAR. WIR HABEN ALLE HIER GEWOHNT. DA IST CYBORG UND ... **WOW**, STARFIRE.
HEILIGE EX-FREUNDIN, BATMAN.
VORSICHT.
ER KOMMT NICHT RAUS.
KOMM SCHON, KORY. DU BIST GROSS UND STARK GENUG, UM IHN **HOCHZUHEBEN**. MACH DOCH.
KANN JEMAND ANDERS VERSUCHEN, MIT IHM ZU REDEN?
BITTE, DICK! WIR SINGEN WINTER-KARAOKE UND HABEN DIR DEIN LIEBLINGSLIED AUFGEHOBEN!
NIEMAND HAT **ANGERUFEN**. BATMAN, **KLAR**, DER IST 'N #@$%#. ABER NICHT MAL **ALFRED**? BIN ICH DENEN **EGAL**?

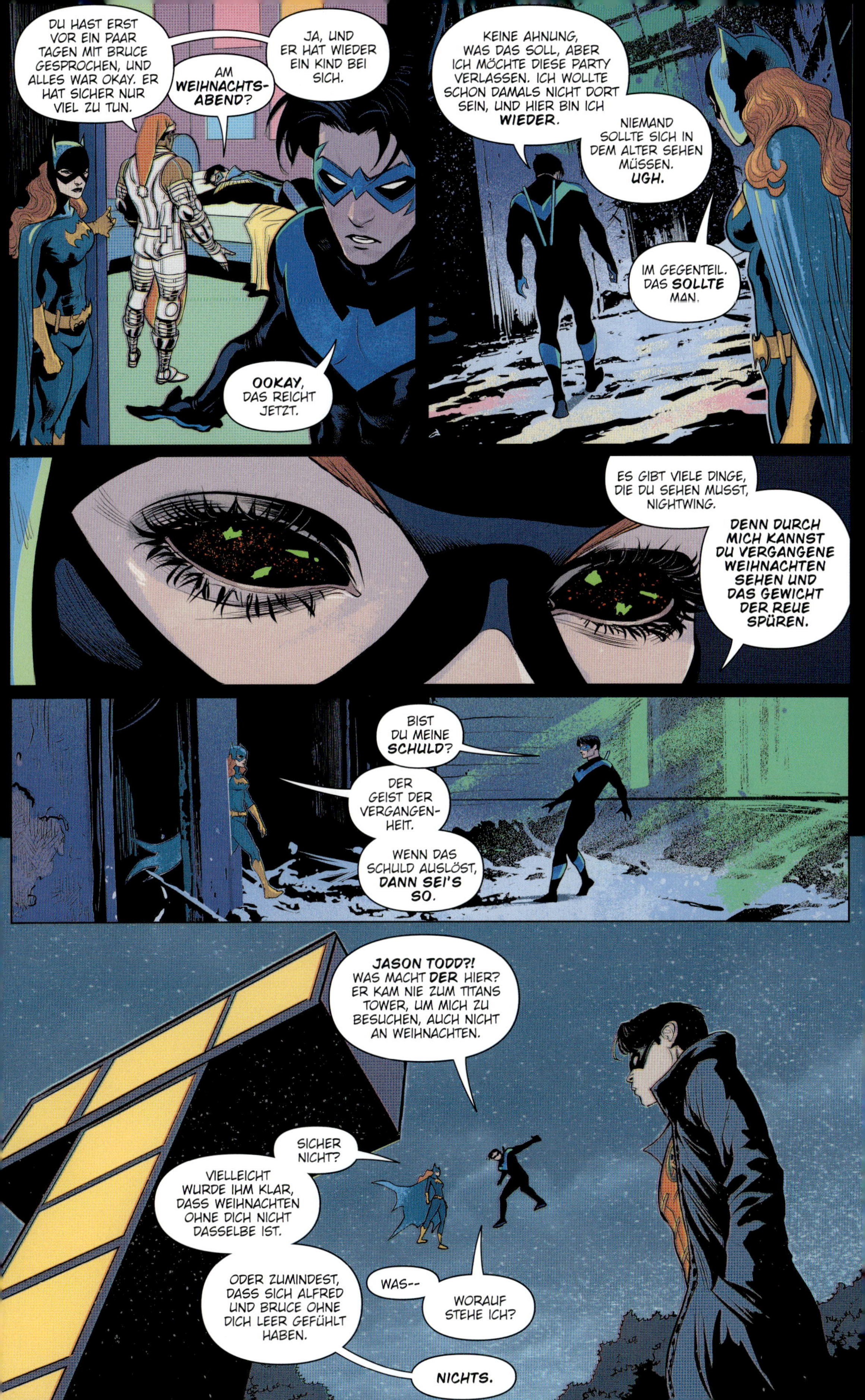
DU HAST ERST VOR EIN PAAR TAGEN MIT BRUCE GESPROCHEN, UND ALLES WAR OKAY. ER HAT SICHER NUR VIEL ZU TUN.
JA, UND ER HAT WIEDER EIN KIND BEI SICH.
AM WEIHNACHTS-ABEND?
OOKAY, DAS REICHT JETZT.
KEINE AHNUNG, WAS DAS SOLL, ABER ICH MÖCHTE DIESE PARTY VERLASSEN. ICH WOLLTE SCHON DAMALS NICHT DORT SEIN, UND HIER BIN ICH WIEDER.
NIEMAND SOLLTE SICH IN DEM ALTER SEHEN MÜSSEN. UGH.
IM GEGENTEIL. DAS SOLLTE MAN.
ES GIBT VIELE DINGE, DIE DU SEHEN MUSST, NIGHTWING.
DENN DURCH MICH KANNST DU VERGANGENE WEIHNACHTEN SEHEN UND DAS GEWICHT DER REUE SPÜREN.
BIST DU MEINE SCHULD?
DER GEIST DER VERGANGEN-HEIT.
WENN DAS SCHULD AUSLÖST, DANN SEI'S SO.
JASON TODD?! WAS MACHT DER HIER? ER KAM NIE ZUM TITANS TOWER, UM MICH ZU BESUCHEN, AUCH NICHT AN WEIHNACHTEN.
SICHER NICHT?
VIELLEICHT WURDE IHM KLAR, DASS WEIHNACHTEN OHNE DICH NICHT DASSELBE IST.
ODER ZUMINDEST, DASS SICH ALFRED UND BRUCE OHNE DICH LEER GEFÜHLT HABEN.
WAS--
WORAUF STEHE ICH?
NICHTS.

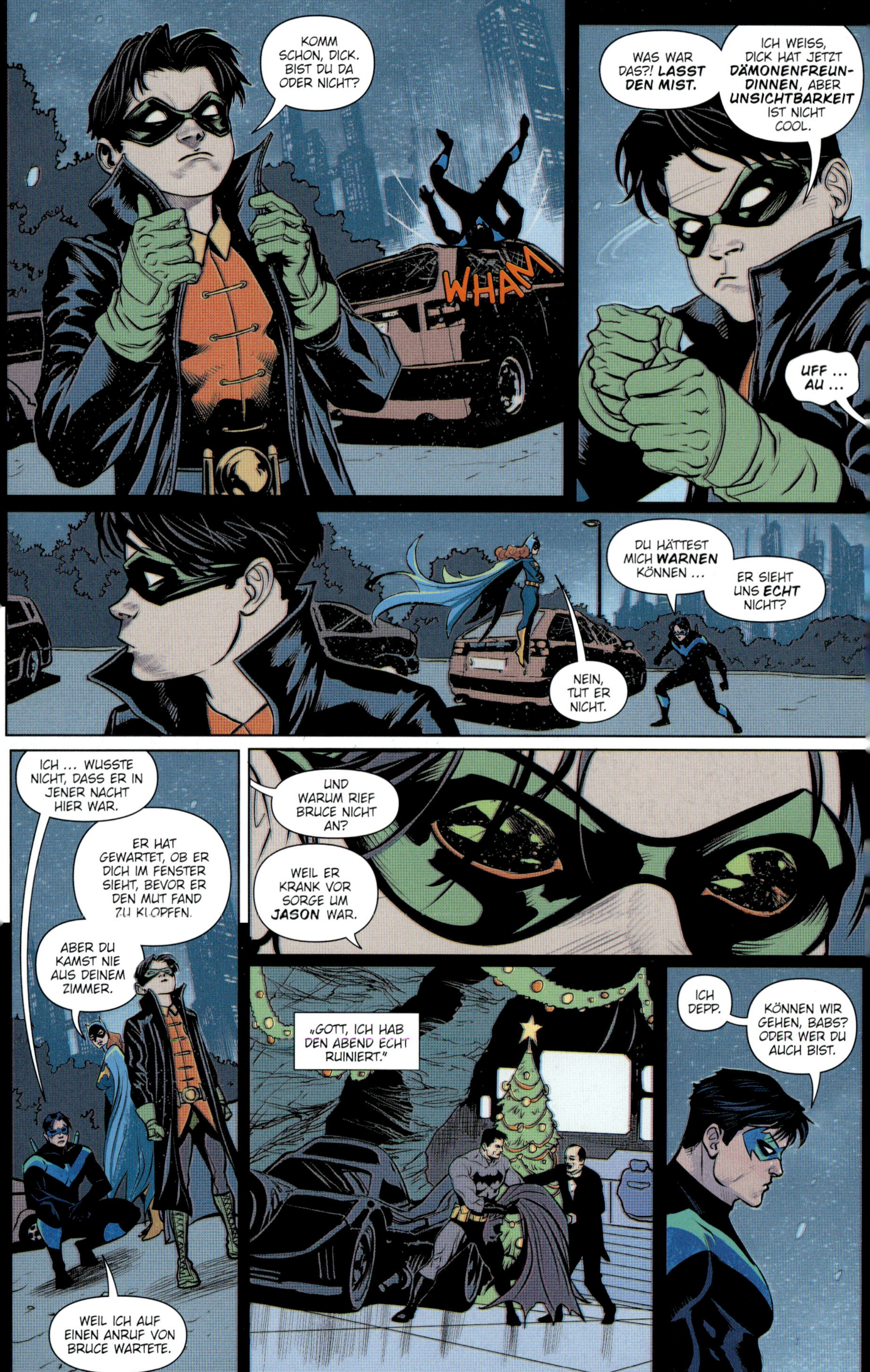
KOMM SCHON, DICK. BIST DU DA ODER NICHT?
WHAM
WAS WAR DAS?! LASST DEN MIST.
ICH WEISS, DICK HAT JETZT DÄMONENFREUNDINNEN, ABER UNSICHTBARKEIT IST NICHT COOL.
UFF ... AU ...
DU HÄTTEST MICH WARNEN KÖNNEN ...
ER SIEHT UNS ECHT NICHT?
NEIN, TUT ER NICHT.
ICH ... WUSSTE NICHT, DASS ER IN JENER NACHT HIER WAR.
ER HAT GEWARTET, OB ER DICH IM FENSTER SIEHT, BEVOR ER DEN MUT FAND ZU KLOPFEN.
ABER DU KAMST NIE AUS DEINEM ZIMMER.
WEIL ICH AUF EINEN ANRUF VON BRUCE WARTETE.
UND WARUM RIEF BRUCE NICHT AN?
WEIL ER KRANK VOR SORGE UM JASON WAR.
„GOTT, ICH HAB DEN ABEND ECHT RUINIERT."
ICH DEPP.
KÖNNEN WIR GEHEN, BABS? ODER WER DU AUCH BIST.

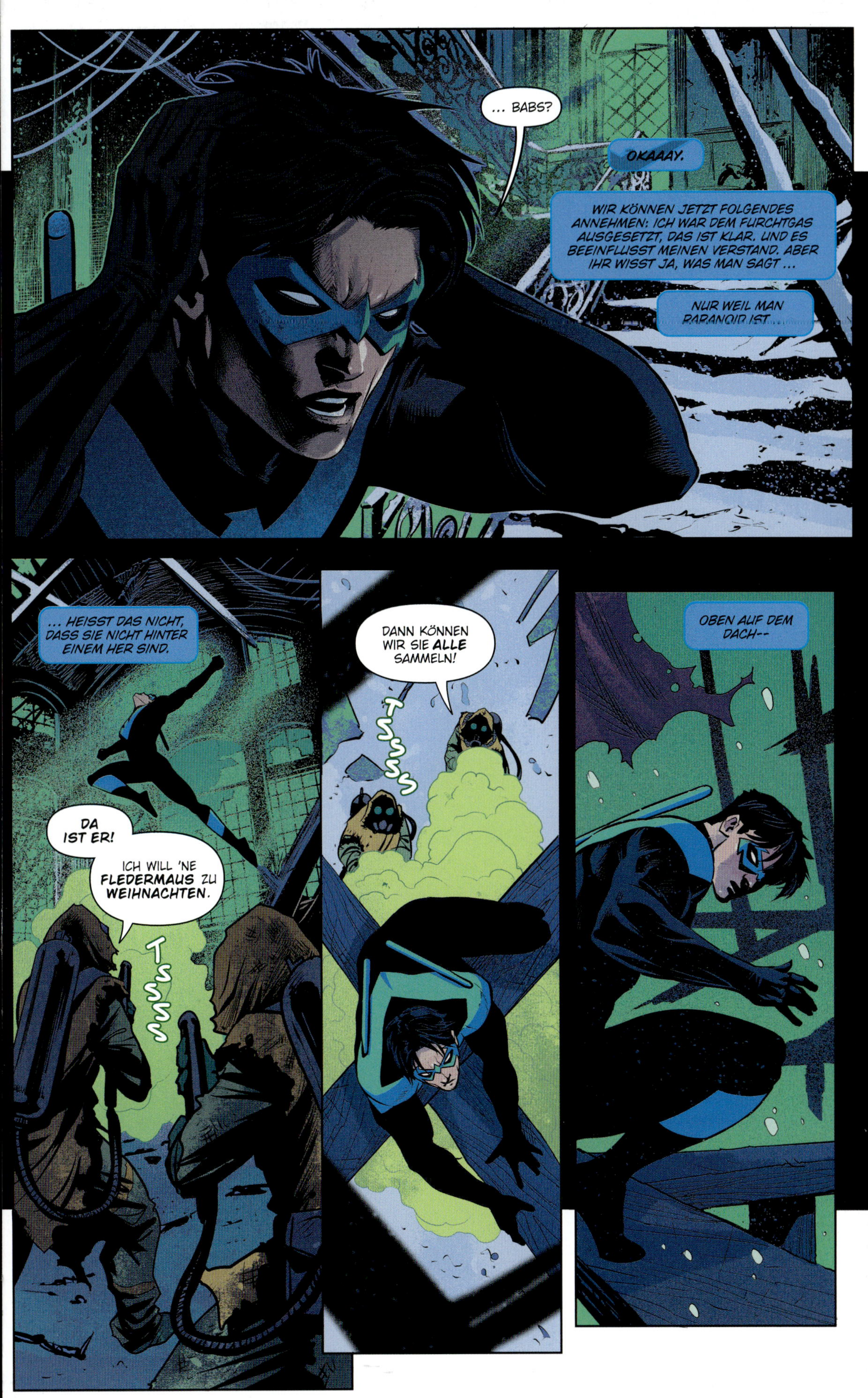
... BABS?
OKAAAY.
WIR KÖNNEN JETZT FOLGENDES ANNEHMEN: ICH WAR DEM FURCHTGAS AUSGESETZT, DAS IST KLAR. UND ES BEEINFLUSST MEINEN VERSTAND. ABER IHR WISST JA, WAS MAN SAGT ...
NUR WEIL MAN PARANOID IST ...
... HEISST DAS NICHT, DASS SIE NICHT HINTER EINEM HER SIND.
DA IST ER!
ICH WILL 'NE FLEDERMAUS ZU WEIHNACHTEN.
TSSSS
DANN KÖNNEN WIR SIE ALLE SAMMELN!
TSSSS
OBEN AUF DEM DACH--

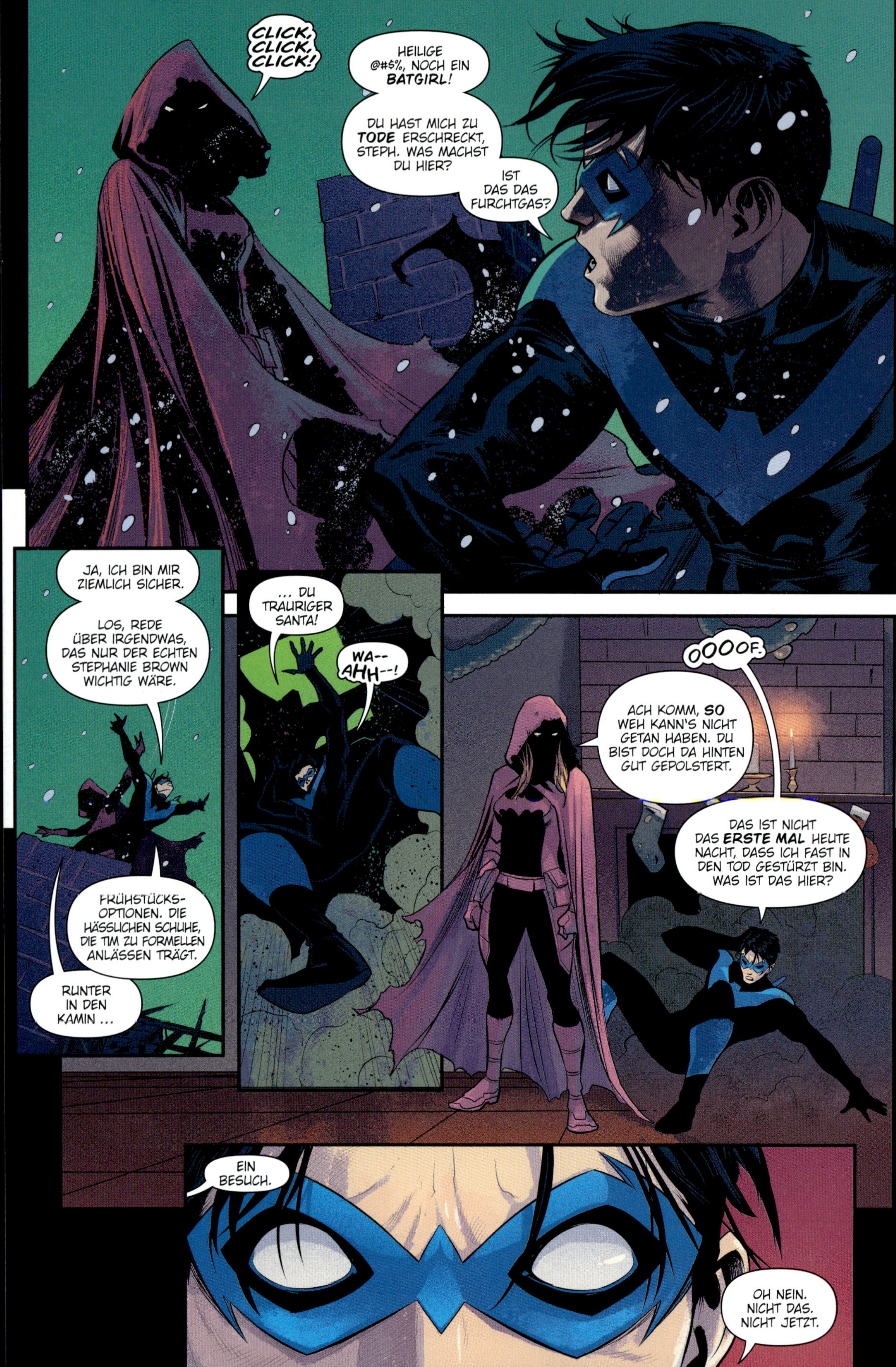
CLICK, CLICK, CLICK!
HEILIGE @#$%, NOCH EIN BATGIRL!
DU HAST MICH ZU TODE ERSCHRECKT, STEPH. WAS MACHST DU HIER?
IST DAS DAS FURCHTGAS?
JA, ICH BIN MIR ZIEMLICH SICHER.
LOS, REDE ÜBER IRGENDWAS, DAS NUR DER ECHTEN STEPHANIE BROWN WICHTIG WÄRE.
FRÜHSTÜCKS-OPTIONEN. DIE HÄSSLICHEN SCHUHE, DIE TIM ZU FORMELLEN ANLÄSSEN TRÄGT.
RUNTER IN DEN KAMIN ...
... DU TRAURIGER SANTA!
WA-- AHH--!
OOOOF.
ACH KOMM, SO WEH KANN'S NICHT GETAN HABEN. DU BIST DOCH DA HINTEN GUT GEPOLSTERT.
DAS IST NICHT DAS ERSTE MAL HEUTE NACHT, DASS ICH FAST IN DEN TOD GESTÜRZT BIN. WAS IST DAS HIER?
EIN BESUCH.
OH NEIN. NICHT DAS. NICHT JETZT.

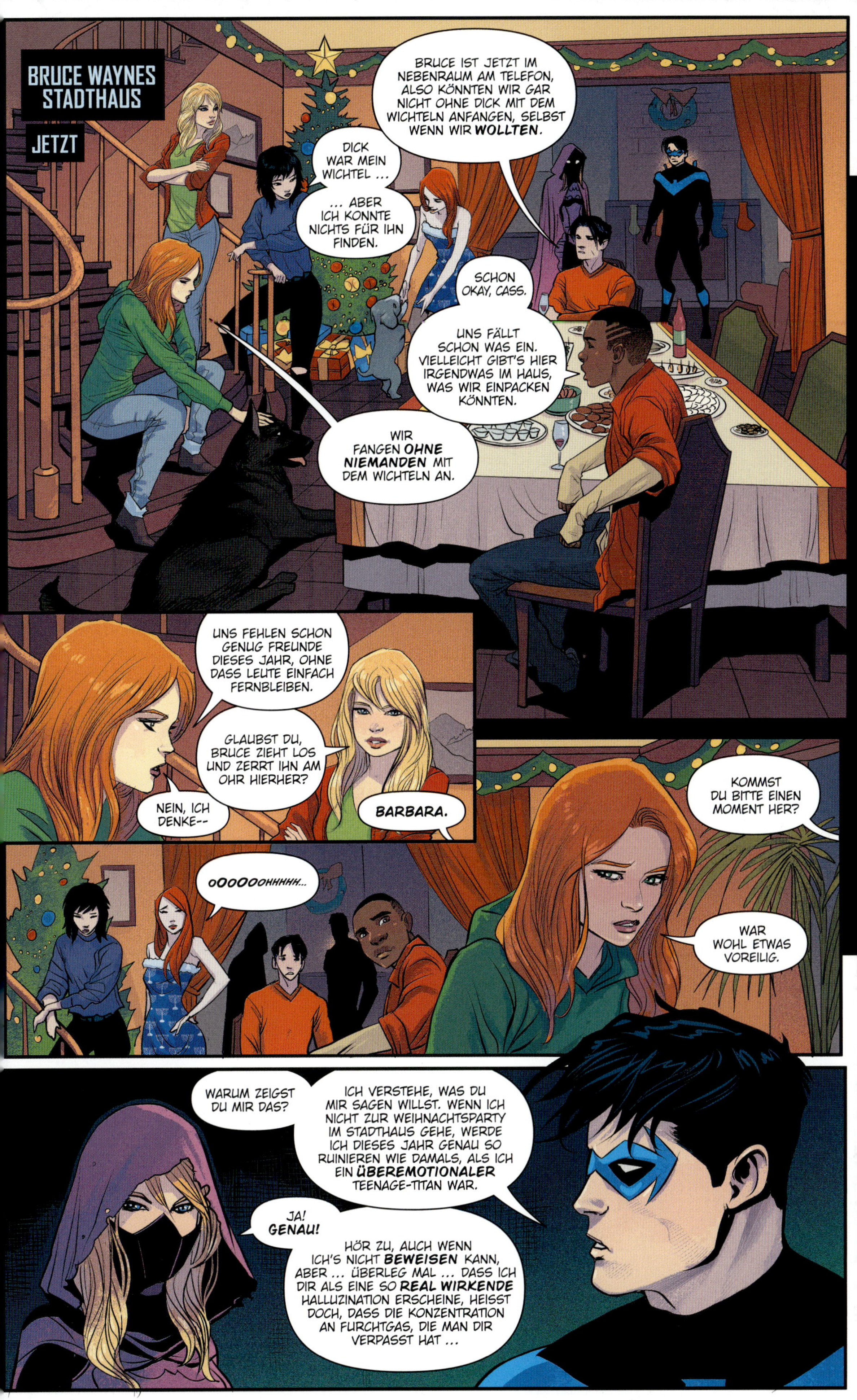

BRUCE WAYNES STADTHAUS
JETZT
BRUCE IST JETZT IM NEBENRAUM AM TELEFON, ALSO KÖNNTEN WIR GAR NICHT OHNE DICK MIT DEM WICHTELN ANFANGEN, SELBST WENN WIR **WOLLTEN**.
DICK WAR MEIN WICHTEL ...
... ABER ICH KONNTE NICHTS FÜR IHN FINDEN.
SCHON OKAY, CASS.
UNS FÄLLT SCHON WAS EIN. VIELLEICHT GIBT'S HIER IRGENDWAS IM HAUS, WAS WIR EINPACKEN KÖNNTEN.
WIR FANGEN **OHNE NIEMANDEN** MIT DEM WICHTELN AN.
UNS FEHLEN SCHON GENUG FREUNDE DIESES JAHR, OHNE DASS LEUTE EINFACH FERNBLEIBEN.
GLAUBST DU, BRUCE ZIEHT LOS UND ZERRT IHN AM OHR HIERHER?
NEIN, ICH DENKE--
BARBARA.
KOMMST DU BITTE EINEN MOMENT HER?
OOOOOOHHHHH...
WAR WOHL ETWAS VOREILIG.
WARUM ZEIGST DU MIR DAS?
ICH VERSTEHE, WAS DU MIR SAGEN WILLST. WENN ICH NICHT ZUR WEIHNACHTSPARTY IM STADTHAUS GEHE, WERDE ICH DIESES JAHR GENAU SO RUINIEREN WIE DAMALS, ALS ICH EIN **ÜBEREMOTIONALER** TEENAGE-TITAN WAR.
JA! **GENAU!**
HÖR ZU, AUCH WENN ICH'S NICHT **BEWEISEN** KANN, ABER ... ÜBERLEG MAL ... DASS ICH DIR ALS EINE SO **REAL WIRKENDE** HALLUZINATION ERSCHEINE, HEISST DOCH, DASS DIE KONZENTRATION AN FURCHTGAS, DIE MAN DIR VERPASST HAT ...

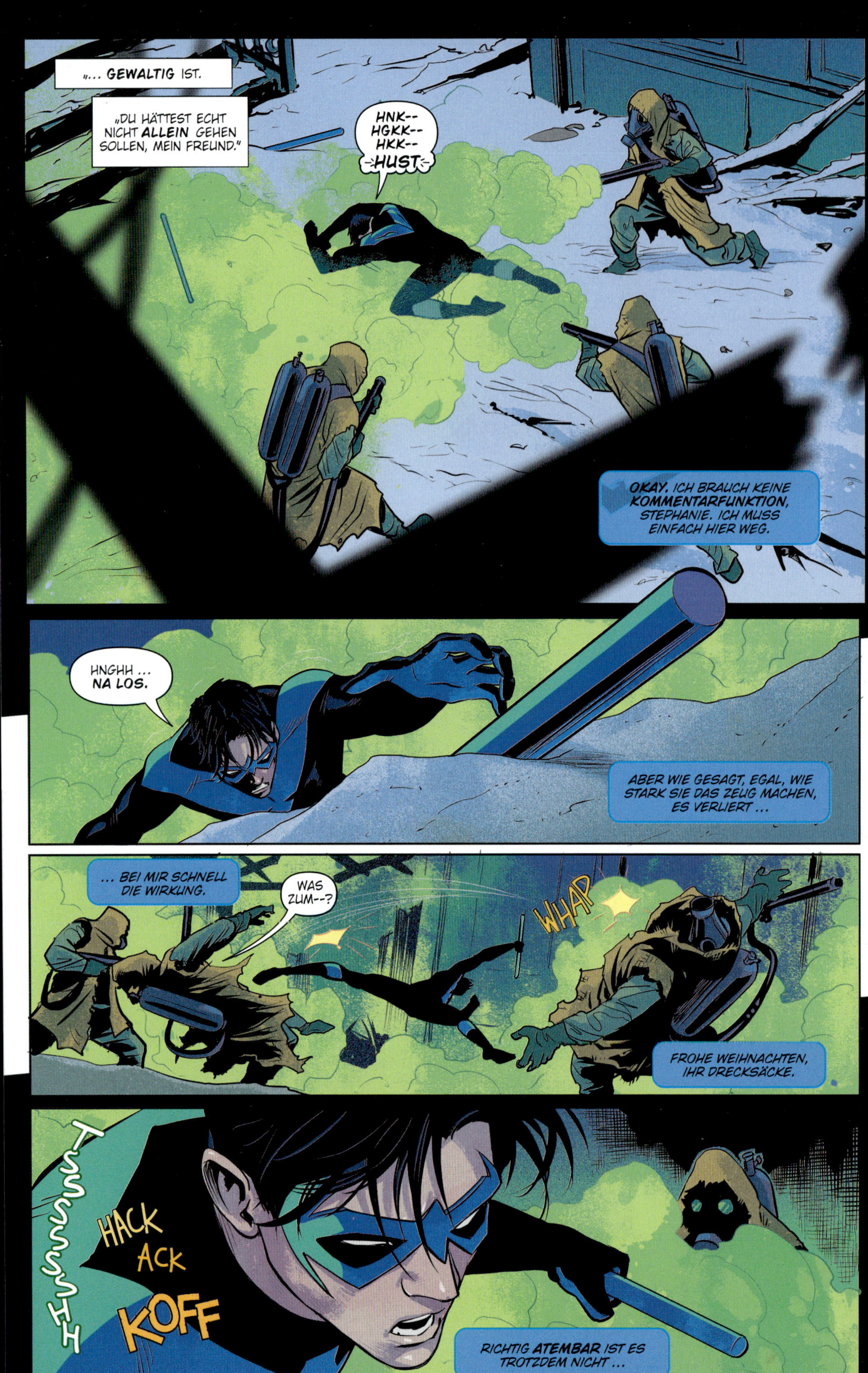
„... GEWALTIG IST.
„DU HÄTTEST ECHT NICHT ALLEIN GEHEN SOLLEN, MEIN FREUND."
HNK-- HGKK-- HKK-- -HUST-
OKAY. ICH BRAUCH KEINE KOMMENTARFUNKTION, STEPHANIE. ICH MUSS EINFACH HIER WEG.
HNGHH ... NA LOS.
ABER WIE GESAGT, EGAL, WIE STARK SIE DAS ZEUG MACHEN, ES VERLIERT ...
... BEI MIR SCHNELL DIE WIRKUNG.
WAS ZUM--?
WHAP
FROHE WEIHNACHTEN, IHR DRECKSÄCKE.
TSSSSSSHH
HACK
ACK
KOFF
RICHTIG ATEMBAR IST ES TROTZDEM NICHT ...

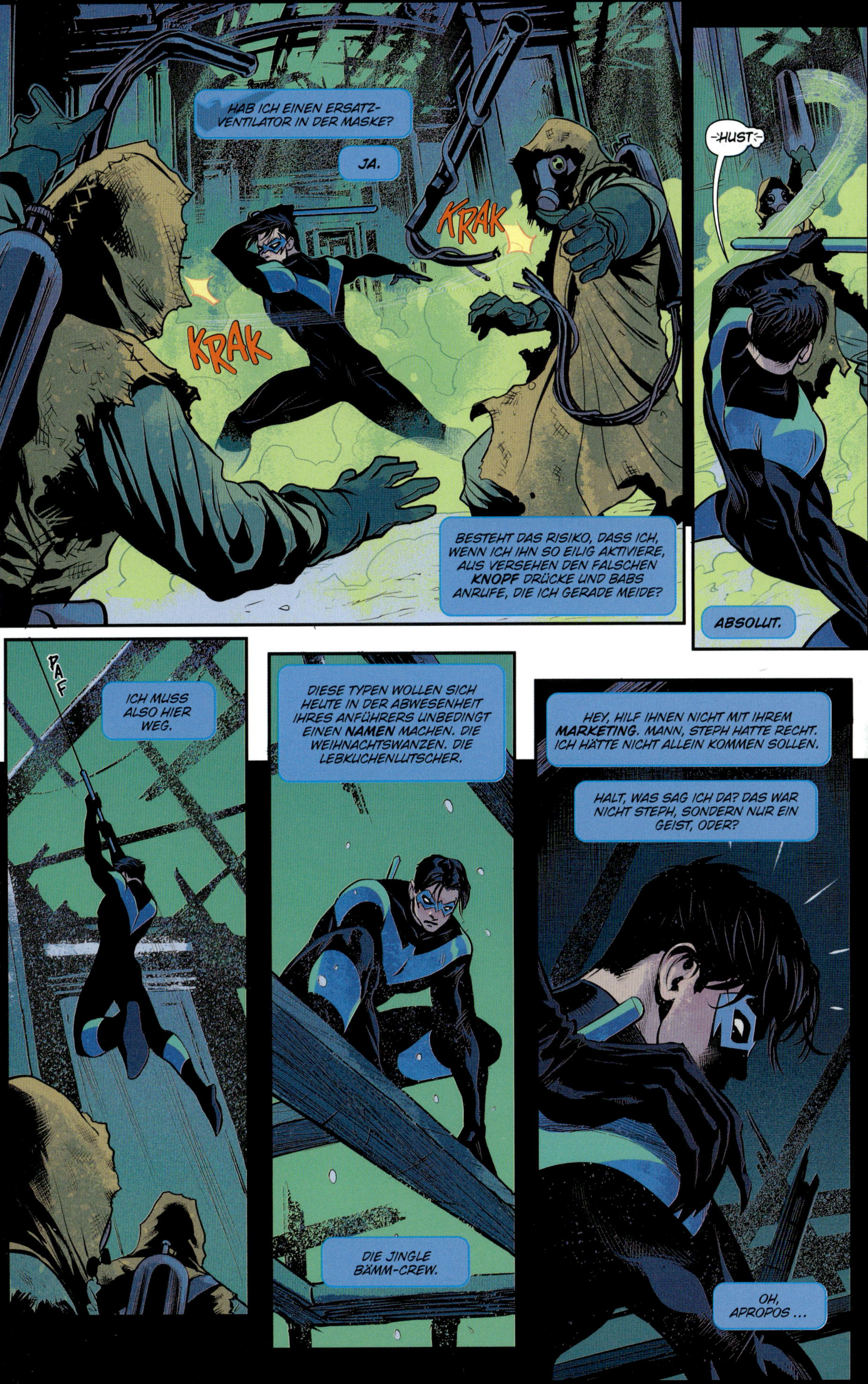

HAB ICH EINEN ERSATZ-VENTILATOR IN DER MASKE?

JA.

KRAK

KRAK

BESTEHT DAS RISIKO, DASS ICH, WENN ICH IHN SO EILIG AKTIVIERE, AUS VERSEHEN DEN FALSCHEN **KNOPF** DRÜCKE UND BABS ANRUFE, DIE ICH GERADE MEIDE?

-HUST-

ABSOLUT.

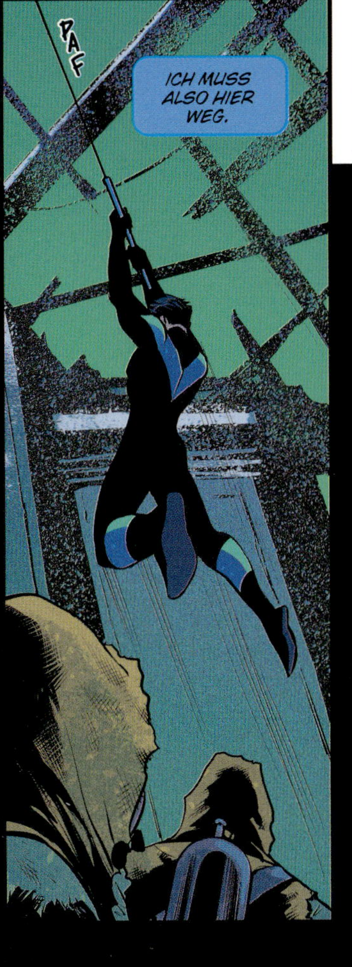

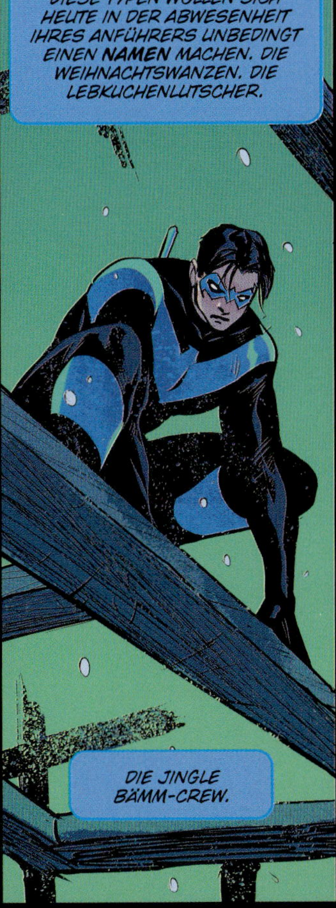

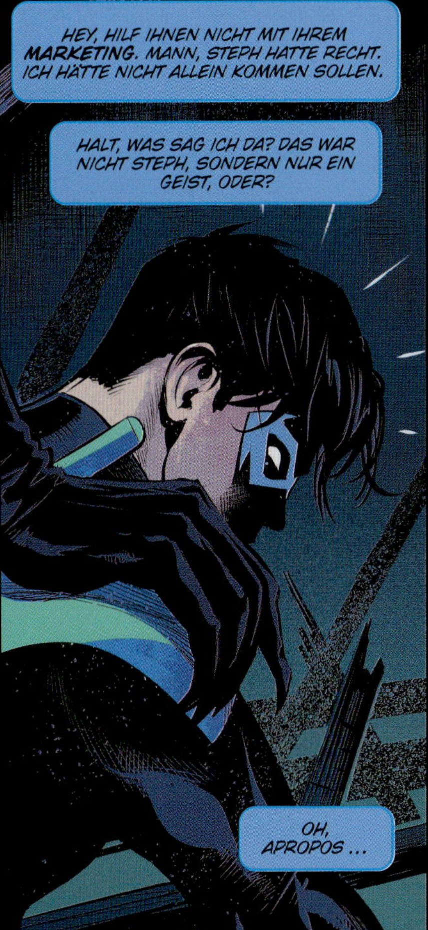

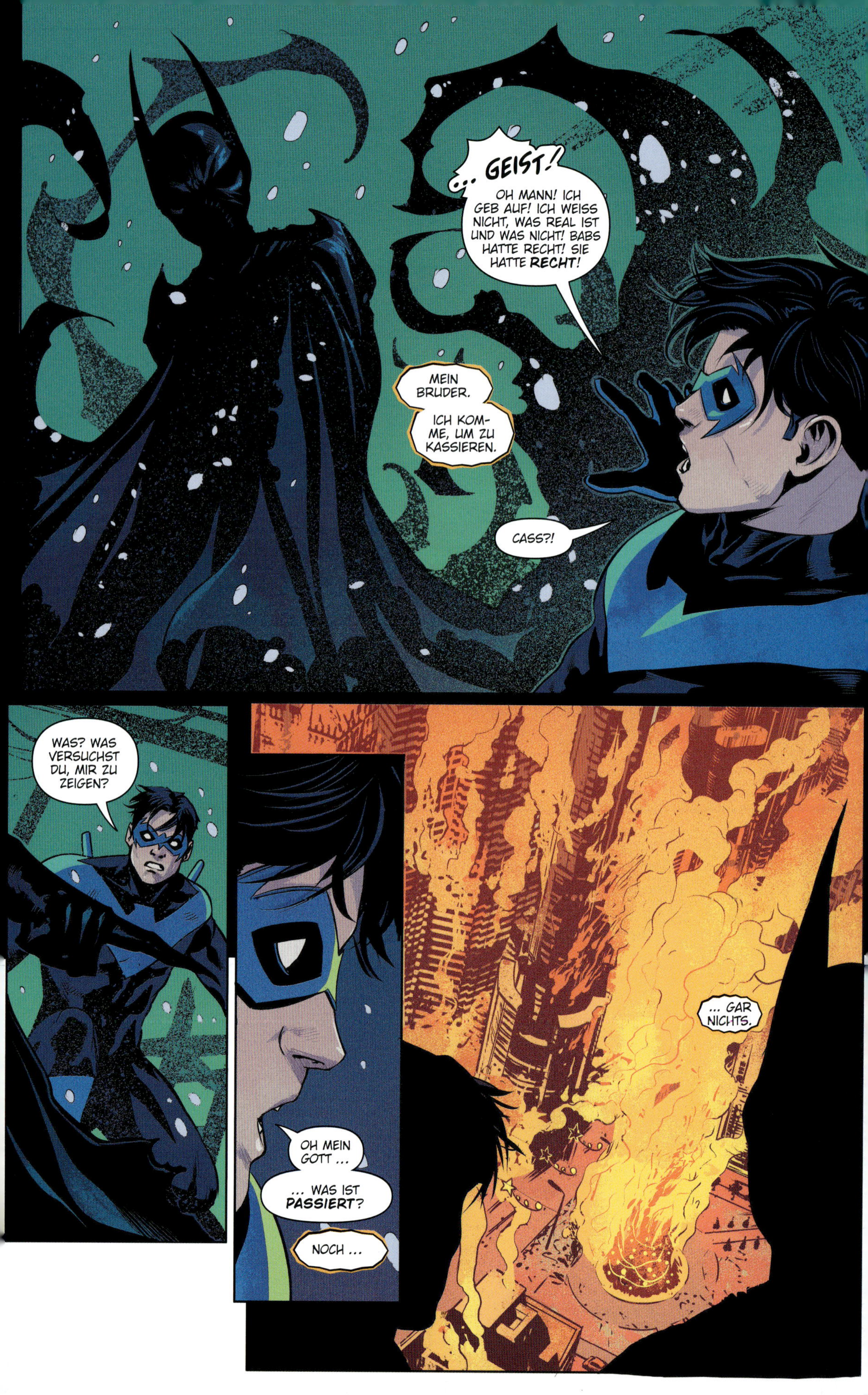
... GEIST!
OH MANN! ICH GEB AUF! ICH WEISS NICHT, WAS REAL IST UND WAS NICHT! BABS HATTE RECHT! SIE HATTE **RECHT**!
MEIN BRUDER.
ICH KOM-ME, UM ZU KASSIEREN.
CASS?!
WAS? WAS VERSUCHST DU, MIR ZU ZEIGEN?
... GAR NICHTS.
OH MEIN GOTT ...
... WAS IST **PASSIERT**?
NOCH ...

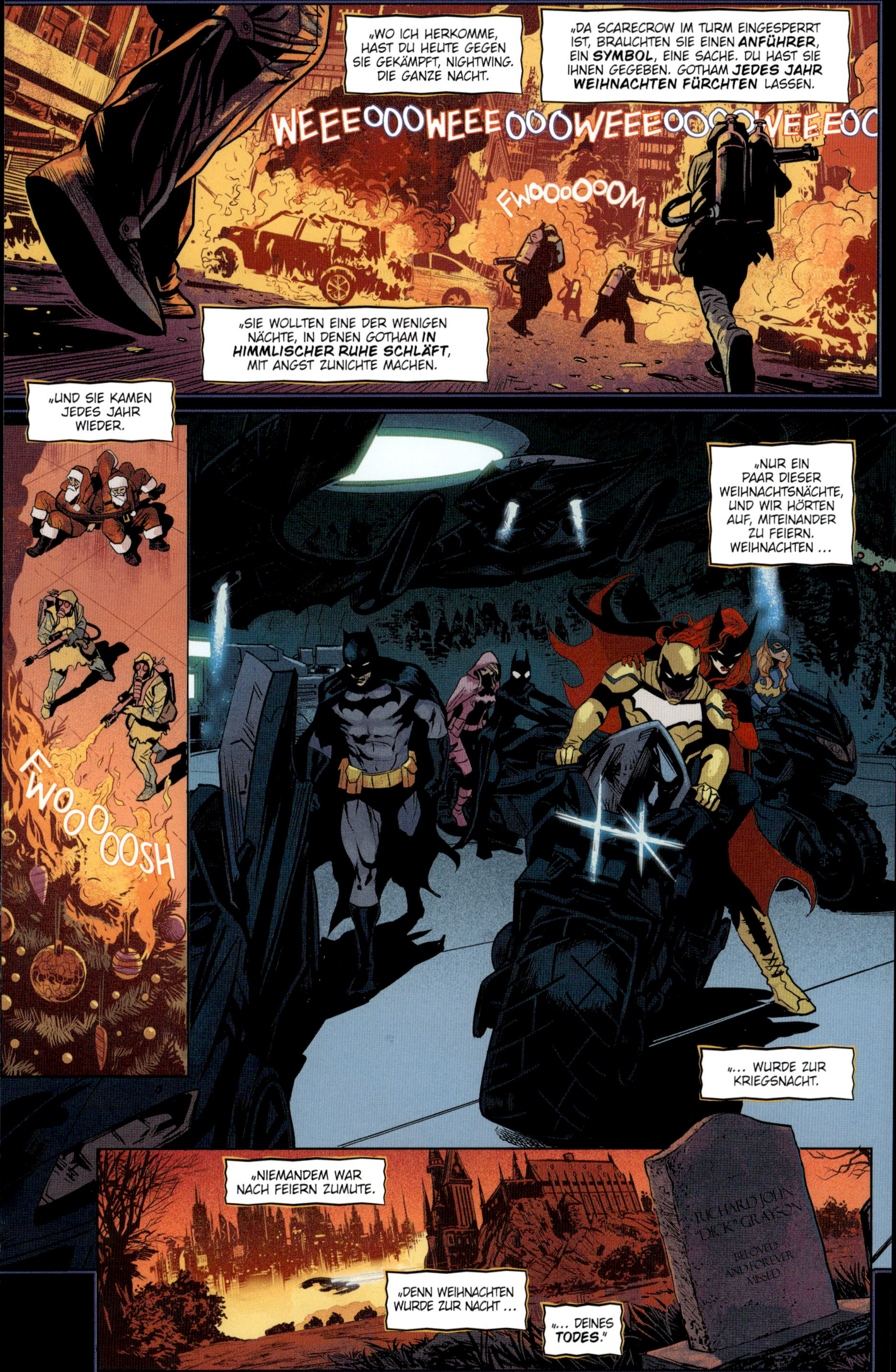
„WO ICH HERKOMME, HAST DU HEUTE GEGEN SIE GEKÄMPFT, NIGHTWING. DIE GANZE NACHT.
„DA SCARECROW IM TURM EINGESPERRT IST, BRAUCHTEN SIE EINEN **ANFÜHRER**, EIN **SYMBOL**, EINE SACHE. DU HAST SIE IHNEN GEGEBEN. GOTHAM **JEDES JAHR WEIHNACHTEN FÜRCHTEN** LASSEN.
WEEEOOOWEEEOOOWEEEOOOWEEEOO
FWOOOOOOM
„SIE WOLLTEN EINE DER WENIGEN NÄCHTE, IN DENEN GOTHAM **IN HIMMLISCHER RUHE SCHLÄFT**, MIT ANGST ZUNICHTE MACHEN.
„UND SIE KAMEN JEDES JAHR WIEDER.
FWOOOOOSH
„NUR EIN PAAR DIESER WEIHNACHTSNÄCHTE, UND WIR HÖRTEN AUF, MITEINANDER ZU FEIERN. WEIHNACHTEN ...
„... WURDE ZUR KRIEGSNACHT.
„NIEMANDEM WAR NACH FEIERN ZUMUTE.
RICHARD JOHN "DICK" GRAYSON
BELOVED AND FOREVER MISSED
„DENN WEIHNACHTEN WURDE ZUR NACHT ...
„... DEINES **TODES**."

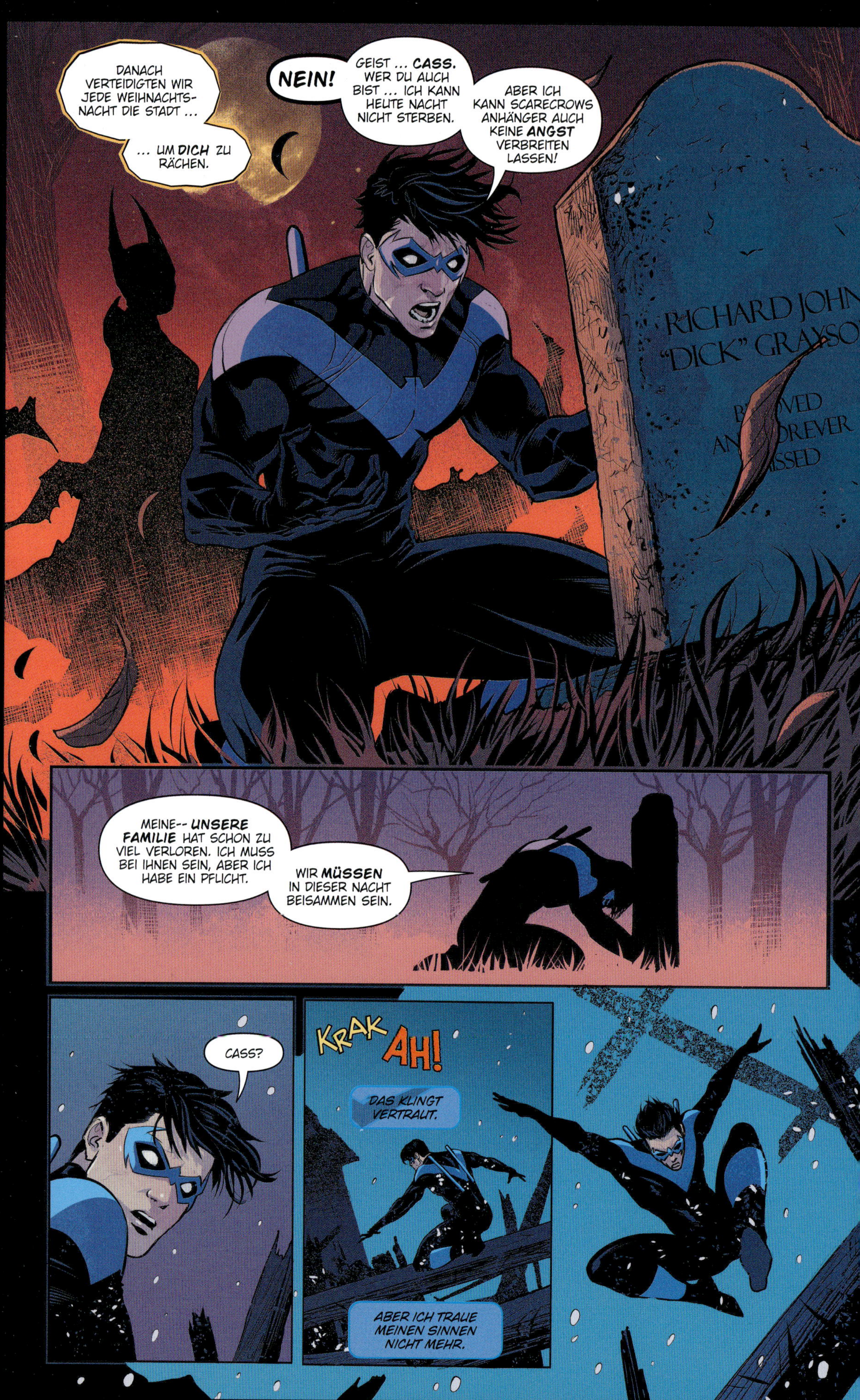
DANACH VERTEIDIGTEN WIR JEDE WEIHNACHTS-NACHT DIE STADT ...
... UM DICH ZU RÄCHEN.
NEIN!
GEIST ... CASS. WER DU AUCH BIST ... ICH KANN HEUTE NACHT NICHT STERBEN.
ABER ICH KANN SCARECROWS ANHÄNGER AUCH KEINE ANGST VERBREITEN LASSEN!
RICHARD JOHN "DICK" GRAYSO
MEINE-- UNSERE FAMILIE HAT SCHON ZU VIEL VERLOREN. ICH MUSS BEI IHNEN SEIN, ABER ICH HABE EIN PFLICHT.
WIR MÜSSEN IN DIESER NACHT BEISAMMEN SEIN.
CASS?
KRAK AH!
DAS KLINGT VERTRAUT.
ABER ICH TRAUE MEINEN SINNEN NICHT MEHR.

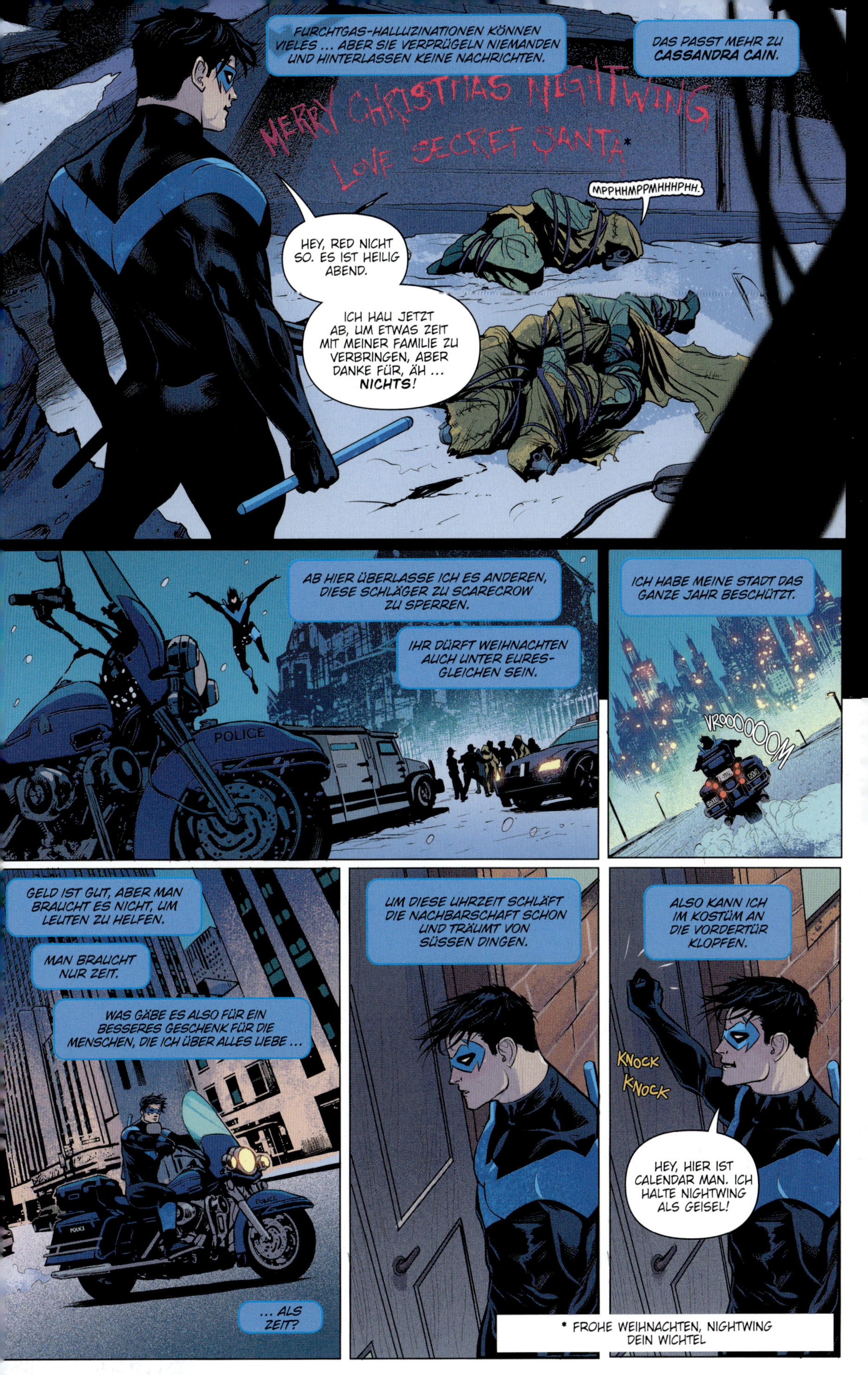

FURCHTGAS-HALLUZINATIONEN KÖNNEN VIELES ... ABER SIE VERPRÜGELN NIEMANDEN UND HINTERLASSEN KEINE NACHRICHTEN.
DAS PASST MEHR ZU **CASSANDRA CAIN.**
MERRY CHRISTMAS NIGHTWING LOVE SECRET SANTA*
MPPHHMPPMHHHPHH.
HEY, RED NICHT SO. ES IST HEILIG ABEND.
ICH HAU JETZT AB, UM ETWAS ZEIT MIT MEINER FAMILIE ZU VERBRINGEN, ABER DANKE FÜR, ÄH ... **NICHTS!**

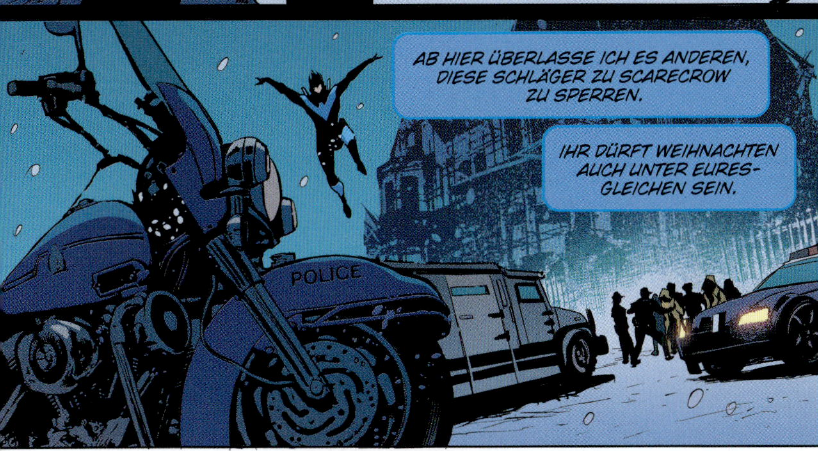

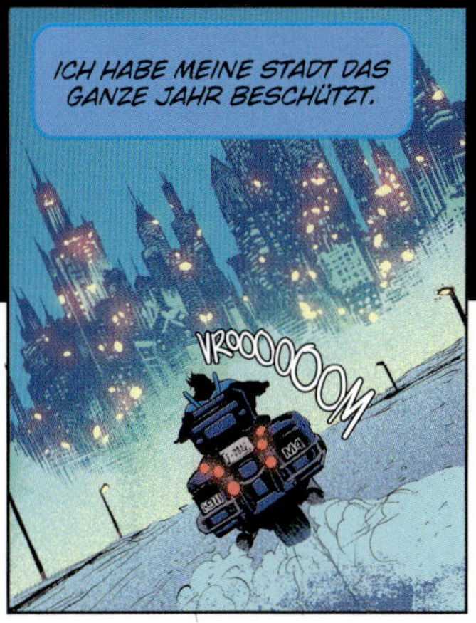

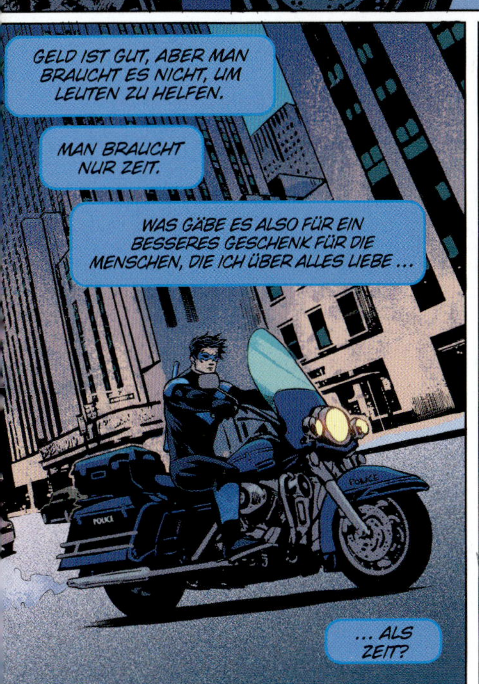

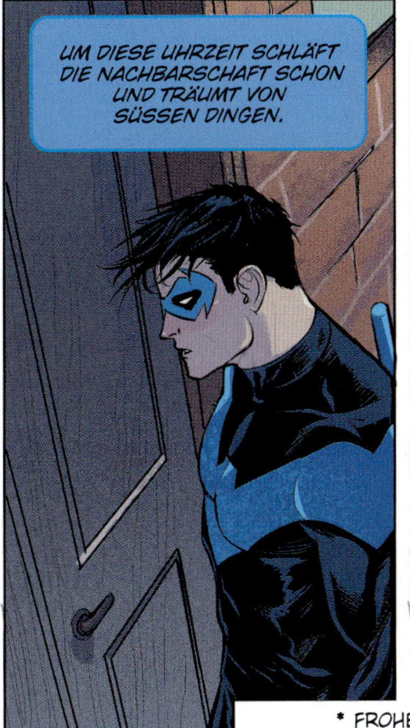

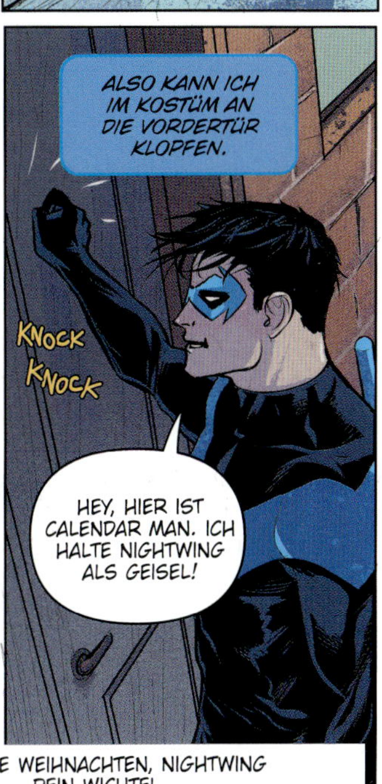

* FROHE WEIHNACHTEN, NIGHTWING
DEIN WICHTEL

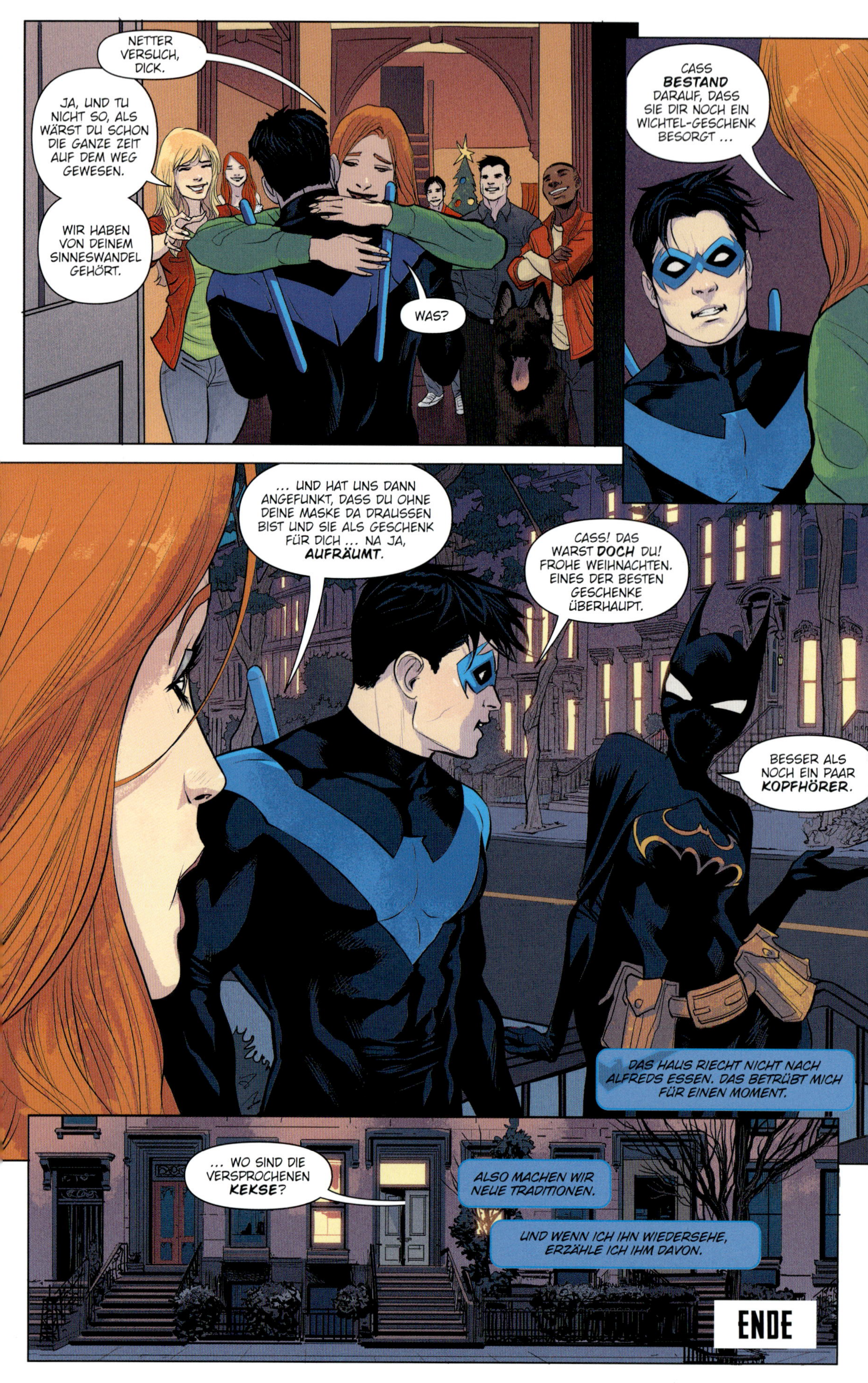
NETTER VERSUCH, DICK.
JA, UND TU NICHT SO, ALS WÄRST DU SCHON DIE GANZE ZEIT AUF DEM WEG GEWESEN.
WIR HABEN VON DEINEM SINNESWANDEL GEHÖRT.
WAS?
CASS **BESTAND** DARAUF, DASS SIE DIR NOCH EIN WICHTEL-GESCHENK BESORGT ...
... UND HAT UNS DANN ANGEFUNKT, DASS DU OHNE DEINE MASKE DA DRAUSSEN BIST UND SIE ALS GESCHENK FÜR DICH ... NA JA, **AUFRÄUMT**.
CASS! DAS WARST **DOCH** DU! FROHE WEIHNACHTEN. EINES DER BESTEN GESCHENKE ÜBERHAUPT.
BESSER ALS NOCH EIN PAAR **KOPFHÖRER**.
DAS HAUS RIECHT NICHT NACH ALFREDS ESSEN. DAS BETRÜBT MICH FÜR EINEN MOMENT.
... WO SIND DIE VERSPROCHENEN **KEKSE**?
ALSO MACHEN WIR NEUE TRADITIONEN.
UND WENN ICH IHN WIEDERSEHE, ERZÄHLE ICH IHM DAVON.
ENDE

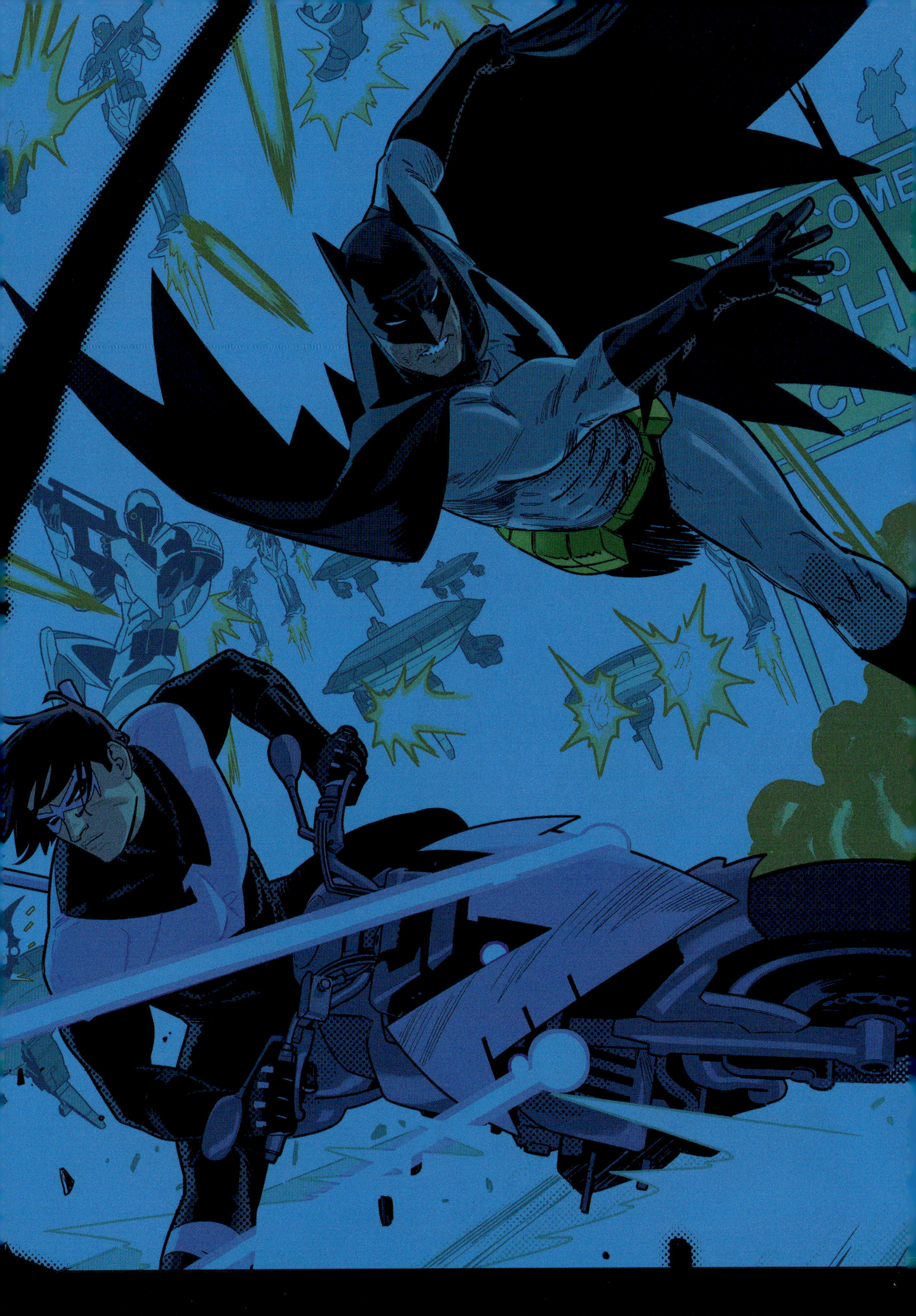

VARIANT-COVER-GALERIE

NIGHTWING 84
Variant-Cover von KAEL NGU

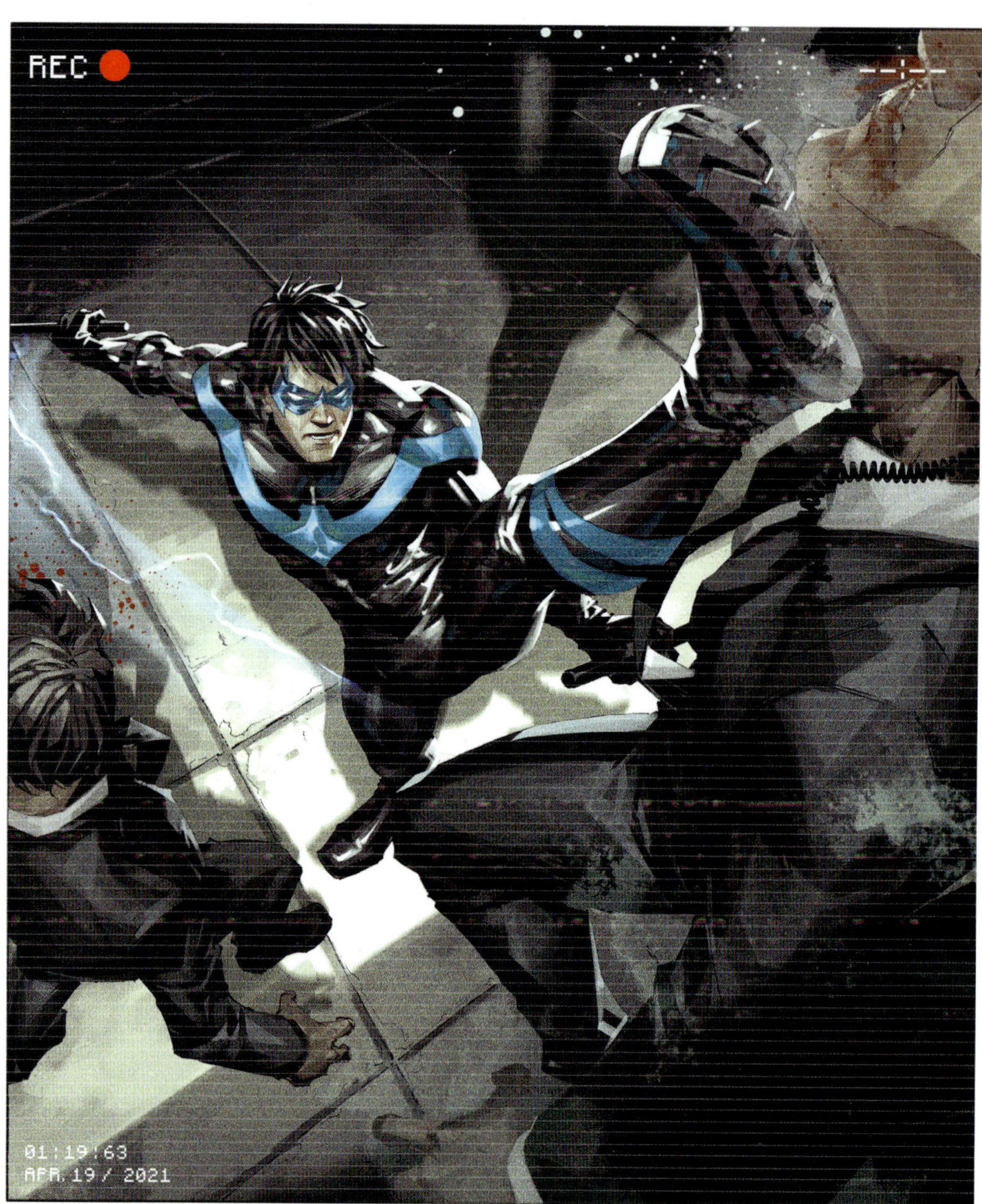

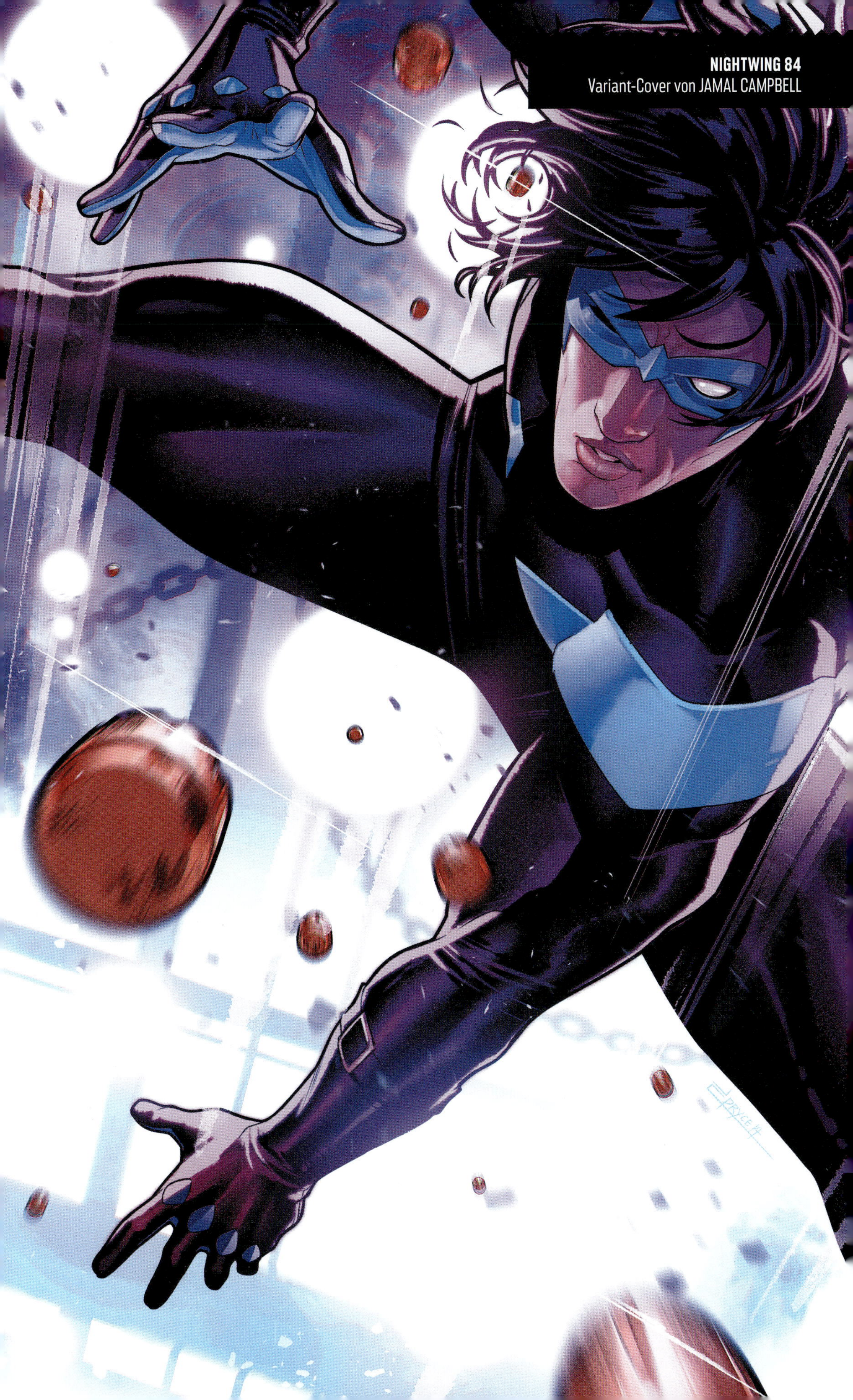

NIGHTWING 84
Variant-Cover von JAMAL CAMPBELL

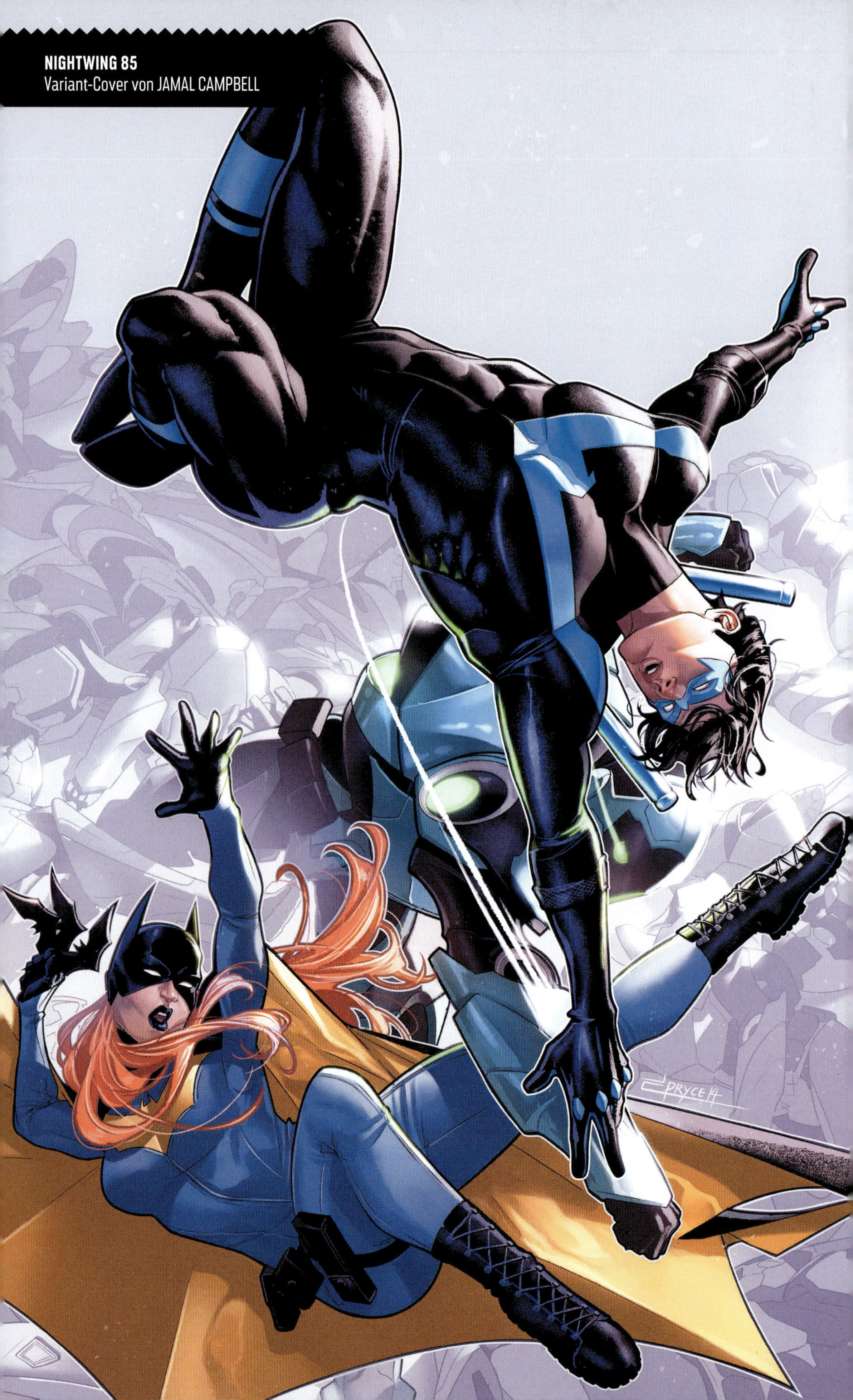

NIGHTWING 85
Variant-Cover von JAMAL CAMPBELL

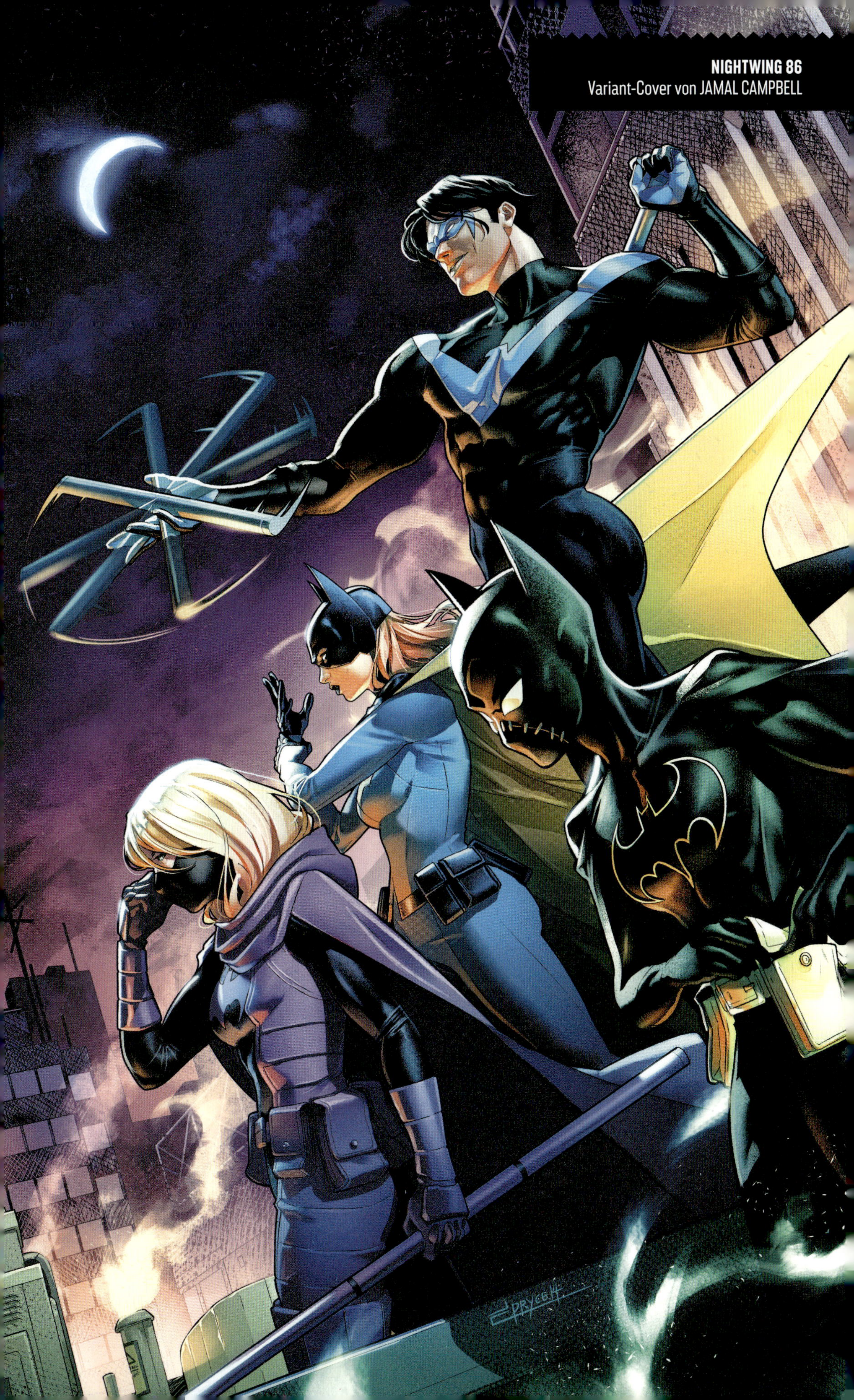
NIGHTWING 86
Variant-Cover von JAMAL CAMPBELL

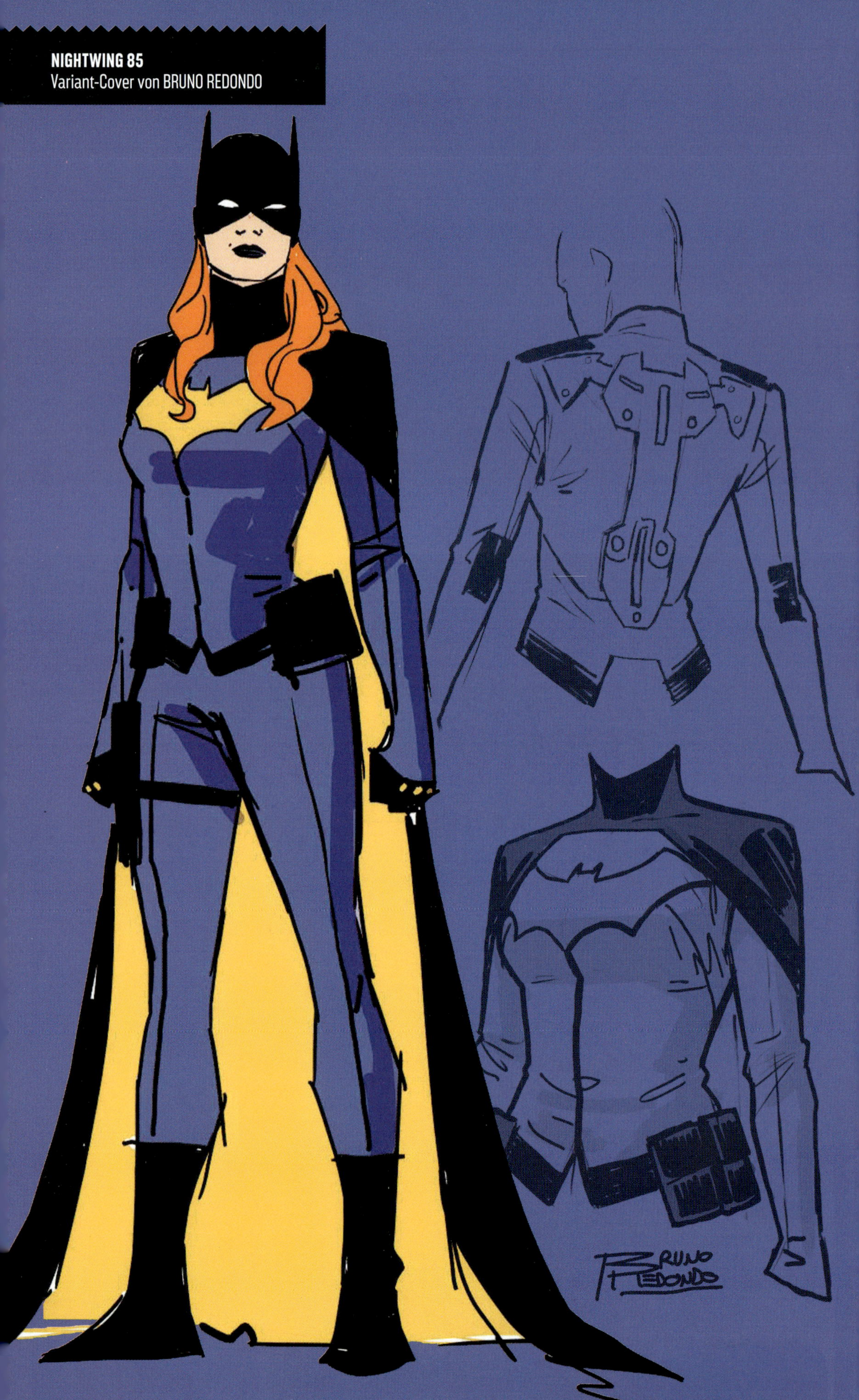

NIGHTWING 85
Variant-Cover von BRUNO REDONDO

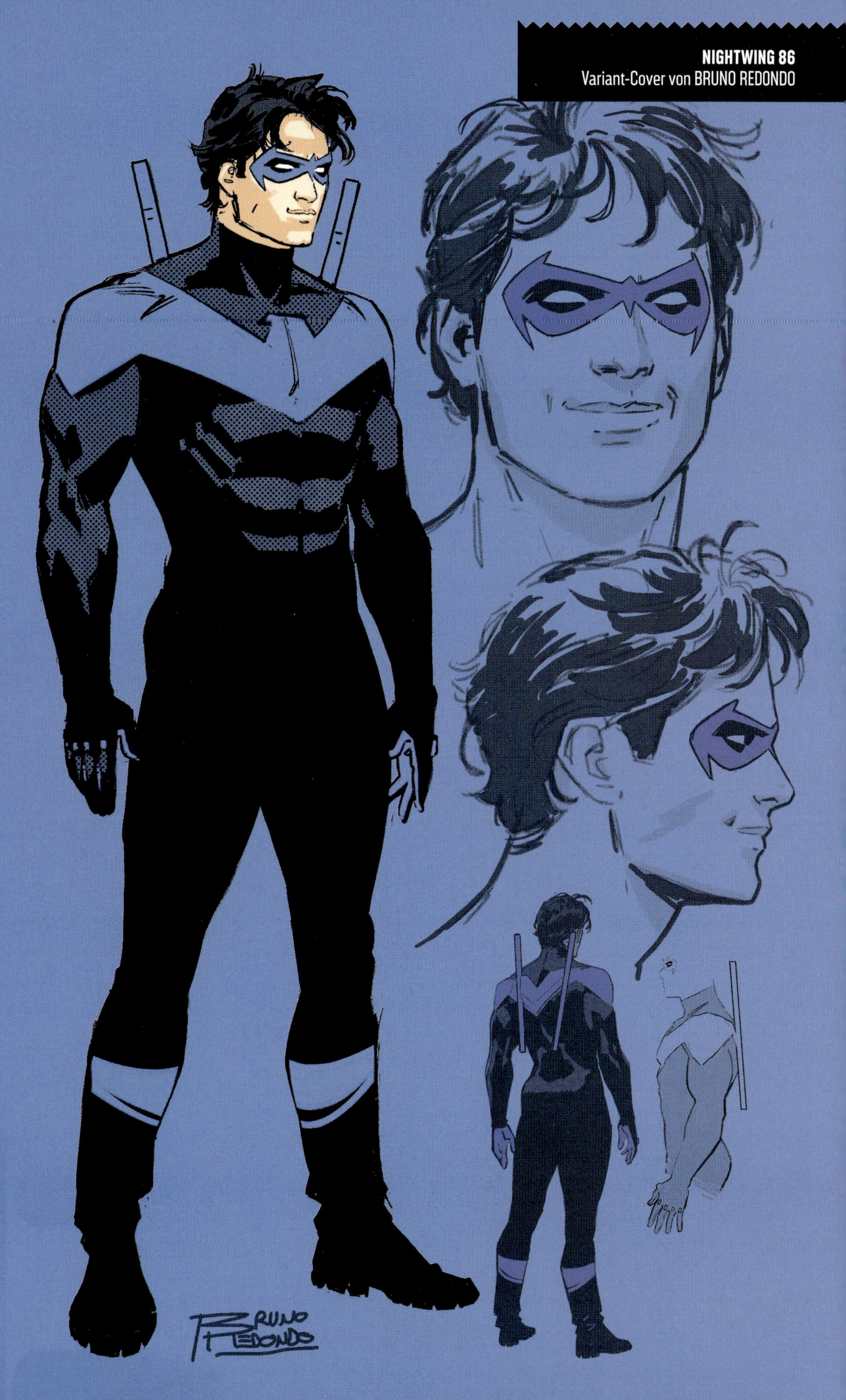

NIGHTWING 86
Variant-Cover von BRUNO REDONDO

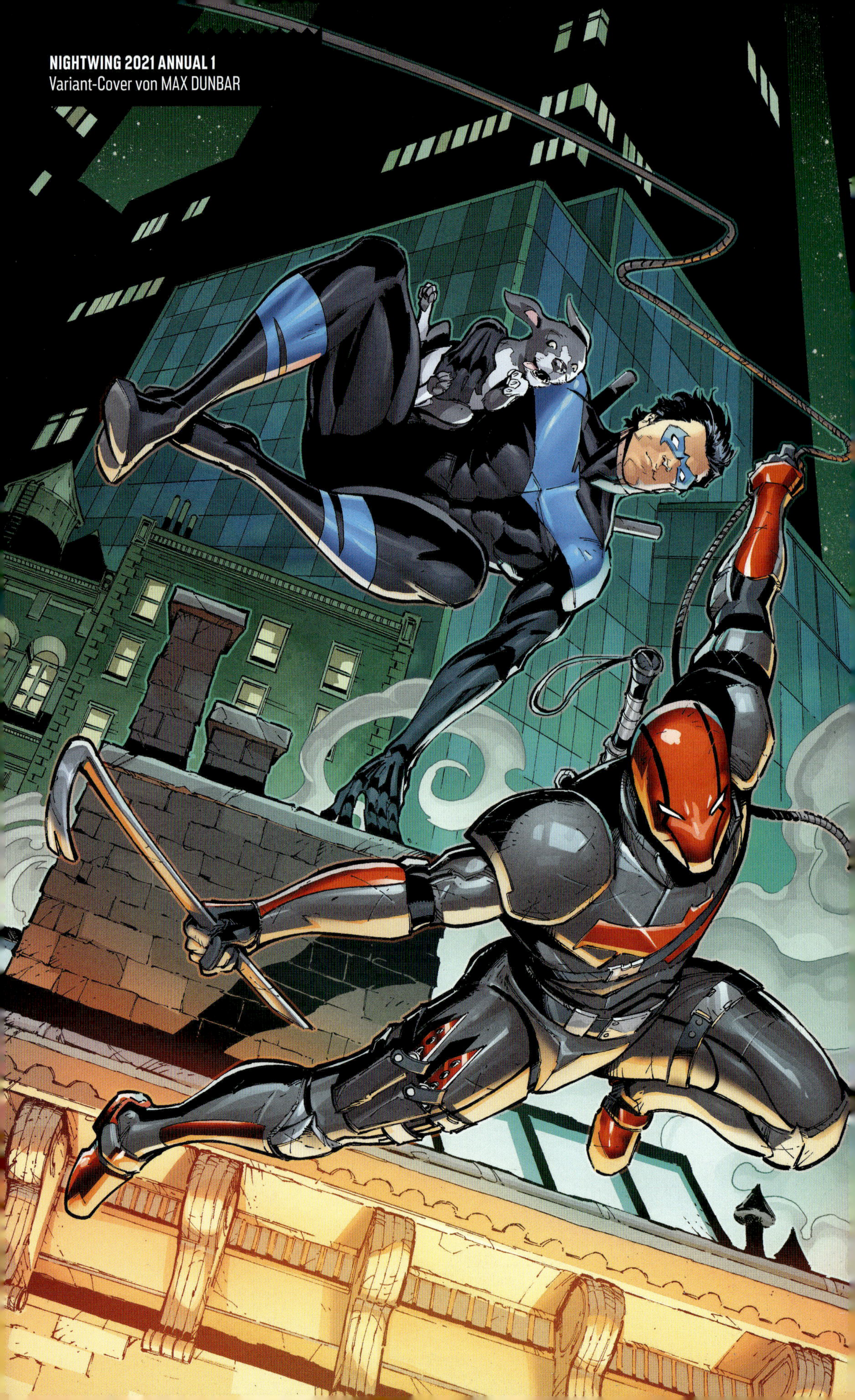

NIGHTWING 2021 ANNUAL 1
Variant-Cover von MAX DUNBAR

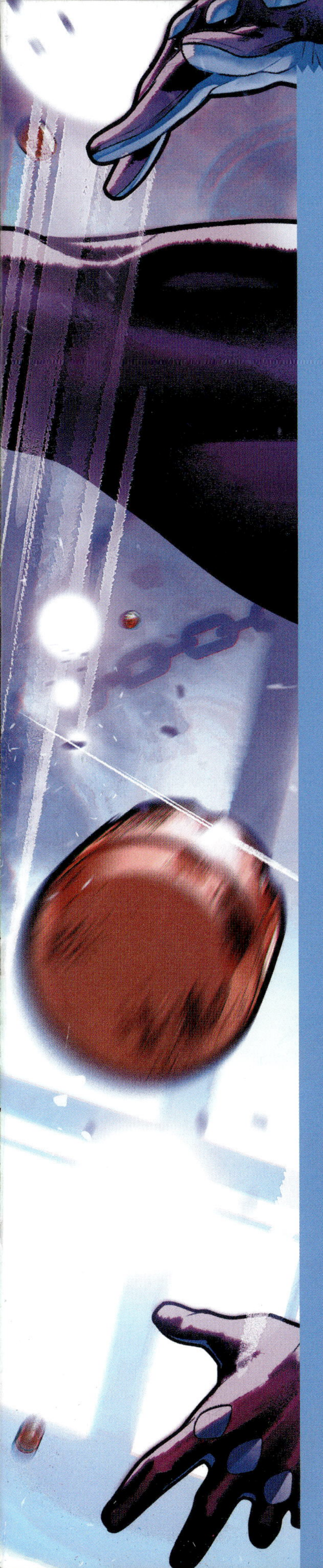

HELDEN-ZIRKUS

von **Christian Endres**

JASON TODD wurde nach Dick zum zweiten **Robin**. Allerdings ermordete ihn der Joker. Jahre später kehrte Jason ins Leben zurück und wurde zum brutalen Antihelden **Red Hood**. Im Anschluss an diesen Band könnt ihr ihn in der neuen Serie TASK FORCE Z als Anführer einer Zombie-Truppe erleben.

BARBARA GORDON ist die Tochter von Batmans Verbündetem Jim Gordon und das ursprüngliche **Batgirl**. Die geniale Hackerin nutzt auch die Identität **Oracle**. Sie und Dick vebindet eine lange Geschichte – und große Gefühle.

STEPHANIE BROWN ist die Tochter des Schurken Cluemaster. Steph wurde allerdings eine Heldin: Sie agierte lange als **Spoiler**, war schon früher als **Batgirl** unterwegs, mit Tim Drake liiert und sogar kurzfristig **Robin**. Aktuell gehört sie zu den Batgirls, die Barbara um sich geschart hat.

CASSANDRA CAIN entstammt der Verbindung von David Cain und Lady Shiva, zwei Auftragskillern. Cass wurde zur Mörderin ausgebildet, schlug dann als **Orphan** und **Batgirl** aber den Weg der Heldin ein. Sie, Babs und Steph sind derzeit alle drei Batgirls.

TIM DRAKE wurde nach Dick und Jason zum dritten **Robin**, der an der Seite von Bruce und Butler Alfred gegen das Verbrechen kämpfte. Er trat auch schon als **Red Robin** und als Anführer der Teen Titans in Aktion. In BATMAN: URBAN LEGENDS könnt ihr demnächst lesen, wie sich Tims Liebesleben entwickelt.

DUKE THOMAS ist der Nachwuchsheld **Signal**. Früher gehörte er zur Robin-Bande, schließlich wurde er von Batman trainiert, der Duke zu einem Teil seines Outsiders-Teams machte. Sein leiblicher Vater vererbte dem Helden im gelben Dress übernatürliche Lichtkräfte.

KATE KANE flog wegen ihrer Homosexualität aus der Armee. Daraufhin wurde Bruce Waynes knallharte Cousine zur kostümierten Rächerin **Batwoman**. Vor einer Weile führte sie das Team Dunkler Ritter um Tim, Stephanie und Cassandra an.

CLAYFACE war schon der Name mehrerer Batman-Widersacher. Während **Basil Karlo** vor einiger Zeit zum gestaltwandelnden Helden im Fledermaus-Umfeld wurde, trat der Wissenschaftler **Preston Payne** durchgehend als Bösewicht in Erscheinung.

TITANS heißt das Heldenteam, das aus den ersten Teen Titans besteht. **Nightwing**, die außerirdische **Starfire**, **Wonder Girl**, Gestaltwandler **Beast Boy**, **Cyborg** und Wally West alias **Flash** sind neuerdings Lehrer an der Teen Titans Academy im Titans Tower. Merkt euch schon mal den TEEN TITANS ACADEMY MEGABAND vor!

DAS KREATIV-TEAM

TOM TAYLOR ist Autor von Comics, Theaterstücken und TV-Serien. Seine Comics zum Videogame *Injustice – Gods Among Us* machten ihn zum Bestsellerautor. Mit DC-HORROR: DER ZOMBIE-VIRUS kreierte Taylor den nächsten Parallelwelt-Hit um die DC-Ikonen. Darüber hinaus verfasste der 1978 geborene Australier SUICIDE SQUAD, JUSTICE LEAGUE/POWER RANGERS, ERDE 2, HELLBLAZER: GEFALLENE ENGEL, BATMAN: EQUILIBRIUM, BATMAN UND DIE RITTER AUS STAHL, *Wolverine*, *Der überragende Iron Man*, *Dein freundlicher Nachbar Spider-Man*, *Star Wars*-Comics und die eigenen Serien *Seven Secrets* und *Die Nektons – Abenteurer der Tiefe*.

ROBBI RODRIGUEZ schuf mit Autor Simon Oliver die Vertigo-Serie FBP – FEDERAL BUREAU OF PHYSICS. Überdies prägte er bei Marvel jahrelang die Serie *Spider-Gwen*, die den Film *Spider-Man: A New Universe* mit inspirierte. Weitere Comics, die der Amerikaner zeichnete, sind BATGIRL MEGABAND, *Goddess Mode*, *Maintenance*, *Stephen Colbert's Tek Jansen* sowie *Wolverine und die X-Men*.

CIAN TORMEY arbeitet als Art Director und Comic-Künstler in Dublin. Er steuerte bereits Artwork zu CATWOMAN, BATGIRL MEGABAND, BATMAN UND DIE OUTSIDERS, INJUSTICE – GÖTTER UNTER UNS: JAHR NULL, BATMAN: DUNKLE LEGENDEN, *Darkhold*, *War of the Realms Extra* und *Jane Foster: Valkyrie* bei.

DANIEL HDR kommt aus Brasilien und illustrierte bereits GREEN LANTERN, SMALLVILLE: SEASON 11 und SMALLVILLE SEASON 11: CHAOS, CYBORG, LEGION OF SUPER-HEROES, *Battlestar Galactica*, *The Shadow* und viele Comics mit Lady Death.

TINI HOWARD schrieb ihre eigene Serie *Assassinistas*, *Thanos: Der Anfang vom Ende*, *Age of Conan: Bêlit*, den *X-Men*-Ableger *Excalibur*, *Hack/Slash: Resurrection* sowie Comics über die Wrestling-Ikonen der WWE, zur Animationsserie *Rick and Morty* und zur Netflix-Serie *GLOW*.

CHRISTIAN DUCE kommt aus Uruguay und zeichnete BATMAN/FORTNITE: NULLPUNKT, FLASHPOINT SONDERBAND: SUPERMAN, BATMAN: ARKHAM CITY, CATWOMAN, BATMAN – DETECTIVE COMICS, BATMAN & ROBIN ETERNAL, *Ides of Blood* und JUSTICE LEAGUE VS. SUICIDE SQUAD.

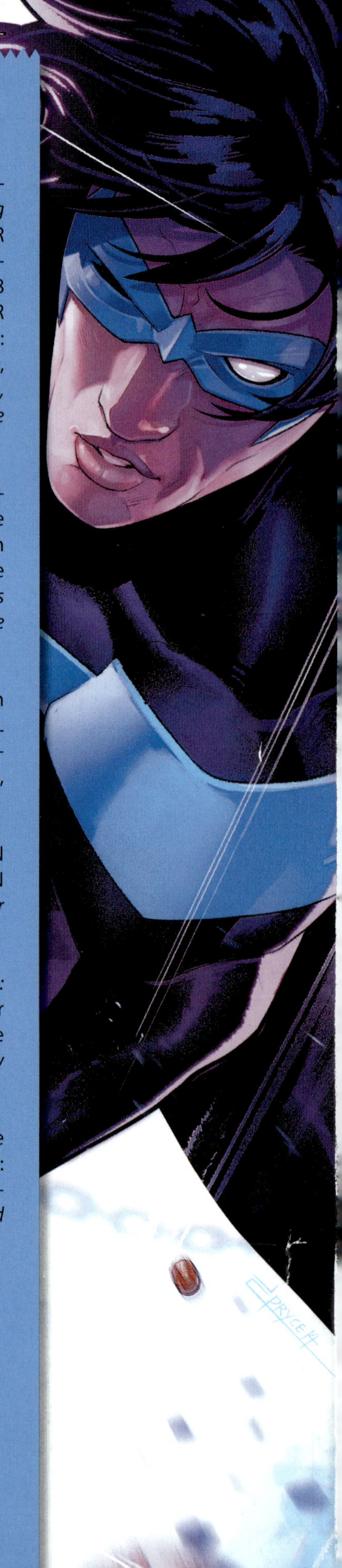